Bernd Kappelhoff
Verbindungen zu Wasser, an Land und in der Luft
Inselverkehre mit der AG „EMS"-Gruppe nach Borkum, Helgoland und Neuwerk

Bernd Kappelhoff

Verbindungen

ZU WASSER, AN LAND UND IN DER LUFT

Inselverkehre mit der AG „EMS"-Gruppe nach Borkum, Helgoland und Neuwerk

125 Jahre Reederei Aktien-Gesellschaft „Ems" (1889–2014) und
170 Jahre Seebäderverkehr im Ems-Dollart-Revier (1843/44–2014)

125 Jahre AG „EMS"

1 Die Anfänge: Der Seebadebetrieb auf den ostfriesischen Inseln und die Dampfschifffahrt im Ems-Dollart-Revier bis in die 1850er Jahre

Seite
- 14   1.1   Borkum um die Mitte des 19. Jahrhunderts und seine ersten Sommergäste
- 20   1.2   Die Ems-Dampfschifffahrts-Gesellschaft Concordia in Emden 1843
- 28   1.3   Konkurrenz: Die Leer-Delfzijler Ems-Dampfschiffahrts Gesellschaft in Leer 1844/45
- 31   1.4   Auseinandersetzungen zwischen beiden Gesellschaften um die Verkehrsrechte
- 35   1.5   Wirtschaftlichkeitserwägungen erzwingen einen gemeinsamen Fahrplan

2 Intensivierung des Schiffsverkehrs als Folge des Ausbaus der überregionalen und lokalen Verkehrsinfrastruktur (1856–1889)

Seite
- 40   2.1   Eisenbahnanschluss für Emden und Leer 1856 und seine Folgen
- 43   2.2   Ausbau der Seebäderflotte
- 46   2.3   Der Bau der Küstenbahn von Emden über Norden nach Jever 1883
- 50   2.4   Die Poppingasche Pferdebahn in Emden – ein gescheitertes Projekt
- 52   2.5   Der Bau der Borkumer Inselbahn 1887/88
- 59   2.6   Neuformierung der Reedereien in Emden und Leer für die Inselverkehre

3 Aufbruch und Blüte im Kaiserreich (1889–1914)

Seite
- 66   3.1   Die Gründung der Actien-Gesellschaft „Ems" 1889
- 70   3.2   Der Borkumverkehr im Zeichen der Konkurrenz 1890–1900
- 77   3.3.   Konsequenzen aus dem Bau des Emder Außenhafens 1901
- 82   3.4   Der Weg zur Borkumer Kleinbahn und Dampfschiffahrt AG 1903
- 91   3.5.   Aufschwung des Inselverkehrs bis zum Ersten Weltkrieg
- 95   3.6   Ausbau der Verkehrsinfrastruktur auf Borkum

4 Erster Weltkrieg und Überleben in einer Zeit wirtschaftlicher Krisen und politischer Umbrüche (1914–1939)

Seite
- 102   4.1   Erster Weltkrieg, Nachkriegszeit und Inflation
- 106   4.2   Die „Goldenen Zwanziger"
- 114   4.3   Weltwirtschaftskrise und politischer Umschwung 1933: Die Auswirkungen der NS-Herrschaft auf Borkum und den Borkumverkehr

5 Zweiter Weltkrieg, Nachkriegszeit und deutsches Wirtschaftswunder (1939–1964)

Seite

128	5.1	Zweiter Weltkrieg und Wiederaufbau in der Nachkriegszeit
137	5.2	Rationalisierung durch den Einsatz von Containern und neuen Fahrgastschiffen
141	5.3	Herausforderung durch Strukturwandel und neue Aufgaben

6 Anpassung des Inselfährverkehrs an die Bedürfnisse des modernen Massentourismus (1964–1989)

Seite

150	6.1	Schnellverkehr als Experiment
152	6.2	Autofähren – ein neuer Schiffstyp im Borkumverkehr
157	6.3	Neues Transportkonzept auf Borkum
165	6.4	Reaktionen auf die Ölpreisschocks der 1970er Jahre
166	6.5	Ausflugsfahrten mit und ohne Gelegenheit zum zollfreien Einkauf
170	6.6	Borkumlijn Eemshaven
174	6.7	Die neuen Autofähren der 1980er Jahre
175	6.8	Durchbruch im Schnellverkehr: Katamaran MS NORDLICHT 1989

7 Nachhaltige Sicherung der Grundlagen: Die Landinfrastruktur und die Modernisierung der Verkehrsangebote (1989–2014)

Seite

180	7.1	Sanierung der Gleise und Gebäude der Borkumer Kleinbahn
193	7.2	Neue Kleinbahnwagen im überkommen „Look", Restaurierung und Traditionspflege beim alten rollenden Material
203	7.3	Neue Aufgaben für die Kleinbahn und Rationalisierung durch flexible Organisation
209	7.4	Neue Anlegebrücken und neues Terminal in Emden-Außenhafen, Rationalisierung des Frachtumschlags
215	7.5	Das Prinzip der kurzen Wege: Bessere Übergänge zwischen der Eisenbahn, dem ruhenden Individualautoverkehr und der Fähre in Emden
219	7.6	Eemshaven: Neues Terminal und Anbindung an das niederländische Eisenbahnnetz
225	7.7	Flexibilität: Fähr- und Schnellverkehr in wechselseitiger Ergänzung
235	7.8	Neue Angebote im Ausflugsverkehr in und um Emden und im ostfriesisch-niederländischen Küstenrevier
243	7.9	Der Helgolandverkehr als neues Standbein der AG „Ems" und die Übernahme der Reederei Cassen Eils
260	7.10	Die OLT und ihr Wandel zum Anbieter im regionalen Flugverkehr

8 Die AG „Ems"-Gruppe heute: Ein Konzern mit vielfältigen neuen Angeboten
Seite

276	8.0	Bedingungen, Möglichkeiten und Grenzen der Diversifikation
278	8.1	Die Gastronomietochter: Die beiden Hotels VierJahresZeiten auf Borkum und weitere gastronomische Aktivitäten
287	8.2	Der Seebäderflugbetrieb der OFD und weitere Luftverkehrsaktivitäten
297	8.3	Schnellfähre Brake–Sandstedt
300	8.4	Dienstleistungen im Offshore-Bereich: Die EMS Maritime Offshore GmbH
305	8.5	Umweltschutz und stetige Ölpreissteigerungen: Ein grundlegend neues Antriebskonzept für die Autofähren
310	8.6	Ein neues Helgolandschiff für Cassen Eils
314	8.7	Die Zukunft im Blick: Pläne und Perspektiven
316	8.8	Die AG „Ems": Ein kerngesunder Konzern und vielseitiger Arbeitgeber

9 Anhang: Übersichten, Tabellen und Statistiken, Nachweise
Seite

332	9.1	Gesellschaftsrechtliche Gliederung (Organigramm) des Konzerns AG „Ems" zu Beginn des Jahres 2015
333	9.2	Die Mitglieder des Aufsichtsrates der AG „Ems" seit 1889 Die Mitglieder des Aufsichtsrates der Borkumer Kleinbahn- und Dampfschiffahrt AG 1903 bis 1962 Die Mitglieder des Beirates der Borkumer Kleinbahn- und Dampfschiffahrt GmbH seit 1963
339	9.3	Die Vorstände der AG „Ems" seit 1889, der Borkumer Kleinbahn- und Dampfschiffahrt AG bzw. GmbH seit 1903 sowie die Geschäftsführer der übrigen Tochterunternehmen und die Prokuristen des Konzerns im Jahre 2015
341	9.4	Das Personal im Konzern AG „Ems" 2015: Gruppenbilder nach Hauptsparten
351	9.5	Investitionen im Konzern AG „Ems" 1948/49 bis 2014
352	9.6	Beförderungsleistungen 1949 bis 2014
356	9.7	Die Schiffe und Schiffsbeteiligungen der AG „Ems" und ihrer Vorgänger- bzw. Tochterfirmen in der Borkum- und Helgolandfahrt 1843/44 bis 2015
373	9.8	Quellen und Literatur
378	9.9	Abbildungsnachweise
380		Der Autor
381		Danksagung
383		Impressum

Grußwort des Niedersächsischen Ministerpräsidenten Stephan Weil

Jubiläen sind nicht nur gern gesehene Ereignisse, um Glückwünsche zu empfangen und Feierlichkeiten zu begehen, sondern auch eine Gelegenheit, um Rückschau zu halten.

Bis ins Jahr 1843 lassen sich die frühesten Anfänge der AG „Ems" zurückverfolgen. Zu diesem Zeitpunkt, als die ostfriesische Halbinsel noch eine Provinz des Königreichs Hannovers war, gründete sich in Emden die Ems-Dampfschifffahrts-Gesellschaft Concordia mit dem Ziel, erstmals mit dampfbetriebenen Schiffen Personen und Güter auf der Ems und zwischen Emden und dem niederländischen Delfzijl zu befördern. Der Aufbau eines regelmäßigen Fährbetriebs zur Insel Borkum stand damals noch nicht zur Disposition. Erst überregionale wirtschafts- und verkehrspolitische Entscheidungen führten zu einer betriebswirtschaftlichen Umorientierung. Die rapide Ausweitung des Eisenbahnnetzes in den 1850er Jahren ließ vor allem die auf der Ems betriebene Schifffahrtslinie unrentabel werden. Die kontinuierliche Zunahme des Fremdenverkehrs zu den Inseln bot in dieser Hinsicht eine ideale Alternative.

Der sprunghafte Anstieg der Badegäste auf Borkum ab 1888 zog schließlich die Gründung der „Actien-Gesellschaft Ems" nach sich, der Eintrag in das Handelsregister des Königlichen Amtsgerichts Emden erfolgte unter dem Datum vom 2. September 1889. Der Passagierverkehr mit Dampfschiffen war damals im ostfriesischen Raum ein hart umkämpftes Gewerbe. Dennoch konnte sich die neu etablierte AG „Ems" gegen die Konkurrenzreedereien durchsetzen und in den folgenden Jahrzehnten selbst schwerwiegende wirtschaftliche Krisen weitgehend unbeschadet überstehen. So endete die erste Aufschwungsphase abrupt mit dem Ausbruch des Ersten Weltkriegs, als Borkum zur Küstenfestung ausgebaut wurde und für jeglichen Badeverkehr gesperrt blieb. Ebenso hatte das Unternehmen mit der Inflation und den Folgen der Weltwirtschaftskrise zu kämpfen, die Ende der 1920er Jahre zu einem signifikanten Einbruch der Besucherzahlen auf Borkum führten.

Schließlich konnte sich – gerade in Zeiten einer fortschreitenden Mobilisierung, in der innerhalb weniger Stunden selbst außereuropäische Ziele mit dem Flugzeug zu erreichen waren – die große Entfernung der Insel Borkum zum Festland zu einem Wettbewerbsnachteil entwickeln. Anfahrt und Schiffsreise wurden vermehrt nicht als Teil des

Grußwort

Urlaubs, sondern als notwendiges Übel oder gar als Belastung empfunden. Die AG „Ems" war sich dieser Problematik stets bewusst und setzte seit Gründungsbeginn auf eine stetige Modernisierung ihrer Flotte und den Einsatz immer schnellerer Schiffe. Der ab 1989 eingesetzte Katamaran steht exemplarisch dafür.

Die AG „Ems" kann nunmehr auf eine 125-jährige wechselhafte, aber erfolgreiche Unternehmensgeschichte zurückblicken, die nicht nur mit der Entwicklung des Seebäderverkehrs zwischen dem Festland und der Insel Borkum, sondern auch mit der deutschen Geschichte und der Historie des Landes Niedersachsen verwoben ist. Sich als Unternehmen über einen so langen Zeitraum auf dem Markt zu behaupten, erfordert eine ständige Bereitschaft, auf veränderte politische, ökonomische oder soziale Verhältnisse angemessen und vorausschauend zu reagieren. Unternehmerische Phantasie, Risikobereitschaft und wirtschaftliches Durchhaltevermögen sind dabei ebenso förderlich wie ein verantwortungsvoller Umgang mit den Beschäftigten, die wie die Firmenspitze ihren Beitrag zum unternehmerischen Erfolg leisten.

In diesem Sinne gratuliere ich der AG „Ems" herzlichst zu ihrem 125-jährigen Jubiläum und wünsche dem Unternehmen die Kraft und Umsicht, selbst bei rauem Wellengang mit der gesamten Mannschaft auf Kurs zu bleiben. Und ich selbst will gerne noch oft die Dienste der AG „Ems" in Anspruch nehmen.

Hannover, im Oktober 2014

Stephan Weil
Niedersächsischer Ministerpräsident

Zum Geleit

Borkum ist die größte ostfriesische Insel und erfreut sich mit jährlich gut 280.000 Gästen einer sehr hohen Beliebtheit im Deutschlandtourismus. Für eine gute und angenehme Anreise sorgt seit nunmehr über 125 Jahren die Aktien-Gesellschaft „Ems" und zuvor deren Vorläufergesellschaften, die sich dieser Aufgabe bereits seit 1843/44 gewidmet haben. In all diesen Jahren hat sich die Unternehmensgruppe stets neuen Anforderungen gestellt und vielfältige Neuerungen mit auf den Weg gebracht. Besondere Meilensteine waren dabei die Umstellung von Dampf- auf Motorschiffe, die Einführung von Autofähren sowie neue Hafenstandorte, Terminals, Transportkonzepte und Fährlinien.

Viel hat sich auch in den letzten 25 Jahren getan. Die Borkumer Kleinbahn hat ihren Betrieb technisch umfassend erneuert und hält den historischen Fahrzeugbestand in vorbildlich restaurierter Form täglich im Einsatz erlebbar. Die Inselhotel VierJahresZeiten GmbH begrüßt ganzjährig ihre Gäste und ergänzt das umfangreiche Hotelangebot auf der Insel Borkum. Wir gestalteten eine umfangreiche Expansion im europaweiten Regionalflugverkehr mit der OLT und eine im Ergebnis erfolgreiche Restrukturierung auf den Seebäderflug der OFD, einschließlich Helikopteraktivitäten. Hinzugekommen sind die EMS Maritime Offshore GmbH und die Verkehre nach Helgoland und Neuwerk unter der Flagge der Reederei Cassen Eils GmbH.

Chancen in angrenzenden Geschäftsfeldern haben wir aufgegriffen und uns den wandelnden Anforderungen des Marktes gestellt, auch in dem so stabil erscheinenden Stammgeschäft der AG „Ems". Die Herausforderungen sind bis heute positiv gemeistert worden, weil auf Nachhaltigkeit und qualitativ ausgewogenes Wachstum ausgerichtete Gesellschafter auf eine ideenreiche und engagierte Mitarbeiterschaft gestoßen sind – auf allen Ebenen unserer Betriebe. Ein besonderer Dank gilt deshalb unseren aktiven und ehemaligen Mitarbeiterinnen und Mitarbeitern. Dankbar bin ich auch dem Autor dieses Buches Dr. Bernd Kappelhoff für seine erneut gründliche Recherche und allen, die mit dem Zusammentragen von Bildern und Fakten dazu beigetragen haben.

Geleitwort

Oftmals an Schnittstellen zu öffentlichen Händen tätig, haben wir gelernt, politisch motivierte Strömungen in Staat und Gesellschaft zu erkennen und vor dem Hintergrund der realen Marktverhältnisse nüchtern zu spiegeln. Der Öffentlichkeit sind wir ein nachvollziehbarer und verlässlicher Partner, der seine Ressourcen auf die Anforderungen von Kunden und Gästen ausrichtet.

Mit der Einführung des ersten deutschen High-Tech-Katamarans MS NORDLICHT sorgten wir bereits 1989 für Schlagzeilen. Jetzt freuen wir uns, erneut wegweisend tätig zu sein und als erste Reederei in der EU eine unserer Fähren auf einen umweltfreundlichen Flüssiggasantrieb umzurüsten und auch ein erstes Neubauschiff mit diesem innovativen Antrieb unter deutscher Flagge in Dienst zu stellen. Dies entspricht nicht nur ökonomischen Zielsetzungen, sondern insbesondere auch ökologischen Bedürfnissen in unserem UNESCO-Weltnaturerbe Wattenmeer – mit MS OSTFRIESLAND und MS HELGOLAND sind wir nachhaltig auf Kurs!

Emden, im Sommer 2015

Dr. Bernhard Brons
Vorstand AG „Ems"

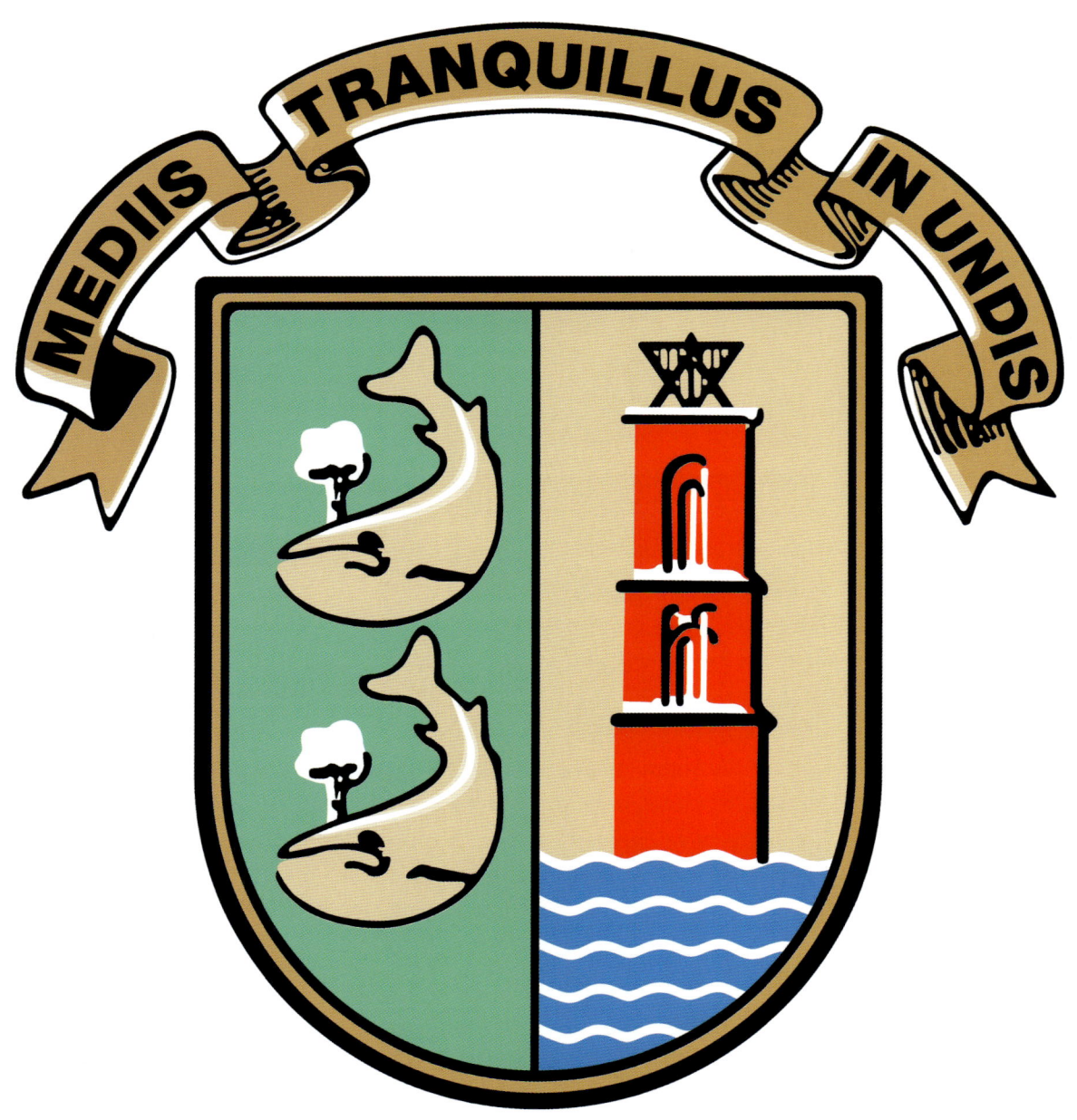

1

DIE ANFÄNGE

Der Seebadebetrieb
auf den ostfriesischen Inseln
und die Dampfschifffahrt
im Ems-Dollart-Revier
bis in die 1850er Jahre

In selten schöner Klarheit sind die drei Merkmale, die Borkum in der Mitte des 19. Jahrhunderts prägten, im Wappen der Insel vereinigt: Die exponierte Lage weit draußen im Emsmündungstrichter, die zeitweise blühende Vergangenheit als Walfängerinsel und der im späten 16. Jahrhundert von der Stadt Emden als Leuchtturm und Seezeichen ausgebaute Kirchturm.

DIE ANFÄNGE [1]
Borkum um die Mitte des 19. Jahrhunderts und seine ersten Sommergäste

Vor eineinhalb Jahrhunderten bot die Insel Borkum vorwiegend ein Bild der Armut und Zurückgebliebenheit. Die wirtschaftliche Blüte des 18. Jahrhunderts, als Walfang und Handelsschifffahrt der Insel großen Wohlstand beschert hatten, war längst vergangen, und nur wenige andere Erwerbsquellen standen als Ersatz zur Verfügung: Landwirtschaft, etwas Fischfang, zeitweise Austernzucht und ein geringfügiger Rest an Frachtverkehr, den nur noch etwa fünf Borkumer mit kleinen Schiffen betrieben. In allen Zweigen war nicht viel mehr als das Notwendigste zu verdienen, und manchmal nicht einmal das. So sank die Bevölkerung durch Abwanderung von 850 Einwohnern 1780 über 455 im Jahre 1817 auf schließlich 421 im Jahre 1849 ab. Erst im letzten Viertel des 19. Jahrhunderts stieg sie dank des nun einsetzenden regen Badeverkehrs wieder an und erreichte am Vorabend des Ersten Weltkrieges mehr als 3.000 Einwohner.

Die Anfänge 1.1

Borkum in der Mitte des 19. Jahrhunderts in zwei verschiedenen zeitgenössischen Ansichten, gesehen jeweils vom Weideland der Altborkumer Bauern in Richtung Südwesten; links der alte Leucht-(Kirch)turm, daneben das damals noch kleine Inseldorf. Im Bild unten links fährt ein Pferdefuhrwerk in Richtung Dünen, um wahrscheinlich Badegäste vom Südstrand abzuholen. Im Bild oben geht der Blick in Richtung Westerems und zeigt mehrere Segelschiffe auf der Fahrt von bzw. nach Emden.

Wie schlecht es mit Borkum Anfang des 19. Jahrhunderts stand, zeigt sich eindrucksvoll an den spärlichen Erträgen der Fähre zum Festland. Trotz eines alle Insulaner bindenden Verkehrsmonopols war ein staatlicher Zuschuss von zunächst 30, ab 1833 von 50 Talern pro Jahr nötig, um überhaupt einen Schiffer zu finden, der das Amt des Fährmanns übernehmen wollte. Erst 1875, neun Jahre, nachdem das Königreich Hannover als einer der Verlierer des deutschen Krieges von 1866 vom siegreichen Preußen annektiert worden war, wurde dieser staatliche Zuschuss gestrichen; eine kritische Überprüfung hatte ergeben, dass die Borkumer Fähre dank des inzwischen blühenden Fremdenverkehrs auch ohne diese Subvention existieren konnte. Als Gegenleistung für dieses Geld hatte der Fährmann die Pflicht, sommers und winters alle 14 Tage einmal nach Greetsiel, dem Sitz des Amtes, zu dem Borkum gehörte, zu fahren und Verwaltungspost hin und her zu transportieren; alle drei bis vier Wochen stand außerdem Emden auf dem Fahrplan. Als das Amt Greetsiel im Zuge einer größeren Verwaltungsreform des Königreichs Hannover 1859 aufgelöst und dem Amte Emden zugeschlagen wurde, trat Emden als nunmehr für Borkum zuständiger Verwaltungssitz im amtlichen Fährverkehr in den Vordergrund, während Greetsiel allmählich an Bedeutung verlor. Der alte Sielhafen wurde aber noch viele Jahrzehnte von Borkum aus angelaufen. In den Jahren zwischen 1830 und 1845 übten nacheinander Claas Steffens Ackermann, Peter Janssen Teerling, Klaas Klaasen van Dyck sowie die Brüder Hidde und Jan Staghouwer den amtlich bestellten Fährdienst aus.

Im Unterschied zu Norderney, wo die ostfriesischen Landstände, bald nachdem die heilsame Wirkung des Seebades erkannt und u.a. von einem so berühmten Mann wie dem Göttinger Professor und Universalgelehrten Georg Christoph Lichtenberg eifrig propagiert worden war, schon 1797 die erste Seebadeanstalt an der deutschen Nordseeküste gegründet hatten, gab es auf den übrigen ostfriesischen Inseln mit Ausnahme des zu Oldenburg gehörenden Wangerooge noch 30 Jahre später fast nichts Derartiges. Ganz im Gegenteil trat das Königreich Hannover, das auf dem Wiener Kongress 1815 im

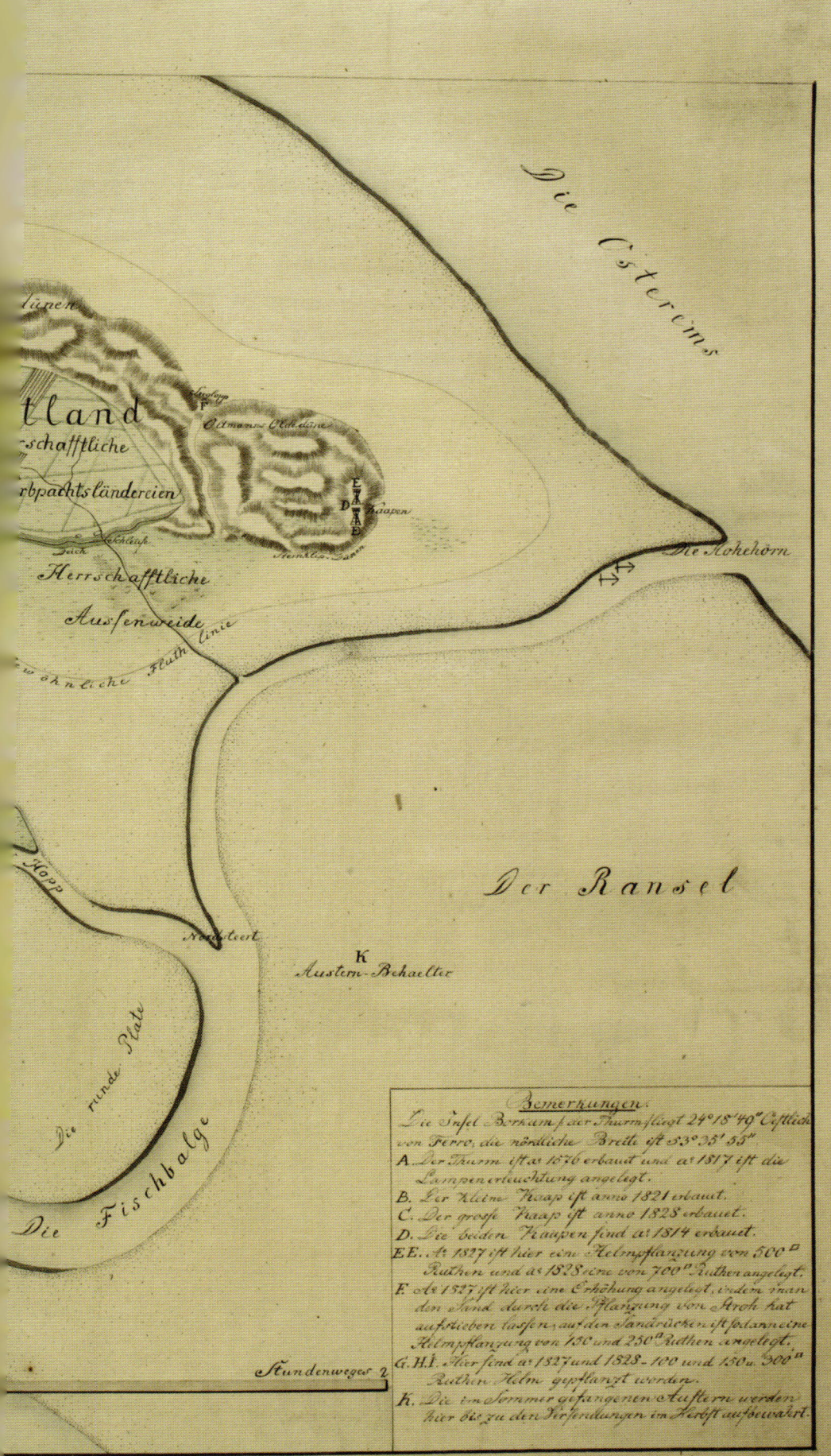

Die „Karte von der Insel Borkum, aufgenommen und gezeichnet im Jahre 1828" vom königlich-hannoverschen Amtsvogt Tönjes Bley zeigt, wie gefährdet die Insel damals noch war. Westland und Ostland waren durch das von Südosten weit vorgeschobene Priel Tüschendoor nahezu getrennt und stets in Gefahr, bei einer schweren Sturmflut auseinandergerissen zu werden. Die Fischerbalje verband die Westerems mit der Osterems, über das Hopp konnten kleine Schiffe bei Flut bis an den Rand der Außenweide gelangen, wo der teilweise über das Watt führende Wagenweg zwischen dem Inseldorf und dem Ostland kreuzte. Das durch einen Deich geschützte Weide- und Ackerland der Borkumer Bauern war in zahlreiche schmale Schläge aufgeteilt. Befestigungen zum Schutz gegen Strandabbrüche und Überschwemmungen fehlten noch völlig.

Die Anfänge 1.1

Noch heute zeugen der Zaun aus Walkiefern, mit dem Roleff Meyer, der erfolgreichste Borkumer Walfangkapitän, sein Grundstück eingezäunt hatte, sowie einige Grabsteine auf dem kleinen Rest des früheren Friedhofs am alten Leucht(Kirch)turm von der mit dem Walfang verbundenen Blütezeit der Insel im 18. Jahrhundert.

Rahmen eines Tauschgeschäfts das bis dahin zu Preußen gehörende Ostfriesland erworben hatte und seitdem die Norderneyer Seebadeanstalt in staatlicher Regie betrieb, alles, um eine Konkurrenz in der Nachbarschaft gar nicht erst aufkommen zu lassen; schließlich sollten die hohen Investitionen auf Norderney auch Ertrag bringen. Auf die Dauer allerdings ließ es sich nicht verhindern, dass auch nach Borkum im Sommer Urlauber kamen, denn hier war es weit billiger als auf dem durch die regelmäßigen Besuche der welfischen Königsfamilie damals bereits etwas mondän gewordenen Norderney.

Die Anfänge dieses Badeverkehrs liegen im Dunkeln, doch schon bald nach 1830 lassen sich in den Verträgen der amtlich bestellten Fährschiffer erste Spuren dazu finden. Die Landdrostei in Aurich als Mittelinstanz der staatlichen Verwaltung hatte in diesen Jahren nämlich zwei bemerkenswerte Bestimmungen neu in die Verträge aufgenommen. Zum einen war es jetzt ausdrücklich untersagt, von Auswärtigen einen höheren Fahrpreis zu verlangen, als ihn Insulaner zu zahlen hatten – einen solchen Beschluss hatte die Gemeinde Borkum 1832 in der Hoffnung gefasst, auf diesem Wege die Einnahmen der Fähre deutlich zu verbessern –, zum anderen bestand ab 1839 die Verpflichtung, in der Zeit vom 1. Juli bis zum 1. September nicht nur alle 14 Tage, sondern alle acht Tage nach Greetsiel bzw. Emden zu fahren. Beide Bestimmungen zeigen, dass sich in diesem Jahrzehnt auch auf Borkum ein regelmäßiger, wenn auch bescheidener Seebadebetrieb entwickelt hatte.

Großen Anteil daran hatte der hier seit 1838 als Landchirurg amtierende Johann Georg Friedrich Ripking. 1842 gelang es ihm, zwei auf Norderney ausrangierte, aber noch brauchbare Badekutschen kostenlos nach Borkum zu holen, eine Notwendigkeit, denn nur im Schutz solcher Gefährte durfte damals ein „anständiges Frauenzimmer" ein Bad nehmen. Noch war es unvorstellbar, dass Frauen sich einmal ohne Sichtschutz ins Wasser wagen würden und das auch noch mit wesentlich knapper bemessenen Badeanzügen. Im folgenden Jahr veröffentlichte Ripking in der Zeitschrift Frisia in einer län-

Die Anfänge 1.1

Bis ins 20. Jahrhundert dominierten in allen deutschen Seebädern Badekarren, in deren Schutz sich Frauen nicht nur ohne Furcht vor neugierigen Blicken umziehen, sondern auch ungesehen direkt ins Wasser begeben konnten. Zu diesem Zweck wurden die extra hochrädrig gebauten Karren ein Stück weit in die Brandung geschoben. Während auf Borkum einachsige Karren im Einsatz waren, wie sie hier auf zwei Fotos aus den 1920er Jahren zu sehen sind (rechts mit Badewächter Hermann Akkermann), war auf Norderney eine zweiachsige Version üblich.

geren Artikelfolge eine „Beschreibung der Insel Borkum und deren Badeanstalt", in der er mit großem Enthusiasmus ein „Gemälde des Eilands" entstehen ließ, um den immer zahlreicher werdenden Gästen einige Kenntnisse über ihr Urlaubsdomizil zu verschaffen. Sein Einsatz zahlte sich aus. Nach den Berichten, die die Landdrostei Aurich seit 1846 über die Entwicklung des Badebetriebs anforderte, kamen in dieser Zeit jeden Sommer etwa 100 bis 150 Kurgäste und etwa ebenso viele Kurzbesucher nach Borkum.

Die letztgenannte Kategorie war damals neu, denn sie setzte ein Verkehrsmittel voraus, das erst wenige Jahre zuvor auf der Ems sein Debüt gegeben hatte, das Dampfschiff. Während ein auf Schnelligkeit gebautes Segelschiff selbst bei günstigem Wind und mit Unterstützung des Tidestroms bis zu sechs Stunden für die Fahrt von Emden nach Borkum brauchte, bewältigte ein Dampfschiff, das von solchen Rahmenbedingungen weitgehend unabhängig war, diesen Weg zuverlässig in etwa drei Stunden und erlaubte damit auch Tagesfahrten, an die vorher gar nicht zu denken gewesen war. Obwohl solche Lustfahrten zu den Inseln jetzt schnell in Mode kamen – die erste nach Borkum fand zu Pfingsten 1846 statt –, war der Inselverkehr als Basis einer eigenen Reederei aber noch lange nicht ausreichend. Die Dampfschifffahrt auf der Ems hatte denn auch andere Wurzeln und vorläufig andere Ziele, als Badegäste nach Borkum zu befördern.

DIE ANFÄNGE [2]
Die Ems-Dampfschifffahrts-Gesellschaft Concordia in Emden 1843

Auf Anregung des Kaufmanns Johann Hermann Tholen traf sich im Januar 1843 eine Reihe von Emder Bürgern, um über die Gründung einer Dampfschifffahrtsgesellschaft zu beraten. Aufgabe dieser Gesellschaft sollte es sein, den Verkehr auf der Ems, namentlich den Personenverkehr, schneller und besser als bisher abzuwickeln. Tholen hatte wenig Mühe, die Versammelten von dem Nutzen der neuen Unternehmung zu überzeugen. Noch gab es keine Eisenbahn, und auch gepflasterte Straßen waren noch selten, so dass wie seit Jahrhunderten das Wasser die bequemste und meistens auch schnellste Möglichkeit bot, von einem Ort zum anderen zu reisen. Gerade im nassen Ostfriesland wurde der größte Teil des Verkehrs auf diese Weise abgewickelt, organisiert in einer Vielzahl von Fähren, die auf ihren Strecken jeweils das Verkehrsmonopol hatten, dafür aber nach Fahrplan fuhren und ihre Gebühren nach einem obrigkeitlich vorgegebenen Tarif erhoben.

Ysaac Brons, Getreidegroßhändler und Reeder in Emden, 1848 liberaler Abgeordneter im Parlament der Frankfurter Paulskirche, englischer Vizekonsul. Er war 1843 Mitbegründer der Ems-Dampfschifffahrts-Gesellschaft Concordia und Mitglied im dreiköpfigen Direktorium, das deren Geschäfte führte.

Von besonderer Bedeutung war die seit dem 16. Jahrhundert bestehende tägliche Fähre von Emden nach Delfzijl, denn sie ermöglichte die Anbindung Norddeutschlands an das hochentwickelte Verkehrsnetz der Niederlande. Aus diesem Grunde lief seit dem 17. Jahrhundert die regelmäßige Reit- und Fahrpost von Hamburg nach Amsterdam, den Eckpunkten des nordwesteuropäischen Wirtschaftslebens, über Emden. Trotz des im 19. Jahrhundert zurückgegangenen Verkehrs auf dieser Strecke hatte die Delfzijler Fähre noch immer eine gewisse Schlüsselstellung. Auch der Verkehr auf der Ems zwischen Emden und Leer hatte große Bedeutung; seit dem 16. Jahrhundert verkehrte dreimal wöchentlich eine Fähre zwischen diesen beiden Orten.

Die Vorteile eines von Ebbe, Flut und Wind unabhängigen Dampfschiffs sowohl auf dem Dollart als auch auf der Strecke flussaufwärts, insbesondere im Schleppdienst, waren sofort einleuchtend. So erklärten sich die Versammelten, durchweg Träger von Namen, die in Politik und Wirtschaft Emdens einen guten Klang hatten, ohne Zögern bereit, Geld für die neue Unternehmung einzusetzen. Bei der konstituierenden Versammlung der „Ems-Dampfschifffahrts-Gesellschaft Concordia" am 18. Februar 1843 waren bereits für 12.000 Taler Aktien gezeichnet. Als erste Direktoren wurden bei dieser Gelegenheit Konsul Ysaak Brons, Konsul Georg Ludwig Abegg jun. und Justizbürgermeister Rudolph Beninga Kettler gewählt. Neben der Direktion stand ein Ausschuss in

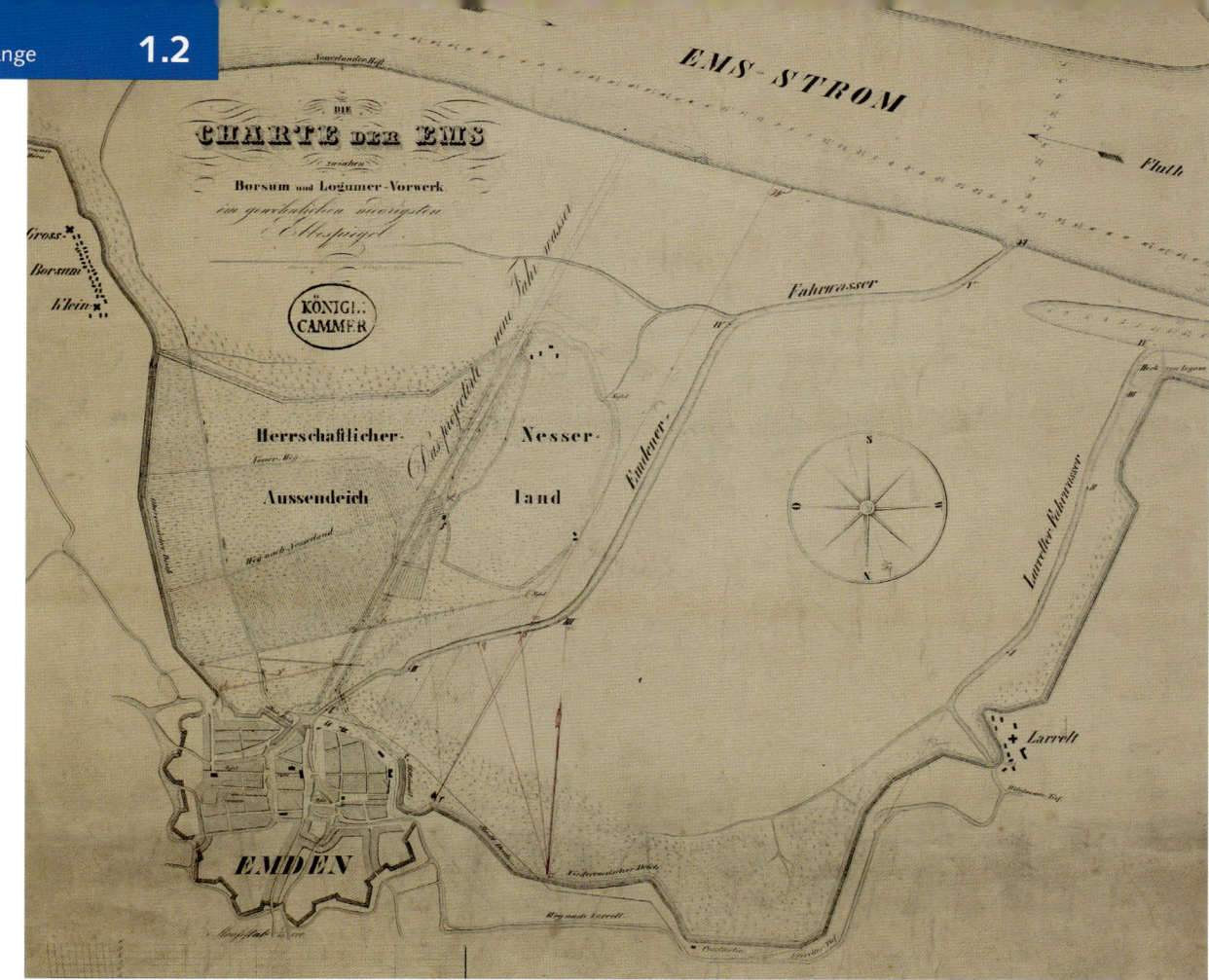

Die (gesüdete) „Charte der Ems zwischen Borsum und Logumer Vorwerk im gewöhnlichen niedrigsten Ebbespiegel", Lithographie eines unbekannten Zeichners, zeigt die alte Emsschleife in dem Zustand, den sie bei der Gründung der Ems-Dampfschifffahrts-Gesellschaft Concordia 1843 hatte. Nach dem endgültigen Dollartdurchbruch von 1509 hatte sich der ursprünglich direkt an Emden vorbeifließende Hauptstrom der Ems etwa 3 km nach Süden verlagert, so dass das alte Flussbett immer mehr verschlammte. Westlich der Insel Nesserland wurde daher 1768 ein neues Fahrwasser gegraben, doch war auch dieses wegen der immer schneller fortschreitenden Verlandung schon einige Jahrzehnte später kaum noch brauchbar. So entstand um 1840 der Plan, vom Rats- und Falderndelft aus in gerader Linie durch Nesserland hindurch ein bedeichtes neues Fahrwasser bis zur Ems zu graben.

der Funktion eines Aufsichtsrates, dem die Herren Johann Hermann Tholen, Wasserbaudirektor Kettler, die Stadtverordneten J. F. van Neß und G. Buismann, Advokat Oltmanns, Stadtsekretär Brückner, Kaufmann B. de Pottere und Senator Conrad Hermann Metger angehörten. Wenige Tage später riefen die Initiatoren in der Ostfriesischen Zeitung öffentlich zur Zeichnung von Aktien der geplanten Gesellschaft auf und bezeichneten dies in einem heute als überzogen empfundenen, damals aber völlig ernst gemeinten Ton als *„Teilnahme an einem wahrhaft patriotischen Unternehmen"*. Und passend zu dem insgesamt überschwänglich formulierten Text war der Aufruf mit einem Gedicht voller naiver Fortschrittsgläubigkeit garniert, dessen Verfasser mit der Geschichte Emdens sehr vertraut war, wie sich aus der Bezugnahmen auf Inschriften am Rathaus und am Hafentor ergibt – gut möglich, dass es der mit solchen literarischen Texten häufiger hervorgetretene damalige Emder Stadtsyndikus Gottfried Bueren war:

Die Anfänge 1.2

*„Die Welt bewegt ein ew'ger Kampf,
doch wird sie jetzt regiert durch Dampf:
Der Wind verlor sein altes Recht,
vom Autokraten ward er Knecht;
noch glänzt an unserm Hafenthor
der Wind als Emdens Gott hervor;
doch laßt uns hoffen, daß fortan
der Dampf hier auch regieren kann.*

*Mit Eintracht ist das Werk begonnen,
in Eintracht mög' es fortbestehen,
dann haben wir schon halb gewonnen,
nun wir's ins Leben treten sehen.
Wie in der guten Zeit der Alten
laßt wieder uns zusammenhalten,
dann wird der Väter Wahlspruch wahr
heute am 18. Februar:
Concordia res parvae crescunt!"*

Das Statut der Aktiengesellschaft vom 7. Juni 1843 benannte die eben erläuterten Zwecke präzise: Begründung einer regelmäßigen Dampfschifffahrtsverbindung zwischen Emden und Delfzijl, *„nach Umständen verbunden mit Fahrten nach Norderney, Leer und weiter die Ems hinauf, welche hauptsächlich mit dem Personenverkehr und bugsieren der Schiffe, und soweit der Hauptzweck es zulässt, auch mit dem Transport von Waren sich beschäftigen soll"*. Von Borkum mit seinen wenigen Badegästen war noch nicht die Rede, dagegen versprach die Fahrt nach dem bereits gut besuchten Staatsbad Norderney lohnenswert zu werden. 38.900 Taler waren binnen kurzem als Grundkapital beieinander, davon 21.900 in Emden, 3.000 in Groningen, 2.000 in Leer und noch einmal zusammen 2.000 in Aurich, Norden und Wittmund. Mit je 5.000 Talern waren der Magistrat der Stadt Emden und das Administratorenkollegium der ostfriesischen Landstände beteiligt.

Mit der KRONPRINZESSIN MARIE (I), einem in England gebraucht gekauften hölzernen Schiff, nahm die Ems-Dampfschifffahrts-Gesellschaft Concordia im März 1844 ihre Fahrten im Emsmündungsrevier auf. 1846 wurde das Schiff in EMSSTROM umgetauft und blieb bis 1857 im Einsatz.

Nachdem bei der Werft T. D. Marshall im englischen South Shields zunächst ein 85 Fuß (1 Fuß = ca. 30 cm) langes Dampfboot mit 2 Maschinen zu 25 PS und einem Tiefgang von 3 Fuß bestellt worden war, beschaffte man schließlich einen gebrauchten hölzernen Raddampfer von knapp 30 Meter Länge und knapp 5 Meter Breite mit einer Maschinenleistung von 35 PS und einer Tragfähigkeit von 22 Kommerzlasten (44 Tonnen). Das Schiff hatte acht Mann Besatzung, kostete einschließlich Überführung etwas weniger als 12.000 Taler und wurde auf den Namen KRONPRINZESSIN MARIE getauft.

1.2 Die Anfänge

Der erste Fahrplan, mit dem die Ems-Dampfschifffahrts-Gesellschaft Concordia in Emden 1844 ihre Dienste ankündigte. Hier das gegenüber der aufwendig gestalteten niederländischen Version – Golddruck auf dunkelblauem Papier – etwas schlichtere Exemplar in deutscher Sprache.

Vor Aufnahme des neuen Schiffsdienstes waren jedoch einige Grundvoraussetzungen zu klären. Zum einen ging es dabei um das Verhältnis zu der bisherigen Fähre nach Delfzijl. Inhaberin der Fährgerechtigkeit, eines Hoheitsrechtes, war von altersher die Stadt Emden, die es jeweils auf einige Jahre meistbietend verpachtete. Zumindest bis zum Ablauf dieser Frist hatten die augenblicklichen Fährpächter daher noch Anspruch auf Aufrechterhaltung ihres Beförderungsmonopols, so dass die Ems-Dampfschifffahrts-Gesellschaft Concordia 6.000 Gulden aufwenden musste, um diese Ansprüche abzulösen. Dafür übernahm sie die Pflicht zur täglichen Fahrt nach Delfzijl. Zum anderen aber musste die Gesellschaft auch die Verkehrsrechte im Hafen Delfzijl erwerben. Dies gelang mit einer vom niederländischen Finanzministerium im Januar 1844 für 100 Gulden

Die Anfänge 1.2

pro Jahr erteilten Konzession, die der Concordia in Delfzijl nicht nur die Anlandung von Fahrgästen aus Ostfriesland erlaubte, sondern ihr auch in der Gegenrichtung die Aufnahme von Personen und Frachtgütern zum Transport nach Emden und anderen Orten in Ostfriesland ohne jede Einschränkung einräumte.

Auf dieser Basis konnte die Concordia Anfang März dieses Jahres auch die Verhandlungen über eine passgerechte Koppelung ihres Dampfschiffs mit dem schon lange bestehenden Treckschutenlinienverkehr zwischen Delfzijl und Groningen erfolgreich zum Abschluss bringen. Demnach wurde fortan eigens eine von zwei Pferden gezogene Schnellschute, eine sog. Barge, eingesetzt, die die Strecke zwischen Groningen und Delfzijl in dreieinhalb Stunden bewältigte und jeweils so rechtzeitig in Groningen losfuhr, dass sie zeitgleich mit dem Concordia-Dampfschiff in Delfzijl ankam. In beiden Richtungen konnten die Passagiere hier daher ohne Zeitverlust umsteigen, und um diesen Wechsel noch leichter zu machen, wurden sowohl in Groningen als auch in Emden

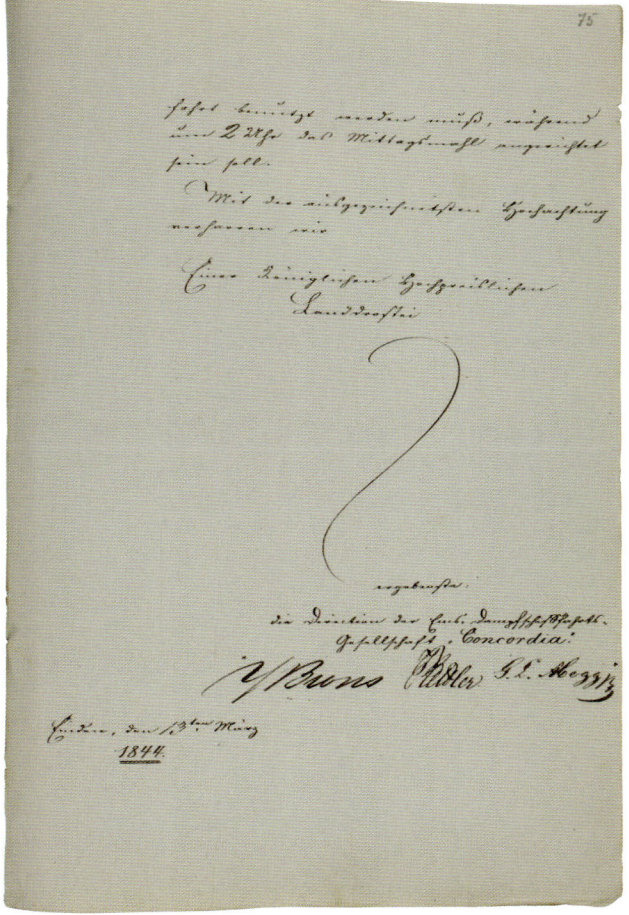

1.2 Die Anfänge

jeweils durchgehende Fahrkarten verkauft. Bei einer Fahrtdauer von eineinhalb Stunden für die Strecke Emden–Delfzijl bzw. von viereinhalb bis fünf Stunden für die Strecke Leer–Emden–Delfzijl ließ sich durch diese fahrplanmäßige Koppelung des Concordia-Dampfschiffs mit dem innerniederländischen Linienschiffsverkehr der Weg von Emden nach Amsterdam in 19 und der nach Rotterdam in 24 Stunden bewältigen, eine Reisegeschwindigkeit, die unter den überkommenen Verkehrsgegebenheiten kaum vorstellbar gewesen war.

Bei so günstigen Bedingungen, die allerdings kein Verkehrsmonopol begründeten, hatte die Ems-Dampfschifffahrts-Gesellschaft Concordia einen sensationellen Start. Bereits in den ersten 30 Tagen nach der feierlichen Eröffnungsfahrt am 19. März 1844 wurden 2.700 Passagiere befördert, nur 300 weniger, als bis dahin in einem ganzen Jahr mit der herkömmlichen Fähre gefahren waren. Die in der ostfriesischen Öffentlichkeit zunächst noch durchaus verbreitete Skepsis gegen das neue Verkehrsmittel, nach welcher die Dampfschifffahrt *„ein gefährlich Ding"* sei, *„dessen Zinsen im Himmel mögen angeschrieben sein"*, hatte sich demnach als unbegründet erwiesen. Anfang Mai war die Zahl der Fahrgäste bereits auf ca. 3.500 gestiegen, so dass Optimisten sich bereits der Hoffnung hingaben, die zunächst vorsichtig auf 10.000 Beförderungen pro Jahr angesetzte Kalkulation mit annähernd 30.000 weit übertreffen zu können. Zwar blieb die Entwicklung dann doch hinter diesen hochgesteckten Erwartungen zurück, aber als der Liniendienst am 3. November durch die übliche Winterpause unterbrochen wurde, belief sich die Zahl der in 418 Fahrten beförderten Personen auf 15.847. Das ergab eine Gesamteinnahme von 10.135 Talern, von denen nach Abzug von 8.566 Talern Betriebskosten 1.569 Taler als Überschuss verblieben. Dieses gute Ergebnis führte bereits 1845 zur Bestellung eines zweiten Dampfschiffes, das für 17.000 Taler auf der Werft Vlissingen & Co. in Amsterdam gebaut wurde und im Frühjahr 1846 in Emden eintraf. Der Neubau erhielt jetzt den Namen KRONPRINZESSIN MARIE, während das ältere Schiff in EMSSTROM umgetauft wurde.

Zur Eröffnung der Dampfschifffahrt auf der Ems veranstaltete die Ems-Dampfschifffahrts-Gesellschaft Concordia am 19. März 1844 eine feierliche Sonderfahrt, an der auch der Landdrost (Vorgänger des späteren Regierungspräsidenten) in Aurich teilnahm. Hier die erste und die letzte Seite des Einladungsschreibens mit den Unterschriften der Direktoriumsmitglieder (von links) Ysaac Brons, Rudolph Beninga Kettler und Georg Ludwig Abegg jun.

Die Anfänge — 1.2

Gedruckte Abrechnung des ersten Geschäftsjahres (1844) der Ems-Dampfschifffahrts-Gesellschaft Concordia, Vorder- und Rückseite.

Leerer Course klein gewesen, ist freilich hauptsächlich darin zu suchen, daß damals die Wege gut waren und man deßhalb das Dampfschiff nicht so viel benutzte; man muß aber auch bedenken, daß wir eben in jenen Monaten bis halb September die größere Anzahl Ruhetage für diesen Cours angesetzt hatten, und daß dieses auch auf die Passagierzahl einwirkte. Es würde deßhalb der sehr mühselige, specielle Auszug aus allen Monaten eben so wenig ein genau richtiges Maß geben, und wir finden um so weniger Veranlassung, die Berechnung zu verändern, da jeder die Schätzung, welche zur möglichsten Annäherung an die Wahrheit auch dann noch erforderlich wäre, nach diesen Bemerkungen und den obigen Angaben der Monatszahlen, selbst seinen Ansichten gemäß machen kann.

Die Ausgaben und Einnahmen, so wie die laufenden Schulden dieses Betriebes lagen bis Ende September ziemlich genau vor, also für einen Zeitraum von 6⅓ Monat, und danach berechneten wir unter Berücksichtigung der uns schon bekannten Veränderungen, welche im nächsten Jahre eintreten werden, die Uebersicht der Einnahme und Ausgabe dieses Einen Schiffes für ein Jahr, wobei wir nur neun Monate Fahrzeit annahmen. Diese stellen sich folgendermaßen heraus:

Ausgabe:

Für Kohlen	ℛ 4721.
» Gehälter	» 1436.
» Abgaben von der Fährgerechtigkeit und den Schiffen	» 344.
» Assecuranz-Prämie	» 384.
» Schmier	» 143.
» Bekanntmachungen	» 354.
» Zeitungen an Bord	» 34.
» Reparaturen an Kessel, Maschine und Schiff angeschlagen auf jährlich	» 1000.
» verschiedene Ausgaben	» 150.
Also zusammen	ℛ 8566.

Ausgaben in einem Jahre, in welchem das Schiff Kronprinzessin Marie neun Monate lang regelmäßig nach Leer und Delfzyl führe.

Die wirklichen Ausgaben für Kohlen werden nach allem Anscheine nach in diesem Jahre ansehnlich geringer seyn, als im Verhältniß zur obigen Berechnung, welche nach dem Verbrauche in den ersten 36 Tagen, und dem Preise von den damals angewendeten besten Newcastler Kohlen zugelegt ist, und wobei gar keine Ruhetage in Anschlag gebracht sind, wohl dagegen das später eingeführte Schleppen von Schiffen auf den betreffenden Reisen einen etwas vermehrten Verbrauch veranlaßt. Der Verbrauch der späteren Monate hat aus verschiedenen Gründen bei der Berechnung nicht berücksichtigt werden dürfen, hauptsächlich weil in Folge der Arbeiter-Aufstände bei den Minen an der Tyne wir von dort keine Kohlen erhalten konnten, deßhalb andere Sorten von dem Firth of Forth nehmen und uns überhaupt auf verschiedene Weise behelfen mußten. Dessenungeachtet und wenngleich die Maschine auf unserm Schiffe ohne Zweifel mit mehr als 25 Pferdekraft arbeitet, so bleibt doch ihr Kohlenverbrauch zu groß, und wir beabsichtigen, diesen Winter etwas an dem Kessel zu verändern, was, wie wir hoffen, eine sparsamere Heizung zur Folge haben wird. Die 150 Rthlr. für verschiedene Ausgaben sind angesetzt, ohne daß wir bestimmte Gegenstände dafür wußten, weil Ende September, wo noch über manche Gegenstände keine Rechnungen eingegangen waren, immer noch leicht etwas übersehen werden konnte. Soviel wir jetzt bemerkt haben, ist dieß bei den ohnehin hohen Beträgen der Abgaben und Bekanntmachungen schon der Fall: dem Ansatze für Abgaben sind noch 60 à 70 Rthlr. hinzuzufügen, dann könnte man von dem Ganzen etwas zu den Gehältern rechnen, weil uns für einen, freilich geringen Theil Dienste geleistet werden, die wir sonst anderweitig bezahlen müßten; demjenigen für Bekanntmachungen ist noch eine ansehnliche Summe beizufügen, welche wir noch nicht genau kennen, aber auf 150 Rthlr. schätzen, wogegen in der Zukunft Ermäßigungen in Aussicht stehen. Für Administration ist nichts angesetzt, weil diese noch nichts kostet.

Die Einnahme dagegen würde, ebenfalls auf die wirkliche der 6⅓ Monate berechnet, betragen:

Für Personenfrachten	ℛ 9265.
» Päckereien ꝛc.	» 420.
» Schlepplohn	» 450.
also zusammen	ℛ 10135.

für ein Jahr, in welchem neun Monate gefahren würde.

Hierbei ist für Güter nichts angesetzt, denn da wir noch keine transportirt haben, oder doch nur Kleinigkeiten, welche unter den Päckereien stecken, so lag darüber nichts Sicheres vor.

Die Einnahme ließe also einen Ueberschuß über die Ausgabe von Rthlr. 1569 gegen die Abnutzung des Schiffes, und die Zinsen des ganzen Anlage- und Betriebs-Capitals.

Diese Berechnung wurde dann wieder zu Grunde gelegt, um eine andere für den Betrieb von zwei Schiffen aufzustellen, wobei wir annahmen, daß Eins, und zwar die Kronprinzessin Marie, täglich über Leer nach Halte und Drostensiel und zurück, das zweite täglich zweimal hin und her zwischen hier und Delfzyl fahren würde. Letzteres könnte dann auch in der Badezeit nach Norderney fahren, wogegen ersteres eine verhältnißmäßige Zahl Reisen auf Leer beschränken müßte, welches in dem Kohlenverbrauch keine Aenderung hervorbringen, nur etwas mehr Assecuranz-Prämie und Administrationskosten veranlassen würde. Ferner haben wir dabei angenommen, daß der Kohlenverbrauch auf dem Schiffe Kronprinzessin Marie so groß wie jetzt bleiben, daß aber ein anderes Schiff nur Zweidrittel so viel nöthig haben werde. — Dann würden sich die Ausgaben wie folgt stellen:

Für Kohlen	ℛ 7046.
» Gehälter	» 2872.
» Abgaben	» 443.
» Assecuranz-Prämie	» 768.
» Schmier	» 250.
» Bekanntmachungen	» 450.
» Zeitungen	» 68.
» Reparaturen	» 2000.
» Verschiedenes	» 300.
» Administration	» 600.
Zusammen	ℛ 14797.

Ausgaben in einem Jahre, worin neun Monat gefahren würde, und wobei auf die Ansätze für Abgaben und Bekanntmachungen wieder die obigen Bemerkungen passen.

Die hiergegen zu erwartende Einnahme kann nur nach Meinung abgeschätzt werden. Wir haben angenommen, daß durch die natürliche Zunahme der Frequenz, welche sich überall fortschreitend gezeigt hat, wo man die Reisemittel verbesserte, und durch die vermehrte Fahrt auf Delfzyl die bisherige Einnahme auf dem Leerer und Delfzyler Course im künftigen Jahre um die Hälfte steigen, die auf den Fahrten nach Halte ꝛc. noch 2000 Rthlr. betragen, und die für Päckereien und Schlepplohn etwas zunehmen werde. Demnach haben wir folgende Einnahmen als wahrscheinlich aufgestellt:

Für Personenfrachten	ℛ 15900.
» Päckereien ꝛc.	» 500.
» Schlepplohn	» 500.
zusammen	ℛ 16900.

Dabei sind die Reisen nach Norderney nicht berücksichtigt, weil wir keinen Anhaltspunkt finden konnten, ihren vermuthlichen Ertrag, und was dagegen auf dem Halter Course wieder wegfallen würde, abzuschätzen. Die Güter sind, aus dem bereits angeführten Grunde, auch hier aus der Rechnung gelassen.

Der Ueberschuß der Einnahme über die Ausgabe wäre also in diesem Falle 2103 Rthlr., welcher freilich den Abgang der Schiffe und die Zinsen nicht decken kann, aber durch die zu erwartende vermehrte Frequenz in der Zukunft hoffentlich erhöht werden wird. Deßhalb und weil bei unserer Unternehmung weniger der sofortige Nutzen der Actionäre bezweckt ist, als der große und allgemeine Vortheil, welcher unserer Provinz und namentlich allen Emsanwohnern aus dem vermehrten Verkehr erwächst, haben wir in der General-Versammlung den Bau eines zweiten Schiffes vorgeschlagen.

Wir unterlassen es, Betrachtungen hieran zu knüpfen. Die für die Gemeinnützlichkeit unserer Unternehmung ein glänzendes Zeugniß ablegenden Thatsachen, bieten sie von selbst in sehr erfreulicher Weise dar.

Emden, den 10. November 1844.

Die Direction.
H. Brons.

DIE ANFÄNGE [3]
Konkurrenz: Die Leer-Delfzijler Ems-Dampfschiffahrts-Gesellschaft in Leer 1844/45

Bis zur vollständigen Bezahlung ihres Anteils an der Leer-Delfzijler Ems-Dampfschiffahrts-Gesellschaft erhielten die künftigen Aktionäre, hier die Inhaber der Firma Connemann, einen Interimsschein.

Der Erfolg der Emder Concordia hatte alle Skeptiker eines besseren belehrt. So setzten noch im Sommer 1844 in Delfzijl Bemühungen ein, ein Dampfschiff zu kaufen, doch konnten die dortigen Interessenten dafür nicht genug Kapital auftreiben. Auch in Leer bildete sich ein Komitee, in dessen Namen die Kaufleute Christian Börner und Hermann Rahusen bei der Landdrostei Aurich eine Konzession für die Dampfschifffahrt auf der Ems beantragten. Da die Stadt Leer anders als Emden nicht im Besitz einer Fährgerechtigkeit war, war in diesem Falle der Staat zuständig, der das gewünschte Dokument am 7. Dezember 1844 auch ausfertigte.

Vorangegangen waren längere Verhandlungen zwischen den Dampfschifffahrtsinteressenten aus Delfzijl, Leer und Emden, deren schließliches Scheitern nur durch einen Blick auf die Vergangenheit zu verstehen ist. Seit Leer gegen Ende des 17. Jahrhunderts aufgeblüht war und begonnen hatte, eine eigene Schifffahrt aufzuziehen, hatte der Flecken unter dem aus dem späten 15. Jahrhundert stammenden Emder Stapelrecht gelitten, das den gesamten Schiffsverkehr auf der Ems auf diese Stadt konzentrierte, auch dann, wenn es die betroffenen Kapitäne gar nicht wollten. Entsprechend groß waren auch

STATUTEN
der

Leer-Delfzyler Ems-Dampf-schiffahrts-Gesellschaft.	Leer-Delfzyler-Ems-Stoom-bootmaatschappy.
A. Zweck.	**A. Doel.**
§ 1. Der Zweck dieser Gesellschaft ist: eine regelmässige Verbindung zwischen *Leer* und *Delfzyl*, so wie den zwischenliegenden Ortschaften, zum Transport von Personen, und von Gütern, so *weit thunlich*, herzustellen.	**§ 1.** Het doel dezer maatschappy is, het daarstellen eener geregelde verbinding tusschen *Leer* en *Delfzyl* en de tusschen gelegene plaatsen, tot het overbrengen van personen en goederen, zoo veel zulks eenigsints mogelyk is.
§ 2. Der Direction soll es jedoch freistehen, das Schiff dieser Gesellschaft zum Bugsiren anderer Schiffe und zu Lustfahrten nach den Inseln etc. zu benutzen, so weit es der Hauptzweck erlaubt.	**§ 2.** De Directie heeft echter de bevoegdheid om het schip dezer maatschappy tot het boegseeren van andere schepen of tot het doen van kleine togten naar de eilanden enz. te doen dienen, in zoo verre het hoofddoel zulks zal veroorloven.
B. Allgemeine Bestimmungen.	**B. Algemeene bepalingen.**
§ 3. Die Gesellschaft besteht aus den Inhabern der Actien, die zur Herbeischaffung des Capitals der	**§ 3.** De maatschappy bestaat uit de bezitters der aandeelen, welke uitgegeven worden, om het

Erste Seite der zweisprachig abgefassten Statuten der Leer-Delfzijlier Ems-Dampfschiffahrts-Gesellschaft vom Februar 1845.

1.3 Die Anfänge

Dampfer KRONPRINZ VON HANNOVER, 1845 für die Leer-Delfzijler Ems-Dampfschiffahrts-Gesellschaft wahrscheinlich auf der Werft Ditchburne & Mare in London gebaut, bei Leerort. Lithographie von Kistenmacher nach einer Zeichnung von L. Redenius, etwa 1858. Das Schiff hatte zunächst ERBPRINZ ERNST AUGUST und von 1851 bis 1855 KRONPRINZ ERNST AUGUST geheißen; 1871 fiel schließlich auch der Zusatz „von Hannover" weg. Das Schiff war bis 1886 im Einsatz.

nach dessen Aufhebung Anfang des 19. Jahrhunderts die Ressentiments und Eifersüchteleien auf beiden Seiten, und statt an einem Strang zu ziehen und die Kräfte beider Hafenorte zu bündeln, bestimmte eine oft ausschließlich emotional motivierte Konkurrenz das Verhältnis untereinander, häufig genug zum Schaden beider Seiten.

Die Leeraner Interessenten wollten ein Dampfschiff direkt zwischen Leer und Delfzijl verkehren lassen und verlangten dafür von den Emdern den Verzicht auf die vorgesehene Anschaffung des zweiten Schiffes, eine Forderung, die diese im Hochgefühl ihres erfolgreichen ersten Betriebsjahres als unbillig ablehnten. So kam die zunächst vorgesehene Erweiterung der Emder Concordia um die Interessenten aus Leer und Delfzijl nicht zustande. Stattdessen taten sich die beiden Letztgenannten zusammen und riefen im März 1845 aufgrund der von der Landdrostei Aurich erteilten Konzession die „Leer-Delfzijler Ems-Dampfschiffahrts-Gesellschaft" mit einem Grundkapital von 25.000 Talern als Konkurrenzunternehmen ins Leben. Direktoren dieser Gesellschaft waren B. C. Ukena, J. Fischer-Hibben, Hermann Rahusen und C. Vissering. Wegen der etwas schleppenden Aktienzeichnung musste zur Bezahlung des in England, wahrscheinlich bei der Werft Ditchburn & Mare in London, für 20.000 Taler in Auftrag gegebenen eisernen Raddampfers eine Anleihe von 3.500 Talern aufgenommen werden. Wie die Emder Reeder gaben sich auch ihre Konkurrenten aus Leer welfisch-patriotisch und nannten ihr Schiff ERBPRINZ ERNST AUGUST.

DIE ANFÄNGE [4]
Auseinandersetzungen zwischen beiden Gesellschaften um die Verkehrsrechte

Der Zweck, den das Statut der Leer-Delfzijler Ems-Dampfschiffahrts-Gesellschaft beschrieb, entsprach inhaltlich vollkommen dem der Emder Concordia: *„Herstellung einer regelmäßigen Verbindung zwischen Leer und Delfzijl sowie den dazwischen liegenden Ortschaften zum Transport von Personen und Gütern"*. Soweit dieser Hauptzweck es zuließ, sollte das Schiff aber auch zum Schleppdienst und zu Lustfahrten zu den Inseln eingesetzt werden. Die Konkurrenz beider Reedereien war vollkommen, als nach der ERBPRINZ ERNST AUGUST, die im Herbst 1845 ihren Dienst aufnahm, im Juni 1846 die Emder auch ihr zweites Schiff in Fahrt setzten. Trotzdem erzielten beide Unternehmungen, aller Querelen ungeachtet, zunächst glänzende Ergebnisse. Die Concordia beförderte von März bis Mai 1846 mit einem Schiff 6.440, von Juni bis Ende August mit zwei Schiffen 10.806, insgesamt in sechs Monaten also 17.246 Passagiere. Allein für diese Personenbeförderung nahm sie 5.680 Taler ein; zusammen mit den 689 Talern aus Schleppfahrt und Güterfracht kam die Emder Gesellschaft in diesen Monaten auf Einnahmen in Höhe von 6.389 Talern. Die Konkurrenz aus Leer stand mit ihrem einen Schiff relativ noch besser da. Die Einnahmen aus der Passagierfahrt betrugen hier 4.535 Taler; dazu kamen 108 Taler Schlepplohn und 305 Taler aus der Güterfracht, so dass sich insgesamt 4.948 Taler ergaben. Nach dem Abfluss von 603 Talern an Betriebskosten betrug der Rohertrag 4.345 Taler, während die Concordia 1.567 Taler an Betriebsausgaben abziehen musste und somit einen Rohertrag von 4.825 Talern erreichte. Von beiden Ergebnissen waren allerdings Kapitalkosten, Rückstellungen etc. noch abzuziehen, wobei die Concordia mit zwei Schiffen erheblich stärker belastet war als die Leer-Delfzijler mit nur einem. Auf Dauer aber war das Verkehrsaufkommen auf der Ems für drei Schiffe offensichtlich noch zu gering; das Geschäftsergebnis 1847 fiel jedenfalls, soweit erkennbar, mager aus. Nur noch 703 Taler Überschuss fuhr die ERBPRINZ aus Leer ein, und die beiden Emder Schiffe erreichten vermutlich auch kein besseres Ergebnis.

Die Schwierigkeiten, mit denen die Concordia inzwischen zu kämpfen hatte, erwuchsen aus juristischen Barrieren. Aufgrund des ihr übertragenen Fährregals der Stadt Emden hatte sie nach den überkommenen Grundsätzen das Beförderungsmonopol auf der Strecke Emden–Delfzijl, so dass ihre Direktoren beim Magistrat vorstellig wurden, als im Herbst 1845 das Dampfschiff aus Leer beim Zwischenhalt in Emden ebenfalls Passagiere an Bord nahm, die auf die andere Dollartseite wollten. Der Magistrat, der die von

Aktie der Leer-Delfzijler Ems-Dampfschiffahrts-Gesellschaft von 1845.

Die Anfänge 1.4

Der Magistrat der Stadt Emden beteiligte sich 1845 mit 5.000 Talern am Aktienkapital der Ems-Dampfschifffahrts-Gesellschaft Concordia, weil er die von dieser Unternehmung ausgehenden innovativen Impulse für den Verkehr auf der Ems erkannte. Hier ein Stück aus seinem insgesamt 50 Aktien umfassenden Beteiligungspaket.

ihm erteilten Privilegien schützen musste, griff sofort ein und verbot der Konkurrenz aus Leer bei 10 Talern Strafe für jeden Übertretungsfall, weiterhin in Emden Fahrgäste für Delfzijl aufzunehmen. Darüber hinaus sollte die Leer-Delfzijler das bislang für solche Fahrten eingenommene Geld an die geschädigte Concordia abführen. Die Leeraner wandten sich dagegen an die Landdrostei in Aurich, die ihr schließlich eine Konzession für den Verkehr „zwischen Leer, Delfzijl und den dazwischen liegenden Orten" erteilt habe. Dass Emden zu diesen Orten gehöre, stehe doch wohl außer Frage – eine Auffassung, die den Emder Magistrat tief in seinem Selbstverständnis traf und die er deshalb mit Stolz und Vehemenz zurückwies.

Da nach der überkommenen Rechtslage das Emder Fährregal unantastbar war, drang die Leer-Delfzijler mit ihren Ansprüchen bei der Landdrostei in Aurich nicht durch, dank ihrer niederländischen Aktionäre fand die Gesellschaft aber Unterstützung bei der Regierung des Nachbarlandes. Das dortige Außenministerium intervenierte in Hannover, und die Groninger Provinzialbehörden verboten der Concordia solange jede Beförderung von Personen und Waren von Delfzijl ab, wie die Behinderungen der Leer-Delfzijler in Emden andauerten. Rechtliche Prinzipienreiterei half jetzt nicht weiter, wie das Finanzministerium in Hannover schnell erkannte, obwohl es deutlich verärgert darüber war, dass die Leeraner sich in ihrem Konkurrenzkampf mit einer einheimischen Gesellschaft an eine ausländische Regierung gewandt hatten, um „auf völlig unregelmäßigem Wege für sich ein Recht zu erwirken".

Dampfer KRONPRINZESSIN MARIE (II), 1845/46 für die Emder Ems-Dampfschifffahrts-Gesellschaft Concordia auf der Werft Vlissingen & Co. in Amsterdam gebaut, auf der Leda vor Leer. Kolorierte Lithographie von Kistenmacher, um 1850. Das Schiff war bis 1876 im Insel- und Emsverkehr im Einsatz.

DIE ANFÄNGE [5]
Wirtschaftlichkeitserwägungen erzwingen einen gemeinsamen Fahrplan

Im Spätherbst 1846 kam schließlich eine Einigung zustande, aufgrund derer beide Gesellschaften den Verkehr auf der Ems zwischen Papenburg, Emden und Delfzijl sowie im Sommer zu den Inseln nach einem gemeinsamen Fahrplan und mit gleichen Fahrpreisen betreiben wollten. Die wirtschaftlich eigentlich sinnvollere Alternative, eine Vereinigung beider Gesellschaften, schied bei der damals herrschenden Verbitterung wohl von vornherein als Möglichkeit aus, und so begann mit dem 1. April 1847 die Dampfschifffahrt auf der Ems nach gemeinsamem Fahrplan und zu gleichem Tarif, eine Lösung, die für Jahrzehnte in Kraft bleiben sollte.

Während die Leer-Delfzijler zunächst weniger unter dem Streit zu leiden hatte, kam die Emder Concordia bald ins Schlingern. Im August 1848 suchte sie sich durch den Verkauf eines ihrer beiden Dampfer finanziellen Spielraum zu verschaffen. Da eine entsprechende Anzeige in der Ostfriesischen Zeitung kein Echo gefunden hatte, ermächtigte eine Generalversammlung der Aktionäre am 14. September 1848 die Direktoren, notfalls das gesamte Gesellschaftsvermögen zu liquidieren, wenn anders die Schulden nicht getilgt werden könnten. Somit standen im Februar 1849 alle Schiffe der Concordia zum Verkauf. Neben den beiden Dampfern waren dies das Segelschiff VROUW EMMETJE, mit dem in den verkehrsarmen Zeiten die Fährpflicht nach Delfzijl erfüllt wurde, und der als Kohlenlager dienende alte Schiffsrumpf NEPTUNUS. Der Getreidehändler Reemt Reemtsma, der aus dem Scheitern der Unternehmung gelernt hatte, dass eine solche verkehrstechnische Neuerung sich nicht auf alte Rechte und Privilegien verlassen dürfe,

Die Anfänge 1.5

Die Raddampfer KRONPRIN-ZESSIN MARIE (II) (links) und EMSSTROM (rechts), die ersten in Emden eingesetzten Dampfschiffe, auf der Fahrt durch den Emder Hafen. Im Hintergrund die Silhouette der Stadt mit dem Rathausturm als markantestem Punkt; links der Ratsdelft, rechts der Falderndelft. Standort des Betrachters ist etwa in Höhe des späteren, noch heute vorhandenen Eisenbahndocks. Handbemalter Teller, um 1850.

sondern offensiv die Möglichkeiten der Zukunft erkennen und nutzen müsse, war jedoch von der Lebensfähigkeit einer Dampfschifffahrtsgesellschaft in Emden überzeugt, wenn sie nur „ganz vom kaufmännischen Gesichtspunkte" aus betrieben werde. Unter seiner Führung fand sich daher schnell eine neue Aktiengesellschaft mit einem Grundkapital von 10.000 Talern zusammen, die von der Concordia die Aktiva und Passiva übernahm, so dass diese ihre Schulden bezahlen konnte und sich im Mai dieses Jahres auflöste, allerdings den Verlust des 1843 eingesetzten Kapitals in Kauf nehmen musste.

Die neue Gesellschaft, deren Name „Dampfschifffahrts-Gesellschaft Concordia" sich nur durch das fehlende „Ems" von ihrer Vorgängerin unterschied, nahm Anfang Juni 1849 ihre Fahrten auf, rechtzeitig zum Beginn der Badesaison. Auf der Strecke Emden–Papenburg einschließlich des Schleppdienstes auf der Ems war die EMSSTROM im Einsatz, die Route Emden–Delfzijl und den Inselverkehr übernahm die modernere und schnellere KRONPRINZESSIN MARIE. Die ERBPRINZ ERNST AUGUST aus Leer bediente dagegen beide Linien. Auf größere Erfolge konnten beide Gesellschaften bei den nach wie vor begrenzten Verkehrsbedürfnissen dieses Raumes vorerst allerdings nicht rechnen.

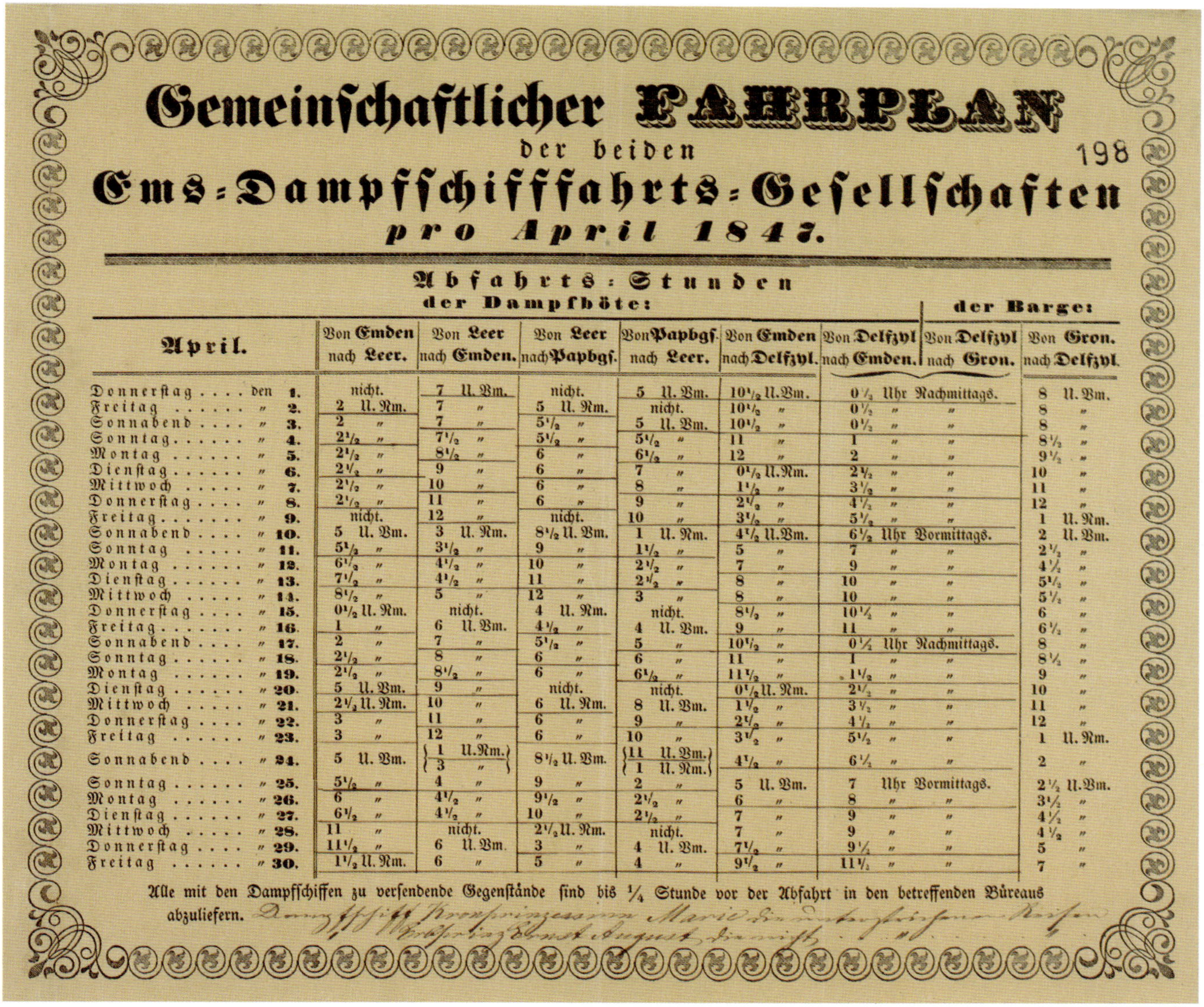

Gemeinschaftlicher FAHRPLAN

der beiden

Ems-Dampfschifffahrts-Gesellschaften

pro April 1847.

198

Abfahrts-Stunden

der Dampfböte: | **der Barge:**

April.	Von Emden nach Leer.	Von Leer nach Emden.	Von Leer nach Papbgs.	Von Papbgs. nach Leer.	Von Emden nach Delfzyl.	Von Delfzyl nach Emden.	Von Delfzyl nach Gron.	Von Gron. nach Delfzyl.
Donnerstag .... den 1.	nicht.	7 U. Vm.	nicht.	5 U. Vm.	10½ U. Vm.	0½ Uhr	Nachmittags.	8 U. Vm.
Freitag ...... „ 2.	2 U. Nm.	7 „	5 U. Nm.	nicht.	10½ „	0½ „	„	8 „
Sonnabend .... „ 3.	2 „	7 „	5½ „	5 U. Vm.	10½ „	0½ „	„	8 „
Sonntag...... „ 4.	2½ „	7½ „	5½ „	5½ „	11 „	1 „	„	8½ „
Montag ...... „ 5.	2½ „	8½ „	6 „	6½ „	12 „	2 „	„	9½ „
Dienstag...... „ 6.	2½ „	9 „	6 „	7 „	0½ U. Nm.	2½ „	„	10 „
Mittwoch ..... „ 7.	2½ „	10 „	6 „	8 „	1½ „	3½ „	„	11 „
Donnerstag.... „ 8.	2½ „	11 „	6 „	9 „	2½ „	4½ „	„	12 „
Freitag....... „ 9.	nicht.	12 „	nicht.	10 „	3½ „	5½ „	„	1 U. Nm.
Sonnabend .... „ 10.	5 U. Vm.	3 U. Nm.	8½ U. Vm.	1 U. Nm.	4½ U. Vm.	6½ Uhr	Vormittags.	2 U. Vm.
Sonntag ..... „ 11.	5½ „	3½ „	9 „	1½ „	5 „	7 „	„	2½ „
Montag ...... „ 12.	6½ „	4½ „	10 „	2½ „	7 „	9 „	„	4½ „
Dienstag...... „ 13.	7½ „	4½ „	11 „	2½ „	8 „	10 „	„	5½ „
Mittwoch ..... „ 14.	8½ „	5 „	12 „	3 „	8 „	10 „	„	5½ „
Donnerstag .... „ 15.	0½ U. Nm.	nicht.	4 U. Nm.	nicht.	8½ „	10½ „	„	6 „
Freitag....... „ 16.	1 „	6 U. Vm.	4½ „	4 U. Vm.	9 „	11 „	„	6½ „
Sonnabend .... „ 17.	2 „	7 „	5½ „	5 „	10½ „	0½ Uhr	Nachmittags.	8 „
Sonntag...... „ 18.	2½ „	8 „	6 „	6 „	11 „	1 „	„	8½ „
Montag ...... „ 19.	2½ „	8½ „	6 „	6½ „	11½ „	1½ „	„	9 „
Dienstag...... „ 20.	5 U. Vm.	9 „	nicht.	nicht.	0½ U. Nm.	2½ „	„	10 „
Mittwoch ..... „ 21.	2½ U. Nm.	10 „	6 U. Nm.	8 U. Vm.	1½ „	3½ „	„	11 „
Donnerstag .... „ 22.	3 „	11 „	6 „	9 „	2½ „	4½ „	„	12 „
Freitag ...... „ 23.	3 „	12 „	6 „	10 „	3½ „	5½ „	„	1 U. Nm.
Sonnabend .... „ 24.	5 U. Vm.	{1 U. Nm.} {3 „}	8½ U. Vm.	{11 U. Vm.} {1 U. Nm.}	4½ „	6½ „	„	2 „
Sonntag...... „ 25.	5½ „	4 „	9 „	2 „	5 U. Vm.	7 Uhr	Vormittags.	2½ U. Vm.
Montag ...... „ 26.	6 „	4½ „	9½ „	2½ „	6 „	8 „	„	3½ „
Dienstag...... „ 27.	6½ „	4½ „	10 „	2½ „	7 „	9 „	„	4½ „
Mittwoch ..... „ 28.	11 „	nicht.	2½ U. Nm.	nicht.	7 „	9 „	„	4½ „
Donnerstag .... „ 29.	11½ „	6 U. Vm.	3 „	4 U. Vm.	7½ „	9½ „	„	5 „
Freitag ...... „ 30.	1½ U. Nm.	6 „	5 „	4 „	9½ „	11½ „	„	7 „

Alle mit den Dampfschiffen zu versendende Gegenstände sind bis ¼ Stunde vor der Abfahrt in den betreffenden Büreaus abzuliefern. Dampfschiff Kronprinzessin Marie [illegible] Ernst August [illegible]

Nach der Beilegung der erbitterten Auseinandersetzungen der Ems-Dampfschifffahrts-Gesellschaft Concordia in Emden und der Leer-Delfzijler Ems-Dampfschiffahrts-Gesellschaft um die Verkehrsrechte auf der Strecke Emden–Delfzijl wurden die Schiffe beider Gesellschaften ab April 1847 koordiniert eingesetzt. Hier der erste gemeinsame Fahrplan.

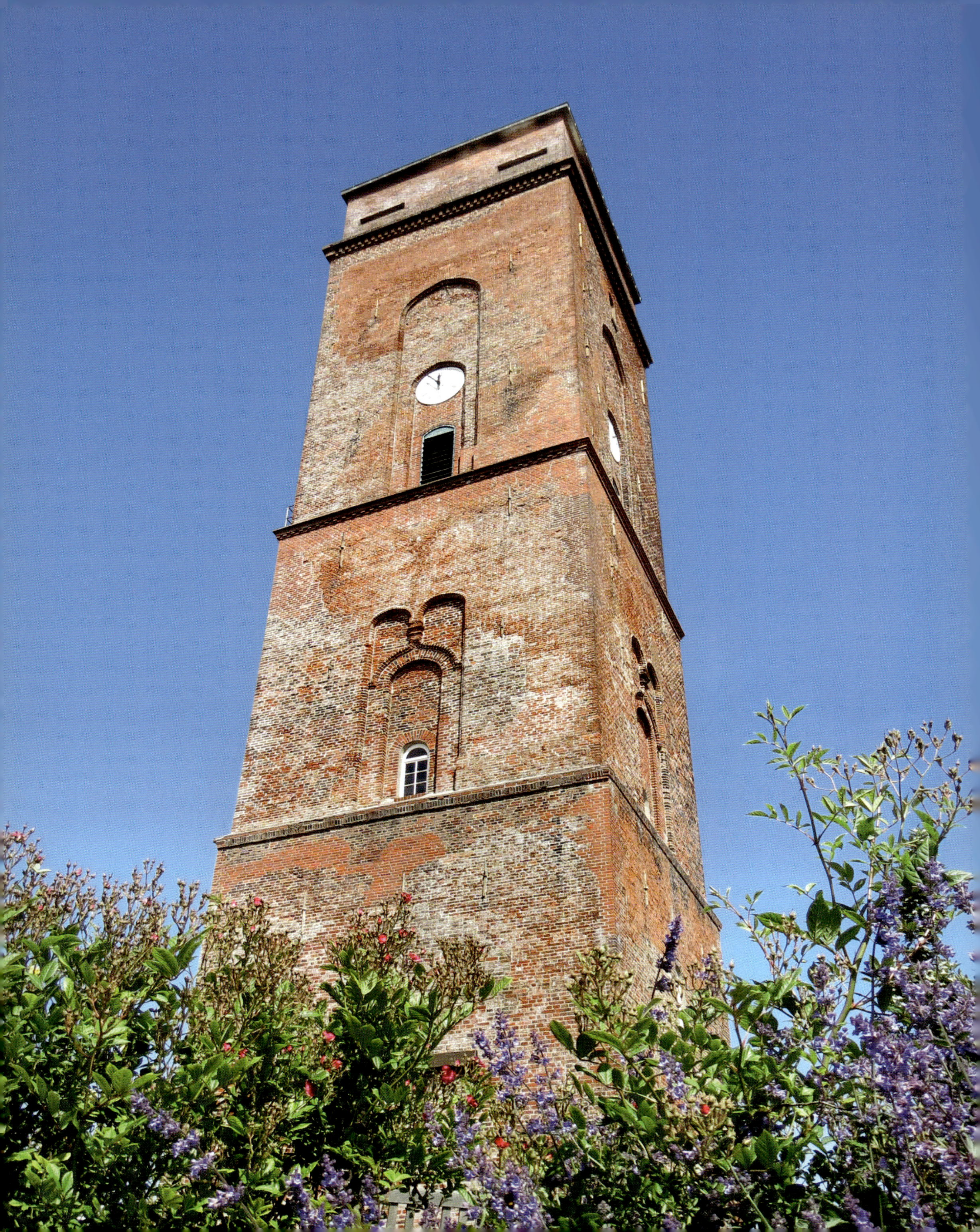

2

INTENSIVIERUNG

des Schiffsverkehrs
als Folge des Ausbaus
der überregionalen und lokalen
Verkehrsinfrastruktur
(1856–1889)

Der alte Kirchturm von Borkum, den die Stadt Emden im Jahre 1576 zu einem Leuchtturm ausbauen ließ, um es den Schiffen auf der Außenems und im Ems-Dollart-Revier leichter zu machen, ihren Weg zu finden, stand noch in den 1880er Jahren für die seit Jahrhunderten überkommenen Verkehrsverhältnisse.

Intensivierung 2.1

INTENSIVIERUNG [1]
Eisenbahnanschluss für Emden und Leer 1856 und seine Folgen

Ansicht von Leer von der Leda aus; in der Mitte der Dampfer KRONPRINZ VON HANNOVER. Tableaulithographie von Kistenmacher nach einer Zeichnung von L. Redenius, etwa 1858.

Als 1856 die Hannoversche Westbahn eröffnet wurde, die Emden mit Rheine verband und dort über Osnabrück und Münster Anschluss an das bereits gut ausgebaute innerdeutsche Eisenbahnnetz bot, fiel namentlich der Personenverkehr auf der Ems auf ein Minimum ab. Die KRONPRINZ ERNST AUGUST, die 1847 über 16.000 Fahrgäste gehabt hatte, kam 1857 nur noch auf 6.898 und im folgenden Jahr auf 7.404 Beförderungen. Die ursprüngliche Basis der beiden Dampfschiffsreedereien, nämlich Fahrten auf der Ems und nach Delfzijl, war somit seit 1856 bereits weitgehend entfallen, und mit dem weiteren Ausbau neuartiger Verkehrsverbindungen beiderseits der deutsch-niederländischen Grenze verlor auch die Fähre nach Delfzijl ihre frühere Bedeutung, so dass der Emder Magistrat das Fährregal Ende April 1858 aufhob. Die Concordia, die sich schon 1857 von ihrer unrentabel gewordenen EMSSTROM getrennt hatte, konnte nun auch das überflüssig gewordene Segelfährschiff VROUW EMMETJE verkaufen. 1859 waren beide Gesellschaften dem Zusammenbruch nahe. Die Aktionäre der Leer-Delfzijler konnten sich zu einer finanziellen Neuordnung nicht durchringen, so dass ihre Gesellschaft weiterhin am Rande der Existenzfähigkeit dahindümpelte und schließlich Ende 1885 Konkurs anmelden musste. Die Emder Concordia dagegen wurde, wiederum durch das Engagement nach wie vor optimistischer ortsansässiger Kaufleute, namentlich des Getreidehändlers Reemt Reemtsma, von neuem saniert. Die KRONPRINZESSIN MARIE wurde fortan in Form einer Partenreederei betrieben, aber auch diese mittlerweile dritte Dampfschiffsunternehmung Emdens behielt den Namen Concordia bei.

Der Optimismus war gerechtfertigt, denn in dem gleichen Maße, wie der Personen- und Warenverkehr auf der Ems zugunsten der Eisenbahn sank, nahm seit den 1850er Jahren der Inselverkehr zu. Allerdings war es noch auf lange Zeit in erster Linie Norder-

Intensivierung 2.1

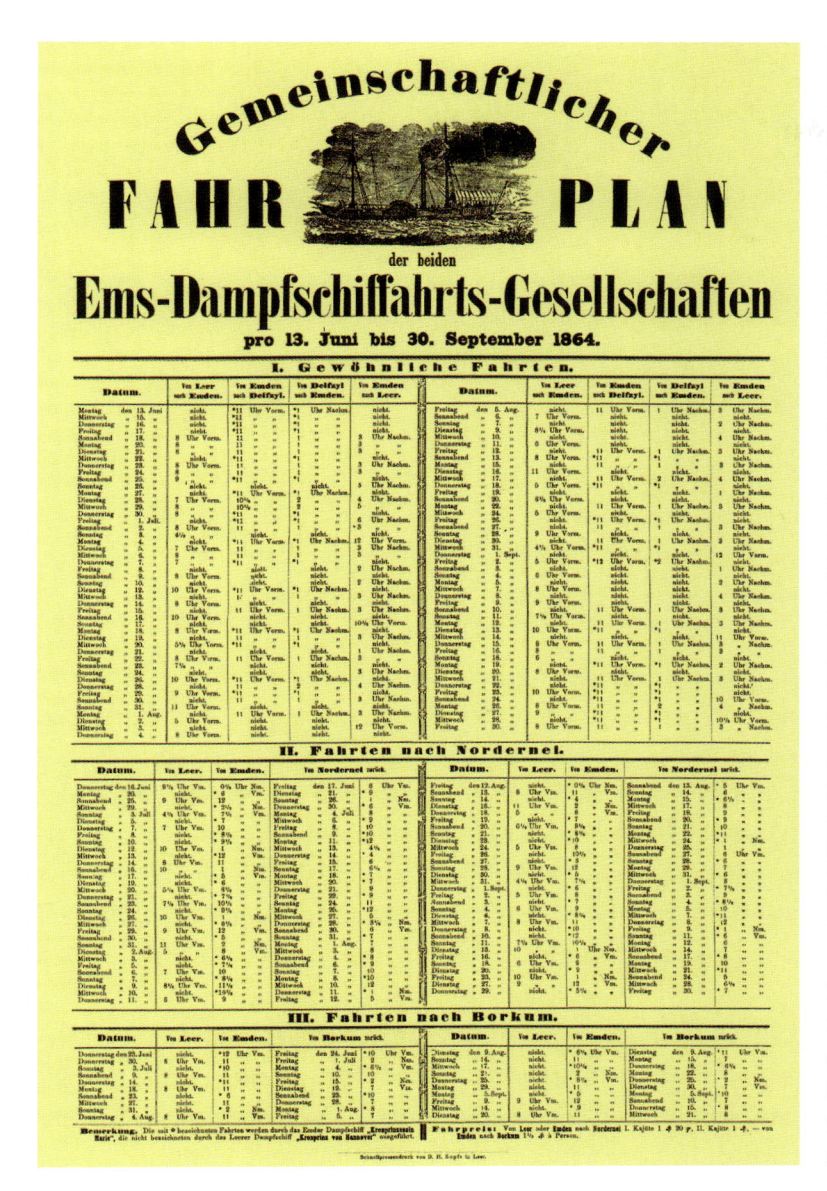

Solange Borkum als Seebad nur eine geringe Bedeutung hatte, wickelten die Dampfschiffe den sommerlichen Badeverkehr gemeinsam mit der herrschaftlichen Fähre, die auch nach Greetsiel fuhr, ab. Der Fahrplan wurde in der Ostfriesischen Zeitung bekanntgegeben.

Bis zum späten 19. Jahrhundert hatte der Bäderverkehr nach Norderney für die Dampfschiffsreedereien in Emden und Leer größere Bedeutung als der nach Borkum, wie sich z. B. an diesem Fahrplan von 1864 zeigt: 32 Fahrten nach Norderney standen nur 10 nach Borkum gegenüber.

ney, das hier als Motor wirkte. Schon 1849 kam ein großer Teil der fast 2.000 Badegäste dieser Insel mit den Dampfschiffen aus Emden und Leer. Als mit der Eröffnung der Hannoverschen Westbahn 1856 auch Reisende aus dem Inneren Deutschlands bequem bis nach Emden fahren konnten, verlagerte sich der Norderneyverkehr immer mehr an die Ems, während das zunächst dominierende Geestemünde, heute ein Teil von Bremerhaven, allmählich zurückfiel. Für nahezu vier Jahrzehnte lief nun der größte Teil des Seebäderverkehrs nach Norderney über Emden und Leer, während in Norden und Norddeich noch niemand daran dachte, sich zum Verkehr mit dieser so nah vor der Haustür liegenden Insel zusammenzuschließen.

Intensivierung 2.1

BADEGÄSTE

Jahr	Anzahl
1852	506
1853	308
1854	515
1855	480
1856	372
1857	606
1858	414
1859	417

Das staatlich nach wie vor kaum geförderte Borkum blieb dagegen noch lange im Schatten des mondänen Nachbarn, doch zeigte sich in den 1850er Jahren auch hier dank eifriger Privatinitiative ein stetiger Aufschwung. Der damalige Amtsvogt Ferdinand Friedrich Rohde war überaus rührig und spornte die Insulaner fortwährend zur Verbesserung der Quartiere und der Urlaubseinrichtungen an. Auf seine Veranlassung wurde 1858 ein *Borcumer Conversationshaus* gebaut, das spätere Dorfhotel, und auch von der Werbung verstand er viel. Nach Norderneyer Vorbild begann er, regelmäßig Gästelisten zu veröffentlichen, die den Aufschwung Borkums widerspiegeln.

Nach einigen Jahren der Stagnation setzte sich die positive Entwicklung 1864 mit 720 Badegästen fort, und im folgenden Jahr wurde mit 1.024 Besuchern erstmals die Tausendergrenze überschritten. Abgesehen von den Kriegsjahren 1866 und 1870 mit nur 506 bzw. 306 Kurgästen, stiegen die Zahlen weiterhin an und hatten schon 1880 mit 2.310 die nächste Tausendergrenze übersprungen.

Wegen des kräftig ansteigenden Verkehrs konnte auch das herrschaftliche Borkumer Fährschiff mit der Konkurrenz der Dampfschiffe, die sich erst ab 1852 stärker in den Inselverkehr einschalteten, gut leben. Es blieb für den Fährmann ein genügend großes Verkehrsaufkommen übrig, namentlich durch den steigenden Lebensmittelbedarf der Insel und durch die Gepäckbeförderung. Außerhalb der Saison machte ihm ohnehin niemand den Verkehr zwischen der Insel und dem Festland streitig, der vor allem im Winter mehr einer lästigen, für Borkum aber lebensnotwendigen und daher staatlich subventionierten Pflicht glich als einem wirtschaftlich zu betreibenden Geschäft.

Ab der Saison 1857 wickelten die beiden Dampfschiffe aus Emden und Leer den Borkumverkehr zusammen mit dem herrschaftlichen Fährschiff nach einem gemeinsamen Fahrplan ab. Der immer wichtiger werdende Fremdenverkehr führte bald nach der 1859 vorgenommenen Eingliederung des alten Amtes Greetsiel in das Amt Emden zu einigen spezifischen Neuerungen in den Verträgen der amtlich bestellten Fährschiffer. Nicht nur, dass für diese jetzt Emden zum hauptsächlichen Festlandshafen wurde, auch den Bedürfnissen der Urlauber wurde bald stärker Rechnung getragen. So verlangte der Vertrag des Fährmanns Claas Gerhards vom 9. September 1862 ein Schiff mit zwei Passagierkajüten und einem *Privée* (Toilette) und verpflichtete diesen darüber hinaus, *„einfache Erfrischungen für die Passagiere gegen eine vom Amte Emden vorzuschreibende Preistaxe auf dem Schiff bereit zu halten"*.

Intensivierung 2.2

INTENSIVIERUNG [2]
Ausbau der Seebäderflotte

Mit der Übernahme der KRONPRINZESSIN MARIE durch die Nachfolgegesellschaft Partenreederei Concordia 1859 waren im Verein mit den günstigeren Rahmenbedingungen endlich die Voraussetzungen für einen gewinnbringenden Dampfschiffsverkehr gegeben. Das Schiff brachte jetzt so viel Geld ein, dass allein in den Jahren 1860 und 1861 nach Abzug von 1.500 Talern für den Reservefonds und 500 Talern für die Beschaffung von Kohlen sowie für den laufenden Betrieb noch 1.000 Taler als Gewinn auf die Parteninhaber verteilt werden konnten. Der wachsende Strom der Badegäste ließ bereits wenige Jahre später den Bau eines zusätzlichen Dampfers lohnenswert erscheinen, zumal die KRONPRINZESSIN MARIE den gestiegenen Anforderungen nur noch bedingt genügte. Auf Initiative des inzwischen zum Senator aufgestiegenen Kaufmanns Reemtsma fasste im Oktober 1863 eine Versammlung interessierter Emder Kaufleute einen entsprechenden Grundsatzbeschluss. Insbesondere kam es den Beteiligten auf die Schnelligkeit des neuen Schiffes an, um eine tägliche Verbindung nach Norderney mit einer Fahrzeit von höchstens drei Stunden schaffen zu können; damit ließ sich die Konkurrenz aus Geestemünde/Bremerhaven deutlich unterbieten und die Attraktivität der Verbindung über Emden erheblich steigern. Die Finanzierung des Schiffes, das nach einigen Verzögerungen erst im Winter 1866/67 auf der Werft J. K. Boon im groningischen Hoogezand gebaut wurde, erfolgte durch Aktien im Werte von je 87 Talern. Im März 1867 auf den Namen WILHELM I. getauft – nach dem Anfall Hannovers an Preußen im Vorjahr war der Patriotismus in Ostfriesland vom welfischen in ein hohenzollernsches Gewand geschlüpft –, nahm es Anfang Juni dieses Jahres seinen Dienst auf. Jetzt war es möglich, neben der täglichen Verbindung von Emden und Leer nach Norderney auch Borkum fast täglich anzulaufen; gemeinsam mit dem herrschaftlichen Fährschiff wurden in dieser Saison 80 Fahrten nach dort abgewickelt.

„Emden von der Schleuse aus gesehen", Lithographie von L. Redenius, um 1860. Im Vordergrund der westliche Deich des 1845/48 angelegten neuen Fahrwassers, auf dem Wasser die KRONPRINZESSIN MARIE (II).

Intensivierung 2.2

Blick von der Westerbutvenne auf den Ratsdelft 1876 und die zu dieser Zeit noch existierende Rathausbrücke, kolorierter Holzstich von Gustav Adolf Rau nach einer Zeichnung von Franz Oskar Bernhard Schreyer. Damals befand sich die Anlege- und Abfahrtsstelle der Dampfschiffe des Personenverkehrs noch auf dieser Seite des Delfts, ehe sie in den 1880er Jahren an das gegenüberliegende westliche Delftufer verlegt wurde. Vom gerade angekommenen Dampfer WILHELM I. gehen die Passagiere an Land, wo bereits einige Pferdekutschen auf sie warten, um sie zum Bahnhof zu bringen.

Nach der Gründung des Kaiserreichs 1871 setzte in ganz Deutschland ein großer wirtschaftlicher Aufschwung ein, der auch auf den Bäderverkehr ausstrahlte. Die Gästezahlen stiegen schneller als je zuvor, in Norderney zwischen 1871 und 1880 von 5.566 auf 8.261, in Borkum im selben Zeitraum von 1.422 auf 2.310. Dementsprechend wurde der Schiffsverkehr zu den Inseln trotz der kurzen Saison immer attraktiver. Der Norddeutsche Lloyd, der von Geestemünde aus mit seinem Schiff ROLAND den Bäderverkehr schon länger bediente, fand es daher im Sommer 1873 geraten, mit einem zweiten Schiff, dem Dampfer PAUL FRIEDRICH AUGUST, zwei- bis dreimal wöchentlich auch von Emden aus die ostfriesischen Inseln Norderney und Borkum anzufahren. In Emden selbst regte sich ebenfalls weiteres Interesse. Der Holzhändler Senator Carl Dantziger kaufte im Frühjahr 1873 das erst zwei Jahre alte Dampfschiff BRAKE, das bis dahin zwischen Bremen und Brake auf der Weser Dienst getan hatte. Er baute das Schiff für die Bäderfahrt um und setzte es unter dem Namen NORDERNEY auf den Strecken Emden–Norderney und Emden–Borkum ein.

Die Namengebung zeigt, dass der Emder Norderneyverkehr nach wie vor bedeutender und lukrativer war als der Borkumverkehr. Einschließlich des Dampfers KRONPRINZ aus Leer waren in diesem Jahr somit fünf Schiffe gleichzeitig im Bäderdienst tätig. Das kam Borkum, das jetzt täglich angelaufen werden konnte, zwar zugute, doch diese Beförderungskapazität war für das hiesige Verkehrsaufkommen zu groß. Der Norddeutsche Lloyd ließ es daher bei einem einjährigen Engagement bewenden. Die zunächst vier, nach dem Verkauf des betagten, inzwischen zu einer neutralen KRONPRINZESSIN gewordenen ältesten Schiffes der Flotte im August 1876 noch drei verbliebenen ostfriesischen Dampfschiffe konnten den Verkehrsbedürfnissen vollauf genügen.

Intensivierung 2.2

Dampfer WILHELM I., gebaut 1866/67 auf der Werft J. K. Boon im niederländischen Hoogezand, ankernd vor Borkum. Seine Eigentümer betrieben das Schiff zunächst in Form einer Partenreederei. 1884 wandelten sie diese in die Emder Dampfschifffahrt-Actiengesellschaft um, aus der 1889 die AG „Ems" hervorging. 1898 wurde das Schiff abgewrackt.

Der Dampfer NORDERNEY, gebaut 1871 auf der Werft Norddeutsche Schiffbau Actien-Gesellschaft in Kiel-Gaarden, den späteren Howaldtwerken, war seit 1873 von Emden aus im Inselverkehr eingesetzt, zunächst von Senator Carl Dantziger, ab 1883 von der Firma Schönberg & Neumark. 1889 ging das Schiff ins Eigentum der gerade gegründeten AG „Ems" über und schied im folgenden Jahr aus dem Borkumverkehr aus.

Die Emder Concordia fuhr weiterhin glänzende Ergebnisse ein, so dass sie 1875 je Anteil 5,3%, 1876 8% und 1883 sogar 16% Gewinn auszahlen konnte. Trotz leichter Einschränkungen des Borkumverkehrs in den späten 1870er Jahren – nach dem Wegfall der KRONPRINZESSIN ließ sich die tägliche Bedienung nicht durchgängig aufrechterhalten – war zu Beginn der 1880er Jahre eine wirtschaftlich erfolgreiche Bäderfahrt an der Ems gesichert, und auch Borkums Status als Seebad war nicht mehr in Frage gestellt. Die für die weitere Entwicklung maßgebenden Veränderungen und Neuerungen aber brachte erst das nächste Jahrzehnt.

Intensivierung 2.3

INTENSIVIERUNG [3]
Der Bau der Küstenbahn von Emden über Norden nach Jever 1883

Als die 1856 eröffnete Hannoversche Westbahn geplant wurde, bestand für eine über Emden hinausgehende Strecke noch kein Bedürfnis. Die Bahn endete daher am Emder Bahnhof (später Emden Süd), der südöstlich der alten Stadtgrenzen in großzügiger Weise auf dem Gelände gebaut worden war, in dem ursprünglich die Ems ihr Bett gehabt hatte. Für den direkten Umschlag von der Schiene aufs Schiff und umgekehrt war eigens ein neues Hafenbecken, das noch heute erhaltene Eisenbahndock, geschaffen worden. Einige Jahre vorher, 1845/48, war außerdem ein völlig neues Fahrwasser entstanden, das in gerader Linie Rats- und Falderndelft mit der mittlerweile einige Kilometer südlich davon fließenden offenen Ems verband. Eine einfache Sielschleuse als Hochwasserschutz für Emden schloss diese Fahrrinne bei Nesserland ab. Da die Westbahn in Emden endete, war die ganze Anlage ein Sackbahnhof, jenseits dessen das große, aus dem Zusammenfluss von Rats- und Falderndelft gebildete Hafenbecken begann, an dessen westlichem Ufer seit alters her die wichtigsten Lade- und Löscheinrichtungen ihren Platz hatten. Nach einer schon 1817 verschwundenen hölzernen Pier, die vom Hafentor aus ins Watt geragt hatte, hieß der südliche Abschnitt dieses Hafenteils noch bis weit über die Jahrhundertmitte hinaus Lange Brücke.

2.3 Intensivierung

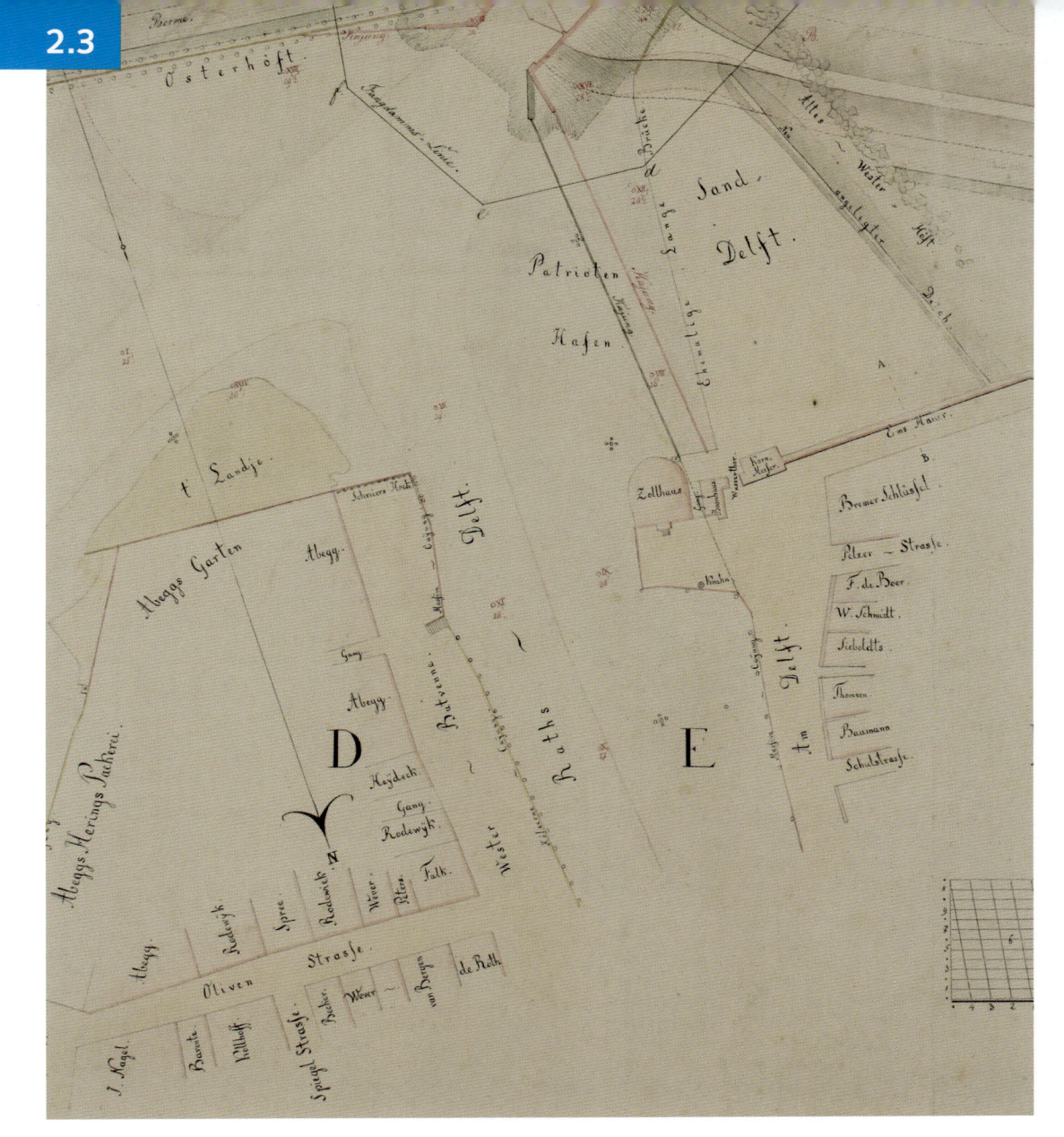

Der Ratsdelft in Emden, Ausschnitt aus einer (gesüdeten) Karte, die in den 1830er Jahren im Zuge der Überlegungen für eine bessere Anbindung des Emder Hafens an Ems und Dollart entstanden ist. In dieser Zeit, in die 1843 auch die Gründung der Ems-Dampfschifffahrts-Gesellschaft Concordia fiel, waren die jahrhundertealten Hafenanlagen noch weitgehend erhalten oder zumindest erkennbar. Gegenüber der Pelzerstraße stand wie seit je ein städtischer Kran, südlich davon das halbrund ins Wasser gebaute Zollhaus von 1583, an das sich westlich das Baumschließerhaus, von dem aus früher der die Hafeneinfahrt sperrende Hafenbaum bedient wurde, sowie das vom Emder Stadtbaumeister Martin Faber 1635 gebaute Hafentor und das Haus der Kornmesser anschlossen. Auch die alte Emsmauer, die ihren Namen zu dieser Zeit längst nicht mehr verdiente, stand noch. Die Lange Brücke südlich des Hafentors, die jahrhundertelang für alle ankommenden und abfahrenden Schiffe als erster bzw. letzter Anlegeplatz gedient hatte, war dagegen nach ihrer sturmflutbedingten Zerstörung im Jahre 1817 nicht wieder aufgebaut worden. Von der stattdessen dort geschaffenen festen Kajung am Patriotenhafen fuhren später auch die Dampfschiffe ab. Auf dem anderen Ufer mit der Westerbutvenne und Schreyers Hoek war die Spitze der zwischen Rats- und Falderndelft liegenden Halbinsel Mittelfaldern („t' Landje") noch unbefestigt. Ihren besonderen Reiz gewinnt die Karte durch die namentliche Ausweisung der angrenzenden Grundeigentümer. Die in den Jahren um 1800 entstandene Handzeichnung auf Seite 46 zeigt die auf der Karte dargestellten Gegebenheiten am westlichen Delftufer aus nahezu demselben Blickwinkel in der Ansicht: rechts das halbrunde Zollhaus, daran anschließend die als Pfahljochbauwerk ausgeführte Lange Brücke und im Hintergrund die Insel Nesserland mit ihrer kleinen Kirche.

Intensivierung 2.3

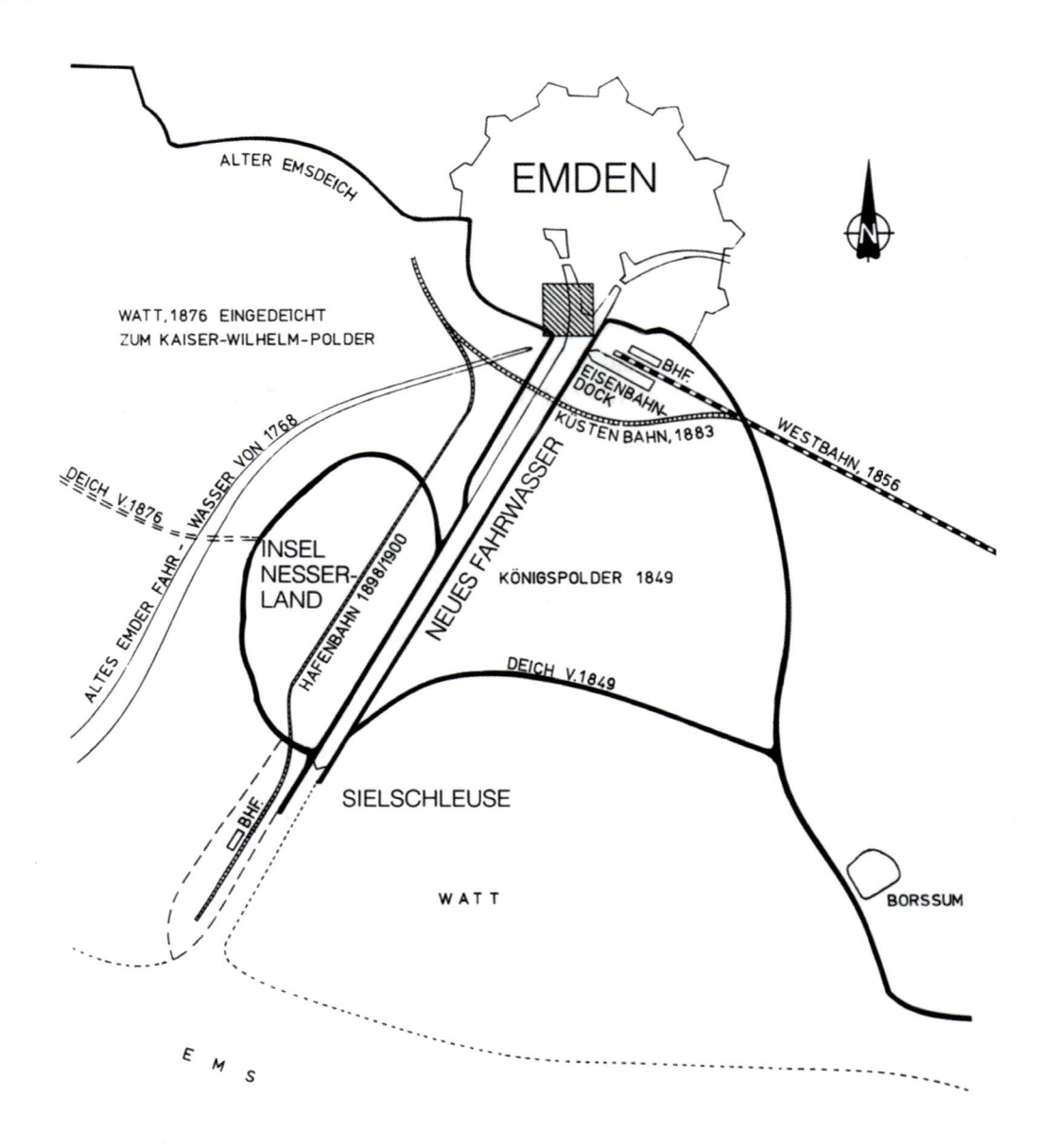

Entwicklung der Hafen- und Verkehrsverhältnisse in Emden in der zweiten Hälfte des 19. Jahrhunderts.
Da die alte Emsschleife weitgehend verlandet war und auch das Fahrwasser von 1768 seinen Zweck kaum noch erfüllte, wurde 1845/48 in gerader Linie vom Rats- und Falderndelft aus durch die Insel Nesserland hindurch ein neues Fahrwasser angelegt. Eine Sielschleuse kurz vor dessen Einmündung in die Ems und Deiche auf beiden Seiten, die auch Nesserland einschlossen, schützten seitdem die Stadt vor Sturmfluten. Der besonders hohe Anwachs im östlichen Teil der alten Emsschleife wurde 1849 vom Königreich Hannover eingedeicht und erhielt den Namen Königspolder, während der zunächst noch niedrigere Anwachs im Westen erst ab 1876 eingedeicht wurde. Die 1856 fertiggestellte Hannoversche Westbahn endete in einem Sackbahnhof (später Emden Süd) am östlichen Ufer des Alten Binnenhafens. Erst die 1883 gebaute Küstenbahn führte über Emden hinaus, doch brachte die damit notwendige Brücke über den Alten Binnenhafen erhebliche Behinderungen mit sich. Als um die Wende zum 20. Jahrhundert das Außenfahrwasser südlich von Nesserland zu einem leistungsfähigen modernen Seehafen mit Eisenbahnanschluss ausgebaut wurde, wurde daher der Anleger für die Borkumschiffe zum 1. Juli 1901, als auch der neue Bahnhof Emden-Außenhafen fertiggestellt war, nach dort verlegt. Die Verhältnisse an der alten Abfahrtsstelle am Ratsdelft (schraffierte Fläche) zeigt die Abbildung auf S. 47.

Intensivierung 2.3

Dampfer WILHELM I. vor Norderney, Porzellanmalerei auf einer Kaffeetasse aus der Zeit um 1870.

Als sich nach der Reichsgründung von 1871 die Industrialisierung Deutschlands beschleunigte, genügte die in Emden endende Eisenbahnverbindung den gestiegenen Verkehrsbedürfnissen nicht mehr. Entlang der ostfriesischen Küste wurde daher von Emden über Georgsheil, Norden, Esens und Wittmund nach Jever eine neue Eisenbahnlinie gebaut, die ihrem Verlauf entsprechend den Namen Küstenbahn erhielt und 1883 eröffnet wurde. Die neue Strecke zweigte kurz vor dem Emder Bahnhof (Süd) ab und überquerte das Fahrwasser weiter südlich, genau an der Stelle, an der noch heute die Eisenbahnbrücke über den Alten Binnenhafen führt. An der Larrelter Straße entstand damals eine zusätzliche Haltestelle, die Keimzelle des späteren Bahnhofs Emden West, des heutigen Hauptbahnhofs. Mit der Eröffnung der Küstenbahn 1883 waren erstmals die Voraussetzungen geschaffen, den Verkehr nach Norderney über das nur eine halbe Stunde von der Insel entfernte Norddeich abzuwickeln, und als 1892 die Eisenbahn bis nach dort verlängert wurde, verlor die von Emden und Leer aus betriebene regelmäßige Schiffsfahrt nach Norderney an Bedeutung und wurde 1893 schließlich eingestellt. War bis dahin der Borkumverkehr ein Abfallprodukt des Norderneyverkehrs, so kehrte sich jetzt das Verhältnis um. Die Reedereien an der Ems mussten sich langfristig auf Borkum allein konzentrieren.

| Intensivierung | 2.4 |

"Ansicht der neuen Schutz-Schleuse auf Nesserland" (Ausschnitt aus dem Stadtplan von Oosterloo, 1852). Die hier mit ihrer stadtseitigen Ansicht abgebildete Schleuse befand sich am südlichen Ende des neuen Emder Fahrwassers von 1845/48 und wurde nur bei Sturmflut oder besonders hohem Wasserstand geschlossen. Außerhalb der Schleuse, im Bereich des späteren Außenhafens (Bildhintergrund), befand sich eine Flutlandungsbrücke, an der die Dampfschiffe – im Vordergrund die KRONPRINZESSIN MARIE (II) – anlegten, wenn die Schleuse hochwasserbedingt nicht geöffnet werden durfte.

INTENSIVIERUNG [4]
Die Poppingasche Pferdebahn in Emden – ein gescheitertes Projekt

Um angesichts der mit dem Bau der Küstenbahn gegebenen neuen Verkehrsmöglichkeiten der Stadt Emden die *"Concurrenzfähigkeit für Vermittlung des Dampfschiffsverkehrs mit den Badeinseln"* zu erhalten, sann der Magistrat frühzeitig auf Verbesserungen, um durch höheren Komfort die Reisenden ihren Weg zu den Inseln auch weiterhin über Emden nehmen zu lassen. Wichtig war dabei eine gute Verbindung zwischen Eisenbahn und Schiff. Die Dampfer der Concordia fuhren meist an der bequem von der Stadt aus zu erreichenden Langen Brücke ab; nur vorübergehend hatten sie ihren Landeplatz am Eisenbahndock bzw. an der Westerbutvenne. War die Nesserlander Schleuse jedoch wegen ungünstiger Wasserstände geschlossen, legten die Schiffe an der dortigen Flutlandungsbrücke an. Für den Weg zwischen Nesserland und der Stadt benutzten die Fahrgäste dann eine pferdegezogene Treckschute oder einen Wagen. Es kam dem Magistrat, der sich angesichts der zu erwartenden Verkehrsverlagerungen schon länger um Interessenten für ein solches Projekt bemüht hatte, daher sehr gelegen, als 1883 Bäckermeister Reemt Poppinga einen Plan für eine Pferdebahn vom Bahnhof zum Delft und weiter zur Nesserlander Schleuse präsentierte. Die Bahn sollte durch die Bahnhof- und die Neue Straße (heute Friedrich-Ebert-Straße) bis zur Neuen Kirche, von dort durch die Brückstraße und den Rathausbogen über die damals noch bestehende Rathausbrücke zum Delft und dann entlang des Wassers bis nach Nesserland führen.

Intensivierung 2.4

Die fünf von Bäckermeister Poppinga für sein gescheitertes Pferdebahnprojekt beschafften Wagen fanden ab 1888 Verwendung bei der Borkumer Kleinbahn, hier Anfang der 1890er Jahre gemeinsam mit der Dampflok BORKUM im Einsatz vor dem Bahnhofsgebäude. Ihr Erkennungsmerkmal war die geschwungene Dachform. Als Personenwagen waren sie bis 1940/41 im Einsatz; 1963 wurde der letzte von ihnen verschrottet.

Die Stadt sicherte Poppinga alle Unterstützung einschließlich einer Finanzierungshilfe zu, dafür verpflichtete sich dieser, die Bahn bis zum Saisonbeginn 1884 fertigzustellen und sie während der Sommermonate so oft fahren zu lassen, dass für die Passagiere eines jeden ankommenden und abfahrenden Zuges bzw. Schiffes eine schnelle Verbindung zwischen Bahnhof und Landungsbrücke gewährleistet war. Nach rechtzeitigem Baubeginn waren die Schienen im Mai 1884 schon bis zum Rathaus verlegt, als das Projekt schließlich scheiterte. Ursächlich dafür war allerdings nicht der gern erzählte angebliche Schildbürgerstreich Poppingas, wonach die in Hannover gebraucht gekauften Wagen für die Passage durch den Rathausbogen zu hoch gewesen seien, sondern die Tatsache, dass er trotz mehrfacher Aufforderung seine Pläne nicht zur baupolizeilichen Prüfung und Genehmigung eingereicht hatte. Entsprechend unsachgemäß war das Ergebnis; die für den vorgesehenen Zweck weitgehend ungeeigneten Schienen waren so schlecht verlegt, dass die Emder Fuhrleute über Rad- und Achsenbrüche klagten und der Magistrat daraufhin den Weiterbau verbot. Die damit nutzlos gewordenen Wagen aber fanden bald eine Verwendung, die für Borkum viel wichtiger war als eine Pferdebahn in Emden.

INTENSIVIERUNG [5]
Der Bau der Borkumer Inselbahn 1887/88

Auf Borkum und den übrigen Inseln waren eigentliche Hafenanlagen ursprünglich nicht vorhanden. Die kleinen Frachtschiffe oder Fischerboote, flachbodig gebaut, fuhren so nahe wie es ging an die Insel heran, ließen sich auf dem Watt oder dem Strand trocken fallen oder warfen am Rande eines Priels Anker. Der Personenverkehr und Güterumschlag wickelte sich dann entweder über Pünten und kleine Boote bis zum Strand und von dort über Pferdewagen ab, oder diese fuhren, wenn das Wasser flach genug war, direkt an die Schiffe heran. Diese Art der Landung war insbesondere bei schlechtem Wetter für die seeungewohnten Badegäste nur bedingt ein Vergnügen, und je mehr der Besucherstrom anschwoll, desto fühlbarer wurden die mit einer solchen Ausschiffung verbundenen Mängel. Viel wichtiger als die Verbindung vom Bahnhof zur Abfahrtsstelle der Inseldampfer in Emden war daher eine nachhaltige Verbesserung der Lande- und Transportanlagen auf Borkum selbst. Hier drohten nach der Inbetriebnahme der Küstenbahn längerfristig fühlbare Wettbewerbsnachteile gegenüber Norderney, wo schon seit 1872 ein kleiner Hafen und seit 1876 eine feste Landungsbrücke existierten. In klarer Erkenntnis der dadurch absehbar werdenden Gefahren nahm der Emder Magistrat sich daher jetzt auch dieses Themas an.

Seit 1879, als nach dem Brand des alten Borkumer Leuchtturms binnen kurzer Zeit Baumaterialien in einem Umfang wie nie zuvor zu transportieren waren, damit der Neubau rechtzeitig zum Beginn des nächsten Winters in Betrieb gehen konnte, gab es auf der Insel eine von Pferden gezogene Materialbahn, die von dem Emder Bauunternehmen Habich & Goth betrieben wurde. Die Badegäste hatten davon allerdings noch keine Vorteile, sondern mussten wie bislang in der Fischerbalje vom Dampfer auf Boote und dann auf Wattwagen umsteigen, die sie in gut einstündiger, teilweise durchs Wasser führenden Fahrt kräftig durchgeschüttelt ins Inseldorf brachten. Nur bei Wind-

Intensivierung 2.5

Vor dem Bau der Inselbahn und der festen Landungsbrücke im Jahre 1888 mussten die Urlauber einige Strapazen auf sich nehmen, um trockenen Fußes an Land bzw. aufs Schiff zu gelangen. Die Handzeichnung links zeigt die Verhältnisse von 1860, als die Passagiere mit flachen Booten an den Strand gebracht wurden, wo Pferdewagen für ihren Weitertransport ins Inseldorf bereit standen. Das frühe Foto rechts aus den 1880er Jahren zeigt den Einsatz eines größeren Landungsboots im Zusammenwirken mit einigen Pferdefuhrwerken, die im flachen Wasser warteten, am Südstrand. Von hier aus konnten die Gäste auch zu Fuß binnen kurzer Zeit ins Dorf gelangen. Das Schiff im Hintergrund ist wahrscheinlich der Dampfer VICTORIA der Bremer Reederei Theodor Rocholl.

stille konnten die Dampfer am dorfnahen Südstrand ankern, wo ein tief ins Wasser geschobener großer Wagen, der als Landungsbrücke diente, das Umsteigen von den Landungsbooten in die Pferdewagen erleichterte. Gelegentlich ereigneten sich dabei Zwischenfälle wie z.B. im Juli 1879, als ein Wagen, in den gerade umgestiegen wurde, plötzlich anfuhr, wodurch ein Passagier die Balance verlor und zum Vergnügen der Umstehenden kopfüber ins Wasser fiel. In der Erinnerung erschienen diese Verhältnisse zweifellos schlimmer, als sie in Wahrheit waren. Der Artikel in der Ostfriesischen Zeitung, der zwanzig Jahre später davon sprach, dass *„nach Wochen der Ruhe und Erholung (...) eine jener strapaziösen Einschiffungen von zirka zwei Stunden Dauer den ganzen Erfolg der Kur wieder zu nichte"* gemacht habe, war jedenfalls stark übertrieben, doch war spätestens 1883 der Zeitpunkt gekommen, dass sich aus solchen Negativurteilen, die auch in der auswärtigen Presse verbreitet wurden, nachdrücklich ein Handlungsbedarf zur Sicherung des von Emden ausgehenden Borkumverkehrs ergab.

So stellte der Magistrat im Sommer 1883 bei der Finanzdirektion in Hannover den Antrag, auf domänenfiskalischem Gelände an der Fischerbalje eine Landungsbrücke bauen zu dürfen, die durch die zu verlängernde Materialbahn von Habich & Goth mit dem Inseldorf verbunden werden und damit allen bisherigen Unzulänglichkeiten beim Ein- und Ausschiffen ein Ende machen sollte. Noch während der Badesaison 1883 berichteten die Zeitungen von der bereits grundsätzlich erteilten Genehmigung. Fast alle freuten sich auf die bevorstehende tideunabhängige Neuerung, nur die Borkumer selbst mochten in den Lobgesang nicht einstimmen und lehnten eine Beteiligung an den Kosten ab, weil eine Landungsbrücke ihren bisherigen Verdienstmöglichkeiten beim Ein- und Ausbooten die Grundlage entziehen würde. Dass die damit mögliche Vervielfachung der Besucherzahlen ihnen auf die Dauer aber viel größere Vorteile bringen werde, war dagegen eine vorläufig nur mit großer Skepsis aufgenommene Aussicht.

Intensivierung 2.5

Im Jahre 1886, als dieses Foto mit dem Dampfer AUGUSTA aufgenommen wurde, waren die Verhältnisse beim Ausbooten bereits so weit perfektioniert, dass ein fest auf Pfählen ins flache Wasser gebautes Podest als Relaisstation diente, auf der die Urlauber in der Regel problemlos vom Landungsboot auf den Pferdewagen bzw. umgekehrt wechseln konnten.

So schnell sich im grundsätzlichen eine Einigung herbeiführen ließ, so lange dauerte die Realisierung. Verzögerungen brachten vor allem die Debatten über die bestmögliche Konstruktion des Eisenbahndamms auf dem letzten Streckenabschnitt zwischen den Dünen und der Fischerbalje. Da hier die Schienen über das Watt führten und somit täglich zweimal der Flut ausgesetzt sein würden, mussten Habich & Goth ihre Baupläne mehrmals ändern, bis sie von der Wasserbauverwaltung, wenn auch mit Skepsis, schließlich akzeptiert wurden. In der am 30. Juli 1885 vom Emder Landrat von Weyhe ausgefertigten Konzessionsurkunde wurde Franz Habich und Heinrich Goth der Bau einer eingleisigen Pferdeeisenbahn zwischen dem Dorf und einem noch nicht endgültig festgelegten, jedenfalls tidefreien Platz erlaubt, an dem die Landungsbrücke entstehen sollte. Als Standort dafür war neben der Fischerbalje auch die dorfnäher gelegene alte Landestelle am Südstrand im Gespräch. Zugleich waren gewisse Sicherheits- und Polizeivorschriften für den Bahnbetrieb festgelegt worden. Die auf zunächst 30 Jahre befristete Konzession sollte entschädigungslos aufgehoben werden können, wenn die Bahn nicht innerhalb von zwei Jahren nach Konzessionserteilung den Betrieb aufgenommen habe, wenn der Betrieb, ausgenommen in Fällen höherer Gewalt, länger als zwei Monate eingestellt werde, wenn die Bahn während der Badesaison nicht zur Verfügung stehe oder schließlich wenn ein überwiegendes öffentliches Interesse eine solche Ministerialentscheidung verlange.

Ergänzt wurde die Konzession durch einen Erbbauvertrag vom 4./16. November 1885, der dem Unternehmen Habich & Goth die Nutzung des für den Eisenbahnbau benötigten domänenfiskalischen Geländes in den Dünen und auf dem Watt gegen eine jährliche Rekognition von 150 Mark erlaubte. Wie die Konzession auf zunächst 30 Jahre befristet, enthielt dieser Vertrag die Bestimmung, die die Unternehmer zur entscheidenden Voraussetzung für ihre immerhin mehrere hunderttausend Mark ausmachende Investition erklärt hatten: solange die von den Konzessionären zu errichtende Bahn den Erfordernissen des Verkehrs gewachsen sei, werde keinem anderen Interessenten domänenfiskalisches Gelände für ein derartiges Unternehmen verkauft oder verpachtet werden. Es war auch dem preußischen Staat klar, dass diese große, risikoreiche Investition eines besonderen Schutzes bedurfte.

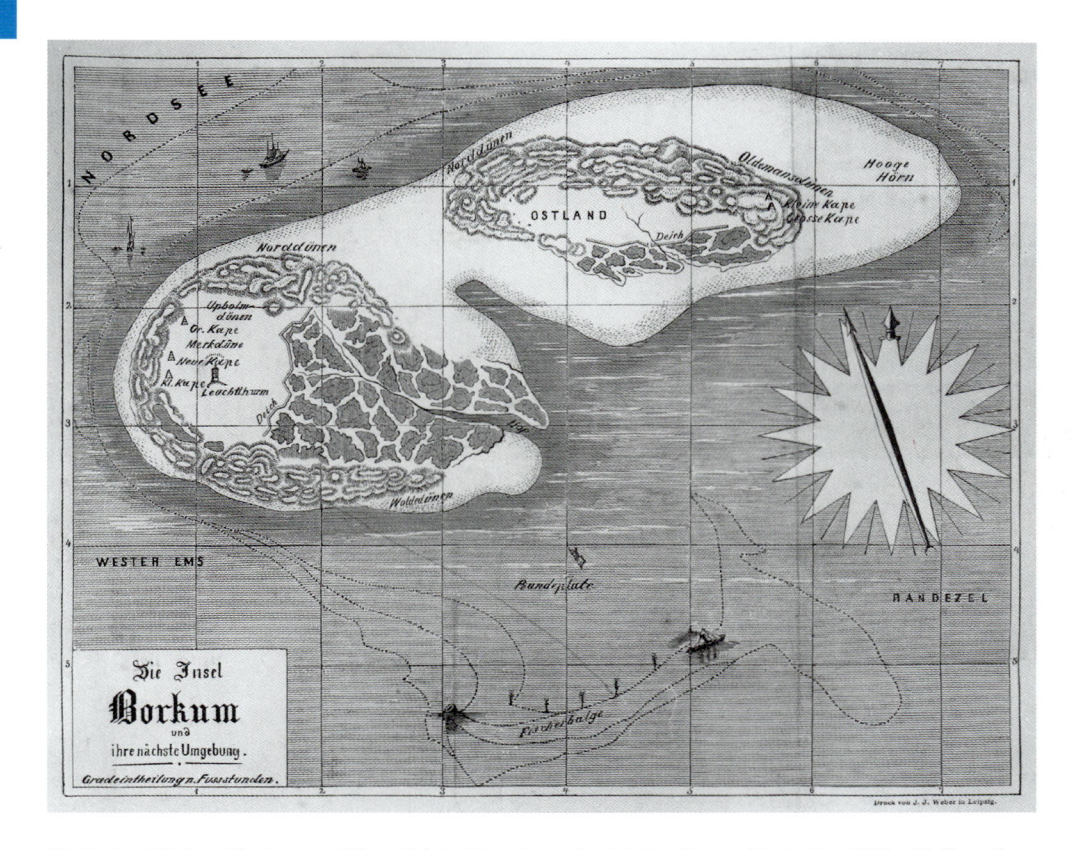

Die Karte „Die Insel Borkum und ihre nächste Umgebung" zeigt den Zustand Ende der 1860er/Anfang der 1870er Jahre. Noch war die Insel nur teilweise gegen Überschwemmungen und Strandabbrüche geschützt, und auch der Abschnitt „Tüskendöör" zwischen dem Ostland und dem Dorf war nach wie vor stark gefährdet. Gut zu erkennen ist der Weg, der vom Dorf in südöstlicher Richtung über das Watt zur tidefreien Fischerbalje führte, wo ein Dampfschiff ankert. An diesem Fußweg orientierte sich auch die Trasse der Inselbahn.

Entgegen den ungeduldigen Erwartungen begannen die Bauarbeiten jedoch erst im Spätsommer 1887, weil Habich & Goth zunächst unaufschiebbare Arbeiten im Emder Hafen zu erledigen hatten. Im Frühjahr 1888 waren die Gleise, die bei einer Gesamtlänge von 7.321 Metern auf 3.950 Metern durch die Dünen und auf 3.371 Metern über das Watt bis an das tideunabhängige Wasser der Fischerbalje führten, fertiggestellt. Auf dem Watt war ein zunächst nur etwa halbmeterhoher Damm geschüttet und mit Steinen, Pfählen und Buschwerk befestigt worden, eine Konstruktion, die die Fachleute der Wasserbauverwaltung für völlig unzureichend hielten, die aber trotz einiger schwerer Sturmflutschäden im großen und ganzen den Anforderungen gewachsen war. Als letztes wurde auf einem noch brachliegenden Dünengelände am damaligen Rand des Dorfes ein großer Bahnhof mit Sonderräumen für die Post, Gepäck- und Güterabfertigung sowie Restauration und Hotel gebaut und schließlich die Landungsbrücke an der Fischerbalje in Angriff genommen. Diese wurde als stabiles, die Wattbahnstrecke in Längsrichtung abschließendes Pfahlwerk erbaut, das mit einem quer davor liegenden Anlegeponton verbunden war und so ein unmittelbares Umsteigen zwischen Schiff und Inselbahn möglich machte.

Intensivierung 2.5

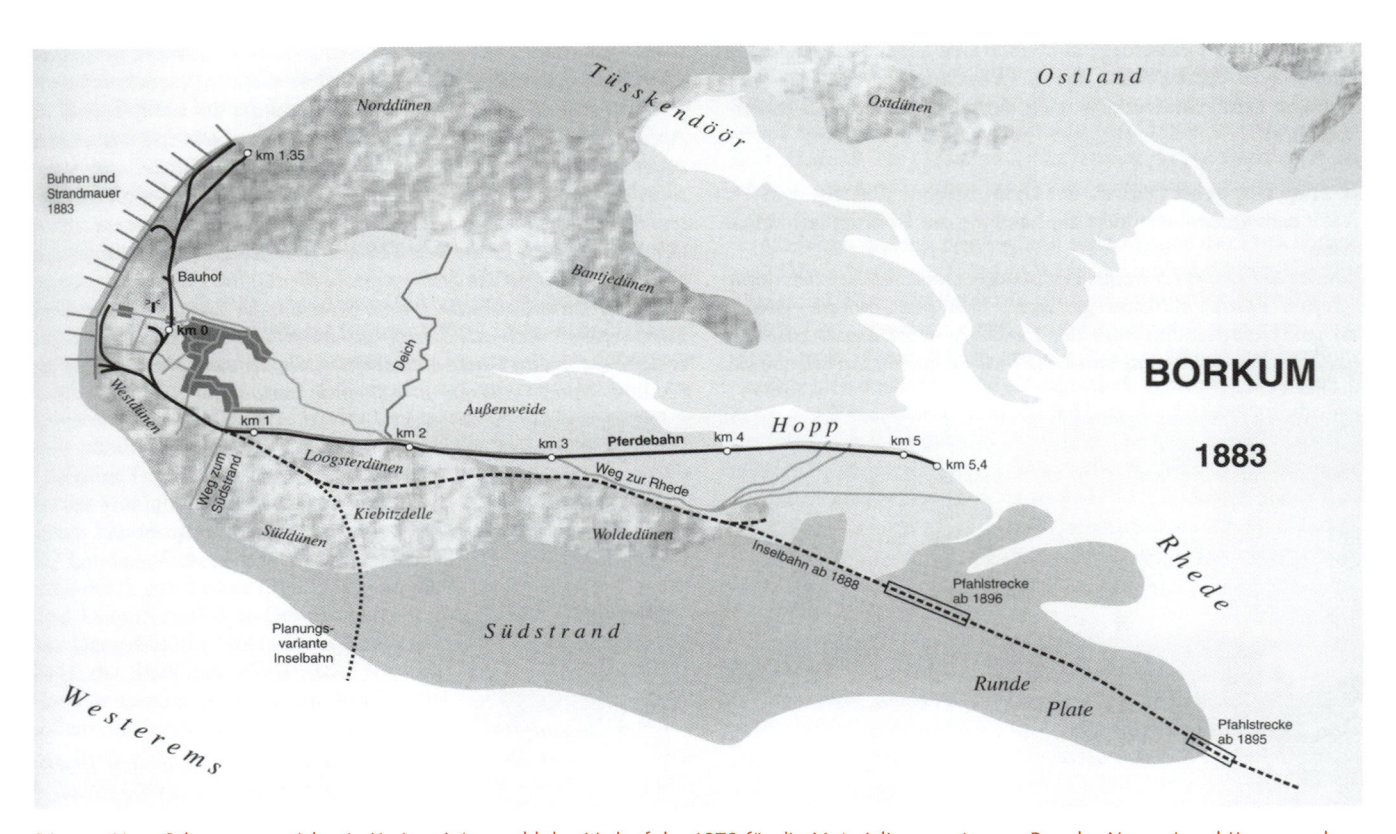

Die von Hans Schweers gezeichnete Karte zeigt sowohl den Verlauf der 1879 für die Materialtransporte zum Bau des Neuen Leuchtturms und diverser Strandbefestigungen angelegten Pferdebahn, die vom Hopp ins Inseldorf und darüber hinaus in Richtung Norden führte, als auch den Verlauf der 1888 fertig gestellten Inselbahn über das Watt in Richtung Fischerbalje. Eingezeichnet ist auch eine bald wieder verworfene Trassenvariante zum Südstrand.

BADEGÄSTE

Jahr	Anzahl
1885	3.901
1888	5.632
1891	7.736
1893	10.603

Die Absicht, die Inselbahn zunächst als Pferdebahn zu betreiben, war mittlerweile fallengelassen worden. Zwei Lokomotiven, die die Namen BORKUM und MELITTA erhielten, beide gebaut von der Maschinenfabrik Krauss & Co. in München, kamen im Mai 1888 auf der Insel an und wurden mit großer Freude begrüßt. Die 50 PS starke BORKUM war fabrikneu, während die mit 45 PS etwas schwächere MELITTA bereits 12 Jahre alt war und u.a. einen längeren Einsatz als Baulok der Firma Habich & Goth beim Bau des Ems-Jade-Kanals hinter sich hatte. Ende dieses Monats verkehrte probeweise zum ersten Mal ein Zug auf der bis auf Restarbeiten fertiggestellten Strecke. Die Ostfriesische Zeitung berichtete, dass die Fahrt vom Anleger bis ins Dorf nur 25 Minuten gedauert habe. Es bedurfte daher keiner prophetischen Begabung, um festzustellen, dass dieses Ereignis *„in der Geschichte Borkums (...) als ein bedeutender Fortschritt verzeichnet"* werden würde. Mit Saisonbeginn am 15. Juni 1888 nahm die Kleinbahn ihren regelmäßigen Dienst auf, und damit hatten die Verkehrsverhältnisse einen solchen Standard erreicht, dass Borkum den Wettbewerb mit den übrigen Seebädern fortan nicht mehr zu fürchten brauchte. Der Anstieg der Gästezahlen zeigt, dass die Insel seitdem einen wahren Entwicklungssprung vollzogen hat.

Intensivierung 2.5

Franz Habich (sen.), zusammen mit Heinrich Goth, seinem Partner im Emder Tiefbauunternehmen Habich & Goth, 1887/88 Erbauer der Borkumer Inselbahn. Nachdem er diese 1903 zusammen mit den Fracht-, Post- und Passagierschiffen DR. VON STEPHAN und KAISER WILHELM II. in die Borkumer Kleinbahn und Dampfschiffahrt AG eingebracht hatte, führte er dieses Unternehmen gemeinsam mit Wilhelm Philippstein und Johannes Russell bis 1917 als Vorstand. Von 1918 bis zu seinem Tod 1923 war er Mitglied im Aufsichtsrat der Gesellschaft.

Der Inselbahnhof bald nach seiner Fertigstellung um 1890. Noch fehlen die späteren An- und Vorbauten.

Die als Pfahljochbauwerk ausgeführte hölzerne Landungsbrücke am Ende der Wattbahnstrecke kurz vor ihrer Fertigstellung im Sommer 1888. Im Hintergrund ankert Dampfer WILHELM I.

Die Badezeitung vom Montag, den 2. September 1889, dem Tag, an dem die neu gegründete Actien-Gesellschaft „Ems" ins Handelsregister des Amtsgerichts Emden eingetragen wurde, zeigt mit mehr als 40 allein an einem Wochenende angekommenen Urlaubern, wie sehr Borkum von der Existenz der Inselbahn profitierte.

Ein vollbesetzter Zug der Inselbahn fährt um die Jahrhundertwende in den Borkumer Bahnhof ein. Im Vordergrund selbstgebaute Sommerwagen, dahinter einige Poppingasche Wagen, erkennbar an der geschwungenen Dachform.

Folgerichtig und völlig zu Recht sprach man daher bald von der Bahn als der Lebensader Borkums. Die ursprüngliche Ablehnung des neuen Verkehrsmittels schlug spätestens zu dem Zeitpunkt durchgängig in Zustimmung um, an dem der wachsende Gästestrom einen regelrechten Bauboom auf der Insel auslöste. Binnen weniger Jahre entstanden jetzt zahlreiche neue Hotels, Logier- und Gästehäuser, die ein Vielfaches dessen an Verdienst ermöglichten, was durch den Wegfall des Aus- und Einbootens verloren gegangen war.

Die Borkumer Inselbahn, die mit Abstand älteste Kleinbahn Ostfrieslands, verfügte zunächst über folgende Betriebsmittel: Die beiden Lokomotiven BORKUM und MELITTA, zehn Personenwagen, darunter die fünf Wagen aus dem 1884 gescheiterten Pferdebahnprojekt des Bäckermeisters Poppinga in Emden, einen Postwagen sowie zwei gedeckte und fünfzig offene Güterwagen, letztere offensichtlich vorwiegend kleinere Loren. Während der Saison versahen sieben Beamte – diese Bezeichnung war damals noch nicht für den staatlichen Bereich monopolisiert – den Dienst: ein Lokomotivführer, zwei Heizer, ein Zugführer, zwei Schaffner und der Bahnhofsvorsteher. Außerdem waren ganzjährig zwei Expedienten im Bahnhof tätig, von denen einer zusätzlich den Postmeisterdienst versah. Noch steckte die Borkumer Inselbahn in den Kinderschuhen, aber bereits wenige Jahre später war ein großes Unternehmen daraus geworden.

Intensivierung 2.6

INTENSIVIERUNG [6]
Neuformierung der Reedereien in Emden und Leer für die Inselverkehre

Nach dem Verkauf der KRONPRINZESSIN 1876 waren von Emden aus nur noch zwei verhältnismäßig neue Schiffe in der Inselfahrt tätig, der 1867 in Dienst gestellte Dampfer WILHELM I. der Concordia und der 1873 von Senator Carl Dantziger gekaufte Dampfer NORDERNEY mit dem Baujahr 1871. 1883 übernahm eine der Emder Genossenschaftsbank nahestehende Gruppe unter Führung der hiesigen jüdischen Firma Schönberg & Neumark die NORDERNEY und betrieb sie fortan in Form einer Partenreederei.

Die Eigentümer des anderen Schiffes gingen dagegen gerade den umgekehrten Weg und wandelten mit Gesellschaftsvertrag vom 1. April 1884 ihre Partenreederei Concordia in eine beweglichere und damit den neuen Anforderungen besser gewachsene Aktiengesellschaft um, die unter dem Namen „Emder Dampfschiffahrt-Actiengesellschaft" am 12. Mai dieses Jahres ins Handelsregister des Amtsgerichts Emden eingetragen wurde. Das Grundkapital der neuen Gesellschaft betrug 45.000 Mark und war eingeteilt in 20 Namensaktien à 150 Mark und in 140 Inhaberaktien à 300 Mark. Erster Direktor wurde der Schiffsmakler Franz Diedrich Ihnen, den Aufsichtsrat bildeten die Herren F. L. Pape, Daniel Uffen, Arnold Friedrich Brons, Anton Kappelhoff und Johannes Mustert jun. Diese Aktiengesellschaft nahm nun endgültig und auf Dauer den täglichen Verkehr nach Borkum auf und sorgte 1884 mit dem Bau einer Wartehalle am Hafen auch in Emden für eine deutliche Verbesserung der Verkehrseinrichtungen. Die mit der Poppingaschen Pferdebahn ergänzend dazu geplante Beförderung der Badegäste zwischen dem Bahnhof und der Wartehalle bzw. umgekehrt auf Kosten der Gesellschaft kam dagegen aus den bereits dargelegten Gründen nicht zustande.

Solche Bemühungen um zusätzlichen Komfort waren nicht nur im Hinblick auf die zu erwartende Verlagerung des Norderneyverkehrs nach Norden/Norddeich notwendig geworden, sondern auch deswegen, weil sich das Konkurrenzverhältnis zwischen den Gesellschaften in Emden und Leer mittlerweile wieder verschärft hatte. Die Leer-Delfzijler, die mit ihrem inzwischen 40 Jahre alten Schiff KRONPRINZ in dem härter werdenden Wettbewerb mit ungleichen Waffen kämpfen musste, war allerdings 1885 am Ende und musste Konkurs anmelden. Damit blieb die erst seit 1883 von Leer aus operierende Bremer Reederei Theodor Rocholl & Co. hier zunächst als einziges derartiges Unternehmen übrig. Mit ihrem Raddampfer VICTORIA, der eine Geschwindigkeit von 14 Knoten pro Stunde erreichte, war sie allen anderen Anbietern im Emsrevier weit überlegen.

Franz Diedrich Ihnen, Kaufmann und Schiffsmakler in Emden, Senator. Er führte die Geschäfte der Emder Dampfschiffahrt-Actiengesellschaft von 1884 bis zu deren Auflösung 1889 und war anschließend bis 1891 erster Vorstand der AG „Ems", danach bis zu seinem Tode 1910 Mitglied in deren Aufsichtsrat, seit 1903 zusätzlich in dem der Borkumer Kleinbahn und Dampfschiffahrt AG.

Die aus der Partenreederei Concordia hervorgegangene Emder Dampfschiffahrt-Actiengesellschaft wurde am 12. Mai 1884 ins Handelsregister des Amtsgerichts Emden eingetragen und am 3. März 1892, knapp drei Jahre nach Gründung der Actien-Gesellschaft „Ems" als Nachfolgereederei, wieder gelöscht.

Einen weiteren Vorteil erzielte die Firma, deren örtlicher Expedient der Kaufmann Hermann Russell war, mit einer komfortabel ausgestatteten Anlegestelle, die sehr nah zum dortigen Bahnhof an der Einmündung der Georgstraße in die Ledastraße gelegen war. Zusätzlich bot die Reederei einen neuartigen Dienst am Kunden, indem sie die Schiffsbesatzung, durch den Schriftzug VICTORIA auf der Uniform für jedermann erkennbar, beim Eintreffen der Bäderzüge auf dem Bahnsteig antreten ließ, um die Fahrgäste in Empfang zu nehmen, zum Schiff zu geleiten und ihnen bei der Gepäckbeförderung zu helfen. Bei so vielen Wettbewerbsvorteilen war es kein Wunder, dass die VICTORIA der Firma Rocholl, die viermal wöchentlich nach Norderney und zweimal wöchentlich nach Borkum fuhr, in Leer schnell das Feld beherrschte. Aufgrund des Erfolges im Jahre 1883 schaffte die Reederei ein zweites Schiff, die LEDA, an und setzte es 1884 zusätzlich zur VICTORIA ab Leer ein.

Um nach dem Konkurs der Leer-Delfzijler den Inselverkehr dieser Stadt nicht völlig in fremde Hände gelangen zu lassen und weil die Zahl der Badegäste inzwischen so stark gestiegen war, dass eine neue Schiffsunternehmung Gewinn abzuwerfen versprach,

Die drei maßgeblichen Gründer der Leerer Dampfschiffahrts-Gesellschaft 1886: Diedrich Höcker, Kaufmann in Leer (links), Wilhelm Connemann, Fabrikant in Leer (Mitte), und Johann Meyer, Kaufmann in Leer (rechts). Meyer war nach der Fusion der Leerer Dampfschiffahrts-Gesellschaft mit der AG „Ems" im Jahre 1900 Mitglied in deren Aufsichtsrat bis zu seinem Tode 1913, seit 1903 außerdem im Aufsichtsrat der Borkumer Kleinbahn und Dampfschiffahrt AG.

Hermann Russell, Kaufmann in Leer, Betriebsdirektor der Leerer Dampfschiffahrts-Gesellschaft seit 1887, örtlicher Expedient der Bremer Reederei Theodor Rocholl & Co. von 1883 bis 1888. Im hohen Alter von 78 Jahren wurde er 1914 in den Aufsichtsrat der AG „Ems", neun Jahre später mit 87 Jahren in den der Borkumer Kleinbahn und Dampfschiffahrt AG gewählt. Beide Sitze hatte er bis zu seinem Tod im Mai 1926 inne.

gründeten die einheimischen Kaufleute Diedrich Höcker, Wilhelm Connemann und Johann Meyer, alle drei untereinander verwandt bzw. verschwägert, zusammen mit Geschäftsfreunden aus Westfalen eine insgesamt zwanzig Personen umfassende Partenreederei. Die weitaus meisten Anteile daran hatten die drei Initiatoren aus Leer; Höcker übernahm deshalb die Leitung. Bei der Werft Josef L. Meyer in Papenburg gab diese Partenreederei ein Schiff in Auftrag, das am 15. Mai 1886 vom Stapel lief und noch rechtzeitig zum Saisonbeginn dieses Jahres abgeliefert wurde. Dieses bislang größte Passagierschiff auf der Ems fasste gut 200 Personen und erreichte mit einer 150 PS starken Maschine eine Geschwindigkeit von 12 Knoten. Getauft wurde es – der Patriotismus, jetzt allerdings hohenzollernscher Prägung, war den Ostfriesen geblieben – auf den Namen der Kaiserin AUGUSTA.

1888 wurde nicht nur die Borkumer Inselbahn in Betrieb genommen, sondern es gab durchgehende Fahrkarten von den innerdeutschen Bahnstationen zu den ostfriesischen Inseln erstmals auch über Emden und Leer. Die damals hier tätigen Bäderreedereien (Leerer Dampfschiffahrts-Gesellschaft, Theodor Rocholl & Co., Bremen, sowie die Partenreederei Norderney [Schönberg & Neumark] und die Emder Dampfschiffahrt-Actiengesellschaft) hatten sich in diesem Jahr zu einem Pool zusammengeschlossen und konnten daher neben Norderney und Borkum als den Hauptzielen auch die kleineren Inseln Spiekeroog, Langeoog sowie das oldenburgische Wangerooge regelmäßig bedienen. Abgebildet sind die erste und die letzte Seite des gemeinsamen Fahrplans.

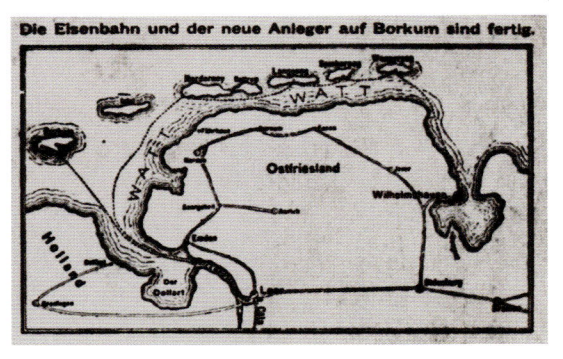

Damit kam ein sehr leistungsfähiges Schiff zum Einsatz, das am 5. April 1888 auf dem Rückweg von Borkum nach Leer einen neuen Geschwindigkeitsrekord aufstellte. Zweifellos mit Unterstützung der Tide bewältigte die AUGUSTA diese Strecke in nur drei Stunden und fünfundvierzig Minuten, ein Ergebnis, das in der Presse in Leer gebührend gefeiert und lautstark als Leistungsvorsprung gegenüber den Emdern propagiert wurde. Da die Reederei Rocholl seit diesem Jahr ihren Dampfer LEDA von Wilhelmshaven aus für die Inselfahrt einsetzte, standen somit auch 1886 nur zwei Dampfer von Leer aus für die Fahrt nach Borkum und Norderney zur Verfügung. Nach anfänglich heftigem Konkurrenzkampf der miteinander verbündeten Leeraner Schiffe gegen die Emder Schiffe, der sich auch in zum Teil gehässigen Pressefehden niederschlug, gewann die wirtschaftliche Vernunft wieder die Oberhand, und ab 1888 fuhren alle Beteiligten mit ihren fünf Schiffen AUGUSTA, LEDA, NORDERNEY, VICTORIA und WILHELM I. als „Vereinigte Leer-Emder Dampfschiffahrts-Gesellschaften" nach gemeinsamem Fahrplan und Tarif von Emden, Leer und Wilhelmshaven aus in erster Linie nach Norderney und Borkum, bedienten aber auch Langeoog, Spiekeroog und Wangerooge.

Intensivierung 2.6

Dampfer AUGUSTA, 1886 für die Leerer Dampfschiffahrts-Gesellschaft auf der Werft Josef L. Meyer in Papenburg gebaut, war zunächst das modernste und schnellste Schiff, das damals im hiesigen Inselverkehr eingesetzt wurde. Es hatte eine Kapazität von 200 Passagieren und eine Höchstgeschwindigkeit von 12 Knoten. Der Dampfer war bis 1930 in der Fahrt nach Borkum eingesetzt, wurde dann stillgelegt und 1933 abgewrackt.

Als besonderen Vorzug konnten die Reedereien auf die inzwischen auch für die hiesigen Festlandshäfen eingeführten *„directen Saison- oder Rundreise-Billetts von allen Haupt-Eisenbahnstationen Deutschlands"* zu den ostfriesischen Inseln verweisen. Dieser heute selbstverständliche Service, den es bis in die zweite Hälfte der 1880er Jahre nur für die Route über Geestemünde gegeben hatte, war damals noch etwas Ungewöhnliches. Es hatte denn auch mehrmaliger Beschwerden der ostfriesischen Reedereien beim Minister für öffentliche Arbeiten in Berlin bedurft, bis dieser, angespornt von befürwortenden Stellungnahmen des Auricher Regierungspräsidenten und des Oberpräsidenten in Hannover, der zuständigen Eisenbahndirektion in Köln eine entsprechende Weisung erteilte. Erst diese brachte die Kölner Beamten, die durchgehende Fahrkarten über die ostfriesischen Häfen bislang stets abgelehnt hatten, notgedrungen zur Einsicht.

Die Fahrplanübereinkunft zwischen den Reedereien in Leer und Emden – Theodor Rocholl & Co. schied Ende 1888 aus dem hiesigen Inselverkehr aus – konnte nicht darüber hinwegtäuschen, dass die Rivalität nach wie vor ungebrochen war und die Leeraner dank ihres neuen Schiffes leichte Vorteile errungen hatten. Wollten die Emder weiterhin mithalten, waren neue Aktivitäten erforderlich.

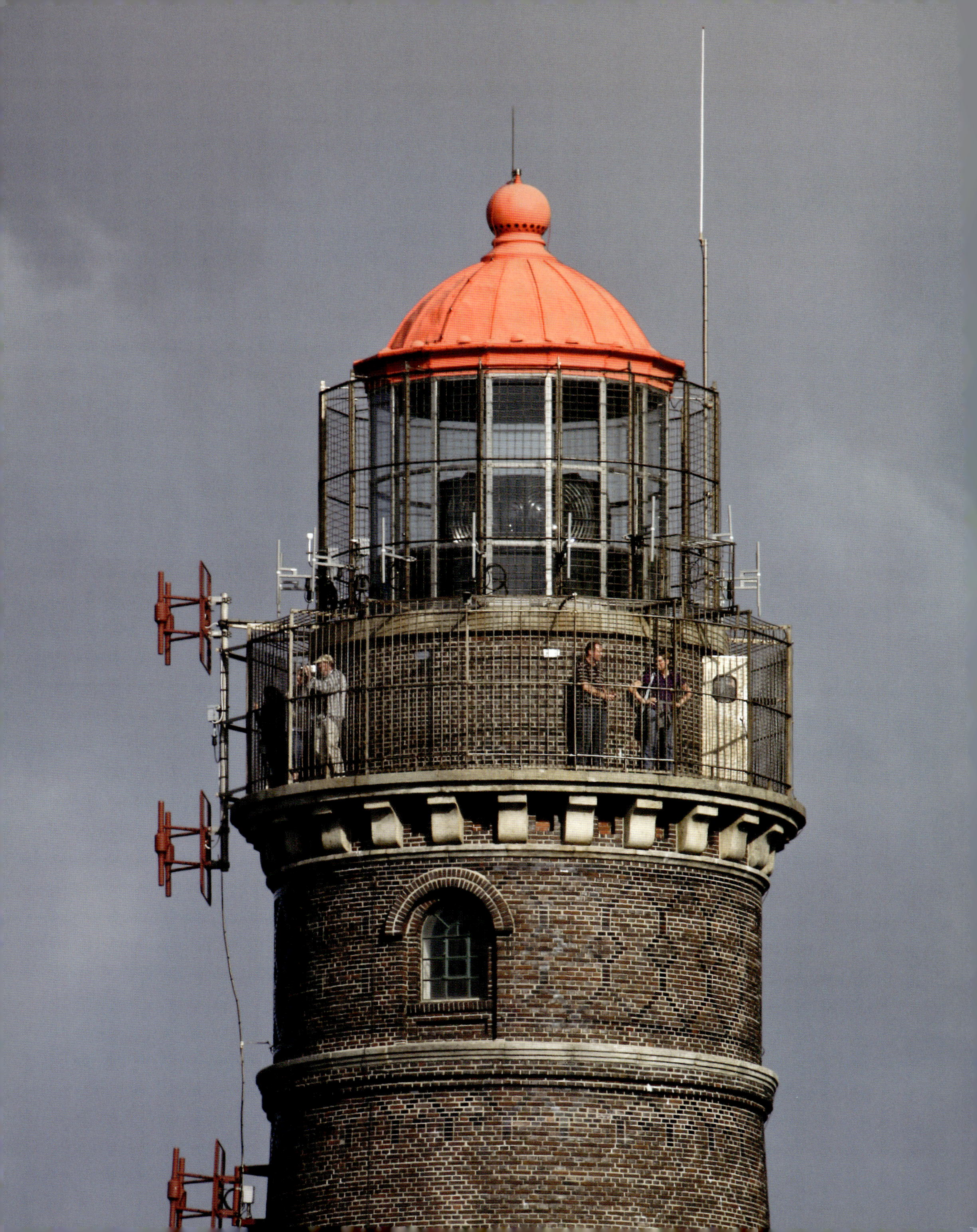

AUFBRUCH

und Blüte im Kaiserreich

(1889–1914)

Der Bau des Borkumer Neuen Leuchtturms 1879 war wegen der vielen Materialtransporte Auslöser zur Einrichtung einer Pferdebahn, die wenige Jahre später durch die Borkumer Kleinbahn ersetzt wurde. Der Neue Leuchtturm symbolisiert daher die nachhaltige Modernisierung Borkums und seiner Verkehrseinrichtungen im Deutschen Kaiserreich.

Aufbruch 3.1

Die als Nachfolgereederei sowohl der Emder Dampfschiffahrt-Actiengesellschaft als auch der Partenreederei NORDERNEY gegründete Actien-Gesellschaft „Ems" wurde am 2. September 1889 ins Handelsregister des Amtsgerichts Emden eingetragen. Dieses Datum ist daher der für alle Jubiläen dieses Unternehmens maßgebliche Termin.

AUFBRUCH [1]
Die Gründung der Actien-Gesellschaft „Ems" 1889

Dem sprunghaften Anstieg des Borkumverkehrs ab 1888, ausgelöst durch den Bau der Inselbahn, war der vorhandene Schiffspark nicht mehr gewachsen. Die Emder Dampfschiffahrt-Actiengesellschaft und die Partenreederei Norderney riefen deshalb Ende Januar 1889 zur Anschaffung eines neuen Passagierschiffs auf und luden alle Interessenten zu einer Versammlung in die Börse ein. Das Echo war groß, schnell waren zahlreiche Aktien gezeichnet, und bereits am 20. Juni konnte ein Gründungsvertrag abgeschlossen werden. Eine vom Amtsgericht Emden einberufene Generalversammlung fasste am 30. August die notwendigen rechtserheblichen Beschlüsse, und am 2. September 1889 – dem für alle Jubiläen der Gesellschaft maßgeblichen Datum – wurde die neue Reederei ins Handelsregister eingetragen. Die Firma erhielt den Namen *Actien-Gesellschaft „Ems"*, deren Zweck *„die Passagier- und Güterbeförderung"* sein sollte. Das Grundkapital betrug 110.000 Mark und war eingeteilt in 110 Aktien zu 1.000 Mark.

Als Gründer, aber nicht als Alleinaktionäre der Gesellschaft traten auf: Konsul Arnold Friedrich Brons, Bankier und Weinhändler Anton Kappelhoff, Senator Conrad Hermann Metger, Dispacheur Peter van Rensen und Schiffskapitän Menno Visser. Diese fünf Personen bildeten bis zur ersten regulären Generalversammlung nach der Eintragung der Gesellschaft ins Handelsregister auch den kommissarischen Aufsichtsrat. Bei der dann statutengemäß fälligen Neuwahl wurden die vier Erstgenannten wiedergewählt, während an Menno Vissers Stelle, der als Kapitän in den Dienst der Gesellschaft treten sollte und daher nicht zugleich im Aufsichtsrat sitzen konnte, der Kaufmann S. H. Burmeister trat. Aufsichtsratsvorsitzender wurde Metger, und er blieb es mehr als drei Jahrzehnte lang, ehe er 1924 aus Altersgründen freiwillig sein Amt niederlegte. Als Vorstand, also für die eigentliche Geschäftsführung, wurde der fachlich einschlägig ausgewiesene Schiffsmakler Franz Diedrich Ihnen bestellt. Als dieser im Sommer 1891 auf eigenen Wunsch zurücktrat und bei nächster Gelegenheit in den Aufsichtsrat wechselte, wurde der Inhaber der Firma Schönberg & Neumark, Wilhelm Philippstein, zum Direktor ernannt. Er, der ebenfalls einschlägige Erfahrungen im Reedereigeschäft und speziell in der Inselfahrt mitbrachte, hat dann über 30 Jahre die Geschäfte der Reederei geführt und maßgeblich zu ihren Erfolgen beigetragen.

Arnold Friedrich Brons, Getreidegroßhändler in Emden, Senator und niederländischer Vizekonsul. Er gehörte 1884 zu den Gründern der Emder Dampfschiffahrt-Actiengesellschaft und 1889 zu denen der AG „Ems", deren Aufsichtsrat er bis zur Fusion mit der Leerer Dampfschiffahrts-Gesellschaft im Jahre 1900 angehörte. Er starb 1910.

Anton Kappelhoff, Weinhändler und Bankier in Emden, Senator und Präsident der Handelskammer für Ostfriesland und Papenburg. Er war bereits 1884 an der Emder Dampfschiffahrt-Actiengesellschaft beteiligt und gehörte 1889 zu den fünf Gründungsmitgliedern der Actien-Gesellschaft „Ems". Bis zu seinem Tode 1926 war er Mitglied in deren Aufsichtsrat, seit 1921 außerdem in dem der Borkumer Kleinbahn und Dampfschiffahrt AG.

Die Gründer und Aufsichtsratsmitglieder der Actien-Gesellschaft „Ems" zählten zu den führenden politischen Persönlichkeiten der Stadt. Allein der sechsköpfige Senat der Stadt bestand von 1890 bis 1913 stets zur Hälfte aus wichtigen Aktionären der Gesellschaft (neben- bzw. nacheinander Franz Diedrich Ihnen, Conrad Hermann Metger, Anton Kappelhoff, Arnold Friedrich Brons und dessen Vetter Friedrich Lübbert Brons). Fast alle hatten darüber hinaus bedeutende Ehrenämter inne, z.B. bei der Handelskammer, und waren auch an anderen Großunternehmen wie der Heringsfischerei oder der Strohpappenfabrik beteiligt.

Zeitgleich mit der Gründung der Actien-Gesellschaft „Ems" hatte die Emder Dampfschiffahrt-Actiengesellschaft am 7. August 1889 ihre Auflösung sowie den Verkauf des Dampfers WILHELM I. beschlossen; die Nachfolgegesellschaft übernahm das Schiff kurz darauf für 10.000 Mark. Außerdem wurde dem Vorstand, also Franz Diedrich Ihnen, erlaubt, sich an einer gleichartigen Gesellschaft zu beteiligen und deren Geschäfte zu führen.

Aufbruch 3.1

Conrad Hermann Metger, Kaufmann in Emden, Senator, Kommerzienrat, 1889 Mitbegründer der AG „Ems". In den Aufsichtsräten der AG „Ems" und der Borkumer Kleinbahn und Dampfschiffahrt AG war er jeweils von Anfang an bis zu seinem Tod 1925 Mitglied, bis 1924 als deren Vorsitzender.

Peter van Rensen, Dispacheur in Emden, Sekretär (heutiger Hauptgeschäftsführer) der Handelskammer für Ostfriesland und Papenburg. Er war 1889 Mitbegründer der AG „Ems" und gehörte deren Aufsichtsrat bis 1923 an. Seit 1903 war er außerdem Mitglied im Aufsichtsrat der Borkumer Kleinbahn und Dampfschiffahrt AG.

Der Weg von der alten zur neuen Aktiengesellschaft war umständlich und finanztechnisch sowie aktienrechtlich eigentlich überflüssig – eine Kapitalaufstockung hätte den gleichen Effekt gehabt. Dennoch war eine Neugründung wohl nicht zu vermeiden, weil sonst die Teilhaber der Partenreederei Norderney nicht mitgezogen hätten. Deren Schiff sollte, darüber waren sich die Beteiligten einig, aus dem Inselverkehr ausscheiden, doch obwohl die Eigner zu den Gründern der neuen Aktiengesellschaft gehörten, gab es wegen des dafür anzusetzenden Preises größere Differenzen. Der Aufsichtsrat, der in seiner ersten Sitzung am 21. September 1889 eine Obergrenze von 7.000 Mark gezogen hatte, verzichtete angesichts einer unverändert aufrecht erhaltenen Preisforderung in Höhe von 10.000 Mark auf den eigentlich fest vorgesehenen Ankauf, so dass die NORDERNEY im November dieses Jahres öffentlich versteigert wurde. Um eine etwaige Konkurrenz aber gar nicht erst aufkommen zu lassen, kaufte Senator Ihnen das Schiff bei dieser Gelegenheit dann doch für 8.850 Mark, wofür ihm der Aufsichtsrat ohne weiteres nachträglich die Genehmigung erteilte. In Emden waren damit zu Beginn des letzten Jahrzehnts des 19. Jahrhunderts die Voraussetzungen für einen kräftigen Zuwachs des Borkumverkehrs geschaffen, es fehlte nur noch ein modernes, leistungsfähiges Schiff.

Aufbruch 3.2

AUFBRUCH [2]
Der Borkumverkehr im Zeichen der Konkurrenz 1890–1900

Dampfer BORKUM, gebaut 1890 auf der Werft Botje, Ensing & Co. in Groningen, war die erste von der AG „Ems" in Auftrag gegebene Inselfähre und das erste nicht als Flachdecker gebaute Dampfschiff der Borkumflotte. Die BORKUM war bis 1919 im Einsatz.

Über die wesentliche Aufgabe der neuen Gesellschaft hatte die Ostfriesische Zeitung schon Mitte Juli 1889 berichtet: *„In nächster Saison wird von hier aus (...) ein großer neuer Raddampfer nach Borkum in Fahrt gesetzt werden. Das Schiff wird 160 Fuß lang und über Deck 19 Fuß breit werden, eine Fahrgeschwindigkeit von 14 Knoten erhalten, in Folge dessen Borkum von Emden aus in höchstens zwei Stunden zu erreichen ist. Der Dampfer kann 300 Passagiere bequem fassen, wird nach dem neuesten System gebaut, die komfortabelsten Einrichtungen erhalten und in jeder Hinsicht der Neuzeit Rechnung tragen"*. Die hier genannten Dimensionen waren sehr deutlich eine Reaktion auf die AUGUSTA aus Leer, die mit einem Fassungsvermögen von 200 Plätzen und 12 Knoten Höchstgeschwindigkeit in allen Punkten übertroffen werden sollte. Der Bauauftrag ging für 104.000 Mark an die Werft Botje, Ensing & Co. in Groningen, wo das Schiff im Frühjahr 1890 vom Stapel lief.

Auf den Namen BORKUM getauft, wurde es Ende Juni dieses Jahres in Emden abgeliefert und erregte in mehrfacher Hinsicht große Bewunderung. Eine 400 PS starke Maschine sollte die verlangten 14 Knoten Geschwindigkeit bringen, und im Unterschied zu den bisherigen Flachdeckern hatte die BORKUM als erstes Schiff hinter der Kommandobrücke ein Promenadendeck. Aus der Geschwindigkeit errechnete die Gesellschaft eine Fahrzeit von nur 100 Minuten für die Strecke Emden–Borkum. Mit dieser Vorgabe nahm die BORKUM am 1. Juli 1890 ihren täglichen Dienst auf, während die NORDERNEY, die im Vorjahr lediglich zur Abwehr etwaiger Konkurrenz erworben worden war, endgültig aus dem Verkehr ausschied. Für 3.000 Gulden nahm die Werft Botje dieses Schiff in Zahlung und verpflichtete sich, es nie für Fahrten zwischen Borkum und einem Emshafen einzusetzen.

Aufbruch 3.2

Raddampfer VICTORIA (II) der Leerer Dampfschiffahrts-Gesellschaft, gebaut 1891 auf der Vulkanwerft in Stettin. Seit der Fusion mit der AG „Ems" im Jahre 1900 fuhr das Schiff unter deren Flagge. Im Zweiten Weltkrieg von der Kriegsmarine beschlagnahmt, wurde es 1944 bei einem Bombenangriff in Le Havre zerstört.

Der neue Dampfer BORKUM brachte zwar bedeutende Verbesserungen im Inselverkehr, doch hielt er nicht, was die Werft versprochen hatte. Die Maschine erwies sich bereits in den ersten Monaten als anfällig und nicht stark genug, die vorgesehene Geschwindigkeit von 14 Knoten auf Dauer zu halten. Lange Verhandlungen folgten, im Frühjahr 1891 bestätigte ein Ingenieur des Germanischen Lloyd als unabhängiger Gutachter die Mängel, und Botje musste nachbessern. Trotzdem wurde im Herbst 1891 klar, dass weitere Reparaturen und Umbauten an der Maschine im Umfang von etwa 25.000 Mark nötig waren. Ein zunächst erwogener entsprechender Auftrag für die Werft AG Weser in Bremen wurde wieder verworfen und stattdessen eine das Übel an der Wurzel packende Lösung ins Auge gefasst. Was die Reederei brauchte, war ein absolut zuverlässiges Schiff, und daher beschloss eine informelle Generalversammlung Anfang Oktober 1891, bei Josef L. Meyer in Papenburg für 50.000 Mark eine völlig neue Maschine und neue Räder einbauen zu lassen.

Als die BORKUM zu Beginn der Saison 1892 endlich ohne technische Mängel, aber auch weniger schnell als ursprünglich beabsichtigt, eingesetzt werden konnte, war ihr inzwischen ein neuer Konkurrent erwachsen. Die Leerer Dampfschiffahrts-Gesellschaft, die seit 1889 den Inselverkehr von Leer aus mit einem Schiff aufrechterhielt, hatte 1891 bei der Vulkan-Werft in Stettin ein zweites Schiff bestellt, das, auf den Namen VICTORIA getauft, nun seinerseits die BORKUM aus Emden in jeder Hinsicht übertraf. Eine 450 PS starke Maschine brachte das über 400 Passagieren Platz bietende Schiff zuverlässig auf eine Dauergeschwindigkeit von 12 Knoten. Wie die AUGUSTA gehörte es den Eignern in Form einer Partenreederei, in der weiterhin die Leeraner dominierten – Vater und Sohn Diedrich Höcker als Inhaber der Firma Diedrich Höcker mit 75/300, Wilhelm Connemann mit 60/300, Johann Meyer mit 45/300 und Hermann Russell mit 20/300. Das restliche Drittel verteilte sich in kleinen Anteilen auf die Buchhändler J. Coppenrath und Siegmund Theissing, Juwelier J. Osthues, Kaplan C. Böddinghaus, die Kaufleute A. J. Diepenbrock, Hermann und Hubert Bispinck, F. J. Wiemer und C. Holtcamp, Rechtsanwalt Busso Pens und Rentier B. Hüls, alle in Münster, sowie auf Kaufmann Heinrich Havestadt in Lüdinghausen, Kaufmann Theodor Nopto in Seppenrade, Oberrentmeister

Aufbruch 3.2

Fischer in Nordkirchen, Bürgermeister Vattmann in Gelsenkirchen und Kaufmann Peter Batsche in Düsseldorf. Da die Mitglieder beider Leerer Partenreedereien überwiegend katholisch waren, firmierten die AUGUSTA und die VICTORIA im Volksmund in Leer bald nur noch unter der Bezeichnung „Römerflotte".

Dampfer EMDEN, 1892/93 auf der Werft AG Weser in Bremen gebaut, war die Antwort der Emder AG „Ems" auf die 1891 in Fahrt gesetzte VICTORIA der Leerer Dampfschiffahrts-Gesellschaft. Das Schiff hatte eine Kapazität von 600 Passagieren und war bis 1923 in der Borkumfahrt eingesetzt.

Noch während der Saison 1892 konterte die Emder AG „Ems" mit dem Beschluss, für den demnächst abgängigen Dampfer WILHELM I. ein weiteres neues Schiff anzuschaffen, das ausdrücklich ein Schnelldampfer sein sollte. Zur Finanzierung wurde das Grundkapital der Aktiengesellschaft von 110.000 auf 250.000 Mark erhöht, wovon nach kurzer Zeit bereits 75 Aktien à 1.000 Mark untergebracht waren. Tatsächlich wurde die Kapitalerhöhung aber nur bis zu einer Höhe von 200.000 Mark durchgeführt; offenbar gab es Schwierigkeiten, in so kurzer Zeit eine größere Summe als 90.000 Mark freies Kapital aufzutreiben.

Im September 1892 forderte der Aufsichtsrat einige Werften zur Abgabe von Angeboten auf. In der zweiten Oktoberhälfte lagen Pläne der Werften Seebeck und Tecklenburg, beide in Geestemünde, sowie der AG Weser in Bremen vor. Als sich Verhandlungen mit der Konkurrenz aus Leer über einen Ausgleich auf der Basis „Verzicht auf den Neubau gegen zukünftige Stationierung der VICTORIA in Emden" zerschlagen hatten, erhielt die AG Weser in Bremen den Zuschlag. Zum Preis von 163.000 Mark lieferte sie Anfang Juni 1893 einen 600 Personen fassenden Raddampfer ab, der den Namen EMDEN erhielt und von Beginn an problemlos seine Fahrten absolvierte. Die wegen der nicht ausreichenden Kapitalaufstockung auf nur 200.000 Mark verbliebene Finanzierungslücke für das neue Schiff wurde mit einem Kredit der Emder Genossenschaftsbank in Höhe von 73.000 Mark gedeckt, eine Belastung, die dank des kräftig steigenden Verkehrs der nächsten Jahre in kurzer Zeit abgelöst werden konnte. Der alte Dampfer WILHELM I. blieb noch einige Jahre vorwiegend für Sonderfahrten in Betrieb, ehe er, mit 3.380 Mark nahezu vollständig abgeschrieben, im Frühjahr 1898 öffentlich verkauft wurde.

Mit Saisonbeginn 1893 verfügten somit beide Gesellschaften über je zwei moderne, leistungsfähige Schiffe, von denen die VICTORIA aus Leer das schnellste war. Trotz ihrer Fahrplan- und Tarifübereinkunft, die auch die Verteilung der Einnahmen aus dem Linien-

3.2 Aufbruch

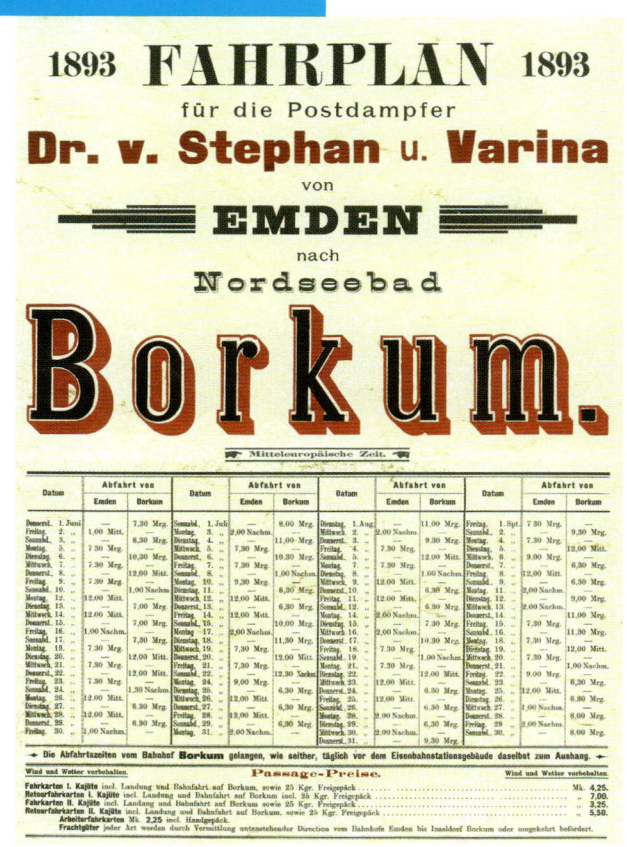

Sommerfahrplan der Habich & Goth-Schiffe 1893. Da das Unternehmen die Inselversorgung zu gewährleisten hatte, fuhren seine Schiffe im Unterschied zu den Bäderschiffen der AG „Ems" und der Leerer Dampfschifffahrts-Gesellschaft auch im Winter.

verkehr einschloss, lieferten sich die Reedereien in den 1890er Jahren einen schärferen Wettkampf als je zuvor, der – bei aller Verbissenheit, mit der er ausgetragen wurde – heute nur noch lustig wirkt. Beim Einlaufen der Bäderzüge in Leer stand die Besatzung der VICTORIA auf dem Bahnsteig, ging durch die Abteile und setzte das Gepäck der als Borkumfahrer erkennbaren Reisenden ohne viel zu fragen aus dem Zug mit der Erklärung, wer nach Borkum wolle, müsse hier umsteigen. Passagiere, die die Verhältnisse nicht so genau kannten, ließen sich dadurch verblüffen und folgten ihrem Gepäck aufs Schiff, auch wenn sie eigentlich über Emden hatten fahren wollen. Gegen solche Praktiken wehrte sich die Emder Reederei damit, dass sie zunächst in Leer, später schon in Rheine durch Sprachrohr ausrufen ließ, die Borkumfahrer müssten bis Emden im Zug sitzen bleiben.

Wäre es nur nach der Entfernung gegangen, war es keine Frage, dass der schnellste Weg nach Borkum mit der Eisenbahn über Emden führte. Der Vorteil der kürzeren Seefahrt von Emden aus wurde aber größtenteils aufgezehrt durch Verkehrshindernisse, die die Reederei nicht oder nur marginal beeinflussen konnte. Durch das bei ungünstigen Wasserständen sehr zeitaufwendige Durchschleusen in Nesserland, vor allem aber wegen der Eisenbahnbrücke über den Alten Binnenhafen, die gerade in der Badesaison wegen der zusätzlichen Züge im Durchschnitt täglich acht Stunden geschlossen war, wurden die vom Ratsdelft aus abfahrenden Emder Schiffe stark behindert. So musste der Dampfer WILHELM I. am 30. Juni 1892 fast drei Stunden warten, bis die Brücke geöffnet wurde. Wegen solcher Wettbewerbsverzerrungen waren die von Leer kommenden Schiffe oft schon in der Nähe von Emden, wenn die hiesigen Schiffe endlich freies Wasser erreicht hatten. Je nachdem, wie groß die Verzögerungen im Hafen gewesen waren, wurden die etwas langsameren Emder Schiffe daher früher oder später von den Schiffen aus Leer eingeholt, und nun begann eine Wettfahrt, bei der die Maschinen das Äußerste an Leistung hergeben mussten. Am Anleger in Borkum war nämlich nur Platz für ein Schiff, weshalb der Verlierer auf Reede warten musste, bis der Sieger abgefertigt war. Mehr als einmal waren größere Schäden an den Maschinen die Folge solcher Überbeanspruchung, so dass der Aufsichtsrat den Kapitänen wiederholt einschärfte, solches „Konkurrenzfahren" zu vermeiden. Trotz der schnellen VICTORIA ließ es sich aber letztlich nicht verhindern, dass Leer allmählich hinter Emden zurückblieb. 1892 fuhren auf dem Weg nach Borkum 4.396 Fahrgäste über Emden und nur 3.256 über Leer, in umgekehrter Richtung 3.600 über Emden und 2.009 über Leer, in beiden Fällen also ein klares Plus für die Emder Gesellschaft.

Aufbruch 3.2

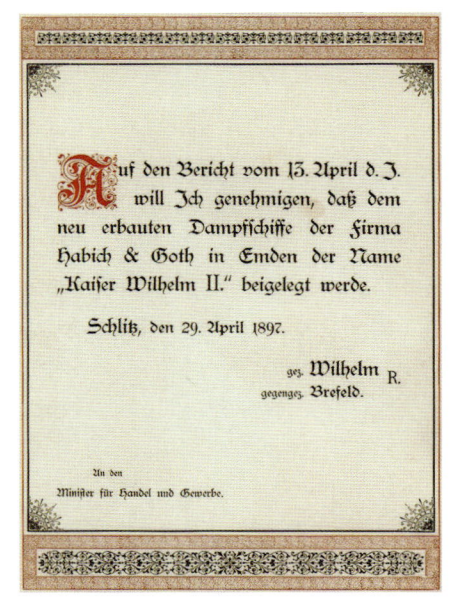

Dampfer KAISER WILHELM II. vor Borkum um 1900. Zu diesem Zeitpunkt fuhr das 1897 auf der Werft Seebeck in Geestemünde gebaute Schiff noch unter der Flagge von Habich & Goth. 1903 wurde es von der Borkumer Kleinbahn und Dampfschiffahrt AG übernommen und war bis 1952 im Einsatz.

Die von Kaiser Wilhelm II. erteilte Genehmigung, das neueste Habich & Goth-Schiff nach ihm zu benennen, diente dem Unternehmen als Vorzeigeurkunde und war daher im Druck entsprechend aufwendig gestaltet.

Ab 1892 wurde der Konkurrenzkampf um die Gunst der Badegäste um einen dritten Wettbewerber erweitert, die Firma Habich & Goth. Zusätzlich zu ihrer Inselbahn stieg sie in diesem Jahr mit drei Schiffen auch in den Verkehr zwischen Borkum und dem Festland ein. Das eine, die 1892 auf der Werft E. J. Smit en Zoon in Hoogezand/Niederlande gebaute DR. VON STEPHAN, war der erste Schraubendampfer im Borkumverkehr, knapp 30 Meter lang und mit einer 130 PS starken Maschine ausgerüstet. Wie der Name des Schiffes andeutet, sollte seine Hauptaufgabe die Post- und Güterbeförderung sein, doch war es mit 350 Plätzen auch für die Passagierfahrt gut ausgerüstet. Das zweite Schiff war die in England gebraucht gekaufte kleine Dampfyacht VARINA, das dritte, die nur in diesem Jahr eingesetzte PAPENBURG, war möglicherweise ein von der „Papenburger Schleppdampfrhederei" gechartertes Schleppschiff.

Anders als die Bäderschiffe, die im Winter auflagen, waren die Schiffe von Habich & Goth ebenso ganzjährig im Einsatz wie die überkommenen Segelfährschiffe, deren Zahl sich 1885 auf zwei und 1890 auf drei erhöht hatte, Folge der Tatsache, dass die hohen Besucherzahlen und die kräftige Neubauwelle auf Borkum eine stets steigende Nachfrage nach Frachtraum ausgelöst hatten. Im Winter 1896/97 ließ Habich & Goth bei der Werft Seebeck in Geestemünde als Ersatz für die als zu schwach ausgemusterte VARINA ein neues Schiff bauen, einen Doppelschraubendampfer, der mit gut 37 Meter Länge und gut 6 Meter Breite etwas größer als die DR. VON STEPHAN war. Mit Genehmigung aus Berlin erhielt das Schiff den Namen KAISER WILHELM II. und nahm im Juni 1897 seinen Dienst auf.

Aufbruch 3.2

Dampfer DR. VON STEPHAN, 1892 auf der Werft E. J. Smit en Zoon im niederländischen Hoogezand für die Fa. Habich & Goth erbaut, war der erste Schraubendampfer im Borkumverkehr. Benannt nach dem damaligen Staatsminister des Reichspostamts Dr. Heinrich von Stephan, diente dieses Schiff vor allem dem Post- und Güterverkehr sowie der ganzjährigen Inselversorgung. Die Passagiere mussten sich daher den Platz auf Deck mit dem häufig zahlreichen Frachtgut teilen, das das Schiff mit eigenem Ladegeschirr an Bord bzw. an Land setzen konnte (oberes Bild). Das untere Bild zeigt das 1903 von der Borkumer Kleinbahn und Dampfschiffahrt AG übernommene Schiff, das mit der umlaufenden Reeling und dem auf dem Achterdeck aufragenden Schornstein über zwei charakteristische Merkmale verfügte, im Alten Binnenhafen in Emden in Höhe des damaligen Verwaltungsgebäudes der AG „Ems". Das Schiff war bis 1922 in der Borkumfahrt eingesetzt.

Aufbruch 3.2

Dampfer BORKUM an der Osterbutvenne im Emder Falderndelft Ende der 1890er Jahre.

Um die als nicht ungefährlich empfundene Konkurrenz der Habich & Goth-Schiffe während der Badesaison auszuschalten, hatten sich die AG „Ems" und die Leerer Dampfschiffahrts-Gesellschaft schon 1892 zur Ausgabe von Sonderfahrkarten entschlossen, die auch zur Benutzung der Inselbahn berechtigten. Verhandlungen über einen Ankauf der konkurrierenden Schiffe waren mehrmals an den hohen Forderungen von Habich & Goth gescheitert. Dagegen gelang erstmals 1897 eine Einigung über eine von beiden Gesellschaften gemeinsam getragene Charterung der Habich & Goth-Schiffe während der Saison, so dass der eigentliche Bäderverkehr seitdem in einheitlicher Regie und zu gleichen Bedingungen durchgeführt wurde. Die Chartersumme in Höhe von zunächst 30.000, später 27.500 Mark, war zwar sehr hoch und ergab in jeder Saison, für sich allein betrachtet, ein Minus von mehreren Tausend Mark, dafür aber ging keine Beförderung mehr an die Konkurrenz, und die dadurch erreichte höhere Gesamteinnahme glich das Minus bei der Charter jeweils wieder aus.

So erzielte die AG „Ems" in ihrem ersten Jahrzehnt durchweg Ergebnisse, mit denen sowohl ihre Aktionäre als auch die Steuerkasse zufrieden sein konnten. Lediglich im Geschäftsjahr 1894/95 ergab sich durch die Belastungen aus zwei Schiffsneubauten innerhalb kurzer Zeit ein Verlust in Höhe von 3.569 Mark. Als solide Kaufleute achteten die Aufsichtsratsmitglieder daher darauf, zunächst die Schulden abzutragen und möglichst hohe Abschreibungen vorzunehmen, um realistische Wertansätze in der Bilanz zu haben, und sie nahmen dafür bewusst vorübergehend eine geringere Dividendenausschüttung in Kauf. Für die Leerer Dampfschiffahrts-Gesellschaft, die als Partenreederei selbst nicht einkommensteuerpflichtig war, liegen keine Zahlen vor, doch ist davon auszugehen, dass auch der von Leer aus betriebene Inselverkehr zunächst noch gute finanzielle Ergebnisse erbracht hat.

AUFBRUCH [3]
Konsequenzen aus dem Bau des Emder Außenhafens 1901

Überregionale wirtschafts- und verkehrspolitische Entscheidungen brachten schließlich mit Beginn des 20. Jahrhunderts ein Ende des harten Konkurrenzkampfes zwischen Leer und Emden in der Borkumfahrt. Der Dortmund-Ems-Kanal, der dem an der Ruhr heranwachsenden Bergbau- und Schwerindustrierevier die notwendige Rohstoffzufuhr über die Nordsee ermöglichen sollte, erforderte in Emden, das als Kopfhafen der neuen Wasserstraße vorgesehen war, größere wasserbauliche Veränderungen. Die alten Hafenanlagen waren angesichts der immer größer werdenden Schiffe und wegen der Probleme, die die Eisenbahnbrücke über den Alten Binnenhafen aufwarf, für die neuen Aufgaben ungeeignet, so dass vor der Nesserlander Schleuse moderne Kai- und Umschlaganlagen vorgesehen wurden. Auch der Borkumverkehr einschließlich eines unmittelbaren Bahnanschlusses wurde dank der tätigen Nachhilfe des aus Emden stammenden Carl Schweckendieck, Wirklicher Geheimer Oberregierungsrat im Berliner Ministerium für öffentliche Arbeiten und damit einer der für solche Wasserbaumaßnahmen maßgeblichen Ministerialbeamten, von vornherein hier eingeplant, um die bisher so lästigen Behinderungen an der Eisenbahnbrücke und beim Durchschleusen endlich zu überwinden.

In den Jahren 1898/1900 wurde entlang der Nesserlander Straße ein Eisenbahngleis verlegt, das den Haltepunkt Larrelter Straße der Küstenbahn (heute Emden Hauptbahnhof) mit der Westmole verband. Danach begannen im Mai 1900 die Planungen für ein großes Bahnhofsgebäude mit Einrichtungen für die Zoll-, Güter- und Postabfertigung am Außenhafen. Das einzige Bedenken gegen einen Bahnhof an dieser Stelle, nämlich eine mögliche Geruchsbelästigung der Badegäste durch die in der Nähe der Nesserlander Schleuse einmündende Emder Kanalisation, zerstreuten die Beteiligten mit Ortskenntnis schnell mit der Erklärung, dieser Geruch könne, sollte es ihn überhaupt geben, auf keinen Fall erheblich sein, *„da sonst nicht das bessere Emder Publikum mit Vorliebe den Restaurationspavillon an der Schleuse aufsuchen würde"*. Das im Juni 1901 fertiggestellte Gebäude war mit Bedacht am Rande der ganzen Bahnhofsanlage errichtet, damit es beim Umsteigen vom Zug ins Schiff und umgekehrt gar nicht erst betreten zu werden brauchte; auch von der Stadt aus konnte man den Bahnsteig und den Zugang zur Landungsbrücke ohne seine Durchquerung erreichen. Nach der feierlichen Eröffnung des 629.000 Mark teuren Bauwerks, die entgegen der festen Planung ohne Kaiser Wilhelm II. stattfand, der wegen des Todes seiner Mutter seine Teilnahme kurzfristig hatte absagen müssen, fuhren die Borkumdampfer seit dem 1. Juli 1901 nur noch vom Außenhafen ab. Alle bisherigen Behinderungen in Emden waren damit vorbei.

Aufbruch 3.3

Carl Schweckendieck, 1843–1906. Er stammte aus Emden und war seit 1879 in Berlin im preußischen Ministerium für öffentliche Arbeiten tätig, wo er bis zum Wirklichen Geheimen Oberregierungsrat (heute Ministerialdirigent) aufstieg. Zu seinem Aufgabenbereich gehörten die großen Wasserbauprojekte der 1890er Jahre, u.a. der Bau des Dortmund-Ems-Kanals. Der Emder Hafen als seewärtiger Kopf des Industriegebiets an Rhein und Ruhr wurde in diesem Zusammenhang unter Einsatz enormer Mittel zu einem modernen und leistungsfähigen Seeschiffshafen ausgebaut. Maßgebliches Verdienst daran hatte der aus diesem Grunde zum Ehrenbürger seiner Vaterstadt ernannte Schweckendieck. Ihm ist auch der Bau des Bahnhofs Emden-Außenhafen und des Borkumkais zu danken, und ohne seinen Einsatz wäre 1903 die Gründung der Borkumer Kleinbahn und Dampfschiffahrt AG vermutlich nicht gelungen.

Mit der Inbetriebnahme von Bahnhof und Borkumanleger im damals neu gebauten Emder Außenhafen zum 1. Juli 1901 hatten die fahrwasserbedingten Beschränkungen für den von Emden ausgehenden Borkumverkehr ein Ende. Das Bild zeigt den Bahnhof vor dem Ersten Weltkrieg – am Steiger die Dampfer KAISER WILHELM II. und BORKUM. Von links nähert sich Dampfer DR. VON STEPHAN auf der Fahrt in Richtung Nesserlander Schleuse.

Mit der Eisenbahnverwaltung gab es allerdings zunächst noch einige Anpassungsschwierigkeiten. Nach längeren Verhandlungen einigten sich beide Seiten darauf, die Bäderzüge am Haltepunkt Larrelter Straße in je einen für Norderney und Borkum bestimmten Rumpfzug zu teilen. Letzterer fuhr dann bis Emden-Außenhafen, wo zunächst die Eisenbahnverwaltung, ab 1902 die AG „Ems" für die Gepäckbeförderung aufs Schiff sorgte. 1901 konnten die Fahrgäste noch wählen, ob sie über Leer oder über Emden nach Borkum fahren wollten. Als die Bahn ab 1902 aber durchgehende Fahrkarten nach Borkum nur noch über Emden ausgab, sank das Fahrgastaufkommen in Leer so stark ab, dass die im Vorjahr noch aufrechterhaltene tägliche Verbindung Leer–Borkum nicht mehr wirtschaftlich war. Der Verkehr auf dieser Strecke schrumpfte allmählich auf etwa 50 Fahrten im Jahr und wurde mit Beginn des Ersten Weltkrieges ganz aufgegeben.

Sobald festgestanden hatte, dass die Abfahrtsstelle der Emder Borkumschiffe in den Außenhafen verlegt und eine unmittelbare Anbindung an die Eisenbahn erhalten würde, war der bis dahin noch offene Konkurrenzkampf endgültig entschieden; längerfristig hatte Leer keine Chance mehr, einen eigenen Inselverkehr zu behalten. Trotzdem ging die Initiative zu den jetzt unumgänglichen Fusionsverhandlungen von Emden

Aufbruch 3.3

Statut der Actien-Gesellschaft Ems.

Emden 1899.
Druck von Anton Gerhard.

Durch die Fusion der Leerer Dampfschifffahrts-Gesellschaft mit der Actien-Gesellschaft „Ems" zum 1. Juni 1900 war für die AG „Ems" ein neues Statut erforderlich, hier das Deckblatt der 1899 erstellten Druckfassung.

Dr. Heinrich Klasen, Rechtsanwalt und Notar in Leer, Justizrat (links), war Schwiegersohn und einer der Erben Diedrich Höckers. Er führte in den Jahren 1899/1900 als Miteigentümer der Leerer Dampfschiffahrts-Gesellschaft für diese die Fusionsverhandlungen mit der AG „Ems" in Emden und war bis zu seinem Tode 1924 Mitglied in deren Aufsichtsrat, seit 1903 zusätzlich in dem der Borkumer Kleinbahn und Dampfschiffahrt AG.

Bernhard Connemann, Fabrikant in Leer (rechts), Mitglied in den Aufsichtsräten der AG „Ems" und der Borkumer Kleinbahn und Dampfschiffahrt AG von 1900 bzw. 1903 bis 1924.

aus. In der Aufsichtsratssitzung der AG „Ems" Ende 1898, auf der Senator Metger das Ergebnis der Verhandlungen mit der Eisenbahnverwaltung mitgeteilt hatte, stimmten alle Beteiligten überein, dass der Konkurrenz von Weser und Elbe, also aus Bremen und Hamburg, die zweifellos versuchen werde, die mit dem neuen Anleger in Emden gegebenen zusätzlichen Verkehrsmöglichkeiten für sich zu nutzen, wirksam nur durch eine Fusion der beiden ostfriesischen Gesellschaften begegnet werden könne. Erste und wichtigste Aufgabe nach diesem Zusammenschluss müsse die Anschaffung eines neuen großen Schnelldampfers sein, der täglich zwei Fahrten zwischen Emden und Borkum machen könne.

Da das nach Lage der Dinge in Leer nicht anders gesehen werden konnte, standen die Grundzüge der Einigung schnell fest. Die Ende Mai 1899 zum Abschluss gebrachten Verhandlungen sahen folgendes vor:

1. Beide Gesellschaften bilden zusammen eine neue Aktiengesellschaft „Ems" mit Sitz in Emden, deren Aktienkapital 350.000 Mark betragen wird.

2. Die neue Gesellschaft übernimmt die beiden Emder Schiffe für 200.000 Mark. Die bislang in dieser Höhe eingezahlten Aktien, die im Besitz ihrer Inhaber verbleiben, werden auf das neue Aktienkapital angerechnet. Außerdem leistet die alte AG „Ems" aus ihren Reserven eine Barzahlung in Höhe von 75.000 Mark, um damit u.a. die Differenz zwischen dem niedrigeren Buchwert ihrer Schiffe und dem Aktienkapital auszugleichen.

3. Die neue AG „Ems" übernimmt außerdem die beiden Schiffe aus Leer zum Preis von 150.000 Mark, für die die bisherigen Eigentümer Aktien in gleicher Höhe erhalten. Zum Ausgleich des niedrigeren Buchwertes der Schiffe und der vorhandenen Reserven, die von der alten AG „Ems" stammen, zahlen die Partner aus Leer einen Barzuschuss in Höhe von 50.000 Mark.

4. Die Fusion tritt am 1. Juni 1900 in Kraft mit der Bedingung, dass alle vier Schiffe zu diesem Termin voll betriebsfähig, voll ausgerüstet und lastenfrei übergeben werden müssen. Bis dahin bleiben die bisherigen Abmachungen über Fahrpreise, Fahrplan und Einnahmenverteilung in Kraft.

5. Zusätzlich zu Wilhelm Philippstein wird nach der Fusion Johannes Russell, Sohn des bisherigen Leerer Betriebsdirektors Hermann Russell, in den Vorstand berufen und die Leitung der Geschäftsstelle Leer übernehmen.

Die Generalversammlung stimmte diesem Verhandlungsergebnis ohne Wenn und Aber zu, und somit konnte per 1. Juni 1900 folgende Eröffnungsbilanz der neuen Aktien-Gesellschaft „Ems" aufgestellt werden:

AKTIVA		PASSIVA	
Dampfer EMDEN und BORKUM	137.000 Mark	Aktienkapital	350.000 Mark
Dampfer AUGUSTA und VICTORIA	100.000 Mark	Reservefonds	12.000 Mark
Diverse Debitoren (Barreserven)	125.000 Mark		
	362.000 Mark		362.000 Mark

Als Mitglieder des jetzt auf acht Sitze erweiterten Aufsichtsrates wurden bei dieser Gelegenheit gewählt die Herren Senator Conrad Hermann Metger, Senator Franz Diedrich Ihnen, Senator Anton Kappelhoff und Dispacheur Peter van Rensen, alle aus Emden, Rechtsanwalt Dr. Heinrich Klasen, der einer der Höckerschen Erben war, Kaufmann Bernhard Connemann und Kaufmann Johann Meyer, alle aus Leer, sowie Buchhändler Siegmund Theissing aus Münster. Wie bisher übernahm Metger den Vorsitz, Meyer wurde sein Stellvertreter. Damit hatte die jahrzehntelange Rivalität in der Borkumfahrt ein Ende, und die vergrößerte AG „Ems" war stark genug, die vor ihr liegenden Aufgaben kraftvoll zu bewältigen. Am dringlichsten war es dabei, die Borkumer Inselbahn wirtschaftlich auf eine breitere Grundlage zu stellen.

Titelseite des Sommerfahrplans der AG „Ems" von 1901. Mit der Eröffnung des Borkumanlegers in Emden-Außenhafen zum 1. Juli dieses Jahres verkürzte sich die Fahrzeit nach Borkum erheblich.

AUFBRUCH [4]
Der Weg zur Borkumer Kleinbahn und Dampfschiffahrt AG 1903

Mit dem Bau der mehrere Kilometer über das Watt führenden Inselbahn zur Fischerbalje 1887/88 war die Firma Habich & Goth ein großes Wagnis eingegangen. So groß der Nutzen der Bahn für die Insel war und so gut die Einnahmen aus deren Betrieb auch flossen, so hoch waren allerdings auch die Lasten aus dem laufenden Unterhalt der Strecke, für den die Betreiber allein sorgen mussten. Wie die Firma Anfang 1894 mitteilte, waren statt der ursprünglich veranschlagten 350.000 Mark für Bau und Ausstattung der Inselbahn bis Ende 1892 bereits 585.000 Mark ausgegeben worden. Einen erheblichen Teil dieser Mehrkosten hatte die Wattbahnstrecke verschlungen, deren zunächst nur halbmeterhoher Damm sukzessive auf über drei Meter und damit über das normale Flutniveau erhöht worden war.

In den ersten Jahren wurde die Bahn von größeren Hochwasserschäden verschont, bis die schwere Weihnachtssturmflut von 1894 fast den gesamten Bahndamm auf dem Watt wegspülte. Die Erwartungen der Fachleute aus der Wasserbauverwaltung, die von einer *„von Anfang an verfehlten Konstruktion"* der Wattbahnstrecke gesprochen und die Hafenanlage *„höchst mangelhaft"* genannt hatten, schienen sich zu bestätigen. Zum Erstaunen der Skeptiker war die Inselbahn jedoch zum Saisonbeginn 1895 wieder einsatzbereit, wobei Habich & Goth den besonders gefährdeten letzten, etwa 300 Meter langen Abschnitt vor der Landungsbrücke nicht mehr als festen Damm, sondern als offene Pfahljochbrücke gebaut hatte. Diese Bauweise bewährte sich außerordentlich gut, als Anfang Dezember dieses Jahres eine weitere schwere Sturmflut neue große Schäden an anderer Stelle anrichtete. Beim anschließenden Wiederaufbau wurde daher auch dieser besonders sturmflutgefährdete Abschnitt auf einer Länge von 500 Metern solchermaßen umgestaltet.

Vor dem Ersten Weltkrieg war die Wattbahnstrecke der Inselbahn im Bereich der Fischerbalje auf einem mehrere hundert Meter langen Abschnitt als offene Pfahljochbrücke gebaut. Diese Konstruktion bot bei Sturmfluten nur wenig Angriffsfläche.

| Aufbruch | **3.4** |

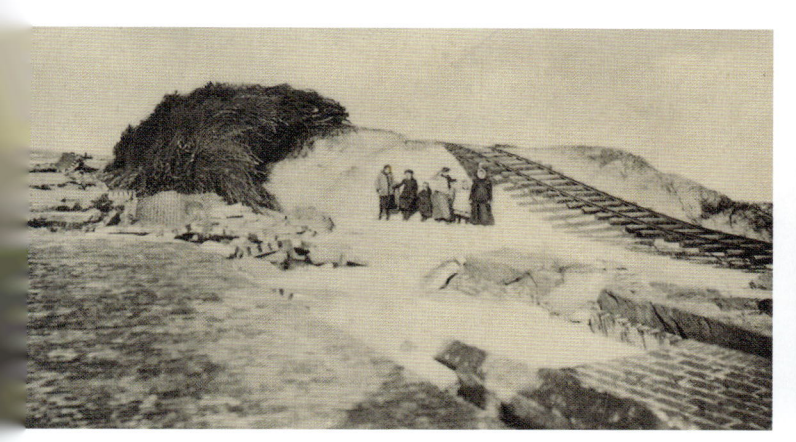

Von Anfang an hatten die Gleisanlagen der Borkumer Kleinbahn bei Sturmfluten oft schwer zu leiden. Die Bilder zeigen Zerstörungen an der schon lange nicht mehr existierenden Strecke zum Südstrand (oben links) nach der Sturmflut im März 1906 und an der Wattbahnstrecke nach der Sturmflut im Januar 1954 (rechts oben und unten).

Die Landebrücke im Kleinbahnhafen, in der die Wattbahnstrecke der Borkumer Kleinbahn endete, war, wie dieses in der Zeit um 1900 entstandene Bild zeigt, noch lange als offenes Pfahljochbauwerk gestaltet. Erst später wurde auch dieser Abschnitt mit schweren Steinen, weiterem Pfahlwerk und Faschinen zu einem festen Bauwerk umgerüstet.

Das eigentliche Dilemma aber lag woanders. Die Firma Habich & Goth hatte wegen der großen Schäden dieser Jahre keine Rücklagen bilden können und wegen ihrer ungenügenden Finanzdecke mehrmals am Rande des Zusammenbruchs gestanden. Der Kredit der Firma war wegen ihrer bekanntermaßen hohen Belastungen sehr begrenzt, und darüber hinaus litt das Unternehmen an den beschränkten Möglichkeiten, seine Hypotheken abzusichern, denn über den größten Teil der Inselbahngrundstücke konnte es nur pachtweise verfügen, also keine Realkredite darauf aufnehmen. Kein Wunder, dass die Dampfer DR. VON STEPHAN und KAISER WILHELM II. von der Indienststellung an jeweils bis zu einer hohen Kreditlinie verpfändet waren. Das Ministerium für öffentliche Arbeiten, das für die Eisenbahnaufsicht zuständig war, drängte daher darauf, die Kleinbahn, die für die Insel schließlich von entscheidender Bedeutung sei, besser als bisher abzusichern.

Aufbruch 3.4

Um 1900 gab es neben der Landebrücke von 1888 bereits eine weitere Pier, so dass ein regelrechtes Hafenbecken entstanden war, der Kleinbahnhafen mit seiner noch heute bestehenden spitzwinkeligen Grundform. Im Vordergrund Dampfer BORKUM in Fahrt, am Anleger im Hintergrund die KAISER WILHELM II.

Da gerade in der zweiten Hälfte der 1890er Jahre ein kräftiger Ausbau der Kleinbahnen in Ostfriesland begonnen hatte, lag es nahe, zunächst die unmittelbar betroffenen und interessierten öffentlichen Hände, insbesondere die Gemeinde Borkum, zur Beteiligung heranzuziehen. Grundsätzlich war die Gemeinde dazu auch bereit und hatte Mitte September 1897 einige Stimmführer mit Gemeindevorsteher Kieviet an der Spitze für entsprechende Verhandlungen bestimmt. Auch in Emden und Leer hatten Versammlungen von Interessenten stattgefunden. Ende Oktober trat ein daraufhin gebildetes *Committee für Errichtung einer Borkumer Eisenbahn-Gesellschaft* erstmals zusammen. Außer Vorstand und Aufsichtsrat der AG „Ems" und den Vertretern der Gemeinde Borkum gehörten ihm Hermann Russell als Betriebsdirektor der Leerer Dampfschiffahrts-Gesellschaft sowie Landrat von Frese für den Kreis Emden und Oberbürgermeister Fürbringer für die Stadt Emden an. Bei dieser Gelegenheit lagen zur Begründung der Preisforderung von Habich & Goth in Höhe von 700.000 Mark erstmals interne Zahlen über die Einnahmen des Verkehrsbetriebes auf Borkum – 134.911 Mark für das Jahr 1896 – auf dem Tisch. Diese Zahlen gaben aber keinen wirklichen Einblick in die Ertragskraft der Kleinbahn, und so herrschte allgemein die Ansicht vor, der geforderte Preis sei entschieden zu hoch. Die Verhandlungen verliefen daher vorerst im Sande.

Dass die Bemühungen um die Gründung einer breiter fundierten Eisenbahngesellschaft einige Jahre später wieder in Gang kamen und schließlich zum Erfolg führten, war letztlich dem Engagement eines Mannes zu danken, der sich in dieser Zeit auch anderweitig um Emden und seinen Hafen sehr verdient gemacht hat, Carl Schweckendieck, der in Berlin im Ministerium für öffentliche Arbeiten die wesentlichen Fäden zur Lösung aller hier angesprochenen Verkehrsprobleme in der Hand hatte und uns bereits im Zusammenhang mit der Verlegung der Emder Abfahrtsstelle für die Borkumdampfer vom Alten Binnenhafen zum Außenhafen begegnet ist. Im Spätsommer 1900 ergriff sein Ministerium in dieser Sache die Initiative. Der Regierungspräsident in Aurich wurde mit Erlass vom 15. September angewiesen, intensiv auf die Bildung einer Kleinbahngesellschaft für Borkum hinzuwirken, denn es sei nicht länger hinzunehmen, dass in einer Gemeinde mit 2.000 Einwohnern und einem so starken Fremdenverkehr die lebensnotwendige Kleinbahnverbindung „*lediglich von dem Willen und der Leistungsfähigkeit einer Privatperson abhängt*".

Aufbruch 3.4

Aus der Entstehungszeit der Borkumer Kleinbahn und Dampfschiffahrt AG stammen diese beiden Personenwagen, die 1997 und 1998 nach ihrer originalgetreuen Restaurierung wieder in Betrieb genommen wurden. Links der 1889 bei Thielemann & Eggena in Cassel gebaute Wagen 17, der bis 1916 bei der Kyffhäuser Grubenbahn eingesetzt war, ehe er nach Borkum kam, rechts der 1914 bei der Fa. Görlitz als Sanitätswagen für die Marine gebaute Wagen 2, der nach dem Zweiten Weltkrieg 1947 von der Borkumer Kleinbahn übernommen wurde.

Der Emder Landrat von Frese nahm daraufhin Kontakt mit der Gemeinde Borkum und mit Franz Habich auf, der nach dem Tode seines Partners Heinrich Goth 1899 alleiniger Inhaber des Unternehmens geworden war. Dieser bestätigte seine alte Preisvorstellung und wiederholte seine Bereitschaft, die Inselbahn in eine Aktiengesellschaft einzubringen, wies aber auch auf die Hindernisse hin, an denen die Sache bislang gescheitert sei und die aus dem Wege geräumt werden müssten, wenn etwas daraus werden solle. Zum ersten müsse der Domänenfiskus, d.h. vor allem das Landwirtschaftsministerium, endlich bereit sein, den bislang lediglich auf 30 Jahre verpachteten Grund und Boden zu verkaufen, auf dem die Gleise und sonstigen Bahneinrichtungen lagen bzw. standen, und zum zweiten müsse sich der Staat verpflichten, kein anderes Unternehmen für einen Eisenbahnbetrieb auf Borkum zu konzessionieren. Unter diesen Voraussetzungen gab es nach seinem Urteil keinen Grund, an dem die Sache scheitern könnte.

Am 24. September 1901 fand auf Einladung des Ministeriums für öffentliche Arbeiten eine weichenstellende Konferenz auf Borkum statt, an der unter Schweckendiecks Vorsitz Vertreter seines eigenen sowie der Ministerien für Finanzen und für Landwirtschaft und der Provinzialverwaltung in Hannover teilnahmen, außerdem der Auricher Regierungspräsident selbst samt seinen zuständigen Räten, Landrat von Frese für den Kreis und Senator Metger für die Stadt Emden, der Leiter der Wasserbauinspektion Emden, Vertreter der Gemeinde Borkum, Philippstein und Russell als Vorstand der AG „Ems" und natürlich Franz Habich als Eigentümer des betroffenen Unternehmens. Bereits im Vorfeld hatte die Stadt Emden ein eigenes finanzielles Engagement abgelehnt, weil sie zu Recht für sich keinen Nutzen darin sehen konnte, während die Gemeinde Borkum zwar ihre grundsätzliche Bereitschaft zur Beteiligung an der zu gründenden Aktiengesellschaft erklärt, aber gleichzeitig so hohe Bedingungen daran geknüpft hatte, dass ihr Votum dadurch weitgehend wieder aufgehoben wurde.

Zur Vorbereitung der Verhandlungen hatte Franz Habich umfangreiche Unterlagen über die bisherigen Ergebnisse der Inselbahn und über ihr Betriebsvermögen zusammengestellt. Die in die neue Gesellschaft zu überführenden Immobilien bestanden aus dem Bahnhofs- und Postgebäude, dem daneben liegenden Eiskeller, der Güterabfertigung samt zugehörigem Wohnhaus, einer Wagenremise, einem Pferdestall, einem Lokomotivschuppen samt Schlosserwerkstatt, drei Beamtenwohnhäusern und einem Wärterhaus an der Kiebitzdelle, weiter aus der Landungsbrücke mit Wartehalle am Hafen samt einem fertigen Fundament für ein neues Empfangsgebäude und einem Geräteschuppen und schließlich aus der provisorischen Güterabfertigung und einem Reservegrundstück für deren Neubau. Für alles zusammen war ein Wert von 265.000 Mark angesetzt. Zur Eisenbahn gehörten inzwischen drei Lokomotiven von 45, 50 und 60 PS, drei in eigener Werkstatt gebaute Salonwagen, fünf gepolsterte Personenwagen dritter Klasse, ein Postwagen und sechs Gepäckwagen, ebenfalls alle in der eigenen Werkstatt gebaut, sowie schließlich 32 Kipp- und Plateauwagen zum Transport von Baumaterialien. Für all dieses rollende Material hatte Habich einen Wert von 81.900 Mark errechnet. Die Gleisanlagen, der Bahndamm, die Landungsbrücke, der Anlegeponton etc. hatten nach seiner Aufstellung einen Wert von 353.100 Mark, woraus sich eine Gesamtforderung von 700.000 Mark ergab.

Zur Erläuterung der Wirtschaftlichkeit hatte er für die letzten Jahre Einnahmen und Ausgaben zusammengestellt. Die Gesamteinnahmen, die von 115.136 Mark 1895 auf 189.062 Mark im Jahre 1900 gestiegen waren, entstammten zu über 80% der Personen- und Frachtbeförderung innerhalb und außerhalb der Saison, wobei der Anteil der Fracht von etwa 35% 1895 auf zuletzt fast 50% zugenommen hatte, ein deutlicher Hinweis auf die damals rege Bautätigkeit auf Borkum. Die durchschnittlichen Gesamteinnahmen in den Jahren 1898–1900 betrugen 167.234 Mark, die durchschnittlichen Betriebskosten aller Art beliefen sich in derselben Zeit auf 95.000 Mark, so dass sich ein durchschnittlicher Rohüberschuss von 72.234 Mark pro Jahr ergab, der für Verzinsung, Abschreibungen, das Direktorengehalt u.ä. zur Verfügung stand. Es war nicht zu leugnen, mit der Borkumer Kleinbahn war in guten Jahren Geld zu verdienen, die Ergebnisse konnten jedoch, wie alle Beteiligten genau wussten, durch Sturmflutschäden auch ganz anders ausfallen.

Bis in die ersten Jahre des 20. Jahrhunderts hatte sich der Borkumer Bahnhof mehrfach verändert: in den 1890er Jahren waren der hölzerne Vorbau und beim Bahnhofshotel eine Veranda dazugekommen, 1902 war der flache Anbau mit der Güterabfertigung entstanden, und bald danach hatte der Bahnsteig die auf dieser Postkarte bereits zu sehende Gasbeleuchtung erhalten.

3.4 Aufbruch

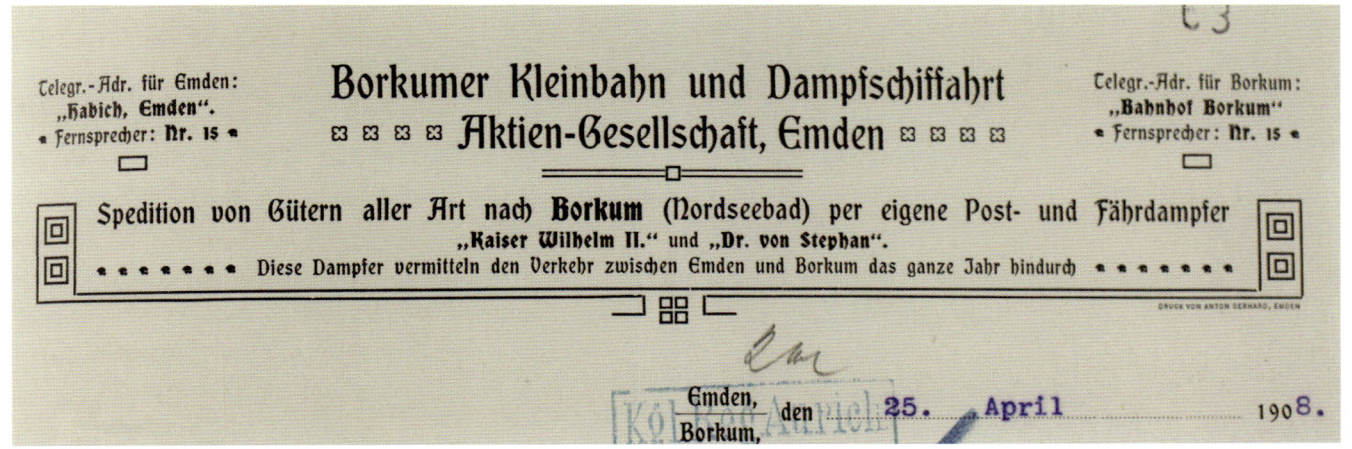

Letzter Briefkopf der Firma Habich & Goth aus dem Jahre 1902 und erster Briefkopf der 1903 gegründeten Borkumer Kleinbahn und Dampfschiffahrt AG.

Angesichts dieser Betriebsergebnisse konnten sich die Beteiligten im Prinzip verhältnismäßig schnell einig werden. Die zunächst ins Auge gefasste Aufteilung des Aktienkapitals zu gleichen Teilen zwischen der AG „Ems", Habich & Goth, der Gemeinde Borkum und dem Landkreis Emden wurde bald hinfällig, weil in Borkum die Skepsis überwog und die nicht unbegründete Sorge bestand, die Gemeinde werde sich bei den gleichzeitig anstehenden großen Investitionen für Kanalisation und Straßenbau mit einer nennenswerten Beteiligung an der Inselbahn eine untragbare Last aufbürden. Damit war auch der Landkreis Emden ausgeschieden, denn dieser hatte, da nur mittelbar interessiert, seinen Beschluss, für 50.000 Mark Aktien zu übernehmen, von einer angemessenen Beteiligung der Gemeinde Borkum abhängig gemacht. Die AG „Ems" blieb also als einziger Partner für Habich & Goth übrig und war in der Erkenntnis, dass sie sich *„in ihrem eigensten Interesse würde beteiligen müssen"*, zu einem entsprechend größeren Engagement auch bereit.

Aufbruch 3.4

Der spitzwinklige Kleinbahnhafen und die etwa 3 km lange Wattstrecke der Inselbahn auf Borkum um 1930. Im Vordergrund Dampfer RHEINLAND (I) im tidefreien Fahrwasser der Fischerbalje.

Weil die beiden Schiffe von Habich & Goth ebenfalls auf die neue Gesellschaft übergehen sollten, hatte Habich seine Preisforderung zunächst auf 750.000 Mark erhöht und anschließend auf 650.000 Mark reduziert, dafür aber die anstehende Kesselerneuerung in beiden Schiffen abgelehnt. Dafür sowie für den Grunderwerb vom Domänenfiskus, Gebühren und anderes wurden 50.000 Mark als flüssiges Betriebskapital veranschlagt, d.h. das Aktienkapital des Unternehmens musste insgesamt 700.000 Mark betragen und sollte im Verhältnis 4:3 zwischen der AG „Ems" und Habich & Goth aufgeteilt werden. Auf dieser Basis wurde am 30. September 1902 der Gründungsvertrag für das neue Unternehmen abgeschlossen. Für einen Preis von 650.000 Mark übergab die Firma Habich & Goth ihre mobilen und immobilen Eisenbahn- und Hafenanlagen sowie die beiden Dampfer DR. VON STEPHAN und KAISER WILHELM II. Daneben räumte Habich ein Vorkaufsrecht auf einige weitere Grundstücke ein und verpflichtete sich, die in einem Gutachten der Wasserbau- und Eisenbahnverwaltung geforderten baulichen Verbesserungen an der Bahnstrecke noch vor der Übergabe an die neue Gesellschaft auf seine Kosten durchzuführen. Der Kaufpreis war in zwei Teilen zu erbringen, und zwar in Höhe von 350.000 Mark als Barzahlung bei der Auflassung und in Höhe von 300.000 Mark durch Übertragung von Anteilen. Weitere 50.000 Mark waren als Betriebskapital vorgesehen, u.a. zweckgebunden zur Erneuerung der Kessel in den beiden Schiffen.

Alle diese Abmachungen aber waren an die Voraussetzung geknüpft, dass die staatlich gesetzten Rahmenbedingungen den Forderungen der Vertragsschließenden entsprächen. Im einzelnen hieß das, dass der Domänenfiskus das Gelände des Bahndamms in einer für zwei Gleise ausreichenden Breite verkaufen, die bislang befristete in eine unbefristete Konzession umwandeln und verbindlich zusichern sollte, an niemand anderen domänenfiskalischen Grund und Boden zur Anlage einer Eisenbahn zwischen Dorf und Hafen zu verkaufen oder zu verpachten. Wie seinerzeit die Firma Habich & Goth, verlangten die designierten Eigentümer also ein Defacto-Verkehrsmonopol, ehe sie so viel Geld investierten.

Aufbruch 3.4

> **704.** Aurich, den 28. Oktober 1903.
> **Genehmigungsurkunde.**
>
> Auf Grund des Gesetzes über Kleinbahnen und Privatanschlußbahnen vom 28. Juli 1892 (G.-S. S. 225) wird der Borkumer Kleinbahn- und Dampfschiffahrt-Aktiengesellschaft (eingetragen in das Handelsregister von Emden unter Nr. 11 Abteilung B. am 5. November 1903) im Einvernehmen mit der Königlichen Eisenbahndirektion Münster die Genehmigung zur Übernahme und zum Betrieb der bisher der Firma Habich und Goth in Emden gehörigen und von dieser betriebenen Borkumer Kleinbahn von der Borkumer Reede bis zum Inseldorf Borkum nach Maßgabe folgender Festsetzungen und Bedingungen erteilt.
>
> **I. Allgemeines.**
> **§ 1.**
> Durch Erlaß des Herrn Ministers der öffentlichen Arbeiten vom 26. Juli 1903 Klb. III. (IV.) 501 ist bestimmt, daß die Borkumer Kleinbahn nicht den Bestimmungen des Gesetzes vom 3. November 1838
>
> **§ 31.**
> Bezüglich der zu erlassenden Betriebsvorschriften finden die Vorschriften der Ausführungsanweisung zu § 22 des Kleinbahngesetzes Anwendung.
> Polizeiliche Bestimmungen sind von den zu ihrem Erlaß berufenen Personen nicht ohne Zustimmung der Eisenbahnbehörde zu erlassen.
> **§ 32.**
> Sämtliche im Betrieb der Kleinbahn vorkommenden Unfälle, wobei Personen verletzt oder Material und Sachen in erheblichem Umfang beschädigt werden, sind seitens der Unternehmerin innerhalb 3 Tagen dem Regierungs-Präsidenten in Aurich und der Königlichen Eisenbahndirektion in Münster i. W. anzuzeigen. Außerdem ist von allen Unfällen, die auf einen Verstoß gegen die §§ 315 und 316 des Strafgesetzbuches betr. die Gefährdung von Eisenbahntransporten zurückzuführen sind, der Staatsanwaltschaft Anzeige zu erstatten. Die Untersuchung des Unfalls ist Sache der örtlichen Polizeibehörde.
> **§ 33.**
> Die Genehmigung ist auf 75 Jahre erteilt.
> **§ 34.**
> Die Übertragung der aus dieser Genehmigung sich ergebenden Rechte und Pflichten an einen anderen Unternehmer ist nur mit Genehmigung der Aufsichtsbehörde zulässig.
> Der Regierungs-Präsident.
> Karl Prinz von Ratibor.
> I b. 8474.

Anfang und Ende der im Amtsblatt veröffentlichten Genehmigungsurkunde des Auricher Regierungspräsidenten für die Übernahme der Inselbahn durch die neugegründete Borkumer Kleinbahn und Dampfschiffahrt AG 1903. Der vollständige Text ist mehrere Seiten lang.

In den darüber lange ergebnislos geführten Verhandlungen mit der Berliner Ministerialbürokratie brachte erst ein persönlicher Besuch Franz Habichs in der Hauptstadt am 18. Dezember 1902 den Durchbruch. Er stellte dabei klar, dass Grundlage des Vertrages mit der AG „Ems" die Erwartung gewesen sei, der Staat werde seine 1885 gegebene Zusicherung erneuern, nach der keinem anderen Unternehmen Wattgelände zum Eisenbahnbau zur Verfügung gestellt werde, solange die bestehende Bahn den Anforderungen des öffentlichen Verkehrs genüge. Ohne diese Zusage aber falle die ganze Abmachung in sich zusammen, und es bleibe beim alten Zustand mit all seinen Risiken, die das Ministerium doch gerade ausschalten wolle.

Letztlich überzeugte Habich die Ministerialbeamten wohl mit der Drohung, im Falle seines Todes sei die Zukunft der für Borkum lebenswichtigen Bahn vollkommen ungesichert, und so bekam der Regierungspräsident in Aurich am 19. Januar 1903 die Ermächtigung, den Beteiligten der zu gründenden Kleinbahngesellschaft *„ausnahmsweise"* zu erklären, dass innerhalb einer auf 75 Jahre festgesetzten Konzessionsdauer *„kein Grund vorliegen werde, einem anderen Unternehmer die Erlaubnis zur Benutzung des Watts für eine der Personen- und Güterbeförderung dienende Eisenbahn oder ähnliche Verkehrsanlage zu erteilen"*, solange die bestehende Bahn nach Entscheidung des Ministeriums für öffentliche Arbeiten den Anforderungen des öffentlichen Verkehrs in vollem Umfang genüge. Bedingung dafür aber war, dass die Gesellschaft sich mit allen Konsequenzen den strengen Regeln und Bestimmungen des preußischen Kleinbahngesetzes von 1892 unterwarf, das für die einige Jahre ältere Borkumer Kleinbahn bislang nicht verbindlich gewesen war. Im übrigen genehmigte das Ministerium den Verkauf von Wattflächen in dem für den Bahndamm benötigten Umfang und ging außerdem die Verpflichtung ein, bei Anlegung eines zweiten Gleises einen entsprechend großen Geländestreifen zu denselben Bedingungen zur Verfügung zu stellen.

Nachdem bis zum Sommer dieses Jahres auch hinsichtlich des fiskalischen Dünengeländes, für das das Landwirtschaftsministerium zuständig war, eine gleichartige Lösung gefunden und letzte kleine Differenzen zwischen Habich und der AG „Ems" ausgeräumt waren, stand einer Umwandlung der Inselbahn in eine Aktiengesellschaft schließlich nichts mehr im Wege. Am 22. September 1903 wurde der notarielle Gründungsakt vollzogen und damit das Unternehmen unter dem Namen Borkumer Kleinbahn und Dampfschiffahrt AG konstituiert, am 28. Oktober fertigte der Regierungspräsident in Aurich die Genehmigungsurkunde zur Übernahme der bisher von Habich & Goth betriebenen Inselbahn aus, und am 5. November dieses Jahres erfolgte unter der laufenden Nummer 11 die Eintragung ins Handelsregister B des Amtsgerichts Emden. Der Erbbauvertrag, der dem Unternehmen die für den Bahndamm benötigten Wattflächen bis zum Ablauf der 75-jährigen Konzession zur Verfügung stellte, brauchte etwas länger und wurde erst am 16. Februar bzw. 19. März 1904 vollzogen. Nach langen Mühen hatte damit die Borkumer Inselbahn eine wirtschaftlich genügend breite Basis erhalten.

Wie von Anfang an vorgesehen, wählte die erste Generalversammlung der neuen Aktiengesellschaft Franz Habich in den Vorstand, zu dem außerdem die Direktoren der AG „Ems", Philippstein und Russell, letzterer aber nur als Stellvertreter, gehörten. Vorsitzender des zunächst siebenköpfigen Aufsichtsrates wurde wie bei der AG „Ems" der inzwischen zum Kommerzienrat ernannte Senator Conrad Hermann Metger; die übrigen Mitglieder waren Senator Franz Diedrich Ihnen, Dispacheur Peter van Rensen und Konsul Friedrich Lübbert Brons, alle aus Emden, die Kaufleute Johann Meyer und Bernhard Connemann aus Leer sowie der Bierbrauereibesitzer Bernhard Franke aus Münster. Zum größeren Teil waren die Aufsichtsräte beider Aktiengesellschaften also mit denselben Personen besetzt.

In dem Betriebsergebnis des ersten, nur sieben Monate umfassenden Rumpfgeschäftsjahres setzte sich die Aufwärtsentwicklung der letzten Jahre fort. Trotz hoher Abschreibungen und noch höherer Rückstellungen für den Erneuerungs-, den gesetzlichen Reserve- und schließlich den Spezialreservefonds, der auf Anordnung der Aufsichtsbehörde ausschließlich zur Absicherung der Kosten für den Unterhalt der Wattbahnstrecke eingerichtet worden war, erzielte das Unternehmen mit den beiden Abteilungen Kleinbahn und Schifffahrt zusammen einen Überschuss von 30.000 Mark. Als gesundes und kräftiges Unternehmen konnte die Borkumer Kleinbahn und Dampfschiffahrt Aktiengesellschaft somit der Zukunft entgegensehen.

Friedrich Lübbert Brons, Getreidegroßhändler in Emden, Senator, schwedischer und norwegischer Vizekonsul, Mitglied in den Aufsichtsräten der Borkumer Kleinbahn und Dampfschiffahrt AG und der AG „Ems" von 1903 bzw. 1910 bis zu seinem Tod 1924.

AUFBRUCH [5]
Aufschwung des Inselverkehrs bis zum Ersten Weltkrieg

Mit der Fusion der beiden Bäderreedereien mit Wirkung vom 1. Juni 1900 und der Gründung der Borkumer Kleinbahn und Dampfschiffahrt AG 1903 war das gesamte Borkumer Verkehrswesen endlich in einer Hand und unter einheitlicher Leitung. Dass es zwei juristisch selbständige Aktiengesellschaften waren, von denen die eine, die AG „Ems", mit fast 51% die Mehrheit des Aktienkapitals der anderen hielt, schwächte die Einheitlichkeit nicht im geringsten, denn dank einer weitgehenden Identität der Mitglieder von Aufsichtsrat und Vorstand war einem etwaigen Auseinanderdriften der Geschäftspolitik von vornherein ein Riegel vorgeschoben. Fortan waren die vorher getrennten Fäden zu einem einzigen starken Tau verflochten.

Durch die Verlagerung des gesamten regulären Fährverkehrs nach Emden konnte die Gesellschaft ihre vier Schiffe viel rationeller als vorher einsetzen. Fuhren bis dahin im Anschluss an jeden Bäderzug zwei Schiffe nach Borkum, das eine von Leer, das andere von Emden, so brauchte jetzt nur noch eines eingesetzt zu werden. Auf diese Weise war stets ein Schiff für Lustfahrten und für den bei den Badegästen sehr beliebten Verkehr zwischen den ostfriesischen Inseln frei.

Wegen des Einstiegs bei der Borkumer Kleinbahn und des damit verbundenen zusätzlichen Verwaltungsaufwandes waren die von der AG „Ems" bisher genutzten Büroräume im Haus Am Delft 13 zu klein geworden, so dass jetzt auf einem Grundstück am Alten Binnenhafen in der Nähe der früheren Abfahrtsstelle ein eigenes Verwaltungsgebäude errichtet wurde, in dem seit dem 1. August 1904 die Zentrale beider Verkehrsgesellschaften ihren Sitz hatte. Größere Sorgen als die wegen des längeren Seeweges zwangsläufig höheren Tarife des Borkumverkehrs gegenüber denen für die Fahrt nach Norderney und Juist machten damals die besseren Schiffe der auswärtigen Konkurrenz. So hatte die Hamburger Nordseelinie 1904 einen Turbinendampfer mit 3.000 Plätzen und einer Geschwindigkeit von 20 Knoten im Bau und lehrte damit auch die AG „Ems" das Fürchten. Ein neues, großes, modernes und schnelles Schiff musste demnach her, dessen geplante Anschaffung schließlich einer der Gründe der Fusion von 1899/1900 gewesen war. Die damals schnell fortschreitende technische Entwicklung

Nach der Auflösung der Leerer Dampfschiffahrts-Gesellschaft fuhren die vier Schiffe der vereinigten Leer-Emder Dampfschiffahrts-Gesellschaften in der Badesaison 1900 erstmals unter der einheitlichen Flagge der AG „Ems" nach Borkum.

Aufbruch 3.5

> Zahlreiche
> **Lust=Fahrten**
> von
> ✺ **Borkum** ✺
> nach
> Helgoland, Norderney,
> Juist, Delfzyl, Groningen etc. etc.
> werden während der Saison
> ausgeführt und rechtzeitig auf der
> Insel bekannt gemacht.

Dank des rationelleren Einsatzes der ab 1900 in der AG „Ems" vereinigten Borkumdampfer aus Emden und Leer in der regulären Fährfahrt war fortan meistens ein Schiff frei für die jetzt in größerem Umfang angebotenen Lustfahrten zu den übrigen ostfriesischen Inseln, zu den niederländischen Festlandshäfen und, wenn auch nur selten, sogar nach Helgoland.

machte die Überlegungen nicht leichter; erst nachdem klar geworden war, dass ein Turbinenschiff seine Vorteile im Wattbereich kaum zur Geltung bringen konnte, wurde im September 1906 bei der Werft Josef L. Meyer in Papenburg zum Preis von 316.000 Mark noch einmal ein Raddampfer in Auftrag gegeben.

Dieses Schiff, am 15. Juni 1907 in Dienst gestellt und im Hinblick auf die Herkunft der meisten Badegäste auf den Namen WESTFALEN getauft, übertraf mit knapp 60 Meter Länge die übrigen Schiffe erheblich und war an seinen zwei Schornsteinen schon von weitem erkennbar. Zugelassen war es für fast 700 Passagiere, seine Höchstgeschwindigkeit betrug 11,5 Knoten. Mit nunmehr fünf Schiffen, während der Saison noch ergänzt um die von der Borkumer Kleinbahn gecharterten DR. VON STEPHAN und KAISER WILHELM II., konnte die AG „Ems" ihr Angebot erstmals regelmäßig um eine neue Komponente erweitern, die gleichwohl Tradition hatte. Dreimal in der Woche, montags, mittwochs und freitags, verkehrte fortan planmäßig ein Schiff zwischen Borkum und Delfzijl, von wo ein extra eingesetzter Zug über Groningen den Anschluss an das niederländische Eisenbahnnetz ermöglichte. So konnten jetzt auch Badegäste aus dem Nachbarland bequem die am nächsten zur niederländischen Grenze gelegene deutsche Insel erreichen.

Zur Finanzierung des neuen Schiffes, immerhin ein ähnlich dicker Brocken wie die erst wenige Jahre zurückliegende Beteiligung an der Borkumer Kleinbahn, wurde auf Beschluss der Generalversammlung vom 23. Februar 1907 das Grundkapital auf 700.000 Mark verdoppelt. Mehr als 25% zuzüglich 2% Stempelsteuer brauchten die Aktionäre aber nicht einzuzahlen, denn die glänzende Entwicklung des Verkehrs und der Erträge erlaubte es, die restlichen 75% aus den Rücklagen im Erneuerungsfonds und auf dem Dampferneubaukonto zu bestreiten.

Aufbruch 3.5

Die über die Toppen geflaggten Dampfer KAISER WILHELM II. und VICTORIA im Sommer 1910 in der Schleuse Leer auf dem Weg zu einer Lustfahrt.

Am Delft 25 lautete seit 1904 die Emder Anschrift der AG „Ems" und der Borkumer Kleinbahn und Dampfschiffahrt AG. Das in dem damals besonders beliebten Stil der Neo-Renaissance gebaute Haus links im Bild war das erste eigene Verwaltungsgebäude der Gesellschaften und wurde im Zweiten Weltkrieg zerstört.

Dampfer WESTFALEN (I), gebaut 1907 auf der Werft Josef L. Meyer in Papenburg. Es war der letzte Raddampfer, den die AG „Ems" bauen ließ. Mit seinen beiden Schornsteinen war das Schiff im Emsmündungsbereich unverwechselbar. Im Zweiten Weltkrieg von der Kriegsmarine beschlagnahmt, ging es im Juni 1944 bei einem Bombenangriff in Le Havre unter.

3.5 Aufbruch

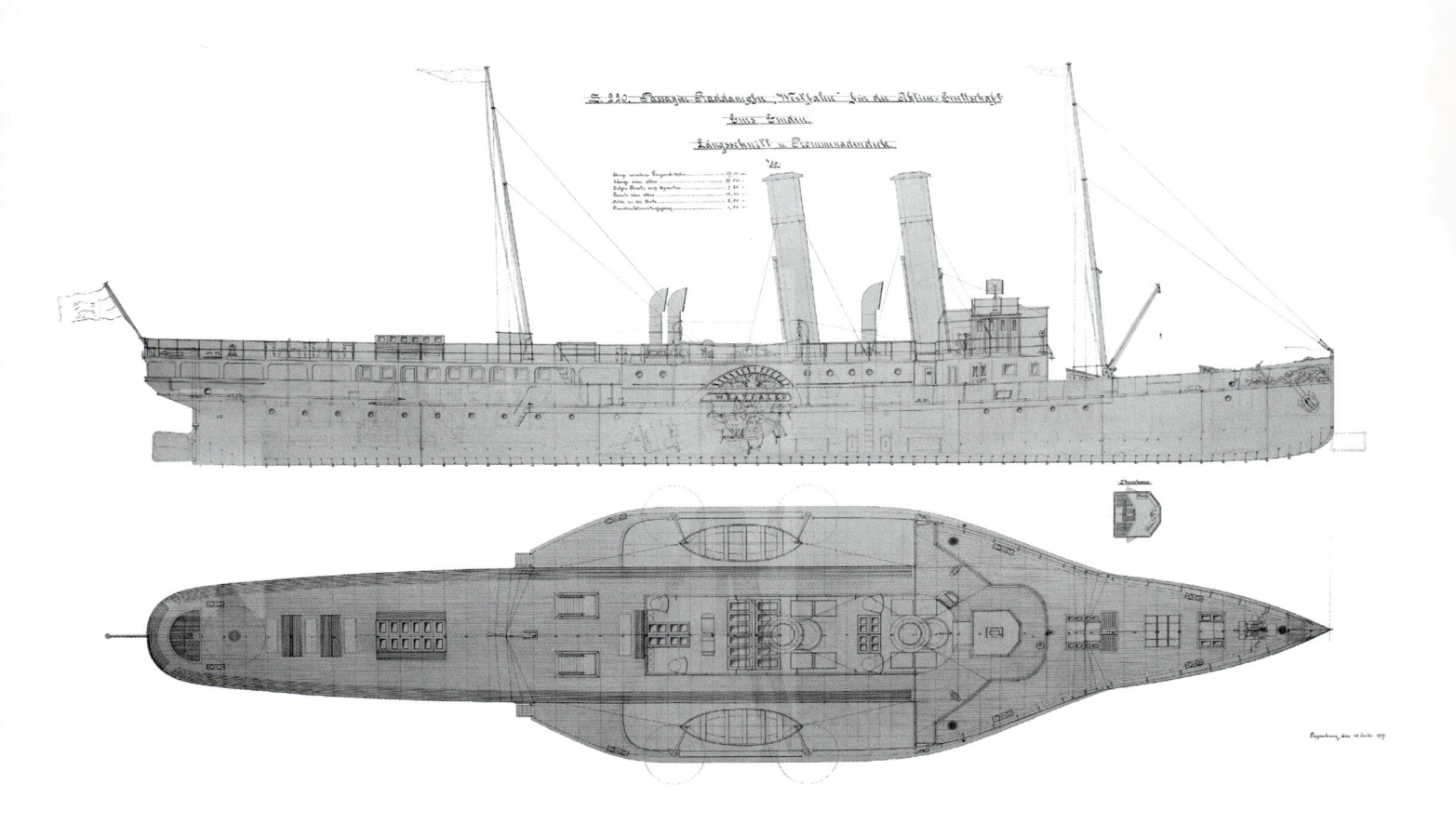

Baurisse der Werft Josef L. Meyer in Papenburg für den 1907 für die AG „Ems" gebauten Raddampfer WESTFALEN (I).

Aufbruch 3.6

In den ersten Jahren des 20. Jahrhunderts war Borkum zu einem bedeutenden Seebad gewachsen. Die am Strand entlang führende Straße war geprägt von zahlreichen vornehmen Hotels mit Seeblick und trug daher – ein höheres Maß an Ehre gab es nicht – den Namen Kaiserstraße. 1910 war, finanziert von der Gemeinde Borkum, die für ein Seebad mit höheren Ansprüchen unverzichtbare Wandelhalle hinzugekommen (links eine Gesamtansicht), die auch über einen großen Lesesaal für die Gäste verfügte (Bild rechts).

AUFBRUCH [6]
Ausbau der Verkehrsinfrastruktur auf Borkum

Tönjes Kieviet, Gemeindevorsteher bzw. Bürgermeister Borkums von 1892 bis 1933. Von 1908 bis 1934 und 1942 bis 1950 war er Mitglied im Aufsichtsrat der Borkumer Kleinbahn und von 1924 bis 1948 in dem der AG „Ems".

Während die AG „Ems" bis zum Ersten Weltkrieg durchgängig hervorragende Erträge erzielte, schrieb die Kleinbahn in der Abteilung Schifffahrt bald rote Zahlen, weil mit dem Abflauen des privaten Baubooms auf Borkum das Frachtaufkommen erheblich gesunken war. Erst als im Rahmen der militärischen Aufrüstung des Kaiserreichs 1907/08 der massive Ausbau Borkums zur Küstenfestung begann, verbesserten sich die Geschäftsergebnisse wieder. Für das jetzt stets hohe militärische Frachtaufkommen (Baumaterial, Geschütze und andere schwere Waffen, Munition, Versorgungsgüter und Truppen) waren allerdings die vorhandenen Verkehrseinrichtungen auf Borkum nicht ausreichend. Da der von den Militärs und den Fachleuten der Bauverwaltung eigentlich bevorzugte Bau eines völlig neuen Hafens mit Bahnverbindung ins Inselinnere mit geschätzten Baukosten von mindestens 1,25 Mio. Mark viel zu teuer war, blieb nur die andere Alternative, nämlich die vorhandenen Anlagen zu verstärken und auszubauen.

So schlossen am 7. Februar 1908, nachdem das Kriegsministerium in Berlin die Pläne gebilligt hatte, die Kaiserliche Fortifikation Wilhelmshaven und die Borkumer Kleinbahn AG einen Vertrag, in dem sich die Kleinbahn gegen einen Baukostenzuschuss in Höhe von 602.660 Mark verpflichtete, bis zum 1. Juli dieses Jahres nach den Planvorgaben

Aufbruch 3.6

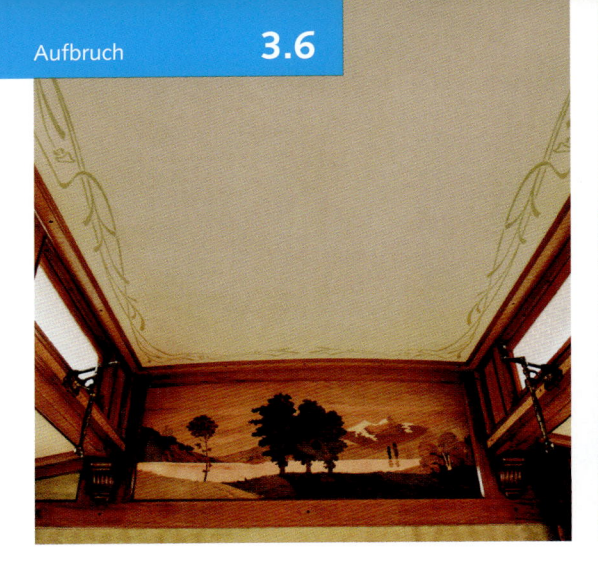

Der Aufschwung Borkums zu einem stark frequentierten Seebad mit einem entsprechend zahlungskräftigen vornehmeren Publikum spiegelt sich sowohl in der Werbeanzeige des Bahnhofshotels von 1910 (unten) als auch in der Anschaffung eines luxuriös ausgestatteten Salonwagens, des sog. Kaiserwagens, durch die Borkumer Kleinbahn im Jahre 1906, der inzwischen originalgetreu restauriert wieder im Einsatz ist (oben rechts). Oben links ein Holzintarsienbild als Detail der Innenausstattung.

der Militärverwaltung ein zweites Gleis parallel zum vorhandenen zu verlegen und am Hafen bessere Lösch- und Ladeeinrichtungen zu schaffen. Für den Erwerb des zusätzlich benötigten domänenfiskalischen Geländes war die Kleinbahn gemäß ihren Rechten aus dem Erbbauvertrag von 1904 ebenso allein verantwortlich wie für den künftigen Unterhalt der neuen Anlagen. Ein auf zunächst fünf Jahre befristeter Spezialtarif für die zukünftigen großen militärischen Transporte beschloss den Vertrag.

Die Ausführung der Bauarbeiten übernahm Franz Habich mit seiner noch immer bestehenden Baufirma Habich & Goth und wurde, um jede Interessenkollision zu vermeiden, für die Bauzeit von seinen Pflichten als Vorstand der Borkumer Kleinbahn entbunden. Georg Schütte, der später Prokurist und schließlich selbst Vorstandsmitglied wurde, übernahm währenddessen Habichs Vorstandsaufgaben. Aus der Verpflichtung zur Geheimhaltung ergaben sich nach Abschluss der Bauarbeiten allerdings Schwierigkeiten mit der landes- und baupolizeilichen Abnahme des neuen Gleises, denn Habich hatte in etwas eigenwilliger Auslegung dieser Auflage weder den Regierungspräsidenten in Aurich noch die Eisenbahndirektion Münster, also die regulären staatlichen Aufsichtsorgane, beteiligt und das neue Gleis völlig ohne Genehmigung gebaut.

Die in einem vorübergehenden Nutzungsverbot gipfelnden Auseinandersetzungen mit der staatlichen Verwaltung, die erst im November 1908 mit der nachträglichen Genehmigung und Abnahme endeten, bekamen eine besondere Note, als sich im Juni dieses Jahres zahlreiche Anwohner der Bahnhofsgegend protestierend zu Worte meldeten, gewissermaßen die erste Borkumer Bürgerinitiative. Insgesamt 43 Personen beschwerten sich über die von der Kleinbahn ausgehende Luftverschmutzung und den Lärm sowie über die dadurch verursachten Einnahmeverluste. Häufig komme es nämlich vor, dass ihre Gäste wegen dieser Beeinträchtigungen das Quartier wechselten oder sogar

Aufbruch 3.6

Das um 1905 entstandene Foto, auf dem Eisenbahnangehörige und Dienstmänner vor den beiden Lokomotiven BORKUM (links) und MELITTA (rechts) posieren, dazwischen einer der aus Emden übernommenen sog. Poppingawagen, lässt erkennen, wie stolz die Bediensteten auf die Kleinbahn waren.

Mit dem Bau des zweiten Gleises für das Militär war der Wattbahndamm durch schwere Steinpackungen massiv verstärkt worden und konnte damit Sturmfluten erheblich besser standhalten (links). Die von der kaiserlichen Fortifikation im Jahre 1908 allein gebaute sog. Ostlandbahn (rechts), die jenseits des Bahnhofs von der Hauptstrecke abzweigte und durch die Dünen bis weit in den Osten der Insel führte, diente ausschließlich dem Verkehr mit den diversen hier angelegten Artilleriestellungen. Die Borkumer Kleinbahn hatte mit dem Betrieb auf diesen Strecken in der Regel nichts zu tun.

völlig ausblieben. Sie verlangten daher die Verlegung des Privatgüterverkehrs zum Langen Wasser, die Einstellung des Rangierens vor ihren Häusern und das Verbot von Güter- und Materialtransporten zu privaten Zwecken auf bestimmten Streckenabschnitten. Ihre Argumentation war allerdings in sich sehr widersprüchlich, denn sie wollten wohl die Vorteile des stark ansteigenden Gästestroms für sich buchen, die damit zwangsläufig verbundenen Entwicklungen im Verkehrsaufkommen aber nicht hinnehmen, eine Diskrepanz, auf die Habich in seiner Stellungnahme gebührend hinwies. Immerhin bewirkte diese Eingabe, dass die Aufsichtsbehörden in ihrem abschließenden Planfeststellungsbeschluss vom 8. März 1909 der Kleinbahn zur Auflage machten, bis zum Saisonbeginn am Langen Wasser einen Güterschuppen zu bauen. Mit dessen Inbetriebnahme sank die Rangiertätigkeit im Bereich des Bahnhofs erheblich ab, so dass der Friede auf der Insel bald wiederhergestellt war.

Aufbruch 3.6

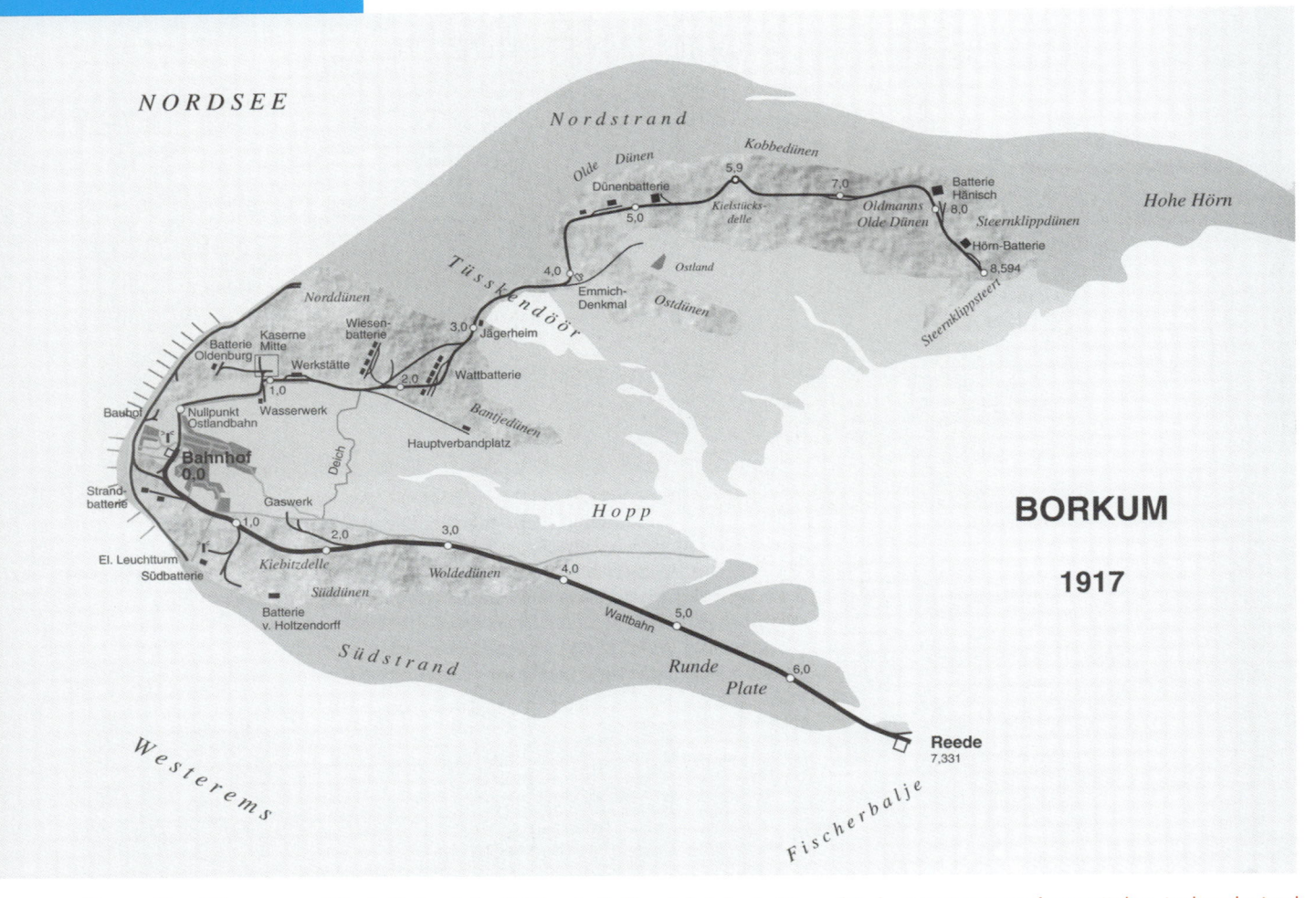

BORKUM 1917

Die von Hans Schweers gezeichnete Karte zeigt, wie intensiv die Eisenbahninfrastruktur auf Borkum im Zusammenhang mit dem Ausbau der Insel zur Küstenfestung bis zum Ersten Weltkrieg gewachsen war.

Wegen des stark gewachsenen Verkehrsaufkommens im Zusammenhang mit dem militärischen Ausbau Borkums musste die Borkumer Kleinbahn zwei zusätzliche Dampflokomotiven anschaffen, zunächst 1908 die bei der Maschinenfabrik Hohenzollern AG in Düsseldorf gebaute Lokomotive EMDEN (links), zwei Jahre später die mit dieser baugleiche Lokomotive AURICH (rechts). Beide waren bis Anfang der 1950er Jahre im Einsatz.

Aufbruch 3.6

Dampfer PRINZ HEINRICH, gebaut 1909 auf der Werft Josef L. Meyer in Papenburg für die Borkumer Kleinbahn und Dampfschiffahrt AG. Er war 1945 eine von nur drei Borkumfähren, die den Zweiten Weltkrieg überstanden hatten.

Über das zweite Gleis hinaus wurde das Schienennetz in diesen Jahren auch sonst kräftig ausgebaut. Es gab Abzweigungen zum Gaswerk und zum Südstrand zu den dortigen Pfahldünenbauten und eine 3 Kilometer lange Verbindung vom Güterschuppen am Langen Wasser zum Nordstrand, so dass die Borkumer Kleinbahn zu Beginn des Ersten Weltkriegs einschließlich der Rangiergleise und der doppelt zu zählenden Hauptstrecke über 19,7 Kilometer Gleise verfügte. Einschließlich der von der Marine selbst betriebenen militärfiskalischen Bahn lagen auf Borkum in dieser Zeit etwa 30 Kilometer Schienen, auf denen seit 1909 ein reger Verkehr ablief. Kleinbahn und Schiffe hatten durch das erhöhte Frachtaufkommen und durch Truppentransporte so viel zu tun, dass der Umfang des Unternehmens in diesen Jahren kräftig zunahm. 1908 waren 16 Beamte und 60 Arbeiter beschäftigt, und das rollende Material war in diesem Jahr um eine Lokomotive auf jetzt vier, um einen Personenwagen auf jetzt 18, um einen vierachsigen Güterwagen auf jetzt drei und um 23 Spezialwagen (Loren etc.) auf jetzt 68 derartige Wagen angewachsen. In den folgenden Jahren kamen weitere Ergänzungen dazu, u.a. 1910 als Ersatz für die inzwischen schrottreif gewordene Lokomotive MORITZ aus dem Baujahr 1874 die bei der Maschinenfabrik Hohenzollern in Düsseldorf beschaffte Lokomotive AURICH, die baugleich mit der 1908 gekauften Lokomotive EMDEN war.

Mit der Zunahme der Militärtransporte und dem weiterhin steigenden Fremdenverkehr – 1911 wurde mit 29.878 Badegästen der Höchststand vor dem Ersten Weltkrieg erreicht – war auch die schon länger erwogene Ausweitung des Schiffsparks um ein kombiniertes Fracht- und Personenschiff unumgänglich geworden. Im Januar 1909 erhielt die Werft Josef L. Meyer in Papenburg für 104.500 Mark den Zuschlag zum Bau eines Doppelschraubendampfers von 41 m Länge und 7 m Breite, der am 1. September unter dem Namen des Kaiserbruders PRINZ HEINRICH – das Haus Hohenzollern galt viel an der Küste – in Dienst gestellt wurde. Mit jetzt drei Schiffen konnte die Kleinbahn und Dampfschiffahrt AG fortan auch im Winter an jedem Werktag eine Fahrt zwischen Emden und Borkum anbieten.

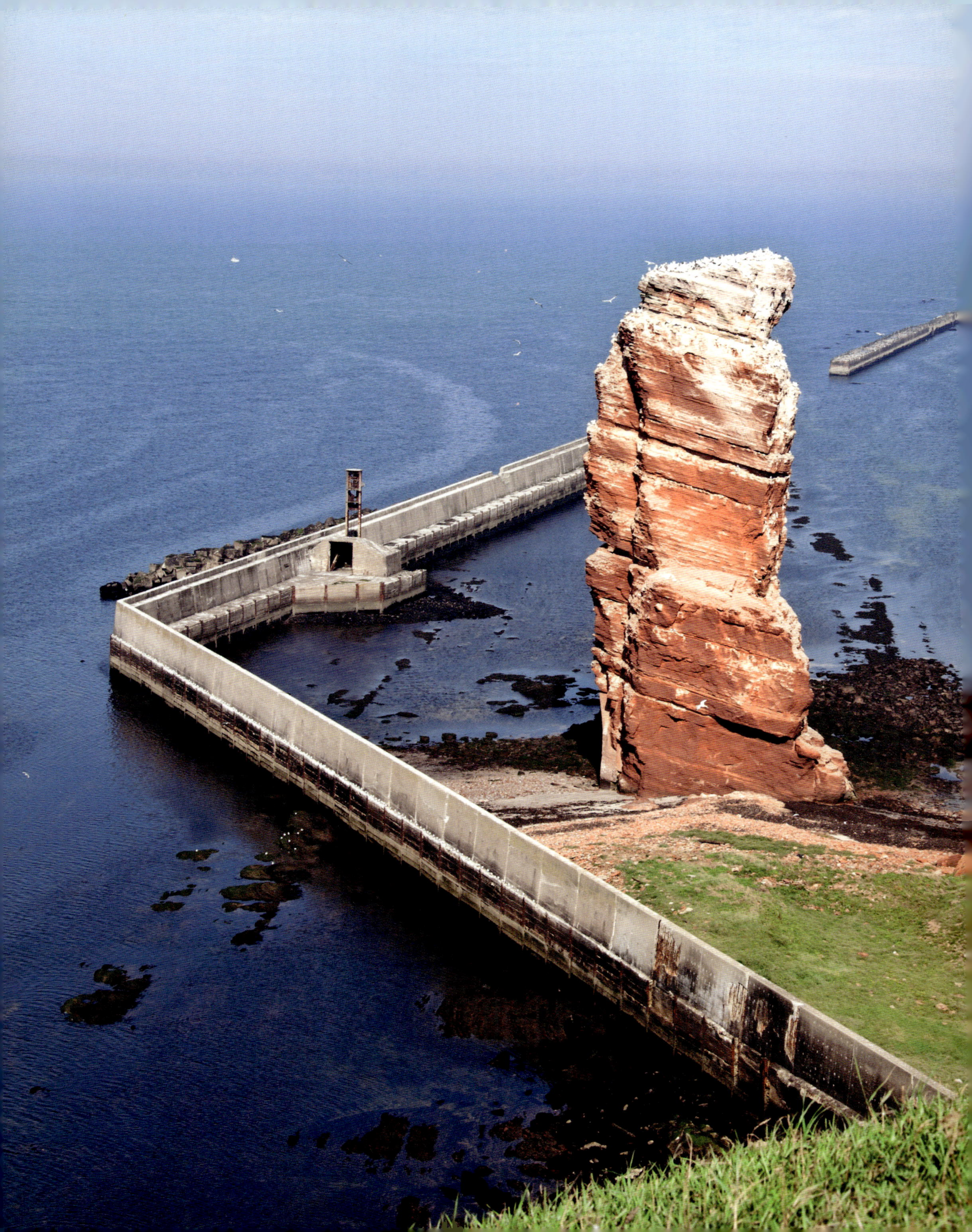

ERSTER WELTKRIEG

und Überleben in einer Zeit
wirtschaftlicher Krisen
und politischer Umbrüche
(1914–1939)

Die maßgebende Neuerung im Verkehrsangebot der AG „Ems" nach dem Ersten Weltkrieg waren die mit der Indienststellung des damals hochmodernen Dampfers RHEINLAND (I) im Jahre 1926 möglich gewordenen regelmäßigen Ausflugsfahrten nach Helgoland. Die Lange Anna steht symbolisch für diese Entwicklung.

ERSTER WELTKRIEG [1]
Erster Weltkrieg, Nachkriegszeit und Inflation

Die seit Jahren anhaltende positive Entwicklung wurde mit dem Ausbruch des Ersten Weltkrieges Anfang August 1914, mitten in der Badesaison, jäh unterbrochen. Borkum als Küstenfestung war fortan für Badegäste vollkommen gesperrt, und zunächst war sogar vorgesehen, die gesamte Zivilbevölkerung mit Ausnahme der auf der Insel unbedingt notwendigen Arbeitskräfte zu evakuieren. Stattdessen lag bis Anfang 1917 für eine Tagescharter von 150 Mark der Dampfer EMDEN auf Borkum Reede ständig in Fahrbereitschaft, um die Inselbevölkerung im Notfall jederzeit kurzfristig aufs Festland in Sicherheit bringen zu können. Darüber hinaus aber hatte die AG „Ems" für die Dauer des Krieges auf ihrem originären Tätigkeitsfeld nichts zu bestellen. Ein Teil ihrer Schiffe lag deshalb ständig auf, ein anderer Teil war zeitweise an die Borkumer Kleinbahn AG verchartert und sicherte damit weitere Einnahmen.

Ganz anders dagegen die Verhältnisse bei der Borkumer Kleinbahn. Zwar spürte auch diese das Ausbleiben der Badegäste, wegen der erheblichen Zunahme des militärischen Güterverkehrs und der Truppentransporte war sie jedoch so ausgelastet, dass sie zeitweise Schiffe der AG „Ems" einchartern musste, um alles bewältigen zu können. 1915 z.B. beförderte sie auf der Schiene u.a. 26.625 Offiziere und Mannschaften, über 10.000 kg Gepäck, 269 Waggonladungen unterschiedlicher Größe sowie 2.024 Stückgutsendungen im Gesamtgewicht von 731.065 kg und erzielte damit eine Einnahme von fast 45.000 Mark.

Bei beiden Gesellschaften musste die scheinbare Normalität mit einem weitgehenden Verzicht auf die Aufstockung der Rücklagen und mit der Beschränkung der Unterhaltsarbeiten an den Betriebseinrichtungen auf das allernötigste erkauft werden, während von etwaigen Neuinvestitionen ohnehin nicht die Rede sein konnte. Dass auf diese Weise der Nachholbedarf immer größer wurde und über kurz oder lang erhebliche Probleme aufwerfen musste, war allen Beteiligten durchaus bewusst, doch gab es schon wegen des überall herrschenden Materialmangels vorerst keine Alternative.

Heinrich Kappelhoff, Weingroßhändler und Bankier in Emden, Mitglied des Aufsichtsrats der Borkumer Kleinbahn und Dampfschiffahrt AG von 1911 bis zu seinem frühen Tod 1917.

Beide Gesellschaften gingen damit schon geschwächt aus dem Krieg hervor, als im November 1918 die eigentlichen Probleme erst begannen, nämlich die Bewältigung der Finanzkrise, die das Kaiserreich mit der längst völlig unübersichtlich gewordenen Kreditfinanzierung seiner Kriegsrüstung ausgelöst hatte. Mit dem Wegfall der meisten

4.1 Erster Weltkrieg

Franz Habich (jun.), Vorstand der Borkumer Kleinbahn und Dampfschiffahrt AG von 1917 bis 1944. Von 1937 bis zu seinem Eintritt in den Ruhestand 1944 war er als Nachfolger von Johannes Russell außerdem Mitglied im Vorstand der AG „Ems". Er war ein Neffe des gleichnamigen Erbauers der Borkumer Inselbahn.

Johannes Russell, Kaufmann in Leer. Als Nachfolger seines Vaters Hermann führte er kurze Zeit die Geschäfte der Leerer Dampfschiffahrts-Gesellschaft bis zu deren Fusion mit der AG „Ems" im Jahre 1900. Von 1900 bis zu seinem Eintritt in den Ruhestand Ende 1936 war er als Leiter der Geschäftsstelle Leer Mitglied im Vorstand der AG „Ems", seit 1903 außerdem Mitglied im Vorstand der Borkumer Kleinbahn und Dampfschiffahrt AG.

Militärtransporte brach die bislang scheinbar intakte Geschäftsgrundlage der AG „Ems" zusammen. Das Geschäftsjahr 1918/19 brachte einen Verlust von fast 100.000 Mark, der nur durch Rückgriff auf die Substanz gedeckt werden konnte. So wurde der Dampfer BORKUM an die Emder Firma Schulte & Bruns verkauft, die ihn anschließend auf ihrer Werft zu einem Rheinschlepper umbauen ließ. Obwohl die WESTFALEN und die AUGUSTA weiterhin auflagen und nur die VICTORIA und die EMDEN den zunächst noch geringen Badeverkehr – nur 13.129 Kurgäste wurden 1919 gezählt – abwickelten, ergab auch das nächste Geschäftsjahr wieder einen Verlust.

1922 brachte eine Kapitalerhöhung auf 1.050.000 Mark nur vorübergehend Entlastung. Immerhin war es dadurch möglich, den betagten Dampfer AUGUSTA für fast 400.000 Mark so instandzusetzen, dass er noch für mehrere Jahre seinen Dienst tun konnte. Trotz eines inzwischen wieder kräftig gestiegenen Badeverkehrs – 1921 kamen 26.552 und im folgenden Jahr 23.043 Kurgäste nach Borkum – ließ die sich ständig beschleunigende Geldentwertung, die sich in der Wahrnehmung der meisten Zeitgenossen allerdings lange nur als dauernde Kostensteigerung bemerkbar machte, Überschüsse nicht mehr zu. So waren weitere Eingriffe in die Substanz unvermeidlich. Im März 1923, als die Inflation schon beängstigende Ausmaße angenommen hatte, wurde die EMDEN zum Preis von 53,5 Mio. Mark an die Abwrackwerft Schubert & Krahn in Dortmund verkauft, die das Schiff auseinanderschnitt, das Achterschiff mit einem neuen Bug versah und als Wachschiff an die Zollverwaltung verkaufte; in dieser Funktion ist der Rest der EMDEN noch bis 1950 im Zollwachdienst auf der Ems im Einsatz gewesen. Den Erlös aus diesem Verkauf legte die AG „Ems" sofort in Devisen an – ganze 400 englische Pfund gab es dafür –, um auf diese Weise die übrigen Schiffe instandsetzen und die Kohleversorgung sichern zu können. Die WESTFALEN, deren Verkauf eben-

Erster Weltkrieg 4.1

Lustfahrt nach Delfzyl

durch Dampfer „Prinz Heinrich" am **Freitag, 15. August**. Abfahrt Bahnhof 2 Uhr nachm., Ankunft Delfzyl ca. 4,30 Uhr nachm., Rückfahrt von Delfzyl 6,30 Uhr nachm.

Erforderlich zur Teilnahme ist laut Vorschrift der deutschen und der holländischen Regierung:
1. Eintragung in die in der Fahrkartenausgabe ausliegende Teilnehmerliste bis spätestens Mittwoch, 13. August, 4 Uhr nachm.
2. Personalausweis mit Lichtbild.

Rückfahrpreis einschl. Eisenbahnfahrt Mk. 5,00 pro Person.

Borkumer Kleinbahn und Dampfschiffahrt Aktien-Gesellschaft.

In spezifischer Weise spiegelt sich die zunächst schleichend wachsende Inflation nach dem Ersten Weltkrieg im Fahrpreis für Lustfahrten mit AG „Ems"-Schiffen: während eine halbtägige Fahrt nach Delfzijl 1913 5 Mark kostete, mussten für einen Ausflug nach Norderney etwa 1921 bereits 60 Mark bezahlt werden.

falls zur Debatte gestanden hatte, entging diesem Schicksal wohl nur dadurch, dass im November dieses Jahres mit einem radikalen Währungsschnitt endlich wieder stabile Geldverhältnisse in Deutschland einkehrten.

Die Borkumer Kleinbahn, die ganzjährig tätig sein musste, war von alldem schlimmer betroffen. Bei ihr schlugen die ständig steigenden Personal- und Kohlekosten umso mehr negativ zu Buche, als sie ihre Tarife jeweils erst nach behördlicher Genehmigung erhöhen durfte. Bei der Anpassung ihrer Einnahmen an die steigenden Ausgaben hinkte sie somit der Entwicklung ständig hinterher. Die in immer kürzeren Abständen notwendigen Tariferhöhungen führten schließlich dazu, dass z.B. für den Transport von 1.000 kg Normalfracht, der im März 1919 noch 30 Mark gekostet hatte, im August 1923 fast 8 Mio. Mark zu bezahlen waren. Bis zum November dieses Jahres stiegen die Sätze noch um ein Vielfaches bis in Milliarden- und schließlich Billionenhöhe. Die Auseinandersetzungen um die ebenso häufig notwendigen Lohnerhöhungen führten im April 1921, als die Inflation als solche vielfach noch gar nicht richtig wahrgenommen wurde, zu einem regelrechten Arbeitskampf auf Borkum, in dem für einige Tage eine organisierte Bürgerhilfe den zwischenzeitlich von den Streikenden blockierten Eisenbahn- und Dampferverkehr nahezu planmäßig wieder in Gang bringen konnte.

Um Eingriffe in die Substanz kam auch die Borkumer Kleinbahn nicht herum. Der Dampfer DR. VON STEPHAN, der schon seit 1921 stillgelegen hatte, wurde im September 1922 für 350.000 Mark an die Schiffswerft Gebrüder Onken in Wilhelmshaven verkauft, wobei der Kaufpreis nur zu 150.000 Mark in bar zu erbringen war. Für den anderen Teil erhielt die Kleinbahn AG einen eisernen Anlegeponton im Wert von 100.000 Mark, der mit einem Aufwand von weiteren 100.000 Mark bedarfsgerecht für den Borkumer Hafen umgebaut wurde. Gegenüber dieser handfesten Gegenleistung aus einem Tauschgeschäft konnte sich die in diesem Jahr erstmals gewährte partielle, ab 1923 völlige Befreiung der Gesellschaft von der Verkehrssteuer erst dann nennenswert auswirken, als mit der Neuordnung der Währung Ende 1923 für Wirtschaft, Politik und Gesellschaft in Deutschland endlich wieder ein festes Fundament vorhanden war.

Erster Weltkrieg 4.1

Die nach dem Ersten Weltkrieg in Deutschland einsetzende Inflation zehrte die vorhandenen Kapitalvermögen weitgehend auf. Nach der Stabilisierung der Währung durch die Einführung der neuen Reichsmark Ende 1923 musste daher bei allen Kapitalgesellschaften das Grundkapital den neuen Geldwertrelationen angepasst werden. Bei der Borkumer Kleinbahn und Dampfschiffahrt AG fiel die Anpassung, bei der der Nennwert ihrer Aktien um 50% herabgesetzt wurde, noch verhältnismäßig glimpflich aus.

Erster Weltkrieg 4.2

ERSTER WELTKRIEG [2]
Die „Goldenen Zwanziger"

Mit Blessuren und geschwächt – die AG „Ems" schloss zuletzt mit einem Minus von 18.000 Billionen Mark ab –, im Kern aber nach wie vor gesund, hatten beide Gesellschaften die Inflationszeit überstanden. Wegen der Geldentwertung musste der Nennwert der AG „Ems"-Aktien um 60% auf 400 RM herabgesetzt werden, wodurch sich bei 1.050 Aktien eine Kapitalbasis von 420.000 RM ergab. Die Herabsetzung bei der Borkumer Kleinbahn AG fiel mit 50% auf 500 RM pro Aktie etwas geringer aus; ihr Grundkapital belief sich bei 700 Aktien nunmehr auf 350.000 RM. Geblieben waren beiden Gesellschaften zusammen fünf Schiffe sowie die Kleinbahn, wenn diese auch darunter litt, dass jahrelang am Hafen und an der Wattbahnstrecke sowie am rollenden Material nur die notdürftigsten Erneuerungsarbeiten vorgenommen worden waren.

Der Wandel der Zeiten zeigte sich auch in einem fast völligen Wechsel der Führungspersönlichkeiten. 1917 war Franz Habich aus dem Vorstand der Kleinbahn ausgeschieden, wo seitdem sein Neffe Franz Habich jun. und Georg Schütte, dieser vorerst als Prokurist, die Direktionsgeschäfte führten. Im Oktober 1923 war nach über dreißigjähriger Tätigkeit Wilhelm Philippstein gestorben und wegen der schlechten Zeiten zunächst nicht ersetzt worden. Erst 1927 erhielt Johannes Russell, der zwischenzeitlich alleiniger Direktor der AG „Ems" gewesen war, mit Georg Schütte wieder einen Vorstandskollegen. Zusammen mit dessen Berufung in den Vorstand erhielt Alwin Bremer, seit einigen Jahren Leiter des Emder Büros, Prokura. Genauso tiefgreifend war der personelle Umbruch in beiden Aufsichtsräten, aus denen die durchweg hochbetagten Angehörigen der Gründergeneration innerhalb weniger Jahre bis 1926 durch Verzicht oder durch Tod ausschieden.

Diese Verjüngung war, wie die Älteren selbst gewusst hatten, dringend notwendig, denn nach der Krise, die Weltkrieg und Inflation ausgelöst hatten, konnte nicht so weiter gemacht werden wie vorher. Neue geschäftliche Aktivitäten waren erforderlich, wollten die beiden Verkehrsgesellschaften ihren Platz auch in Zukunft behaupten. Wegen der politischen und gesellschaftlichen Umbrüche musste sich der gesamte Fremdenverkehr auf neue Bevölkerungsschichten einstellen. Es kam jetzt, parallel zur politischen Entwicklung, gewissermaßen zu einer Demokratisierung des Reisens, doch waren damit gegenüber der Vorkriegszeit erhebliche Veränderungen auf Seiten der Anbieter erforderlich. Sonderangebote in der Vor- und Nachsaison, Wochenend- und Kurzurlaube, Lustfahrten zu Sonderpreisen, Preisabschläge in besuchsärmeren Zeiten, Gruppenfahr-

---

Nach längerem Kranksein, jedoch noch unerwartet, verschied heute unser Direktor

Herr W. Philippstein

Als Mitbegründer und Leiter unserer Gesellschaften hat er die Geschäfte stets mit größter Pflichttreue geführt und haben wir seinem unermüdlichen Eifer und großer Sachkenntnis sehr viel zu verdanken.

Sein Andenken wird bei uns nie erlöschen!

Aufsichtsrat und Vorstand
der Aktien-Gesellschaft „Ems" und der
Borkumer Kleinbahn und Dampfschiffahrt, Akt.-Ges.

Mit Wilhelm Philippstein, der im September 1923 im Alter von 63 Jahren starb, ging den beiden Verkehrsgesellschaften ein wichtiges Mitglied des Vorstands, der Insel Borkum aber der Mann verloren, der den hiesigen Seebäderverkehr seit Ende des 19. Jahrhunderts kenntnis- und phantasiereich maßgeblich entwickelt und vorangebracht hatte. Der aus kleinen jüdischen Verhältnissen in Emden stammende Philippstein war ein typischer Vertreter der Aufsteigergeneration im Kaiserreich und wusste als findiger Kaufmann und Unternehmer die Chancen und Möglichkeiten dieser von großer wirtschaftlicher Dynamik geprägten Zeit mit Erfolg zu nutzen.

| 4.2 Erster Weltkrieg

Bernhard Heinrich Brons, Getreidegroßhändler in Emden, schwedischer Vizekonsul, Mitglied und Vorsitzender der Aufsichtsräte der AG „Ems" und der Borkumer Kleinbahn und Dampfschiffahrt AG von 1924 his zu seinem frühen Tod 1931.

Lüppo Cramer, Sekretär (heutiger Hauptgeschäftsführer) der Handelskammer für Ostfriesland und Papenburg, Mitglied der Aufsichtsräte der AG „Ems" und der Borkumer Kleinbahn und Dampfschiffahrt AG von 1924 bis zu seinem Tod 1941.

Dr. Anton Klasen, Rechtsanwalt und Notar in Leer, Mitglied der Aufsichtsräte der AG „Ems" und der Borkumer Kleinbahn und Dampfschiffahrt AG von 1923 bzw. 1924 bis 1959. Von 1931 bis 1958 war er Vorsitzender beider Gremien.

Johannes Meyer, Kaufmann in Leer, Mitglied in den Aufsichtsräten der AG „Ems" und der Borkumer Kleinbahn und Dampfschiffahrt AG von 1924 bis 1949.

Erster Weltkrieg 4.2

Günstige Ausflugsmöglichkeiten von und nach Weener
mit den Dampfern der Dampfschiffahrts Akt.-Ges. „Ems"
Vereine verbilligte Preise. Fahrpläne und nähere Auskunft durch den
Vertreter Kapitän M. Dirks, Norderstrasse 59, Fernsprecher 40

Im Bemühen, den Ausflugsverkehr auch emsaufwärts deutlich auszuweiten, hatte die AG „Ems" den Rest der alten Emsbrücke bei Hilkenborg ab 1926 als Anleger gepachtet und bot von dort aus fortan Ausflugsfahrten von und nach Weener an. Links eine Werbeanzeige, rechts Dampfer KAISER WILHELM II. am dortigen Anleger. Mit Ausbruch des Zweiten Weltkriegs im September 1939 wurde dieser Verkehr eingestellt.

ten, Familienrabatte und dergleichen waren die Schlagworte, auf die es jetzt ankam, um über eine quantitative Ausweitung des Geschäfts eine ausreichende Rentabilität der am Fremdenverkehr beteiligten Unternehmen zu sichern. Das aber erforderte, in einem bislang unbekannten Ausmaß die Werbung zu forcieren.

Johannes Russell hatte die richtige Idee. Auf seinen Vorschlag veranstaltete die AG „Ems" gemeinsam mit ihrer Nachbarreederei AG Norden-Frisia und in Abstimmung mit den übrigen am Verkehr zu den ostfriesischen Inseln beteiligten Unternehmen vom 15. bis zum 20. Juni 1925 eine Bäderrundfahrt von Borkum nach Wangerooge, zu der Vertreter der Reichsbahn, der Post und anderer wichtiger Behörden, der Verkehrsvereine und Reisebüros, der Schifffahrt und Badeverwaltungen, Reichstags- und Landtagsabgeordnete sowie zahlreiche Pressevertreter eingeladen waren, allesamt als Multiplikatoren für solche Werbeaktionen wichtig. Große Berichte über die ostfriesischen Inseln in den Reisebeilagen vieler überregionaler Zeitungen von Hamburg bis München und vom Rheinland bzw. von Westfalen bis nach Thüringen zeigten den Erfolg dieser Maßnahme.

Allerdings enthielten manche dieser Berichte, namentlich in den regionalen Blättern, einen kräftigen nationalistischen Zungenschlag und spiegelten damit über Ostfriesland hinaus eine Entwicklung des innenpolitischen Klimas wider, das in ganz Deutschland seit dessen Niederlage im Ersten Weltkrieg und dem damit verbundenen Untergang der Monarchie immer stärker von radikal-nationalen bzw. nationalistischen und weiteren eng damit verwandten Extrempositionen bestimmt wurde. So war der Artikel in der Beilage „Heim und Herd" des in Norden erscheinenden Ostfriesischen Kurier mit „Deutsche! Kommt an die deutsche Nordsee ...!" überschrieben, während Louis Hahn in der in Emden beheimateten Ostfriesischen Zeitung formulierte, in diesem Falle bestehe die wesentliche Aufgabe des Journalisten darin, „die deutschen Volksgenossen" werbend zu ermahnen, „nicht eher ins Ausland zu reisen, als man die volle Schönheit deutschen Landes kennt".

4.2 Erster Weltkrieg

Tatsächlich diente ein solcher Sprachgebrauch dem Appell an eine überwiegend deutsch-national und darüber hinaus antisemitisch eingestellte Klientel, aus der sich schon während des Kaiserreichs ein großer Teil der Sommergäste Borkums und der übrigen ostfriesischen Inseln rekrutiert hatte. Lediglich Norderney, dem mit seiner damals schon mehr als 100-jährigen Tradition als Staatsbad und vormaliger Sommerfrische der hannoverschen Königsfamilie das Image des Luxuriösen und vornehm Abgehobenen anhaftete, machte eine Ausnahme. Hier stammten sehr viele Gäste aus wirtschaftlich höhergestellten und insbesondere liberaler geprägten sozialen Zusammenhängen, und da darunter auch zahlreiche jüdische Besucher waren, galt Norderney schon früh als „Judeninsel", von der sich die konkurrierenden anderen Inseln um so schärfer abzugrenzen suchten, je später sie selbst zu Teilnehmern am überregionalen Markt der Seebäder geworden waren und deswegen den Vorsprung der Etablierten durch eine besonders scharfe Profilierung aufholen wollten.

Mit vergünstigten Vier-Tage-Touristenkarten sprach die AG „Ems" neue Kundenkreise an und konnte dadurch ihre Ressourcen besser auslasten.

Auch die AG „Ems" zielte mit ihrer den „deutschen" Charakter der Insel Borkum betonenden Werbung bewusst auf ein deutsch-national fühlendes Publikum, wie dieses Werbeplakat aus den Jahren 1927/28 zeigt.

Erster Weltkrieg 4.2

Eine reichsweit traurige Berühmtheit hatte dabei schon bald Borkum mit dem allabendlich von seinen Gästen gesungenen „Borkumlied" errungen, in dem der Anspruch auf eine spezifisch „deutsche" Exklusivität dieser Insel mit einem überaus aggressiven Antisemitismus gepaart vertreten wurde: *„Doch wer Dir naht mit platten Füßen, / Mit Nasen krumm und Haaren kraus, / Der soll nicht Deinen Strand genießen, / Der muss hinaus! Der muss hinaus! Hinaus!"* lautete der Refrain der letzten Strophe dieses Liedes, und dass dies nicht nur Worte waren, hatten mehrfach Gäste schmerzlich erfahren müssen, die Juden waren oder für solche gehalten wurden oder diesen Antisemitismus offen kritisiert hatten. Aus diesem Grund wurde die Insel nur ausnahmsweise von jüdischen Gästen besucht, so dass Borkum voller Stolz schon vor dem Ersten Weltkrieg damit werben konnte, tatsächlich ein *„judenfreies"* Seebad zu sein – eine seltsam widersprüchliche Konstellation, denn mit Wilhelm Philippstein, der seit 1891 bzw. 1903 bis zu seinem Tod im Jahre 1923 mehrere Jahrzehnte lang als Vorstand die Geschäfte der AG „Ems" und der Borkumer Kleinbahn lenkte, hat gerade ein Jude maßgeblich zu Borkums damaligem immensen Aufstieg als Seebad beigetragen.

Zwar war dieser aggressive Antisemitismus im wesentlichen ein Import der Sommergäste und kein einheimisches Borkumer Gewächs, aber er ruhte auch auf dem stillschweigenden Konsens mit einem großen Teil der örtlichen Bevölkerung, der zumindest so lange keinen Grund sah, dagegen Stellung zu beziehen, wie die Inselwirtschaft von den hohen Gästezahlen profitierte. Erst als dieser Antisemitismus in den 1920er Jahren von Ludwig Münchmeyer, dem Pfarrer der lutherischen Gemeinde auf Borkum und späteren fanatischen NSDAP-Propagandaredner, auch um eine antikatholische Komponente ergänzt wurde und deswegen viele Gäste aus dem katholischen Rheinland irritiert mit einer Stornierung ihrer Borkumreise drohten bzw. dies auch taten, setzte ein gewisses Nachdenken auf der Insel ein. Der von den Ordnungsbehörden mittlerweile stärker bekämpfte Antisemitismus verschwand fortan ein wenig unter der Oberfläche, ohne dadurch allerdings an Intensität zu verlieren. Das damals eigentlich verbotene Borkumlied wurde jedenfalls weiterhin oft und gerne öffentlich gesungen und bei Auftritten der Kurkapelle regelmäßig gespielt – auch als die Teilnehmer der hier in Rede stehenden Bäderrundreise des Jahres 1925 Station auf Borkum machten, wie sich aus dem darüber erschienenen Reisebericht von Louis Hahn ergibt.

Das schon in den 1890er Jahren entstandene scharf antisemitisch geprägte Borkumlied entsprach der politischen Einstellung vieler Borkumgäste und war daher als Postkarte ein beliebter Urlaubsgruß. Der ursprünglich nur dreistrophige Text wurde später in gezielter Abgrenzung zur „Judeninsel" Norderney um zwei zusätzliche Strophen verlängert.

Erster Weltkrieg 4.2

Lustfahrten auch zu weiter entfernten Zielen hatten schon früh zum Angebot der AG „Ems" gehört. Mit dem 1925/26 auf der Hamburger Vulkan-Werft gebauten und im Sommer 1926 in Dienst gestellten Salondampfer RHEINLAND (I), links eine auf einer dynamisch gestalteten Handzeichnung basierende Postkarte, konnte die Reederei diesen durch den Ersten Weltkrieg unterbrochenen Ausflugsverkehr wieder aufnehmen. Das rechte Bild zeigt die RHEINLAND im Sommer 1929 vor Helgoland, dessen ursprüngliche, nach dem Zweiten Weltkrieg gesprengte Bebauung gut zu erkennen ist. Die Ankunft- und Abfahrtzeiten der RHEINLAND waren genau auf die Fahrpläne der von Hamburg aus verkehrenden Helgolandschiffe abgestimmt, so dass die Fahrgäste direkte Anschlussmöglichkeiten von Borkum nach Hamburg bzw. umgekehrt hatten.

Welchen Anteil die spezifisch „deutsche" Komponente, auf die auch die AG „Ems" bewusst rekurrierte, an der Wirkung der damaligen Werbemaßnahmen tatsächlich hatte, muss offen bleiben, doch verstärkt auf Werbung zu setzen, erwies sich als richtige Strategie, wie sich in den schnell steigenden Beförderungszahlen zeigte. Gegenüber 28.800 Reisenden im Jahr 1922 und 30.300 im Jahr 1923 hatten allein in der Zeit vom 1. Juni bis zum 21. August 1924 bereits 46.500 Fahrgäste ein Schiff der AG „Ems" benutzt. Die Reichsbahn hatte in der Zeit vom 1. April bis zum 1. September dieses Jahres 38.034 Fahrkarten von Reichsbahnstationen im ganzen Reich nach Borkum verkauft, davon knapp die Hälfte im Rheinland und in Westfalen. Wollte die Gesellschaft diese hohen Passagierzahlen aber auf Dauer bewältigen, dann brauchte sie ein zusätzliches Schiff. Immerhin lag der letzte Neubau fast 20 Jahre zurück, und das älteste Schiff, die AUGUSTA, hatte bereits ihr 40. Lebensjahr erreicht. Das Problem war jedoch die Finanzierung, denn in der Inflation waren die Reserven des Unternehmens fast völlig weggeschmolzen. Immerhin gaben die Abschlüsse der ersten Geschäftsjahre auf Reichsmarkbasis einigen Anlass zum Optimismus.

Trotz großer Bedenken wegen des damit verbundenen Risikos wagte es daher der Aufsichtsrat, Anfang Oktober 1925 für 550.000 RM bei der Hamburger Vulkan-Werft ein neues Schiff in Auftrag zu geben. Es war ein Doppelschraubendampfer, der bei 800 PS 12,5 Knoten lief und für 613 Passagiere im Verkehr nach Borkum und Helgoland zugelassen war. Der Herkunft der neben den Westfalen stärksten Gästegruppe zu Ehren erhielt das Schiff den Namen RHEINLAND und nahm mit Beginn der Saison 1926 seinen Dienst auf. In seiner Ausstattung genügte es hohen und höchsten Ansprüchen. *„Durch den Einbau einer Radioanlage in Verbindung mit einer Hochantenne"* war, wie Oberingenieur Meier in seinem Bericht für die Zeitschrift „Werft.Reederei.Hafen" voller Stolz hervorhob, den Fahrgästen sogar *„Gelegenheit gegeben, die Darbietungen des Rundfunkdienstes der europäischen Sendestationen genießen zu können"*, eine wegen der Neuheit dieses Mediums damals noch seltene Attraktion. Mit diesem Schiff wurden auch die schon vor dem Ersten Weltkrieg beliebten, aber nur selten angebotenen Ausflugsfahrten nach Helgoland wieder aufgenommen, nun jedoch mit deutlich höherem Komfort und in erheblich größerem Umfang.

Erster Weltkrieg 4.2

Mit ihrem neuen Dampfer RHEINLAND (I), dem damals mit Abstand modernsten und komfortabelsten Fahrgastschiff im Verkehr mit den ostfriesischen Inseln, war die AG „Ems" auch häufig auf Borkums Nachbarinsel Norderney zu Gast, wie diese Postkarte aus den 1930er Jahren zeigt. Die AG „Ems" erinnerte damit an ihre Frühzeit, als der größte Teil des Norderneyverkehrs noch von Emden und Leer ausging.

Die Ergebnisse der folgenden Jahre rechtfertigten das Wagnis. Allerdings brachte bereits das Geschäftsjahr 1928/29 einen Rückgang, und auch die Borkumer Kleinbahn AG erzielte nur mit ihrer Schifffahrtsabteilung Überschüsse. Die Abteilung Kleinbahn dagegen krankte trotz der weiterhin gewährten Befreiung von der Verkehrssteuer und trotz der Erschließung neuer Dienste – so beförderte sie in der Saison 1929 auf der ursprünglich nur zu Materialtransporten angelegten Strecke zum Nordstrand über 19.000 Personen – an den dauerhaft hohen Unterhaltslasten für die Wattbahnstrecke und den Hafen und erreichte dadurch stets nur mit Mühe einen ausgeglichenen Jahresabschluss. 1929 und 1930 aber gelang selbst das nicht mehr; die unaufschiebbar gewordene Erneuerung eines Teils der Spundwand im Kleinbahnhafen hatte für die damaligen Einnahmen einfach einen zu hohen Preis.

Erster Weltkrieg **4.2**

Der Borkumanleger in Emden-Außenhafen um 1930. Links im Bild Schraubendampfer RHEINLAND (I), rechts Raddampfer WESTFALEN (I).

Seit den 1920er Jahren nutzte die Borkumer Kleinbahn den ursprünglich nur für Materialtransporte gebauten Gleisstrang nördlich des Borkumer Bahnhofs auch für Passagierfahrten zum Nordbad. Diese stets nur von Stummelzügen mit wenigen oder gar nur einem einzigen Wagen befahrene Verbindung wurde 1953 wegen Unwirtschaftlichkeit eingestellt.

Die Reichsbahn reagierte auf den gestiegenen Verkehr der 1920er Jahre ebenfalls und ließ nach länger andauernden Planungen im Bahnhof Emden-Außenhafen unmittelbar neben der Anlegestelle zusätzlich zum vorhandenen Bahnhofsgleis ein eigenes Ladegleis anlegen, um den Umschlag von Stückgütern und Gepäck vom Zug ins Schiff und umgekehrt zu erleichtern und zugleich den Personen- und den Gepäck/Güterverkehr voneinander zu trennen, der bis dahin über nur eine Rampe abgewickelt werden musste. Wegen der langen Planungszeit stand dieses Gleis aber erst zu einem Zeitpunkt zur Verfügung, als der Bäderverkehr infolge der Ende 1929 ausgebrochenen Weltwirtschaftskrise längst wieder in einem Tief steckte, das für beide Gesellschaften wesentlich schwieriger zu meistern war als die Krise in den Jahren unmittelbar nach dem Ersten Weltkrieg.

Erster Weltkrieg 4.3

ERSTER WELTKRIEG [3]
Weltwirtschaftskrise und politischer Umschwung 1933: Die Auswirkungen der NS-Herrschaft auf Borkum und den Borkumverkehr

Was sich bereits am Ende der „Goldenen Zwanziger" abgezeichnet hatte, ein deutlicher Abfall der Besucherzahlen auf Borkum und den anderen Inseln, schlug ab 1930 voll durch. Statt der 21.362 Kurgäste von 1929 kamen in diesem Jahr nur 18.123, im Jahr 1931 waren es 16.504 und 1932 nur noch 14.166. Auf diesem Niveau stagnierten die Besucherzahlen, von einem kurzen Zwischenhoch abgesehen, bis 1936 und stiegen erst danach wieder kräftig an. Die Beförderung auf den Borkumdampfern, wegen der Tagesgäste und Kurzbesucher stets weit höher als die Zahl der Kurgäste, brach 1930 mit 16.500 weniger verkauften Fahrkarten als 1929 geradezu dramatisch ein. In der Saison 1931 erlebte Borkum gegenüber dem Vorjahr einen weiteren Verkehrsrückgang um 10 bis 15% und konnte damit dennoch zufrieden sein; andere Nordseeinseln hatten Einbußen von 30 bis 40% zu verkraften. Rationalisierung, wo immer es ging, hieß daher das Gebot der Stunde, und wie die gesamte deutsche Wirtschaft in diesen Jahren sahen auch die beiden Borkumer Verkehrsunternehmen keinen anderen Ausweg, als Personal abzubauen, die Löhne und Gehälter zu senken und alle wenig rentablen Dienste so weit wie möglich einzuschränken.

Als erstes wurde 1930 der inzwischen 44 Jahre alte Dampfer AUGUSTA aus der Fahrt genommen und im Winter 1932/33 zum Abwracken verkauft. Dann wurde die Zeit, in der auf den Schiffen die höhere Sommerheuer gezahlt wurde, von fünf auf vier Monate

Ende der 1920er Jahre war das letzte Ende des Eisenbahndamms im Borkumer Kleinbahnhafen durch mehrere miteinander verbundene Pfahlreihen und darin eingefügte schwere Steinpackungen bereits massiv befestigt und damit gegen Sturmfluten viel besser geschützt als in den Anfangszeiten der Kleinbahn.

4.3 Erster Weltkrieg

Der Kleinbahnhafen in Borkum 1934, kurz vor der Vollendung der neuen Spundwand aus Larsen-Stahlprofil, die vor die alte hölzerne Spundwand gerammt wurde.

verkürzt und dementsprechend der Zeitraum mit den niedrigeren Winterheuern auf acht Monate verlängert. Weiter wurden die nur saisonal beschäftigten Mannschaften später an- und früher abgemustert, auf der RHEINLAND zwei und auf der WESTFALEN und der VICTORIA je ein Mann eingespart, und schließlich wurden die Heuern für das Jahr 1931/32 generell um 10% gekürzt. Die AG „Ems" schöpfte damit den Rahmen ihrer Möglichkeiten noch nicht einmal aus, denn nach den regulären Tarifverträgen für die Seeschifffahrt lagen die Heuern 1932 im allgemeinen sogar um 30% unter denen von 1931. Auf diese Weise gelang es, die Personalkosten für die AG „Ems"-Schiffe insgesamt um etwa 35% zu senken. Auf der anderen Seite musste die Reederei aber auch bei ihren Fahrpreisen deutlich nachgeben, so 1932 um 10%, um mit der Konkurrenz mithalten zu können, die solche Schritte ebenfalls tat.

Viel schwerer hatte es die Borkumer Kleinbahn. Sie hatte gemäß dem 1908 mit der Kaiserlichen Fortifikation abgeschlossenen Vertrag über den Bau des zweiten Gleises den Unterhalt der Hafenanlagen und des Bahndamms trotz der Mitbenutzung durch das Militär allein zu tragen, und alle Bemühungen, in Verhandlungen von dieser infolge der geänderten Verhältnisse zu Recht für unbillig gehaltenen Pflicht loszukommen, blieben frucht- und erfolglos. So mussten Vorstand und Aufsichtsrat 1931 einsehen, dass auf diese Weise nicht zu einer grundlegenden Sanierung der teilweise völlig marode gewordenen Infrastruktur zu kommen war. Immerhin hatten die Gespräche mit der Marineintendantur den Zugang zum Reichskommissar für Arbeitsbeschaffung eröffnet, der schließlich im Sommer 1933 ein zinsgünstiges Darlehen über 220.000 RM bewilligte. Noch im selben Jahr wurde die Totalerneuerung der bis dahin immer nur notdürftig geflickten Spundwände des Kleinbahnhafens in Angriff genommen, und die Kleinbahn war damit endlich einer großen Sorge ledig.

4.3 Erster Weltkrieg

Dampfer KAISER WILHELM nach seinem Umbau im Mai 1930. Die Aufnahme zeigt das Schiff in der Zeit nach 1938, denn Ende dieses Jahres hatte der Aufsichtsrat beschlossen, fortan auf das numerische Attribut „II." im Schiffsnamen zu verzichten.

Die Wirtschaftskrise aber bekam die Kleinbahn nicht minder zu spüren als die AG „Ems", nur lagen bei ihr die Einbrüche vorwiegend im Frachtaufkommen. Die Entwicklung gab zu schlimmsten Befürchtungen Anlass und führte, nachdem die Beschäftigtenzahl bereits 1931 auf 47 reduziert worden war, 1932 zu einem weiteren Personalabbau. Wie ihre Kollegen bei der AG „Ems" akzeptierten die nun noch verbliebenen 40 Beschäftigten der Kleinbahn eine Senkung ihrer Löhne und Gehälter um 10%, um die Arbeitsplätze erhalten zu können. Auch für die Vorstandsmitglieder wurde die Vergütung deutlich reduziert, ab August 1931 zunächst um 10% und ab März 1932 um weitere 5%, insgesamt also um 15%. Schließlich wurde im Winter 1932/33 der Fahrplan zusammengestrichen und für die Verbindung nach Emden nur noch ein einziges Schiff im Einsatz gehalten. Damit waren die Kosten so weit gesenkt, dass das Unternehmen wieder schwarze Zahlen schreiben konnte.

Allerdings wurde die Art und Weise, wie beide Gesellschaften mit der Krise und ihren Folgen umgingen, zumindest von Teilen der Borkumer Öffentlichkeit und Kommunalpolitik höchst kritisch gesehen. Ende Januar und Mitte Februar 1933 erreichten den für die Preisüberwachung zuständigen Regierungspräsidenten in Aurich zwei Beschwerdebriefe, in denen der Besitzer des Nordseehotels, der Hotelier Fokke Schmidt – einmal namens der „Wirtschafts-Interessen-Gemeinschaft Borkum", deren erster Vorsitzender er war, einmal in seinem eigenen Namen – in heftigen Worten die Beförderungstarife für die Strecke Emden–Borkum-Bahnhof als völlig überzogen kritisierte und scharfe Angriffe auf die Geschäftspolitik beider Verkehrsgesellschaften überhaupt richtete: Die Kleinbahn nutze ihre Konkurrenzlosigkeit dazu, mit 3 RM für die lediglich 7,4 km lange Inselbahnstrecke einen weit überhöhten Preis zu nehmen. Dies sei die *„Ursache, aus welcher die grosse Abwanderung der Kurgäste von Borkum"* erfolge, und *„Schuld an dem Rückgang des Bades und der Borkumer Wirtschaft"*. Durch die *„Monopolstellung der Borkumer Kleinbahn"* werde die Gemeinde Borkum *„rücksichtslos zu Grunde gerichtet"*. Während die Verdienstmöglichkeiten und die Gehälter gerade der kleinen Leute *„bis zur Unerträglichkeit beschnitten"* würden, *„mästet sich die Kleinbahn auf*

4.3 Erster Weltkrieg

MS BURKANA, 1900 auf der Werft Goor & Wiedmann im niederländischen Zwartsluis gebaut, eine eiserne Tjalk, die von 1934 bis 1952 von der Borkumer Kleinbahn und Dampfschiffahrt AG in der Frachtfahrt zwischen Emden und Borkum eingesetzt wurde.

Kosten Borkums und macht uns geschäftlich vollständig tot, schneidet uns durch ihre unerhörten Preise vollständig vom Fremdenverkehr ab".

Vor dem Krieg habe eine Gesamtpassage Emden–Borkum-Bahnhof 6 Mark gekostet, heute würden dagegen 9 RM verlangt. Was berechtige die Gesellschaften eigentlich zu diesem Aufschlag von 50% gegenüber dem „Friedenspreis"? Zur Rechtfertigung dieser Tarife auf die hohen Unterhaltslasten für den Anleger, den Kleinbahnhafen und den Wattbahndamm sowie auf die Vorschrift des Kleinbahngesetzes zu verweisen, dass die Werterhaltung der Infrastruktur und des dafür eingesetzten Kapitals in besonderer Weise berücksichtigt werden müsse, dürfe jedenfalls als Argument nicht verwendet werden. Um zu erkennen, wie die Preise statt dessen gestaltet sein könnten, brauche man sich doch nur die Höhe der ausgeschütteten Dividenden sowie die immensen Aufwendungen anzusehen, die in den letzten Jahren eingesetzt worden seien für *„die Erbauung des Dampfers RHEINLAND",* für die *„mehrmalige(n) völlige(n) Überholungen und (den) Ausbau der Dampfer KAISER WILHELM und PRINZ HEINRICH, (die) Anschaffung mehrerer neuer Lokomotiven, einer Reihe neuer Personenwagen, Draisinen (sowie den) völligen Umbau und Neueinrichtung des gänzlich lastenfreien Bahnhofshotels u.s.w.".* Diese hohen Ausgaben seien ja überhaupt nur möglich gewesen, weil *„allergrösste Überschüsse aus den laufenden Einnahmen vorhanden waren und sind",* die sich ihrerseits *„einzig und allein aus den hohen Tarifsätzen"* speisten. Mit anderen Worten: Die beiden Verkehrsgesellschaften gönnten sich hohe Ausschüttungen an ihre Aktionäre sowie überflüssige Luxusinvestitionen, aber bezahlen müsse das alles im wesentlichen die Borkumer Bevölkerung, teils direkt durch überhöhte Fahrpreise, teils indirekt durch den dadurch verursachten Gästerückgang der letzten Jahre.

In seiner Stellungnahme gegenüber dem Regierungspräsidenten war der Vorstand der Kleinbahn und der AG „Ems" bestrebt, sich auf äußerste Sachlichkeit zu beschränken, um jegliche weitere Eskalation zu vermeiden. Er ignorierte daher den aggressiven Ton dieser beiden Schreiben, in denen im übrigen das unvermeidbar bestehende betriebswirtschaftliche Spannungsverhältnis zwischen dem stark frequentierten und daher hohe Erlöse bringenden Saisonverkehr einerseits und dem nur mäßig ausgelasteten und deswegen von vornherein seine Kosten nicht deckenden ganzjährigen Verkehr zur Inselversorgung andererseits ebenso wenig angesprochen war wie die sich daraus ergebende Notwendigkeit, im Wege der Quersubventionierung mit den Überschüssen des einen Verkehrszweiges die Verluste des anderen auszugleichen.

Georg Schütte (links), Vorstand der Borkumer Kleinbahn und Dampfschiffahrt AG und der AG „Ems" von 1927 bis zu seinem Tod 1949. Alwin Bremer (rechts), Prokurist und Leiter des Emder Büros der AG „Ems" seit 1927, Vorstand der AG „Ems" und der Borkumer Kleinbahn von 1949 bis 1962. Nach seinem Eintritt in den Ruhestand war er von 1963 bis 1973 Mitglied im Aufsichtsrat der AG „Ems" sowie von 1963 bis 1979 im Beirat der Borkumer Kleinbahn und Dampfschiffahrt GmbH.

Zunächst verwies der Vorstand – obwohl eigentlich überflüssig, weil es doch allgemein bekannt sei – darauf, dass die Hauptursache des Besucherrückgangs, von dem ja nicht nur Borkum, sondern alle deutschen Inseln und Urlaubsregionen betroffen seien, in der seit Herbst 1929 herrschenden Weltwirtschaftskrise liege. Auf diesen bereits im Jahr vor deren Ausbruch einsetzenden Rückgang hätten die AG „Ems" und die Borkumer Kleinbahn schon früh mit einer zweimaligen Fahrpreisermäßigung reagiert, wodurch die Kosten für die einfache Fahrt Emden–Borkum-Bahnhof 1928 von 11,50 auf 10 RM und während der Saison 1932 von 10 auf 8 RM gesunken seien. Für die AG „Ems" und die Kleinbahn seien dadurch pro Jahr ca. 70.000 RM Mindereinnahmen entstanden, ohne dass sich der Gästerückgang damit habe aufhalten lassen. Im Rahmen der Gesamtkosten, die z.B. eine mehrköpfige Familie für einen zweiwöchigen Urlaubsaufenthalt auf Borkum zu kalkulieren habe, falle der Preis für die Strecke Emden–Borkum-Bahnhof, der nur mit einem sehr kleinen Anteil in den Kosten für eine Durchgangsfahrkarte der Reichsbahn enthalten sei, ohnehin kaum ins Gewicht und sei daher für die Entscheidung, nach Borkum oder an einen anderen Urlaubsort zu fahren bzw. überhaupt eine Urlaubsreise zu unternehmen, gar nicht von Belang.

Dass der Fahrpreis für die Strecke Emden–Borkum mit 9 RM in seiner absoluten Höhe über den Preisen liege, die für eine Fahrt zu den übrigen ostfriesischen Inseln bezahlt werden müssten, sei zwingend, denn schließlich müsse von Emden-Außenhafen nach Borkum-Bahnhof mit Schiff und Kleinbahn eine Entfernung bewältigt werden, die mit insgesamt 57 km weit größer sei als die zwischen dem Festland und allen anderen ostfriesischen Inseln. So seien es, jeweils einschließlich der damals auf den meisten Inseln noch vorhandenen Kleinbahnen (die heute bis auf eine nicht mehr existieren), von Norddeich nach Norderney nur 13 km, von Harle nach Wangerooge 15 km, von Norddeich nach Juist sowie von Harle nach Spiekeroog 19 km und von Norddeich nach Baltrum 25 km; selbst die damals noch von Norddeich ausgehende 40 km lange Fahrt nach Langeoog blieb noch immer um 17 km hinter der Entfernung Emden–Borkum zurück. Umgerechnet auf den Kilometer ergebe sich aber, dass auf der Strecke Emden–Borkum mit 15 Pf der mit Abstand niedrigste Preis anfalle, während auf allen anderen

Erster Weltkrieg 4.3

Die Dampfer RHEINLAND (I) (rechts), VICTORIA (II) und AUGUSTA an ihrem Winteraufliegeplatz in Leer. Das Bild entstand Anfang der 1930er Jahre.

Strecken deutlich mehr bezahlt werden müsse, im Maximum gar bis zum Zweieinhalbfachen: 38 Pf/km für Harle–Wangerooge, 35 Pf/km für Norddeich–Juist, 30 Pf/km für Norddeich–Norderney und Harle–Spiekeroog, 20 Pf/km für Norddeich–Baltrum und 18 Pf/km für Norddeich–Langeoog, die zweitlängste all dieser Strecken. Der Vorwurf an die AG „Ems" und die Borkumer Kleinbahn, überhöhte Fahrpreise zu nehmen, laufe somit bereits im Hinblick auf diese Gegebenheiten völlig ins Leere, ganz zu schweigen davon, dass im Borkumer Fahrpreis die hier wegen der exponierten Lage der Wattbahnstrecke von vornherein höheren Unterhaltskosten für die Infrastruktur schon enthalten seien. Die Borkumer Verkehrsunternehmen hatten demnach nicht die höchsten, sondern in Wahrheit die günstigsten Fahrpreise im gesamten ostfriesischen Inselverkehr!

Mit dieser Klarstellung war dem Versuch der Beschwerdeführer, durch Einschaltung der Preisaufsichtsbehörde die Verkehrstarife zu senken, zwar die unmittelbare Grundlage entzogen. Die hinter diesen Vorwürfen stehende, subkutan seit langem in Teilen der Borkumer Bevölkerung verbreitete Haltung, die Insel habe vom faktischen Verkehrsmonopol der beiden Gesellschaften nur Nachteile und werde lediglich ausgenutzt, damit es deren Aktionären ohne eigene Anstrengungen gut gehe, fand allerdings schon bald einen neuen und überaus fruchtbaren Nährboden in der Ideologie der NSDAP, nachdem diese am 30. Januar 1933 mit der von ihr selbst so bezeichneten „Machtergreifung" die Reichsregierung übernommen hatte. Ganz oben in der Werteskala der NS-Ideologie stand nämlich die „Volksgemeinschaft", und so war es nur eine Frage der Zeit, wann diese unreflektierten Vorbehalte das nächste Mal ausbrechen würden. Auch unter der nunmehrigen nationalsozialistischen Herrschaft konnten sich die Rahmenbedingungen, unter denen die AG „Ems" und die Borkumer Kleinbahn tätig waren, schließlich nicht schlagartig ändern.

Immerhin besserten sich mit der ab diesem Jahr fühlbar einsetzenden allgemeinen Überwindung der Wirtschaftskrise die Gegebenheiten. Die anhaltend sparsame Wirtschaftsführung beider Verkehrsunternehmen und allmählich wieder steigende Einnahmen erlaubten es, mit 40.000 RM bereits Ende 1935 einen Teil des zur Sanierung des Klein-

Erster Weltkrieg **4.3**

bahnhafens verwendeten Darlehens des Reichskommissars für Arbeitsbeschaffung in Höhe von 220.000 RM vorzeitig zu tilgen und dieses schließlich bis 1942 vollständig abzulösen. Wie schon vor 1914 lag die Ursache dieser Aufwärtsentwicklung abermals im militärischen Bereich, denn die massive Aufrüstung des nationalsozialistischen Deutschland führte auch auf Borkum zum Bau zahlreicher neuer militärischer Einrichtungen und wirkte sich bei der Kleinbahn kräftig auftrags- und damit auch ertragssteigernd aus. Als größte Projekte sind dabei die Anlegung eines Marineschutzhafens unmittelbar neben dem Kleinbahnhafen sowie der Bau einer festen Betonstraße vom Hafen zum Dorf parallel zur Wattbahnstrecke zu nennen, die sich für das Unternehmen auf die Dauer noch als äußerst problematisch erweisen sollte. Auch die erhebliche Erweiterung der Inselkaserne sowie der Bau zahlreicher sonstiger fiskalischer und militärischer Einrichtungen wirkten sich förderlich aus.

Teil des Investitionsprogramms, mit dem die Borkumer Kleinbahn in den letzten Jahren vor Ausbruch des Zweiten Weltkriegs die Erneuerung ihrer Betriebsmittel massiv in Angriff nahm, waren der Wismarer Schienenbus vom Typ T 1 und die bei der Maschinenfabrik Orenstein & Koppel in Babelsberg bei Berlin gebaute Dampflok DOLLART; beide wurden erst nach Kriegsausbruch im Laufe des Jahres 1940 ausgeliefert. Baugleich mit der DOLLART war die schon Ende 1937 ausgelieferte Dampflok BORKUM. Es waren die letzten mit Dampf betriebenen Zugmaschinen, die für die Borkumer Kleinbahn beschafft wurden.

Ab 1937 konnte die Kleinbahn daher wieder an Investitionen denken, vor allem zur Erneuerung ihrer vielfach völlig veralteten Betriebsmittel. In schneller Folge wurden bis 1940 zwei neue Dampflokomotiven, ein fahrbarer 5-Tonnen-Kran für den Frachtumschlag im Kleinbahnhafen sowie ein Motortriebwagen vom Typ Wismar für den Verkehr zum Nordbad beschafft, ehe der inzwischen begonnene Zweite Weltkrieg diese Modernisierungsmaßnahmen wieder stoppte. Dagegen kam der Neubau bzw. der Erwerb eines gebrauchten größeren Frachtschiffes mit dem Ziel, den Personen- und den Frachtverkehr deutlich besser als bis dahin möglich voneinander zu trennen, trotz der Aussicht auf einen Reichszuschuss in Höhe von 35 % der Kosten über die Sondierungsphase ebenso wenig hinaus wie der alternativ dazu erwogene Bau eines neuen Fahrgastschiffes.

Eine ganz neue Komponente im Inselverkehr waren ab 1934 die von der nationalsozialistischen Erholungs- und Freizeitorganisation „Kraft durch Freude" veranstalteten Erholungsreisen, ausgesprochene Massenveranstaltungen, die sich im Sinne der politischen Führung propagandistisch gut ausschlachten ließen, denn mit diesen Gruppenreisen kamen vorwiegend Angehörige einer Bevölkerungsschicht auf die Insel, die sich

4.3 Erster Weltkrieg

Verbilligte Reisemöglichkeiten nach Borkum (Saison 1935)

1. **Sonderzüge und / oder Gesellschaftsfahrten:**
   a) Sachsen / Anhalt / Halle / Magdeburg / Braunschweig / Thüringen: 30. 6. — 13. 7., 14. 7. — 27. 7., 30. 6. — 27. 7., 14. 7. — 10. 8., 28. 7. — 10. 8., 25. 8. — 7. 9.
   b) Schlesien / Breslau: 6. 7. — 15. 7., 6. 7. — 29. 7., 20. 7. — 29. 7.
   c) Bayern / München / Augsburg / Nürnberg / Würzburg: 8. 7. — 20. 7., 20. 7. — 2. 8., 2. 8. — 15. 8., 15. 8. — 28. 8., 28. 8. — 10. 9.
   d) Baden / Württemberg / Stuttgart: 27. 7. — 11. 8.
   e) Rheinland / Köln: 6. 7. — 16. 7., 27. 7. — 7. 8., 3. 8. — 14. 8., 17. 8. — 28. 8., 1. 9. — 12. 9.
   Düsseldorf: 29. 6. — 7. 7., 6. 7. — 14. 7., 13. 7. — 21. 7., 20. 7. bis 27. 7., 27. 7. — 4. 8., 3. 8. — 11. 8., 10. 8. — 18. 8., 17. 8. — 25. 8., 24. 8. — 1. 9., 31. 8. — 8. 9.
   f) Saargebiet / Pfalz: 6. 7. — 19. 7., 20. 7. — 2. 8., 6. 7. — 2. 8., 3. 8. — 16. 8., 17. 8. — 30. 8., 3. 8. — 30. 8.
   g) Westfalen: 8. 6. — 11. 6. Pfingstfahrt, 22. 6. — 6. 7., 6. 7. bis 20. 7., 20. 7. — 3. 8., 3. 8. — 18. 8., 17. 8. — 31. 8., 31. 8. — 8. 9.
   h) Berlin: 29. 6. — 10. 7., 29. 6. — 24. 7., 13. 7. — 24. 7., 3. 8. bis 14. 8., 3. 8. — 28. 8., 17. 8. — 28. 8., 31. 8. — 11. 9.
2. **Regelmäßige Wochenend-Autofahrten** von Köln, Düsseldorf, Münster, Bremen u. a. Auskunft auf Anfrage.
3. **Sonntags-Sonderzüge** ab Münster / Osnabrück und Bremen / Oldenburg am 21. Juli und 11. August. Nähere Bekanntmachungen folgen.
4. **Wochenendfahrten.** Verzeichnis der Stationen, welche Sonntagskarten bzw. Wochenendkarten nach Borkum ausgeben, gültig ab Sonnabend morgen 0,01 Uhr bis Montag mittag 13 Uhr, siehe Seite 6.
5. **Sommerurlaubskarten** nach Borkum mit 20%iger Ermäßigung, gültig auf der Hin- und Rückfahrt über Land und / oder Seeweg, liegen auf allen größeren Stationen auf. Direkte Gepäck-Abfertigung zu 20-30 % ermäßigten Sätzen.
6. **Ferien-Sonderzüge** werden wieder zu Beginn der Ferien gefahren mit 25%iger Ermäßigung. Dieselben sind zuschlagfrei.

Verbilligte Tarife für Sonderzüge im Rahmen von Gesellschaftsfahrten, vergünstigte Wochenend- und Sonntagsfahrkarten sowie Feriensonderzüge gehörten zu den vielfältigen Bemühungen, mit denen die AG „Ems" ebenso wie alle übrigen Verkehrsunternehmen in den deutschen Urlaubsregionen nach der Weltwirtschaftskrise um neue Zielgruppen warb.

Mit Hilfe der NS-Freizeitorganisation „Kraft durch Freude (KdF)" kamen in den 1930er Jahren zahlreiche große Jugendgruppen in den Ferien nach Borkum, ein Massenpublikum, das viel Aufwand machte und auf der Insel nur bedingt gern gesehen war.

einen Individualurlaub nicht hätte leisten können. So erfreulich das für die unmittelbar Begünstigten zweifellos war, es war kein selbstloses Geschenk von Partei und Staat, sondern diente neben der sozialen Befriedung vor allem der körperlichen Ertüchtigung im Rahmen der Aufrüstung und der geistigen Erziehung im Sinne des NS-Systems; Jugendliche standen deshalb besonders im Fokus dieser Maßnahmen. Militärischem Sprachgebrauch angepasst, hießen diese Reisen, soweit die AG „Ems" und die Borkumer Kleinbahn damit befasst waren, denn auch bezeichnenderweise „KdF-Transporte".

Die Gesellschaften erhielten dafür 1934 für Hin- und Rückfahrt einschließlich Benutzung der Inselbahn pro Kopf nur 2 RM, in den folgenden Jahren aufgrund ihrer massiven Einsprüche 2,50 bis 3 RM, ein auf Dauer ruinöser Preis, der dem Aufsichtsrat entsprechend großes Kopfzerbrechen bereitete. Allerdings waren es in der Summe nicht geringe zusätzliche Einnahmen, die auf in der Regel ohnehin stattfindenden Fahrten keinen nennenswerten weiteren Kostenaufwand verursachten. Beide Unternehmen waren daher trotz ihrer Klagen über die niedrige Kopfpauschale nicht im geringsten erfreut, als diese Einnahmen im Sommer 1937 wegfielen, weil die KdF-Zentrale infolge des Bestrebens der Borkumer Kurverwaltung, die Insel „*wieder als führendes Nordseebad auszugestalten*" und deswegen den KdF-Massenurlaubsbetrieb möglichst zu reduzieren, Borkum in diesem Jahr aus ihrem Zielkatalog gestrichen hatte. Da gleichzeitig auch die Deutsche Arbeitsfront in Solidarität mit der KdF alle Betriebsurlaubsfahrten nach Borkum eingestellt hatte, ergaben sich für die AG „Ems" und die Kleinbahn weitere als schmerzlich empfundene Einnahmeverluste.

Dampflokomotive MÜNSTER, gebaut 1925 bei der Maschinenfabrik Hohenzollern AG in Düsseldorf und seit diesem Jahr im Einsatz auf Borkum, mit Kleinbahnpersonal Mitte der 1930er Jahre. 1951 wurde diese Lokomotive verschrottet.

Der für beide Verkehrsgesellschaften bis dahin ungewohnte Massentourismus dieser Art hatte schon deswegen zwangsläufig zu manchen Unzuträglichkeiten auf den Schiffen geführt, weil hier das zumindest in größeren Teilen auf Distinguiertheit bedachte herkömmliche bürgerliche Publikum auf engstem Raum mit Angehörigen einer Bevölkerungsschicht zusammentraf, der solch eine vornehme Zurückhaltung und das dementsprechende Auftreten eher fremd war. Darüber hinaus ergaben sich immer wieder Reibungspunkte daraus, dass die Unternehmen mit Rücksicht auf eine rationale Betriebsführung außerhalb der Saison Fracht- und Personenverkehr möglichst auf ein Schiff konzentrierten, weshalb die Reisenden gelegentliche Verspätungen und manche vom Frachtgut selbst ausgehende Beeinträchtigung in Kauf nehmen mussten, z.B. Gerüche bei Schlachtviehtransporten. Weiteres Konfliktpotential ergab sich schließlich deswegen, weil unter dem Diktat der knappen Kalkulation eine Modernisierung der Betriebsmittel insgesamt auf das Notwendigste beschränkt bleiben musste und deren Zustand daher den Komforterwartungen der Reisenden nicht immer entsprach.

All dies führte im Laufe der Zeit zu wachsenden Spannungen mit der Gemeinde Borkum und feuerte zusätzlich und von neuem die in Teilen der Borkumer Bevölkerung ohnehin verbreitete Stimmung an, einseitig die Lasten des in privatem Eigentum stehenden Fähr- und Kleinbahnverkehrs tragen zu müssen, die sich schon während der Wirtschaftskrise mit Vehemenz gezeigt hatte. In Verbindung mit dem hohen Stellenwert, den die „Volksgemeinschaft" in der NS-Ideologie hatte, entluden sich diese Spannungen Ende 1936 auf eine Weise, die ganz typisch für die NS-Zeit war und deren Geist treffend widerspiegelt. Unter der Überschrift *„Entsprechen die Verkehrsverbindungen nach der Insel Borkum einer nationalsozialistischen Zeit?"* reichte Bürgermeister Ernst Hunze, der als Badekommissar zugleich an der Spitze der Borkumer Kurverwaltung stand, im Herbst 1936 eine in scharfen Worten abgefasste mehrseitige Beschwerde

Erster Weltkrieg 4.3

Ernst Hunze, Borkumer Bürgermeister von 1936 bis 1943 und Badekommissar von 1936 bis 1939; die letztgenannte Funktion entfiel mit Beginn des Zweiten Weltkriegs. Er war ein bereits früh in die NSDAP und die SA eingetretener strammer Parteigenosse, hatte aber unbestreitbar auch gute organisatorische und administrative Fähigkeiten; so veranlasste er z.B. die Trockenlegung des Geländes zwischen dem Hinterwall und dem Flugplatz, das im Volksmund deswegen bald Hunze-Polder genannt wurde. Von 1937 bis 1942 war er Mitglied im Aufsichtsrat der Borkumer Kleinbahn und Dampfschiffahrt AG.

über die AG „Ems" und die Borkumer Kleinbahn und Dampfschiffahrt AG beim Regierungspräsidenten in Aurich ein. Zunächst klagte er darin, dass die Gemeinde mit ihren nur wenigen Aktien trotz der 14.000 in der Saison pro Tag auf Borkum „anwesenden Volksgenossen" keinen Einfluss auf den Verkehr ausüben könne und weder im Vorstand noch im Aufsichtsrat vertreten sei. Die letztgenannte Feststellung war ein formal zwar richtiger, de facto aber bedeutungsloser Punkt, denn der langjährige Borkumer Bürgermeister Tönjes Kieviet, der 1933 sein Amt an das NS-Parteimitglied Georg Mertes verloren hatte, ehe dieser durch Hunze ersetzt worden war, saß noch immer als kundiger Sachwalter der Borkumer Interessen im Aufsichtsrat der AG „Ems". Auch im Aufsichtsrat der Kleinbahn war dies meistens der Fall, denn Georg Mertes war als amtierender Bürgermeister zwar 1934 anstelle von Kieviet in dieses Gremium gewählt worden, nahm aber nur selten an den Sitzungen teil und ließ sich dann von Kieviet vertreten.

Es folgte die Feststellung, zwischen den Interessen der Allgemeinheit und denen der Eigentümer klaffe ein tiefgreifender Gegensatz. Auf dieser Basis führte Hunze dann grundsätzlich Klage über die beiden Unternehmen und ihre Geschäftsführung. Tatsächlich sei es doch so, dass *„an jedem beförderten Fahrgast und an jedem Zentner Lebensmittel ein Aktionär durch die Dividende mühelos Geld verdient. In dem gesamten Aufsichtsrat und Vorstand befindet sich m.W. auch nicht ein einziger Parteigenosse"*. Die Folgen dieser mangelnden politischen Einstellung seien täglich zu spüren: Verspätungen und damit unnötige Wartezeiten für die Fahrgäste, die von Reichsbahn und Reichspost *„an deutsche Pünktlichkeit gewöhnt"* seien; ungeheizte Eisenbahnwagen im Winter, bezeichnend für die Einstellung der Direktoren, die *„Fahrgäste eben nur als Transportgegenstände"* ansähen; Unsauberkeit und fehlende Aufsicht bei den Wochenendfahrten für die auf Borkum tätigen Bauarbeiter, unter denen die regulären Reisenden zu leiden hätten, und gleichzeitige Beförderung voll zahlender Badegäste mit KdF-Transporten auf einem Schiff, wobei, wie Hunze sich sogleich festzustellen bemühte, der letztgenannte Beschwerdepunkt nicht aus einem *„Mangel an Volksgemeinschaft"* erwachse, sondern nur aus dem Missverhältnis zwischen Preis und Leistung. Alle bisherigen Versuche von Gemeinde und Kurverwaltung, eine Änderung in den genannten Punkten herbeizuführen, seien erfolglos gewesen oder sogar *„mit Unverschämtheiten beantwortet"* worden.

Erster Weltkrieg 4.3

Fahrgäste und das Zugpersonal posieren Mitte der 1930er Jahre stolz vor einem der Badezüge zum Nordstrand.

Zum 50-jährigen Jubiläum der Borkumer Kleinbahn im Sommer 1938 wurden Züge und Lokomotiven nicht nur mit Girlanden, sondern im Stile der NS-Zeit auch mit Hakenkreuzfähnchen geschmückt. Hier (von links nach rechts) die Dampflokomotiven MÜNSTER, BORKUM und LEER mit ihrer jeweiligen Besatzung.

Er kam daher zu dem Ergebnis, dass die Gemeinde und das Seebad Borkum „von der Gunst und Laune der Direktoren abhängig" seien, und leitete daraus grundsätzlich die Notwendigkeit einer Verstaatlichung beider Verkehrsunternehmen ab; bis zu deren Vollzug aber müssten als Sofortmaßnahme „junges Blut und nationalsozialistischer Geist" Einzug in die Führung der Gesellschaften halten. Diese Forderung war das eigentliche Ziel dieses Schreibens, für dessen ganz unangemessen scharfe Töne sich sein Autor vom Leeraner Landrat Conring zunächst allerdings einen schweren Verweis einhandelte. Conring vermittelte aber auch Anfang Dezember dieses Jahres ein ausführliches Gespräch zwischen dem Beschwerdeführer, beiden Aufsichtsräten und allen Vorstandsmitgliedern. Dabei fielen zunächst ähnlich scharfe Formulierungen über die fehlenden nationalsozialistischen Grundsätze der Unternehmensleitung – „In diesem Aufsichtsrat sitzen zeitlebens die Vertreter eines verknöcherten Systems, das Großzügigkeit und jeglichen Scharfblick vermissen lässt." –, doch insgesamt führte es zu einem

Erster Weltkrieg 4.3

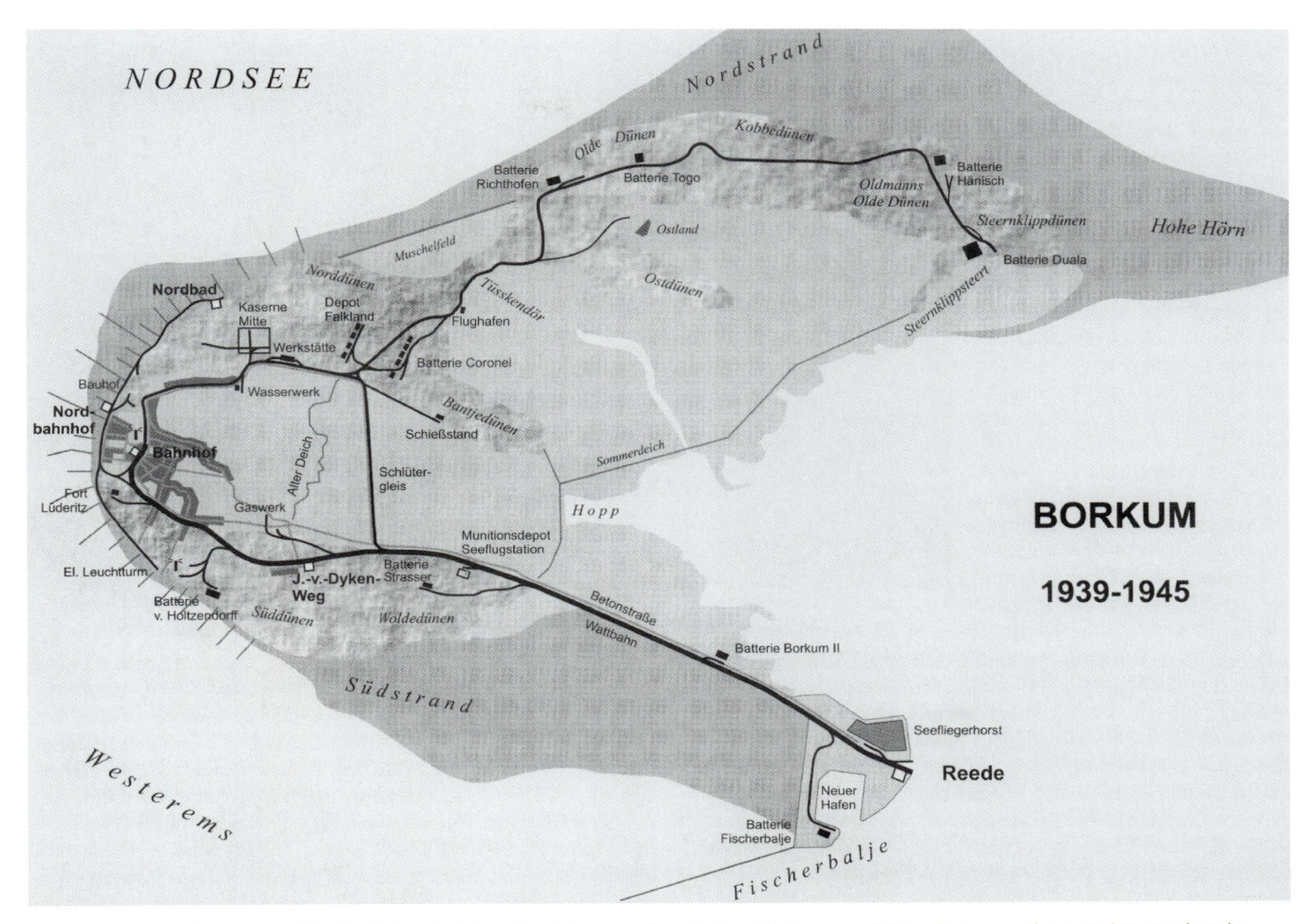

BORKUM 1939–1945

Diese von Hans Schweers gezeichnete Karte zeigt, dass durch den massiven Ausbau Borkums zur Küstenfestung und zum Militärstandort die Eisenbahninfrastruktur auf der Insel bis zum Zweiten Weltkrieg noch einmal erheblich gewachsen war.

weitgehenden Abbau der Spannungen, nicht zuletzt deswegen, weil zum einen Johannes Russell, auf den die Kritik offenbar besonders zielte, zum Jahresende 1936 altersbedingt ohnehin aus dem Vorstand ausschied. Zum anderen wurde Hunze bereits bei der nächsten Hauptversammlung im Frühjahr 1937 in den Aufsichtsrat der Kleinbahn gewählt und hatte nunmehr Gelegenheit, auch die betriebswirtschaftliche andere Seite der Medaille kennenzulernen. Als Folge dieses Lerneffektes nahm er seine hier referierten scharfen Vorwürfe denn auch bei späterer Gelegenheit ausdrücklich zurück, und damit war diese Auseinandersetzung aus der Welt. Wegen des Ausbruchs des Zweiten Weltkriegs im September 1939 kam es darauf allerdings gar nicht mehr an.

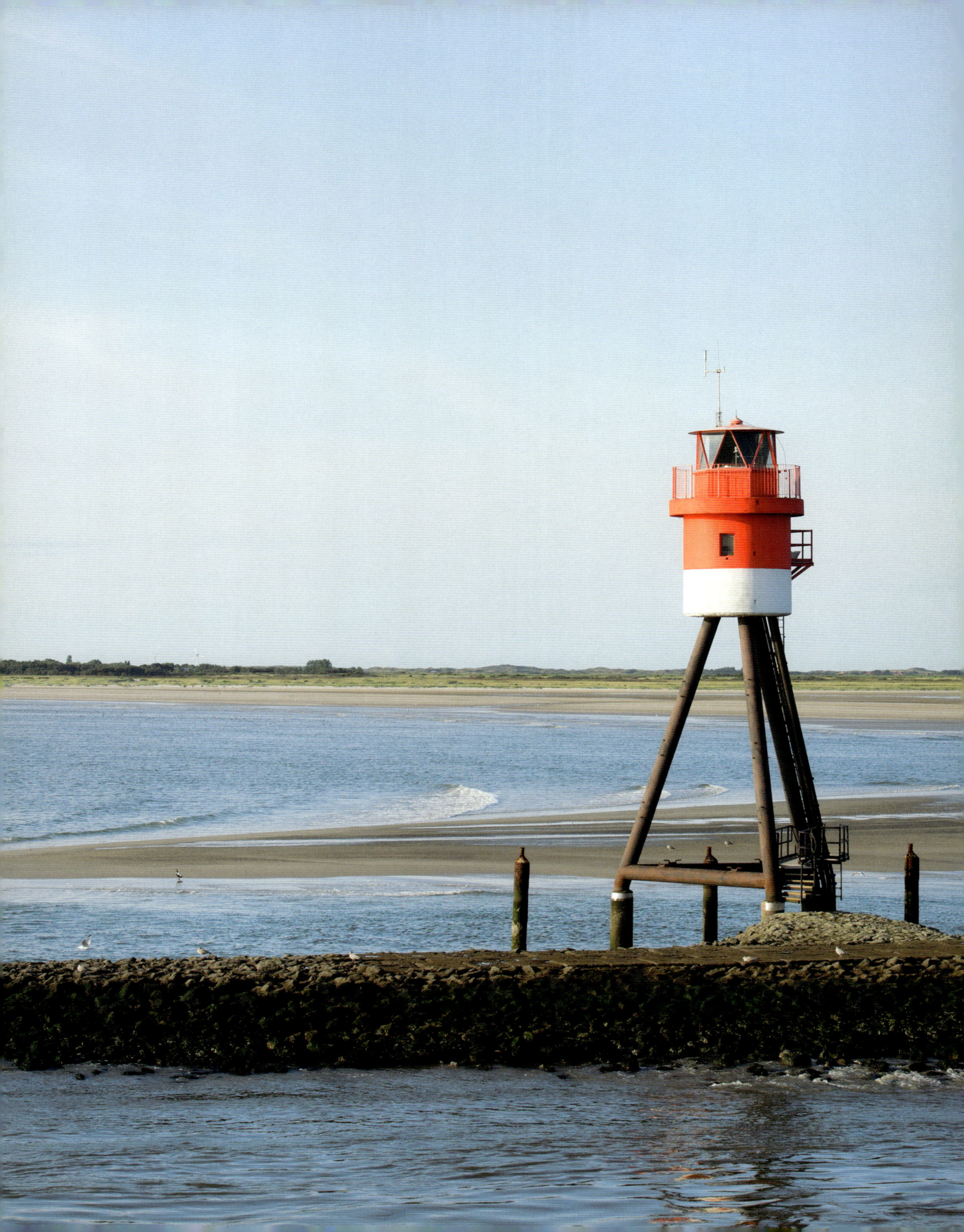

5

ZWEITER WELTKRIEG,

Nachkriegszeit und
deutsches Wirtschaftswunder
(1939–1964)

Das feste Leuchtzeichen an der Einfahrt von der Westerems zur Fischerbalje – Spiegel des wieder regulären Fähr- und Kleinbahnbetriebs
nach und auf Borkum nach dem Zweiten Weltkrieg.

ZWEITER WELTKRIEG [1]
Zweiter Weltkrieg und Wiederaufbau in der Nachkriegszeit

Die letzten beiden Vorkriegsjahre hatten neben dem weiterhin starken militärisch bedingten Güterverkehr eine kräftige Zunahme der Personenbeförderung und damit steigende Einnahmen gebracht, doch die darauf eigentlich für richtig gehaltene Reaktion, der Bau eines neuen Schiffes, kam nicht mehr zustande. Dieser Trend hielt zunächst auch 1939 an; bis Ende August hatte die Saison gegenüber dem Vorjahr noch einmal eine kräftige Steigerung der Besucherzahlen gebracht, ehe sie wegen des Kriegsbeginns am 1. September ein jähes Ende fand.

Wie 1914 griffen auch jetzt die Militärbehörden wieder sofort auf die Schiffe der AG „Ems" zu. Die RHEINLAND musste schon am 28. August, also bereits drei Tage vor Kriegsausbruch, ihren Dienst im *„verstärkten Grenzaufsichtsdienst"* aufnehmen, woraus sie Ende Februar 1940 zwar wieder freigegeben wurde, doch war jederzeit mit ihrer erneuten militärischen Indienstnahme zu rechnen. Die VICTORIA und die WESTFALEN waren seit dem 4. September 1939 ebenfalls beschlagnahmt, konnten aber auf Abruf vorläufig weiter ihren angestammten Aufgaben im Borkumverkehr nachgehen, bis sie im Sommer 1942 endgültig eingezogen und in Le Havre eingesetzt wurden. Dort sind sie bei einem Bombenangriff am 15. Juni 1944 vernichtet worden.

Die Personenbeförderung, die 1941 im allgemeinen nicht mehr als 100 bis 150 Personen je Tag und Richtung ausmachte, sowie den bis Kriegsende stets regen, vorwiegend militärischen Frachtverkehr mussten somit seit 1942 die beiden Schiffe der Borkumer Kleinbahn, die KAISER WILHELM und die PRINZ HEINRICH, sowie die fast durchgängig an diese Gesellschaft vercharterte RHEINLAND allein aufrechterhalten. Neben umfangreichen Materialtransporten für die Organisation Todt, die für die ihr obliegenden militärischen Bauprojekte zwischen Herbst 1943 und dem Spätsommer 1944 erhebliche Frachtkapazitäten sowohl der Schiffe als auch der Kleinbahn beanspruchte – allein die Kies- und Zementladungen beliefen sich in dieser Zeit auf deutlich über 100.000 t –, war insbesondere die Versorgung der Insel mit Lebensmitteln und sonstigen Notwendigkeiten fortlaufend eine große Herausforderung für beide Verkehrsgesellschaften. Immerhin lebten in diesen Kriegsjahren durchweg ca. 11.000 Menschen auf Borkum, etwa 6.000 Militärkräfte und ca. 5.000 zivile Inselbewohner, was nahezu tägliche Frachtfahrten zwischen Emden und der Insel erforderlich machte. Zum Schutz gegen Luftangriffe waren die dabei eingesetzten drei Schiffe eigens mit einer Bordflak militärisch ausgerüstet worden, doch brauchte diese, soweit bekannt, nie eingesetzt zu werden.

Zweiter Weltkrieg 5.1

Schießübung mit schwerem Geschütz auf Borkum während des Zweiten Weltkriegs.

Bei dem einzigen Luftangriff auf Borkum während des Zweiten Weltkriegs am 5. August 1944 wurde die Dampflok LEER getroffen und schwer beschädigt.

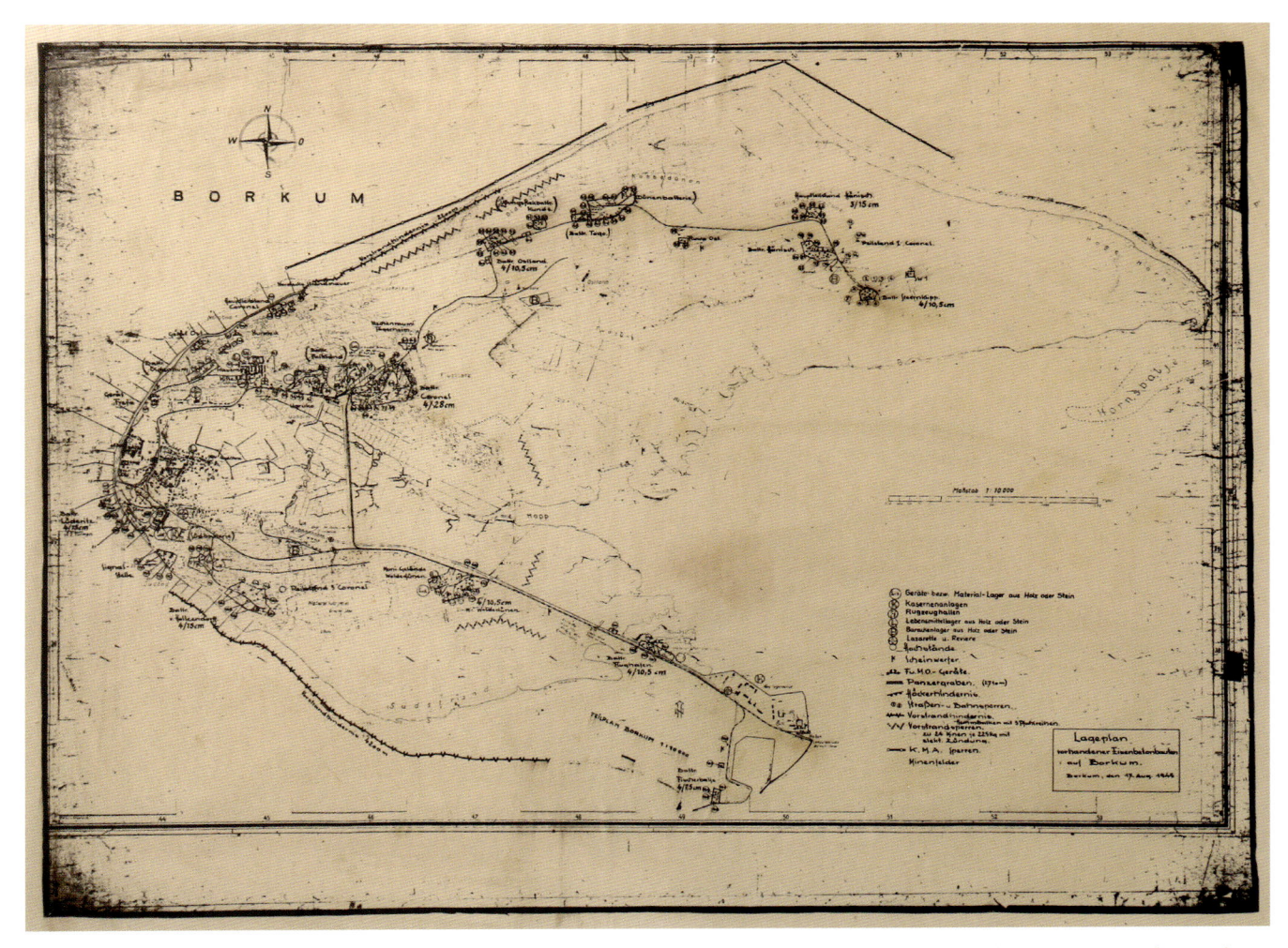

Während des Zweiten Weltkriegs wurde die Küstenfestung Borkum mit neuen Sperr- und Abwehranlagen fortlaufend weiter verstärkt, wie dieser militärische Lageplan aus dem Jahr 1945 zeigt.

Zweiter Weltkrieg 5.1

In den ersten Nachkriegsjahren bekamen alle Schiffe, für welche die britische Besatzungsverwaltung eine Fahrerlaubnis erteilt hatte, eine X-Nummer; hier die RHEINLAND (I) (links) und die PRINZ HEINRICH (rechts).

Dafür aber musste die Kleinbahn einige gravierende Schäden hinnehmen. Bei einem Luftangriff auf Borkum am 5. August 1944 wurde die Dampflok LEER von einer Bombe getroffen und weitgehend zerstört, der Lokomotivführer Johannes Brinkmann und der Heizer Remke Dirks Steemann kamen dabei ums Leben. Auch an einigen Gleisabschnitten, am Werkstattgebäude der Kleinbahn sowie an einem Güterschuppen in Bahnhofsnähe verrichteten an diesem Tag die Bomben ihr zerstörerisches Werk in erheblichem Umfang. Insgesamt aber kam das hochgerüstete und zu einer massiven Küstenfestung ausgebaute Borkum weitgehend ungeschoren durch den Krieg. Inzwischen ist allerdings bekannt, dass die Vorbereitungen auf einen schweren Luftangriff auf die Insel bereits liefen und nur das Kriegsende am 8. Mai Borkum vor dem Schicksal von Wangerooge bewahrt hat, das kurz vorher fast vollständig zerstört worden war. So hatten die beiden Verkehrsgesellschaften letztlich weniger unter Deutschlands Kriegsgegnern zu leiden als vielmehr unter der Tatsache, dass der gesamte Schiffs- und Eisenbahnverkehr der Insel ab 1940 unter militärischem Kommando stand, so dass der Vorstand von Kleinbahn AG und AG „Ems" kaum noch eigene Entscheidungsbefugnisse hatte – eine Gegebenheit, die vor allem in der Zeit als schmerzlich empfunden wurde, in der mit dem Transportkommandanten Schlüter ein persönlich höchst unangenehmer und zugleich in der Sache nur bedingt kompetenter Verkehrsoffizier die Befehlsgewalt auf der Insel hatte.

Als Ende April 1945 die kurz vorher beschlagnahmte RHEINLAND über Cuxhaven und den Nord-Ostsee-Kanal in die Ostsee beordert wurde, drohte der AG „Ems" die Gefahr, auch ihr letztes Schiff noch zu verlieren. Der offenbar erwogene Einsatz zum Transport von KZ-Häftlingen über die Ostsee, bei dem die RHEINLAND durch eine Sprengladung versenkt werden sollte, kam nicht zustande, und so überstand das Schiff den risikoreichen Weg ohne Schaden und konnte später wesentlich zum zügigen Wiederaufleben eines echten Bäderverkehrs beitragen. Bis es allerdings soweit war, verging noch einige Zeit, denn am Ende des Zweiten Weltkrieges waren, ebenso wie Deutschland insgesamt, auch die beiden Borkumer Verkehrsunternehmen auf einem Tiefpunkt ihrer Geschichte angekommen. Von ihren ursprünglich drei Schiffen war der AG „Ems" nur die RHEINLAND geblieben, und selbst darüber konnte sie vorläufig nicht verfügen, weil

Zweiter Weltkrieg 5.1

Hans Windels, Landrat des Kreises Leer, Mitglied im Aufsichtsrat der Borkumer Kleinbahn und Dampfschiffahrt AG von 1942 bis 1949.

Paul Oskar Schuster, Oberkreisdirektor des Landkreises Leer, Mitglied im Aufsichtsrat der Borkumer Kleinbahn und Dampfschiffahrt AG von 1953 bis 1954.

Fritz Klennert, ehemaliger Bürgermeister von Borkum, Mitglied im Aufsichtsrat der Borkumer Kleinbahn und Dampfschiffahrt AG von 1950 bis 1953.

Ubbo Emmius Bakker, Kaufmann in Emden, Mitglied im Aufsichtsrat der AG „Ems" von 1950 bis 1963.

sie von den Engländern beschlagnahmt war und in der Ostsee festgehalten wurde. Erst am 12. August 1945 stand sie ihren Eigentümern wieder zur Verfügung, musste aber zunächst in die Werft, um die Kriegsaufbauten entfernen und alle notwendigen Überholungsarbeiten durchführen zu lassen.

Nach der Freigabe des regulären Borkumverkehrs durch die Besatzungsverwaltung im April 1946 hatte die AG „Ems" somit sofort ein funktionstüchtiges Schiff zur Verfügung und konnte ihre Fahrten unverzüglich wieder aufnehmen. Das war auch notwendig, denn die beiden Dampfer der Kleinbahn AG, KAISER WILHELM, der bereits 1938 durch Beschluss des Aufsichtsrates seinen angestammten numerischen Namenszusatz verloren hatte, und PRINZ HEINRICH, die seit April 1945 vorwiegend auf Borkum in Bereitschaft gelegen und nur hin und wieder Fahrten für die Besatzungsmacht durchgeführt hatten, brauchten dringend eine größere Überholung. So war die RHEINLAND 1946 längere Zeit allein im Einsatz; erst im Frühjahr 1947 standen alle drei Schiffe wieder zur Verfügung. Den Frachtverkehr wickelte bis dahin die in den 1930er Jahren gebraucht gekaufte eiserne Tjalk BURKANA ab. Auch die Kleinbahn gewann wieder an Leistungsfähigkeit, weil sie durch den Ankauf größerer Materialmengen aus Beständen der militärfiskalischen Bahn nicht nur ihre eben genannten Kriegsverluste weitgehend wieder ausgleichen, sondern auch ihren Fuhrpark insgesamt deutlich verstärken konnte.

Diese Materialzuwächse waren auch notwendig, denn bereits 1946 entwickelte sich der Verkehr mit 14.555 Kurgästen und stets ausverkauften Sonntagslustfahrten sehr lebhaft. Nach den langen, entbehrungsreichen Kriegsjahren war die Suche nach Erholung und Entspannung stark ausgeprägt, und da bares, wenn auch minderwertiges Geld reichlich zur Verfügung stand, erlebte die Insel einen Zulauf, der in dieser sonst so schlechten Zeit eigentlich nicht zu erwarten gewesen wäre. 206.755 Fahrgäste beförderten die drei

Zweiter Weltkrieg 5.1

Schon 1947 konnte das Verwaltungsgebäude der Reederei in Emden (im Bild vorne links) an der Stelle wieder aufgebaut werden, an der auch das im Krieg zerstörte alte Gebäude gestanden hatte. Bis 1964 wurden die Geschicke beider Gesellschaften von hier aus gelenkt. Vor dem Gebäude hält ein städtischer Omnibus mit Anhänger, der die Linie zum Außenhafen bedient. 2014 hat die AG „Ems" die Liegenschaft im Tausch gegen ein Grundstück im Außenhafen abgegeben.

Borkumdampfer 1947, und 34.861 Kurgäste wurden in diesem Jahr auf Borkum gezählt, gegenüber 1938 fast eine Verdreifachung. Da infolge der Demontage der zahlreichen militärischen Einrichtungen auf der Insel viel Schrott anfiel, war 1947 auch das Frachtaufkommen mit 19.447 Tonnen sehr hoch. Diese Entwicklung setzte sich 1948 zunächst in noch größerem Umfang fort: 41.242 Fahrgäste hatten von Januar bis Ende Mai ein Schiff im Borkumverkehr benutzt, nahezu eine Verdoppelung gegenüber demselben Zeitraum 1947, als 21.201 Beförderungen angefallen waren.

Als allerdings mit der Währungsreform am 20. Juni 1948 das Geld wieder stabil, dafür aber knapp geworden war, brach dieser Trend jäh ab. Infolgedessen war es möglich, mit Rücksicht auf den Jahresurlaub der Besatzung die RHEINLAND ausgerechnet in der Hochsaison für einige Wochen stillzulegen. Außerdem wurde das Mittagsschiff ab Emden, das kaum noch benutzt wurde, vorläufig aus dem Fahrplan gestrichen. Trotz leichter Besserung ab der zweiten Julihälfte beförderten die Schiffe beider Gesellschaften 1948 daher insgesamt nur 122.773 Personen, kaum die Hälfte der Transportleistung von 1947, und mit lediglich 99.898 Passagieren im Linien- und Ausflugsverkehr brachte das Jahr 1949 ein noch schlechteres Ergebnis.

Da seit der Währungsreform nicht nur die Beförderungen stark zurückgegangen waren, sondern auch die Tarife, die wegen der geringen Kaufkraft der alten Währung 1946 überall erhöht worden waren, wieder gesenkt werden mussten, ergab sich für die AG „Ems" eine empfindliche Einnahmeeinbuße. Trotzdem kam die Gesellschaft nicht daran vorbei, die arg geschrumpfte und völlig überalterte Flotte wieder zu verstärken. Nach längerem Suchen ergab sich im Frühjahr 1950 in Hamburg die Gelegenheit, für 60.000 DM den 1940 auf der Schichau-Werft in Königsberg gebauten Schleppdampfer SEEADLER zu kaufen und in der eigenen Werkstatt unter Leitung des fachlich dafür quali-

Zweiter Weltkrieg 5.1

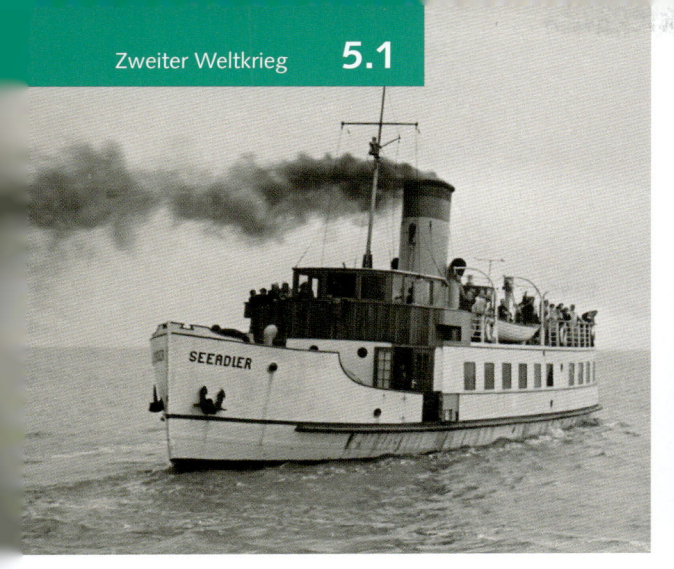

Links: Dampfer SEEADLER, gebaut 1940 auf der Werft Schichau in Königsberg, war nach seinem Umbau vom Schleppdampfer zum Fahrgastschiff von 1950 bis 1960 im Borkumverkehr tätig. Seit 1953 hieß das Schiff BAYERN.

Rechts: Die 1951 als erster Neubau nach dem Zweiten Weltkrieg in Dienst gestellte WESTFALEN (II), gebaut auf der Werft Josef L. Meyer in Papenburg, war das erste Motorschiff seit Gründung der Reederei. Es war bis zum Frühjahr 1964 im Borkumverkehr im Einsatz.

fizierten Vorstandsmitglieds Henry Grabowsky zu einem Passagierschiff umzubauen. Das gab Entlastung, reichte aber bei weitem nicht aus, den Verkehr so zu bewältigen, dass alle Bedürfnisse erfüllt wurden. So fasste der Aufsichtsrat im Oktober 1950 den mutigen Entschluss, einen Schiffsneubau in Auftrag zu geben. Mit Hilfe eines zinslosen privaten Darlehens über 250.000 DM der Firma Zeiss aus Wetzlar, das dank einer speziell dem Wiederaufbau der deutschen Seeschiffsflotte dienenden steuerrechtlichen Bestimmung (§ 7d EStG) unmittelbar von der Steuerschuld abgezogen werden konnte, gelang die Finanzierung dieses mit über 500.000 DM für die Gesellschaft damals eigentlich viel zu teuren Projektes, für das die schon so oft bewährte Werft Josef L. Meyer in Papenburg den Zuschlag erhielt. Unter dem Namen WESTFALEN nahm das neue, erstmals nicht mit einer Dampfmaschine, sondern mit einem Dieselmotor betriebene Schiff, das 410 Fahrgästen Platz bot und 12,5 Knoten lief, während der Saison 1951 seinen Dienst auf. Als Gegenleistung für diese Kredithilfe war die AG „Ems" verpflichtet, das Schiff im Falle eines wegen des damaligen Koreakrieges für möglich gehaltenen Angriffs des Ostblocks auf Westdeutschland zur Evakuierung der Zeiss-Führungskräfte sowie der wichtigsten Patente und Produkte nach Kanada einzusetzen. Aus diesem Grund lagerten die Patentunterlagen und diverse dazugehörige Materialien in einem Frachtraum im Emder Außenhafen, wo die WESTFALEN jede Nacht zum sofortigen Einsatz betriebsbereit liegen musste.

Zur Erhöhung der durch diesen Neubau überaus knapp gewordenen Liquidität wurde beschlossen, im Gegenzug den inzwischen über 54 Jahre alten Dampfer KAISER WILHELM zu verkaufen. Weitere Bareinnahmen erhofften sich Vorstand und Aufsichtsrat aus dem Verkauf des für den regulären Inselverkehr eigentlich überflüssigen zweiten Gleises der Kleinbahn. Diese Hoffnung erfüllte sich jedoch nicht, denn dagegen stand der Protest der Gemeinde Borkum, vor allem aber das Veto der Oberfinanzdirektion Hannover als der für alle Entscheidungen über ehemalige Militäranlagen in Niedersachsen zuständigen Behörde. Die KAISER WILHELM fand während des Sommers 1952 noch einmal eine finanziell günstige Verwendung, als sie an einen Hamburger Veranstalter verchartert werden konnte, der damit eine große Ostseefahrt durchführte, ver-

Zweiter Weltkrieg 5.1

MS LIPPE, 1942 auf der Werft Schweers in Bardenfleth/Weser als Torpedofangboot für die Kriegsmarine gebaut, wurde 1953 von der AG „Ems" erworben und war bis 1959 im Borkumverkehr im Einsatz. Mit der für damalige Verhältnisse hohen Geschwindigkeit von 14 Knoten beförderte das kleine Schiff vorwiegend die Post und eilige Passagiere. Es war der erste Versuch einer Schnellverbindung.

In seiner graphischen Gestaltung folgte der Winterfahrplan 1950/51 gegenüber der NS-Zeit deutlich veränderten Stilprinzipien. Die Zahl der Fahrten aber war auf ein Minimum reduziert.

Ein schönes Sammelbild aus dem Jahre 1953, in dem erstmals alle AG „Ems"-Schiffe einheitlich nach deutschen Ländern benannt wurden. Von den damals im Borkumverkehr eingesetzten fünf Schiffen fehlt nur das Schnellschiff MS LIPPE.

5.1 Zweiter Weltkrieg

Die MS HANNOVER, 1928 auf der Lindenauwerft in Memel gebaut, hieß ursprünglich KURISCHES HAFF, später SÜLLBERG. 1956 wurde sie von der AG „Ems" erworben und war bis 1963 in der Borkumfahrt im Einsatz.

bunden mit einem Besuch bei den Olympischen Spielen in Helsinki. Da es so wenige Jahre nach dem Zweiten Weltkrieg mit Rücksicht auf die Gefühle der ehemaligen Kriegsgegner Deutschlands jedoch nicht anging, das Schiff unter seinem angestammten, nicht überall angenehme Erinnerungen weckenden Namen zu diesem Zweck einzusetzen, wurde es in SPORTHEIM umbenannt und nach dieser Reise zum Abwracken verkauft.

Um die von der Bundespost vorübergehend anderweitig vergebene Postbeförderung wiederzuerlangen und um zugleich ein kleineres Schiff für den Schnellverkehr zur Verfügung zu haben, wurde die AG „Ems"-Flotte 1953 um das ehemalige Torpedofangboot PEGASUS erweitert, das für 70 Personen zugelassen und 14 Knoten schnell war. Unter dem Namen LIPPE war es außer zur Postbeförderung vor allem in den verkehrsärmeren Zeiten tätig; dagegen wurde das stark reparaturbedürftige kleine Frachtschiff BURKANA verkauft. Der Einheitlichkeit wegen erhielten 1953 die Schiffe PRINZ HEINRICH und SEEADLER die Namen HESSEN und BAYERN. 1956 erweiterte die Gesellschaft ihre Flotte um das von der Hamburger HADAG verkaufte Doppelschraubenmotorschiff SÜLLBERG, das 1928 in Memel gebaut worden und unter seinem ursprünglichen Namen KURISCHES HAFF im Winter 1944/45 als Flüchtlingstransporter auf der Ostsee im Einsatz gewesen war; jetzt erhielt das Schiff den Namen HANNOVER. Mit der Abgabe der HESSEN ex PRINZ HEINRICH von der Borkumer Kleinbahn an die AG „Ems" 1958 und ihrem gleichzeitigen Umbau zu einem kostengünstiger zu betreibenden Motorschiff war der Wiederaufbau der Borkumflotte nach dem Zweiten Weltkrieg zunächst weitgehend bewältigt.

Zweiter Weltkrieg 5.2

Die MS HESSEN, der 1953 in diesen Namen umbenannte vormalige Dampfer PRINZ HEINRICH, kurz nach seinem 1958 erfolgten Umbau vom Dampfmaschinen- auf Motorantrieb. Nach seiner Außerdienststellung 1968 lag das Schiff unter dem Namen MISSISSIPPI lange als Museumsschiff in Lübeck, bis es 2002 von dem in Leer gegründeten Verein „Traditionsschiff PRINZ HEINRICH" übernommen wurde mit dem Ziel, es in seinen Urzustand zurückzuversetzen und wieder in Fahrt zu bringen.

Nach einem umfangreichen Umbau, bei dem die Brückenaufbauten und der Bug geändert sowie der Antrieb von Kohle- auf Ölfeuerung umgestellt wurden, präsentiert sich 1965 der inzwischen 39 Jahre alte Dampfer RHEINLAND (I) in neuem Gewande. Es war noch bis 1968, zuletzt unter dem Namen BAYERN, im Einsatz.

Wegen der knappen Frachtkapazitäten musste die AG „Ems" noch lange Schlacht- und anderes lebendes Vieh offen auf der Back ihrer Fahrgastschiffe transportieren, wie diese beiden Bilder aus den frühen 1950er Jahren zeigen. Fahrgäste und Vieh konnten dabei gelegentlich unmittelbar aufeinander treffen.

ZWEITER WELTKRIEG [2]
Rationalisierung durch den Einsatz von Containern und neuen Fahrgastschiffen

Obwohl die Gesamteinnahmen seit 1949 prozentual stärker zugenommen hatten als die Menge der zwischen Emden und Borkum beförderten Personen und die Zahl der von den Schiffen insgesamt durchgeführten Fahrten, waren die Betriebsergebnisse nur bedingt zufriedenstellend, denn auch die Kosten waren erheblich gestiegen. Das lag zum einen an dem hohen Brennstoffverbrauch der alten Dampfer – die neuen Motorschiffe fuhren wesentlich sparsamer –, zum anderen an dem in allen Sparten sehr hohen Personaleinsatz. Rationalisierung war deshalb unbedingt notwendig, insbesondere im Frachtverkehr, der wegen des zu knappen Schiffsraumes zum Leidwesen von Vorstand und Aufsichtsrat noch allzu oft gemeinsam mit dem Personenverkehr auf einem Schiff abgewickelt werden musste. Das führte zu Verspätungen, zu Platzmangel und zu gelegentlichen Beschwerden von Passagieren, die es trotz vollkommener räumlicher Trennung nicht hinnehmen mochten, dass Schlachtvieh offen sichtbar auf demselben Schiff wie sie selbst befördert wurde.

Die Anschaffung eines Frachtschiffes, das die fast völlige Trennung beider Sparten ermöglicht hätte, war jedoch zu teuer, so dass Alwin Bremer und Henry Grabowsky, die seit 1949 den Vorstand bildeten, in der Organisation und den Arbeitsverfahren Möglichkeiten zur Einsparung suchten; vor allem die zeitaufwendige und personalintensive Frachtgutverladung regte zu solchen Überlegungen an. Die 1954 gefundene Lösung brachte – in Anlehnung an das bei der Deutschen Bundesbahn schon lange übliche Instrument der sog. Bahnbehälter – den Einsatz von mittelgroßen Containern, mit deren

Henry Grabowsky, Vorstand der AG „Ems" und der Borkumer Kleinbahn von 1949 bis zu seinem Tod 1967, zunächst gemeinsam mit Alwin Bremer, ab 1963 allein.

Emden-Außenhafen um 1955: Dampfer RHEINLAND (I) legt zur Fahrt nach Borkum ab.

Zweiter Weltkrieg 5.2

Trotz des damit erreichten Rationalisierungseffektes war der in den 1950er Jahren eingeführte Einsatz von Bahnbehältern und kleinen Rollcontainern noch immer eine personal- und zeitaufwendige Angelegenheit.

Rechts: Mit der MS OSTFRIESLAND (I), 1959/60 auf der Werft Josef L. Meyer in Papenburg gebaut und seit Sommer 1960 im Einsatz, tat die AG „Ems" den ersten Schritt zur grundlegenden Modernisierung ihrer Flotte. Das 15,6 Knoten schnelle und 950 Passagiere fassende Schiff war bis 1969 in der Borkumfahrt tätig und wurde dann nach Flensburg verkauft.

Hilfe sich die sieben Arbeitsgänge, die bis dahin von der Anlieferung des Frachtgutes in Emden-Außenhafen bis zur Ablieferung beim Empfänger auf Borkum notwendig waren, auf vier reduzieren ließen, ein erheblicher Rationalisierungsfortschritt, der die zunächst erforderlichen Investitionen für einen Autokran in Emden und den Bau einer größeren Anzahl solcher Behälter in der eigenen Werkstatt ohne weiteres rechtfertigte.

Auf Borkum, wo die bisher gemietete Kleinbahnwerkstatt auf dem ehemaligen Militärgelände am Barbaraweg wegen des Abbaus der nach dort führenden Gleise auf das Gelände neben dem Bahnhof verlegt werden musste, ermöglichte der Bau einer vierspurigen Abstellhalle für die Personenwaggons weitere Einsparungen, weil die Instandsetzungs- und Pflegeintervalle sehr viel größer sein konnten, wenn die Wagen außerhalb ihres Einsatzes nicht im Freien, sondern unter Dach standen. Im übrigen schlug sich auch bei der Kleinbahn der ständig wachsende Fremdenverkehr in Engpässen nieder. Von 432.000 Achskilometern im Jahre 1949 war ihre Betriebsleistung auf gut 748.000 im Jahre 1956 gestiegen, ohne dass der Fuhrpark nennenswert erweitert worden war. Seit 1955 wurden daher nach und nach von der Bielefelder Kreisbahn einige gebrauchte Eisenbahnwagen des auf der Insel schon lange verwendeten Typs „Weyer" angeschafft, um den immer höheren Verkehrsspitzen gerecht werden zu können. Eine durchgreifende Erneuerung des Betriebsablaufs und der Betriebsmittel, die sich allmählich als immer dringlicher erwies, konnte jedoch noch nicht in Angriff genommen werden.

Noch wichtiger war es nämlich, den Schiffspark kräftig zu modernisieren, der den höher gewordenen Ansprüchen der Urlaubsgäste und dem fortlaufend steigenden Verkehrsaufkommen immer weniger genügte. Die damals eingesetzten Schiffe waren fast durchweg sehr betagt, und selbst die WESTFALEN als einziger Neubau der Flotte konnte nicht verhehlen, dass sie der unmittelbaren Nachkriegszeit entstammte und entsprechend

Zweiter Weltkrieg 5.2

Die Lösch- und Lademannschaft vor dem Dampfkran im Borkumer Kleinbahnhafen Anfang der 1950er Jahre.

Mitte und oben rechts: Noch bis Anfang der 1960er Jahre musste die Borkumer Kleinbahn den gesamten Frachtverkehr der Insel auf der Schiene abwickeln, teils in Güterkastenwagen, teils auf Plattformwagen, auf denen geschlossene Roll- und offene Kleincontainer sowie das Gepäck der Urlaubsgäste in bunter Mischung durcheinander standen. Am Bahnhof erleichterte ein Gabelstapler zwar den Ver- und Entladebetrieb, doch behinderten sich hier der ungeschieden voneinander ablaufende Fahrgast- und Frachtverkehr gegenseitig so sehr, dass eine Trennung beider Sparten unumgänglich wurde.

Das Fahrgastschiff MÜNSTERLAND (I), 1964 auf der Werft Josef L. Meyer in Papenburg als Schwesterschiff der vier Jahre älteren OSTFRIESLAND (I) gebaut, war nicht nur für den regulären Inselverkehr, sondern auch für Ausflugsfahrten in den küstenferneren Bereich der Nordsee, insbesondere nach Helgoland, später auch nach Terschelling, konstruiert und hatte deshalb zum Schutz gegen höhere Wellen extra eine hochgezogene Back. Ende 1976 schied das Schiff aus der Flotte der AG „Ems" aus.

sparsam ausgestattet war. So wurde im Herbst 1959 bei der Werft Josef L. Meyer in Papenburg ein allen Bedürfnissen gerecht werdendes neues Schiff in Auftrag gegeben, das mit einer Geschwindigkeit von 15,6 Knoten und einer Kapazität von 950 Passagierplätzen schneller und größer war als jedes bis dahin im Verkehr zwischen Emden und Borkum eingesetzt gewesene Schiff. Auf den Namen OSTFRIESLAND getauft, nahm das formschöne, strahlendweiß gestrichene Fahrgastschiff im Frühjahr 1960 seinen Dienst auf. Da die AG „Ems" zu diesem Zeitpunkt mit der Finanzierung des Schiffes allein überfordert war, gründete sie zusammen mit einigen ihrer wichtigsten Aktionäre eine Partenreederei, in der sie zunächst 25% der Anteile hielt. Weil eine solche Betriebsform aber nur für ein Objekt zulässig ist, wurde die Partenreederei OSTFRIESLAND später in die solchen Einschränkungen nicht unterworfene AG „Ems" und Co. Schiffahrts-KG umgewandelt; in dieser hat sich der Anteil der AG „Ems" seither sukzessive auf aktuell ca. 50% erhöht.

Nach der LIPPE, die schon im Vorjahr als ehemaliges Kriegsschiff an die Bundesmarine zurückverkauft worden war, wurde jetzt auch die BAYERN entbehrlich und fand in den Niederlanden einen neuen Heimathafen. Die OSTFRIESLAND aber bewährte sich so gut, dass die Gesellschaft schon 1963 bei Meyer ein Schwesterschiff in Auftrag gab, das bei seiner Taufe im Frühjahr 1964 den Namen MÜNSTERLAND erhielt. Der einzige Unterschied zwischen den beiden Schiffen bestand darin, dass die MÜNSTERLAND eine hochgezogene Back hatte, weil sie von vornherein neben der regulären Borkumfahrt auch für Ausflugsfahrten im Hochseebereich, insbesondere nach Helgoland, vorgesehen war. Die jetzt überflüssig gewordenen kleinen Schiffe HANNOVER und WESTFALEN wurden dafür an eine Reederei in Neapel verkauft und taten fortan im Mittelmeer ihren Dienst; unter dem Namen FARAGLIONE war die HANNOVER dort noch bis 2007 im Einsatz, und es ist nicht ausgeschlossen, dass sie sogar noch einmal reaktiviert wird.

ZWEITER WELTKRIEG [3]
Herausforderung durch Strukturwandel und neue Aufgaben

Nach der Indienststellung der MÜNSTERLAND herrschte bei allen Beteiligten zunächst der Eindruck, die Gesellschaft könne sich nun zumindest bei der Flotte eine längere Investitionspause gönnen und erstmals seit dem Zweiten Weltkrieg in Ruhe Rücklagen bilden. Die als Folge des Wirtschaftswunders gerade in diesen Jahren explodierende Entwicklung des Verkehrs insgesamt und des Fremdenverkehrs im besonderen ließ jedoch alles ganz anders kommen. Von einer schöpferischen Pause konnte weniger denn je die Rede sein, und als 1973 der erste sowie 1979/80 der zweite Ölpreisschock die gesamte deutsche Wirtschaft nachhaltig beeinflusste, waren gerade Verkehrsunternehmen wie die AG „Ems" und ihre Töchter mit Problemen konfrontiert, die nur mit besonderer unternehmerischer Phantasie und einer hohen Risikobereitschaft zu bewältigen waren.

Die AG „Ems" hat sich diesen und weiteren damit zusammenhängenden Herausforderungen stets offensiv gestellt und im Laufe der Zeit unterschiedliche Lösungen und erfolgreiche Antworten darauf gefunden. Der seitdem mal schneller, mal langsamer fortschreitende, aber nie aufhörende Strukturwandel im Fremdenverkehr und im Urlaubsverhalten erfordert jedoch weiterhin immer wieder Anpassungen und Neuerungen im Borkumdienst sowie im Verkehr auf der Ems und im Küstenrevier.

Wenn man die Entwicklung der Passagierzahlen in den ersten vier Nachkriegsjahrzehnten Revue passieren lässt – 1950 etwa 100.000, 1956 über 200.000, über 300.000 während der 1960er Jahre, über 500.000 im Jahre 1970, über 600.000 im Jahre 1975, weit über 800.000 im Rekordjahr 1976 und etwa 660.000 im Durchschnitt der 1980er Jahre, Zahlen, denen eine entsprechende Steigerung beim Fracht- und Expressgut von 19.330 t im Jahre 1949 auf ca. 170.000 t und ca. 75.000 Autos 1988 zur Seite stand –, dann wird deutlich, wie groß die Aufgabe war, die die AG „Ems" zu lösen hatte. Zwar hatten auch die anderen ostfriesischen Inselreedereien und Verkehrsgesellschaften ähnlich hohe Zuwachsraten zu bewältigen, doch war deren Ausgangsbasis durchweg besser. So günstig nämlich die Lage Borkums weit draußen in der See für die Erholung und die jederzeitige Erreichbarkeit, unabhängig von der Tide, war und ist, so groß sind die strukturellen Probleme, die sich aus dieser großen Entfernung zum Festland ergeben und allzu leicht in einen Standortnachteil umschlagen können, wenn nicht jeweils frühzeitig Gegenmaßnahmen ergriffen werden.

Zweiter Weltkrieg 5.3

Claas Brons, Kaufmann in Emden, Mitglied in den Aufsichtsräten der AG „Ems" und der Borkumer Kleinbahn und Dampfschifffahrt AG seit 1942, nach deren Umwandlung in eine GmbH seit 1963 in deren Beirat. Von 1958 bzw. 1963 bis 1990 war er Vorsitzender dieser Gremien, anschließend bis zu seinem Tod Anfang 2007 wieder einfaches ordentliches Mitglied.

Wilhelm Connemann, Fabrikant in Leer, Mitglied im Aufsichtsrat der AG „Ems" von 1926 bis 1948 und von 1956 bis 1983, im Aufsichtsrat der Borkumer Kleinbahn und Dampfschiffahrt AG von 1926 bis 1948 und von 1955 bis 1962 sowie nach deren Umwandlung in eine GmbH in ihrem Beirat von 1963 bis 1983. Danach war er bis zu seinem Tod 1995 Ehrenmitglied beider Gremien.

Dr. Heinrich Hapig, Rechtsanwalt und Notar in Leer, Mitglied in den Aufsichtsräten der AG „Ems" von 1950 bis 1987 und der Borkumer Kleinbahn und Dampfschiffahrt AG von 1950 bis 1962 sowie nach deren Umwandlung in eine GmbH Mitglied im Beirat bis 1988.

Heinrich Klasen, Rechtsanwalt und Notar in Leer, Mitglied in den Aufsichtsräten der AG „Ems" von 1959 bis 2000 und der Borkumer Kleinbahn und Dampfschiffahrt AG von 1959 bis 1962, nach deren Umwandlung in eine GmbH von 1963 bis 2000 Mitglied im Beirat. Von 1991 bis zu seinem Ausscheiden war er Vorsitzender beider Gremien, anschließend bis zu seinem Tod im Dezember 2006 Ehrenmitglied.

Die einfache Entfernung von Emden nach Borkum beträgt 57 km, und die dafür notwendige Fahrzeit von etwa zwei- bis zweieinhalb Stunden ließ und lässt sich bis heute nur bedingt verkürzen, weil zwischen Emden und der Knock, also auf einem Drittel des Weges, aus vielerlei Gründen (Baggerarbeiten, Deich- und Uferschutz, übriger Schiffsverkehr) verhältnismäßig langsam gefahren werden muss. Eine so lange Fahrt verursacht selbstverständlich erheblich höhere Kosten als eine nur kurze, z.B. zwischen Norddeich und Norderney, und die Kosten wachsen weiter, weil wegen der langen Umlaufzeit, die einschließlich Laden und Löschen für eine Hin- und Rückreise sechs Stunden beträgt, jedes Schiff nicht mehr als zwei Fahrten pro Tag zwischen Emden und Borkum machen kann. Die Konsequenz ist, dass die Gesellschaft einen größeren Schiffspark vorhalten muss als andere Seebäderreedereien, um während der Saison einen so dichten Fahrtakt anbieten zu können, wie ihn die Urlauber erwarten. Dazu kommt, dass auch Bauart und Ausrüstung der Borkumschiffe gegenüber den anderen Inselfahrgastschiffen aufwendiger sind, weil Borkum bereits jenseits der Seegrenze liegt und die Schiffe daher strengeren Sicherheits- und Betriebsbestimmungen unterliegen. Dass all

Zweiter Weltkrieg 5.3

Maximilian Graf von Spee, Alleinvorstand der AG „Ems" und ihrer Tochterunternehmen von 1967 bis 1990. In seine Amtszeit fielen mit der Einführung der Autofähren und des Schnellverkehrs mit Katamaranen einige der bis heute wichtigsten Neuerungen im Borkumverkehr. Nach seinem altersbedingten Ausscheiden als Vorstand wechselte er in den Aufsichtsrat, übernahm dort vorübergehend den Vorsitz und schied im Sommer 1991 aus diesem Gremium aus.

diese Faktoren sich auch zwingend bei der Gestaltung der Fahrpreise bemerkbar machen, war – die bereits ausführlich behandelten heftigen Angriffe aus der Borkumer Bevölkerung während der Zeit der Weltwirtschaftskrise auf die als zu hoch empfundenen Fahrkartenpreise haben es zur Genüge gezeigt – auch nicht jedem einsichtig, und so schlummerte hier zusätzlich ein Borkum-spezifisches Konfliktpotential, das im Laufe der Zeiten immer wieder zum Ausbruch kam.

Mit all diesen nicht neuen Problemen – schließlich lag Borkum immer so weit vom Festland entfernt –, ließ sich leben, solange die Schiffsreise in beiden Richtungen von den meisten Sommergästen als Teil ihres Urlaubs angesehen und entsprechend geruhsam angegangen wurde. Mit der rasanten Zunahme der allgemeinen Mobilität in den Jahrzehnten nach dem Ende des Zweiten Weltkriegs änderte sich diese Einstellung jedoch von Grund auf. Der Reiseweg selbst wurde seitdem immer mehr als lästiges Hindernis zwischen Wohnort und Urlaubsziel empfunden und sollte daher so schnell wie möglich überwunden werden. Seit es ab Ende der 1960er Jahre aber möglich geworden ist, in wenigen Stunden eine Mittelmeerinsel oder andere weit entfernte Ferienorte zu erreichen, sind unvermeidbar auch die Ansprüche gestiegen, die Deutschlandurlauber an die einheimischen Verkehrsverbindungen stellen.

Schon Mitte der 1960er Jahre ergab eine Umfrage, dass nur noch ein Drittel der Borkumurlauber die Schiffsfahrt um ihrer selbst willen genoss, während zwei Drittel sie als lediglich notwendiges Übel ansahen, das die weite Anreise vom Heimatort ärgerlicherweise zusätzlich verlängerte. Dabei stand die zwei- bis zweieinhalbstündige Seefahrt von Emden nach Borkum damals noch in einer durchaus gesunden Relation zu den etwa sechs Stunden, die mit dem Auto oder der Eisenbahn beispielsweise für die Strecke Köln–Emden aufzuwenden waren. Seit sich aber abzeichnete, dass es über die Emslandautobahn, deren Planung um 1970 begonnen hatte, oder mit einem Hochgeschwindigkeitszug möglich sein könnte, diesen Weg – bei der damals generell noch sehr viel geringeren Verkehrsdichte auf allen deutschen Autobahnen – in zwei bis drei Stunden zurückzulegen, war damit zu rechnen, dass eine genauso lange dauernde Schiffsreise schnell als Ärgernis eingestuft würde, insbesondere bei einem Kurzurlaub von nur wenigen Tagen Dauer.

Aus all diesen Herausforderungen ergab sich bereits Mitte der 1960er Jahre als wichtigste Aufgabe für die AG „Ems" überhaupt die Notwendigkeit, über Alternativen und neue Verkehrsverbindungen nachzudenken, damit Borkum auch in der Zukunft ein attraktives Urlaubsziel bleiben konnte. Die dafür in Frage kommenden möglichen Lösungen hat Maximilian Graf von Spee, der nach dem Tod Henry Grabowskys im Jahre 1967 als Vorstand die Leitung des Unternehmens übernommen hatte, schon Ende der 1960er Jahre skizziert. In dieser Zeit war das neue Schöpfwerk an der Knock gerade

Der erste Versuch der AG „Ems", einen Schnellverkehr nach Borkum mit Hilfe eines Lufkissenbootes aufzuziehen, scheiterte 1972 binnen kurzem an technischen Unzulänglichkeiten. 11 Jahre später verlief ein zweiter Versuch, bei dem ein Luftkissenboot für eine Woche im Linienverkehr nach Borkum eingesetzt wurde, technisch zwar weitgehend problemlos, doch war der dabei erzeugte Lärm so groß, dass der Betrieb von Fahrzeugen mit dieser Antriebstechnik im niedersächsischen Wattrevier seitdem strikt und ausnahmslos untersagt ist. Im Bild rechts ist das 1972 benutzte Luftkissenboot im Außendeichgebiet beim Borkumer Kleinbahnhafen zu sehen, das Bild links stammt aus dem Sommer 1983 und zeigt ein Luftkissenboot vom Typ AP 1-88, das damals modernste zivile Modell dieser Fahrzeugart, an seinem Landeplatz an der Knock einige Kilometer emsabwärts von Emden.

fertiggestellt, es begann auf der niederländischen Seite des Dollart nördlich von Delfzijl der Bau des großen Eemshavens, es lag der nach dem damaligen deutschen Verkehrsminister benannte sog. „Leberplan" zum Ausbau der Autobahnen auf dem Tisch, wozu auch eine gute Anbindung Ostfrieslands gehörte, der Ruf nach Eindeichung der Leybucht und der Schaffung eines neuen Hafens für die Greetsieler Granatfischer wurde immer lauter, und schließlich entwickelten sich damals die ersten Vorstellungen, Emden mit dem Bau eines vollkommen neuen Hafens entlang des Dollart mit einem Schlag von all seinen seit langem bestehenden Verkehrsproblemen zu befreien und zugleich auch an der Emsmündung die Voraussetzungen für die Ansiedlung neuer Industrien am seeschifftiefen Wasser zu schaffen.

Vieles davon ist Plan oder Vision geblieben, so dass die AG „Ems" sich sozusagen von Anfang an auf ein Spiel mit mehreren Unbekannten einstellen musste. Demgemäß entwarf sie Ende der 1960er/Anfang der 1970er Jahre verschiedene Konzepte, die von der Schaffung einer Fährverbindung Knock–Oterdum/Delfzijl mit Anbindung an Eemshaven über die teilweise Verlagerung des Borkumverkehrs nach Delfzijl/Eemshaven, den Bau eines Borkumterminals mit Eisenbahnanschluss am Kopf des künftigen neuen Dollarthafens in Höhe der Knock und die Einbeziehung Greetsiels in den Inselverkehr bis hin zum Einsatz von Luftkissenfährschiffen zwischen Emden-Außenhafen und Borkum reichten. Jedes Konzept war auf seine Weise geeignet, die Fahrzeit zwischen Borkum und dem Festland auf bis zu 45 Minuten zu reduzieren, damit die beschriebenen Standortnachteile der Insel aus der Welt zu schaffen und zugleich attraktive Zusatzdienste anzubieten, die der Reederei eine bessere Auslastung ihrer Flotte versprachen.

Zweiter Weltkrieg 5.3

Ehe es Autofähren gab, war die Verladung von Pkw, hier um 1960 in Emden-Außenhafen (links) und im Borkumer Kleinbahnhafen (rechts), eine zeit- und personalintensive Angelegenheit, die zudem auch unter Platzmangel und in Konkurrenz zu dem davon noch ungeschiedenen Personenverkehr stattfinden musste.

Manche dieser Konzepte erwiesen sich schon bald als nicht ausreichend realitätsgerecht. So scheiterte der Einsatz von Luftkissenbooten nach längeren Bemühungen um eine Genehmigung schließlich an dem grundsätzlichen Verbot, dieses erhebliche Lärm verursachende Verkehrsmittel im Wattrevier überhaupt einzusetzen. Dagegen wurden die Pläne für ein neues Borkumterminal am Dollarthafen deswegen gegenstandslos, weil dieses – teils aus Gründen des Umweltschutzes, teils wegen des unklaren Verlaufs der deutsch-niederländischen Grenze in der Emsmündung und teils wegen des gerade damals einsetzenden grundlegenden Strukturwandels der Montan- und Stahlindustrie im Rhein-Ruhr-Gebiet, durch den Emden seine Funktion als Kopfhafen dieses Industriereviers verlor – von Anfang an heftig umstrittene Projekt nicht voran kam und in den 1990er Jahren schließlich endgültig aufgegeben wurde.

Auch eine Fährverbindung Knock–Oterdum/Delfzijl ließ sich nicht realisieren, weil die Niederländer sie damals nicht wollten. Der Bau der Emslandautobahn dagegen wurde zwar ab Ende der 1980er Jahre betrieben, aber ihre vollständige Fertigstellung verzögerte sich bis ins 21. Jahrhundert und gelang auch dann nur deswegen, weil die emsländische und die ostfriesische Wirtschaft sich in signifikanter Höhe an den Baukosten beteiligte. Um so wichtiger war es für die Gesellschaft in all diesen Jahren, den aktuellen Verkehr stets sorgfältig zu analysieren und sich mit ihrem Angebot den jeweiligen Veränderungen anzupassen.

Zweiter Weltkrieg 5.3

Eine auf dem Flugplatz Borkum demontierte ehemalige Fliegerhalle, die die AG „Ems" von der Gemeinde Borkum erworben hatte, bildete nach dem Zweiten Weltkrieg den Grundstock der Borkumgaragen in Emden-Außenhafen, in denen die motorisierten Urlauber ihre Autos für die Zeit ihres Inselaufenthaltes unterstellen konnten. Hier ein Foto aus dem Jahre 1950. Im Zusammenwirken mit der Emder Niederlassung der Rheiderwerke hatte die AG „Ems" an dieser Stelle schon in den 1930er Jahren Abstellplätze für PKW angeboten.

Stückgutverladung im Emder Außenhafen mit Kran und den von der AG „Ems" entwickelten und in eigener Werkstatt gebauten kleinen Containern, um 1965.

Wer in den 1960er Jahren sein Auto nach Borkum mitnehmen wollte, musste sich wegen der beschränkten Transportkapazitäten frühzeitig um einen Platz bemühen. Im allgemeinen wurden PKW damals als Deckladung befördert, so wie hier auf dem etwa 1964 entstandenen Foto vom Freideck der OSTFRIESLAND (I) zu sehen. Für die Passagiere wurde es dadurch allerdings sehr viel enger.

Zweiter Weltkrieg 5.3

Das damals größte, allerdings erst allmählich deutlich werdende Problem für die AG „Ems" und die Borkumer Kleinbahn war dabei die Tatsache, dass der Mitte der 1960er Jahre bereits in Dimensionen des Massentourismus gewachsene Inselbesuch noch immer mit Betriebsmitteln und Organisationsstrukturen bewältigt werden musste, die im wesentlichen aus der Zeit um die Wende vom 19. zum 20. Jahrhundert stammten. Nicht dass beide Gesellschaften den Verkehr nicht mehr bewältigt hätten, nicht dass sie der zunehmenden Anreise mit dem Auto durch den Ausbau der Borkumgaragen in Emden-Außenhafen nicht ausreichend hätten Rechnung tragen können, nicht dass sie die allmählich zahlreicher werdenden Wünsche der Urlauber, ihr Auto mit auf die Insel zu nehmen, nicht hätten erfüllen können, und auch nicht, dass die rapide Zunahme an Frachtgut, selbstverständliche Folge des wachsenden Besucherstroms und der sich daraus ergebenden regen Bautätigkeit, sie vor unlösbare Schwierigkeiten gestellt hätte, nein – nur der Aufwand, das alles zu schaffen, wurde von Jahr zu Jahr größer. Betriebswirtschaftlich ausgedrückt, die Schere zwischen Kosten und Einnahmen öffnete sich immer weiter und bedrohte ernsthaft die Rentabilität des Unternehmens. Ein Gewinnrückgang von 270.000 DM 1966 auf 113.000 DM 1968 trotz gleichzeitiger Zunahme des Borkumverkehrs um 8,5% war ein deutliches und unübersehbares Alarmzeichen.

Erforderlich waren daher tiefgreifende Rationalisierungen, die weit über frühere Neuerungen, wie z.B. den Einsatz von Kleincontainern im Frachtverkehr Mitte der 1950er Jahre, hinausgingen, so kostendrückend sich diese auch ausgewirkt hatten. Letztlich waren auch die damals neuen Schiffe OSTFRIESLAND und MÜNSTERLAND noch immer in alter Manier Fahrgastschiffe, auf denen zusätzlich Fracht befördert werden konnte, was bei dem erhöhten Frachtaufkommen immer häufiger negative Auswirkungen auf die für Passagiere vorgesehenen Decks und sonstigen Räumlichkeiten hatte. Zur Lösung dieses Problems fand die Reederei im folgenden Vierteljahrhundert ganz verschiedene, sich aber immer gegenseitig ergänzende Antworten.

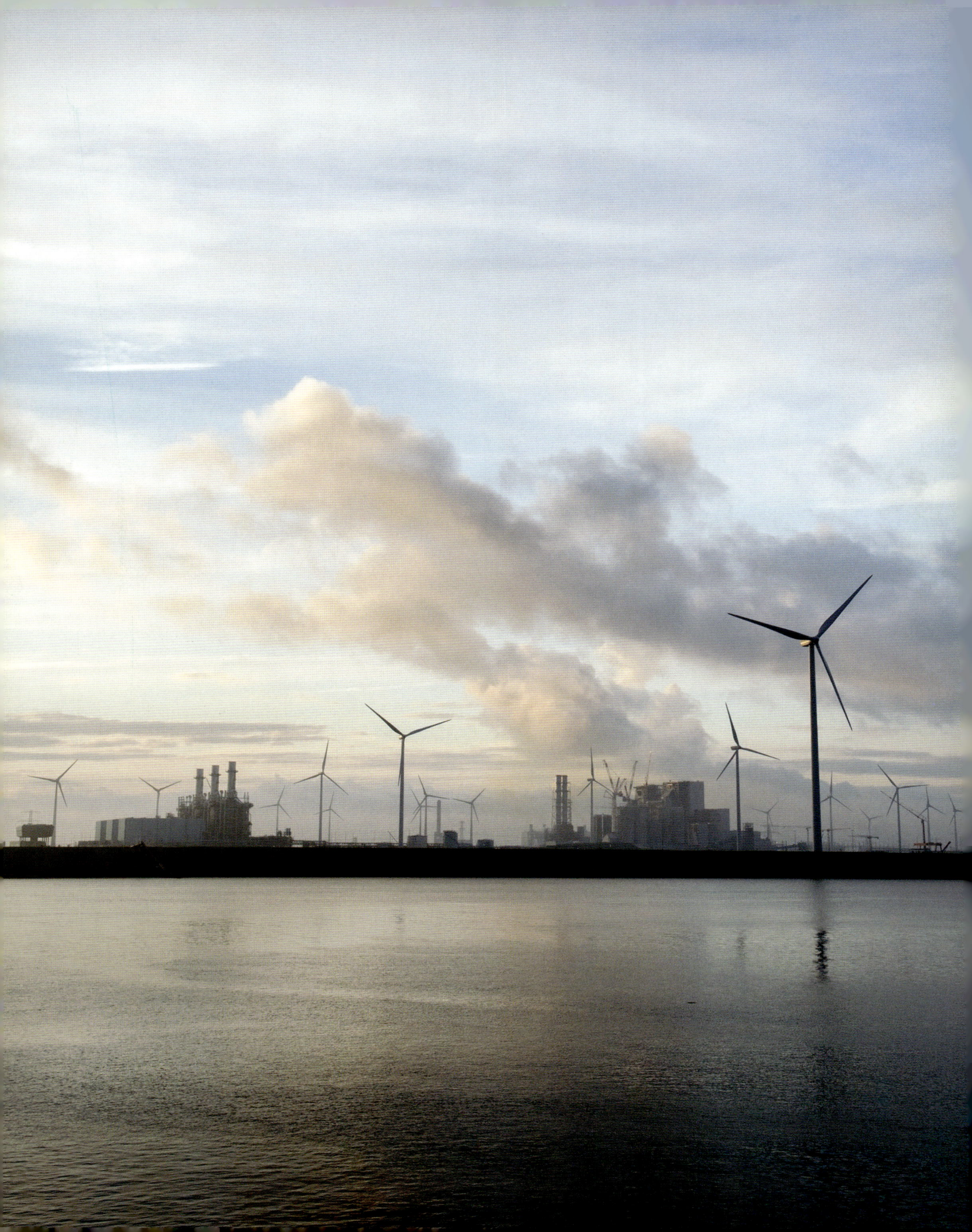

6

ANPASSUNG

des Inselfährverkehrs an die Bedürfnisse
des modernen Massentourismus
(1964–1989)

Das Industrierevier auf der niederländischen Dollartseite und der dazugehörige neue Hafen – entstanden ab Ende der 1960er Jahre: Voraussetzung für die niederländische Festlandsbasis der AG „Ems" in Eemshaven ab 1972.

ANPASSUNG [1]
Schnellverkehr als Experiment

Die erste Antwort, die die AG „Ems" auf die im Laufe der 1960er Jahre immer drängender werdenden Probleme fand, die im vorigen Abschnitt näher vorgestellt und analysiert worden sind, hieß: Ein kleines schnelles Schiff muss her, um im Winter eine zweite regelmäßige Verbindung zwischen Borkum und dem Festland schaffen und zugleich Personen- und Frachtverkehr besser voneinander trennen zu können. Damit sollte zugleich einem damals neu aufgetretenen Konkurrenten Paroli geboten werden, der sich allein auf eine attraktive Schnellverbindung in den Zeiten starker Nachfrage im Sommer konzentriert hatte. Bei der Werft Cassens in Emden wurde ein solches Schiff in Auftrag gegeben, das unter dem Namen EMSLAND im November 1967 vom Stapel lief, 19 Knoten Höchstgeschwindigkeit erreichte und bei einer Länge von gut 35 m 250 Passagieren Platz bot.

Tatsächlich gelang es auf Anhieb, mit dieser Schnellverbindung morgens und abends zusätzliche Fahrgäste zu gewinnen. Allerdings war die Freude darüber letztlich begrenzt, denn es zeigte sich bald, dass ein Schiff mit einer Kapazität von nur 250 Plätzen nicht in den regulären Linienverkehr zu integrieren war. Darüber hinaus ließ sich die hohe Maschinenleistung nur auf dem Streckenabschnitt Knock–Borkum bis zur Einfahrt in die Fischerbalje voll in Geschwindigkeit umsetzen. Die damit mögliche Zeitersparnis war daher für eilige Geschäftsreisende im Vergleich zum Flugzeug noch zu gering. Reizvoll und eine Alternative zum Flugzeug hätte dieser Schnelldienst nur sein können, wenn es einen viel näher zur Insel Borkum gelegenen Abfahrtsort gegeben hätte, etwa in Greetsiel, an der Knock oder in Delfzijl. Aber noch war nicht abzusehen, ob bzw. wann dort entsprechende Möglichkeiten vorhanden sein würden.

In anderen Bereichen aber zahlte sich der Einsatz der EMSLAND durchaus aus, denn mit diesem Schiff konnte die AG „Ems" über ihr normales Angebot hinaus seit 1968 Sonder- und Gruppenfahrten nicht nur von Emden oder Leer aus, sondern auch von weiter emsaufwärts gelegenen Orten veranstalten. Mit der Einbeziehung Delfzijls baute die Gesellschaft außerdem die traditionelle Dreiecksverbindung Emden–Delfzijl–Borkum wieder auf. Durch dieses Anlaufen eines ausländischen Hafens ergab sich als angenehmer Nebeneffekt die zollrechtlich zulässige Möglichkeit, an Bord Tabakwaren und Alkoholika zollfrei zu verkaufen. Die sog. Söpkefahrten, die sich hieraus entwickelten, waren schon bald eine allseits beliebte Spezialität der AG „Ems"-Schiffe.

| Anpassung | **6.1** |

MS EMSLAND (I), 1967 auf der Werft Cassens in Emden gebaut, lief mit einem 2.200 PS starken Doppelschraubenantrieb 19 Knoten und bot Platz für 250 Fahrgäste. Nach der in den 1950er Jahren eingesetzten LIPPE war es der zweite Versuch der Reederei, die Fahrzeit zwischen Emden und Borkum drastisch herabzusetzen.

Im Grundsatz ähnliche Probleme ergaben sich, als 1972 erstmals ein Luftkissenboot auf der Strecke zwischen Emden und Borkum erprobt wurde. Zwar ließ sich der Zeitaufwand mit diesem im Ems-Dollart-Revier neuartigen Verkehrsmittel erheblich reduzieren, technische Schwierigkeiten, u.a. an dem sehr störanfälligen Propellerantrieb, sowie eine beträchtliche Lärmentwicklung ließen hier aber keinen allgemein akzeptierten Einsatz zu. Als die Gesellschaft 10 Jahre später mit einem jetzt erheblich verbesserten Luftkissenboot einen neuen Anlauf nahm, führten u.a. die in der Öffentlichkeit ausgetragenen Auseinandersetzungen über die Umweltverträglichkeit dieser Fahrzeuge im Jahre 1983 zu dem grundsätzlichen Verbot, Schiffe mit solchem Antrieb im niedersächsischen Wattrevier überhaupt einzusetzen. Zumindest von Emden aus waren damit die Konzepte für einen Schnellverkehr nach Borkum, der diesen Namen auch tatsächlich verdiente, vorerst gescheitert.

ANPASSUNG [2]
Autofähren – ein neuer Schiffstyp im Borkumverkehr

Die zweite Antwort auf die oben umrissenen Probleme war für die weitere Zukunft des Borkumverkehrs die entscheidende. Sie ging darauf ein, dass immer mehr Urlauber statt mit der Eisenbahn mit dem eigenen Auto anreisten und dieses, sozusagen als fahrbaren Koffer und Kleiderschrank, auch mit auf die Insel nehmen wollten, weil sich damit das lästige Umladen und sorgfältigeres Packen vermeiden ließ. Diese Gesichtspunkte galten erst recht für den eigentlichen Frachtverkehr, und so gab die AG „Ems" noch Ende 1967, gleich nach dem Stapellauf der EMSLAND, bei der Emder Werft Schulte & Bruns ihre erste Autofähre in Auftrag. Sie war 57 m lang, 10 m breit, erreichte mit einem Doppelschraubenantrieb von 2.200 PS 14 Knoten Höchstgeschwindigkeit und bot 1.000 Passagieren und 50 PKW Platz; für LKW gab es eine extra hohe Sonderspur. Anfang der Saison 1968 wurde das Schiff abgeliefert und erhielt den Namen RHEINLAND (II), während die bisherige RHEINLAND (I) bald danach in BAYERN umgetauft wurde.

Zu einer Autofähre gehören auch spezielle, bis dahin noch nicht vorhandene Hafeneinrichtungen, und so wurden, allein auf Kosten der AG „Ems", in Emden-Außenhafen und auf Borkum hubfähige eiserne Rampen installiert, die einen Roll-On/Roll-Off-Betrieb gestatteten. Damit war ein entscheidender Durchbruch in den Rationalisierungsbemühungen gelungen: Die zeit- und personalintensive und damit extrem teure Hand- und Kranarbeit beim Löschen und Laden konnte erheblich reduziert werden, weil ein großer Teil der Fracht nun mit dem LKW vom Festland bis unmittelbar zum Empfänger auf Borkum gebracht werden konnte, ohne dass zwischendurch die Ladung auch nur einmal angefasst werden musste.

Die 1968 auf der Werft Schulte & Bruns in Emden gebaute RHEINLAND (II) war die erste Autofähre der AG „Ems". Sie bot 1.000 Fahrgästen und 50 PKW Platz und hatte eine 50 m lange LKW-Spur. 1974 wurde sie durch die größere RHEINLAND (III) ersetzt.

Der Erfolg des neuen Schiffes war durchschlagend. Die Nachfrage nach PKW-Plätzen stieg ständig, und in dem von LKW getragenen Inselversorgungsverkehr war die Kapazität sogar schon bald völlig erschöpft. Die AG „Ems" reagierte auf diese Engpässe schnell und gab schon im folgenden Jahr bei der Werft Cassens in Emden eine zweite, in Länge und Breite etwas größer bemessene Autofähre in Auftrag. Hinsichtlich der Passagier- und PKW-Plätze war das neue Schiff, das auf den Namen OSTFRIESLAND (II) getauft und im Juni 1970 abgeliefert wurde, mit der RHEINLAND (II) gleich, mit 15,5 Knoten erreichte es aber eine höhere Geschwindigkeit, und mit zwei LKW-Spuren fasste es doppelt so viele LKW wie diese.

Anpassung 6.2

Als kurz nach Indienststellung der ersten Autofähre RHEINLAND (II) der inzwischen 42 Jahre alte Dampfer RHEINLAND (I) noch nicht umgetauft war, entstand dieses seltene Bild einer Begegnung zweier namensgleicher AG „Ems"-Schiffe (links). Bald danach in BAYERN umbenannt, lag die bisherige RHEINLAND (I), nur noch selten für Sonderfahrten benutzt, ab Herbst 1968 für zwei Jahre im Emder Eisenbahndock, ehe sie zum Verschrotten verkauft wurde (rechts). Im Hintergrund die damals in MISSISSIPPI umbenannte ex HESSEN ex PRINZ HEINRICH.

An ihren Anlegebrücken im Kleinbahnhafen musste die AG „Ems" mit der Indienststellung von Autofähren hubfähige RO/RO-Rampen installieren, hier Anlegebrücke 2 mit MS OSTFRIESLAND (III).

Mit der ersten Autofähre der AG „Ems", der RHEINLAND (II), die über nur eine Lkw-Spur verfügte, ließ sich das RO/RO-Prinzip nur teilweise verwirklichen. Die kleinen Rollcontainer mussten noch mit dem Kran an bzw. von Bord gehoben werden.

Der inzwischen perfektionierte RO/RO-Frachtumschlag in Emden-Außenhafen 1982. Am Kai im Vordergrund die kleine STADT BORKUM, im Hintergrund die Schwergut- und LKW-Fähre EMSLAND (II).

Anpassung 6.2

Die kombinierte Auto- und Fahrgastfähre OSTFRIESLAND (II), gebaut 1970 auf der Werft Cassens in Emden, war das zweite derartige Schiff in der Flotte der AG „Ems". Es bot Platz für 1.000 Fahrgäste, 50 PKW bzw. eine entsprechende Anzahl LKW und war bis 1981 in der Borkumfahrt im Einsatz.

Zur Finanzierung so großer Investitionen innerhalb so kurzer Zeit blieb nichts anderes übrig, als die bisherige OSTFRIESLAND (I) im Herbst 1969, nur neun Jahre nach ihrer Indienststellung, zu verkaufen. Im Dienste einer Flensburger Reederei fuhr sie unter mehrfach wechselndem Namen (WAPPEN VON FLENSBURG bzw. WAPPEN bzw. MECKLENBURG) noch viele Jahre als Butterschiff in der westlichen Ostsee und wurde schließlich im Jahre 2000 nach Malta weiterverkauft. Zeitgleich mit dem Ausscheiden der OSTFRIESLAND (I) aus der AG „Ems"-Flotte wurden auch die beiden Veteranen HESSEN ex PRINZ HEINRICH und BAYERN ex RHEINLAND (I), das letzte Dampfschiff der Borkumflotte, die 60 bzw. 43 Jahre im Einsatz gewesen waren, aus der Fahrt genommen. Die HESSEN lag ab 1970 mehrere Jahrzehnte unter dem Namen MISSISSIPPI als Museumsschiff in Lübeck und ab 2001 noch kurz in Rostock-Warnemünde. Dort wurde sie in einem äußerst schlechten Zustand von einem im Jahr 2002 in Leer gegründeten Verein von Dampfschiffsliebhabern übernommen mit dem Ziel, das Schiff komplett zu restaurieren und unter seinem ursprünglichen Namen als ältestes Dampfschiff in Deutschland wieder fahrtüchtig zu machen; dieses Ziel wird voraussichtlich im Jahre 2015 erreicht sein. Die BAYERN dagegen, die Ende August 1968 ihre letzte reguläre Borkumfahrt absolviert hatte, diente noch vorübergehend im Alten Emder Binnenhafen als Ausstellungsschiff, ehe sie im Herbst 1970 nach Leer verkauft und dort im folgenden Jahr bei der Firma E. Heeren abgewrackt wurde.

Mit jetzt zwei Autofähren ließ sich der Autotransport, der von 2.200 im Jahre 1967 auf über 18.000 im Jahre 1970 zugenommen hatte, gut bewältigen. Der mit dem Einsatz dieser Schiffe angestrebte Rationalisierungseffekt wurde schnell erreicht, so dass jeglicher Kranbetrieb in den beiden Häfen nun eingestellt werden konnte. Darüber hinaus machten die Mitte der 1970er Jahre aus Sicherheitsgründen installierten Fußgängerbrücken, die als direkter Verbindungsweg von den Bahnsteigen zu den Anlegern bzw. umgekehrt in Emden und auf Borkum eingerichtet wurden und zum Gebrauch nur jeweils

Anpassung 6.2

Oben links: Hochbetrieb am Borkumkai in Emden-Außenhafen. Die Urlauber warten auf die Ankunft der Autofähre, um 1970. Im Hintergrund MS MÜNSTERLAND (I).

Oben rechts: Fünf Borkumfähren haben im Sommer 1972 in Emden-Außenhafen festgemacht: Von links nach rechts, halb verdeckt, die EMSLAND (I), die MÜNSTERLAND (I) sowie die Autofähren OSTFRIESLAND (II), WESTFALEN (III) und RHEINLAND (II).

Der Borkumkai in Emden-Außenhafen in der Zeit kurz vor Indienststellung der ersten Autofähre; vorne MS HESSEN ex Dampfer PRINZ HEINRICH, im Hintergrund rechts die OSTFRIESLAND (I). Links in der Mitte das 1964 bezogene neue Verwaltungsgebäude der AG „Ems"; aus dem Vorstandszimmer mit den großen Fenstern im ersten Obergeschoss ließ sich der gesamte Lösch- und Ladebetrieb am Borkumkai überblicken.

auf das Schiffsdeck heruntergelassen zu werden brauchten, den bis dahin bei jeder Schiffsankunft bzw. -abfahrt unvermeidbaren zeitaufwendigen Auf- und Abbau einer mobilen Landverbindung für die Passagiere entbehrlich.

Schon bald aber ergab sich durch die fortdauernde weitere Zunahme des Verkehrs die Notwendigkeit einer dritten Autofähre. Im Herbst 1971 erhielt die Werft Cassens den Auftrag zum Bau eines Schwesterschiffes der OSTFRIESLAND (II), das unter dem Namen WESTFALEN (III) zum Saisonbeginn 1972 seinen Dienst aufnahm. Zur Erleichterung der Finanzierung wurde dafür die EMSLAND (I) nach St. Malo in Frankreich verkauft.

Anpassung 6.2

Winterquartier von Dampfer RHEINLAND (I) und MS OSTFRIESLAND (I) im Alten Binnenhafen in Emden Mitte der 1960er Jahre.

Die 1975 gebaute Passagierbrücke am Borkumkai in Emden-Außenhafen erlaubte den Fußgängern den kreuzungsfreien Übergang zwischen der Eisenbahn und dem Schiff. Das letzte Ende der Brücke war beweglich und brauchte nur aufs Oberdeck der Borkumfähre heruntergeklappt zu werden. Im Vordergrund des etwa 1978 entstandenen Fotos MS OSTFRIESLAND (II) kurz vor dem Anlegen, im Hintergrund MS WESTFALEN (III).

Die kombinierte Auto- und Personenfähre WESTFALEN (III) wurde 1972 auf der Werft Cassens in Emden gebaut und 1980 auf knapp 80 m verlängert. Seitdem bietet sie Platz für 1.200 Fahrgäste, bis zu 75 PKW bzw. eine entsprechende Anzahl LKW.

ANPASSUNG [3]
Neues Transportkonzept auf Borkum

Weit größere Sorgen als die Anpassung der Schiffsflotte an die neuen Verkehrserfordernisse machte damals jedoch die Borkumer Kleinbahn. Hier war von je her wegen des hohen Aufwandes für die Unterhaltung der Wattbahnstrecke und des bahneigenen Hafens das Verhältnis zwischen Kosten und Erträgen ungünstiger als beim Schifffahrtsbetrieb. Da im Laufe der Zeit die AG „Ems" als Mehrheitsaktionärin alle verfügbaren Kleinbahnaktien aufgekauft hatte, war sie Anfang der 1960er Jahre bereits weitgehend in die Rolle einer Muttergesellschaft hineingewachsen. Durch eine Erhöhung des Stammkapitals wurde daher 1961 der Weg geebnet, die noch übrigen Kleinbahnaktien im Tausch gegen AG „Ems"-Aktien zu erwerben. Als nunmehr hundertprozentiges Tochterunternehmen wurde die Borkumer Kleinbahn- und Dampfschiffahrt AG 1963 in eine flexibler zu führende GmbH umgewandelt, mit der die Konzernmutter alsbald einen Ergebnisabführungsvertrag schloss, der sie nach Lage der Dinge allerdings bis auf weiteres vorwiegend dazu verpflichtete, die Verluste der Tochter zu übernehmen.

Hermann Freckmann, Borkum, Arbeitnehmervertreter im Aufsichtsrat der Borkumer Kleinbahn und Dampfschiffahrt AG von 1953 bis 1962. Er stand als Eisenbahnoberamtmann von 1925 bis 1968 in Diensten der Kleinbahn.

Denn von Gewinnen konnte damals schon längst nicht mehr die Rede sein. Viel stärker nämlich als die AG „Ems" hatte die Kleinbahn an den Hypotheken der Vergangenheit zu tragen. Wie keine andere ostfriesische Insel war Borkum vor 1914 und vor 1939 zur Küstenfestung ausgebaut worden, und während beider Weltkriege war ein dauernder Strom von militärischen Schwerlasten auf den dafür viel zu schwach ausgelegten Gleisen transportiert worden. Diese Schäden waren über Jahrzehnte hin immer nur notdürftig ausgebessert worden, und ebenso war der Wagenpark, dessen jüngste Bestandteile aus den 1920er Jahren stammten, hoffnungslos überaltert. Auch der Zeitpunkt, an dem die zuletzt 1933/34 grundüberholten Hafenspundwände abermals erneuert werden mussten, war abzusehen. Demgegenüber waren die Kleinbahn als Trägerin des öffentlichen Personen- und des Güternahverkehrs auf Borkum und, soweit es die Versorgung der Insel mit dem Schiff anging, auch die AG „Ems" in ihrer Tarifgestaltung nicht frei. Jede Fahrpreiserhöhung musste vom Regierungspräsidenten in Aurich (ab 1978 Bezirksregierung Weser-Ems in Oldenburg) als der dafür zuständigen Preisüberwachungsbehörde genehmigt werden, so dass die beiden Unternehmen mit ihren Einnahmen immer erst in einem mehr oder weniger großen zeitlichen Abstand auf gestiegene Kosten reagieren konnten. Dass hier ein nur durch Kompromisse abzumildernder Zielkonflikt vorlag zwischen dem Interesse der Insulaner und der Stadt Borkum an einem möglichst billigen Tarif für Schiff und Bahn einerseits und dem Ziel der Verkehrsgesellschaften, möglichst rentabel zu arbeiten, andererseits, war und ist offensichtlich.

Anpassung 6.3

Dampflok DOLLART bei einer ihrer letzten regulären Fahrten im Kleinbahnhafen 1961. Als nach den im Februar 1962 entstandenen schweren Sturmflutschäden an der Wattbahnstrecke der Bahnbetrieb wieder aufgenommen wurde, wurde auf den Einsatz der Dampflokomotiven in der Regel verzichtet.

Im Katastrophenwinter 1978/79: Die Lokomotive LEER beim Schneeräumen kurz vor den Osterferien im März 1979.

Die Borkumer Kleinbahn war auf zusätzliche Einnahmen angewiesen: Ab 1963 waren alle dafür geeigneten Fahrzeuge mit einer großformatigen Werbung versehen, hier der Wismarer Schienenbus T 1 (rechts) und die Weyer-Wagen (links). Hinter der Diesellokomotive MÜNSTER eines der in den 1920er Jahren von der Borkumer Kleinbahn direkt beschafften Exemplare dieses Wagentyps, davor, kenntlich an der anderen Gestaltung der Fenster, einer der in den 1950er Jahren von der Bielefelder Kreisbahn übernommenen Wagen.

Ursprünglich hatte der Staat die Kleinbahn für ihre Verpflichtung, zu niedrigen Tarifen eine regelmäßige Verbindung zwischen dem Festland bzw. zwischen dem Hafen und dem Inseldorf herzustellen, durch die Gewährung eines Defacto-Verkehrsmonopols entschädigt, denn ohne eine solche Zusage hätten weder die Erbauer der Kleinbahn 1888 noch die Eigentümer des 1903 gegründeten Nachfolgeunternehmens die hohen Investitionen für Bau und dauernden Unterhalt der Anlagen und der Betriebsmittel auf sich genommen. Diese seinerzeit auf 75 Jahre erteilte Zusicherung war noch bis 1978 in Kraft, doch bereits 1939 hatte der Staat selbst an ihren Grundlagen gerüttelt, als er aus militärischen Gründen parallel zur Wattbahnstrecke eine Straße vom Hafen ins Borkumer Ortszentrum bauen ließ. Nach dem Zweiten Weltkrieg wandelte die Gemeinde diese zunächst als militärische Privatstraße eingestufte Verbindung schnellstens in eine öffentliche Straße um und öffnete damit der Konkurrenz Tor und Tür, da es weder auf dem Wasser noch an Land eine den Betrieb absichernde förmliche Alleinkonzession gab und gibt.

6.3 Anpassung

Hermann van Dyken, Bürgermeister von Borkum, Mitglied im Beirat der Borkumer Kleinbahn und Dampfschiffahrt GmbH von 1979 bis 1984.

Gisela Schütze, Bürgermeisterin von Borkum, Mitglied im Beirat der Borkumer Kleinbahn und Dampfschiffahrt GmbH von 1984 bis 2001.

Konkurrenz ist immer ein heilsames Geschäftsprinzip, doch müssen auch die Lasten dabei einigermaßen gleichmäßig verteilt sein. Kleinbahn und AG „Ems", die als Träger des öffentlichen Personen- und des Güternahverkehrs zu einem ganzjährigen Betrieb verpflichtet sind und dafür Kapazitäten vorhalten müssen, die betriebswirtschaftlich gesehen eigentlich viel zu hoch sind, müssen ihre Gesamtkalkulation so aufbauen, dass die im Winter zwangsläufig eintretenden Verluste von den höheren Einnahmen im Sommer wieder aufgefangen werden. Wer sich dagegen auf die Hochsaison beschränken und sich sozusagen die Rosinen aus dem Kuchen picken kann, der ist selbstverständlich in der Lage, seine Dienste viel billiger anzubieten; den Schaden davon hat aber letztlich die Allgemeinheit.

In einem abermaligen Auflodern der schon in den 1920/30er Jahren mehrfach zutage getretenen Konflikte, von denen bereits ausführlich die Rede war, hat die Stadt Borkum zeitweise heftige Auseinandersetzungen mit den beiden Verkehrsunternehmen über die Tarif- und Fahrplangestaltung geführt. Im Zusammenhang mit dem Auslaufen der staatlichen Begünstigung von 1903 hat die Stadt Ende der 1970er Jahre sogar die Einrichtung einer eigenen Fährlinie erwogen, die ausdrücklich billiger sein sollte als die Schiffe der AG „Ems". Da dieser ganzjährige Betrieb allerdings nie kostendeckend hätte sein können, hätte, wie anderswo auch, die öffentliche Hand das Defizit ausgleichen müssen. Angesichts dessen hat die Stadt Borkum, einschlägig beraten vom Niedersächsischen Wirtschaftsministerium, diese Pläne wieder aufgegeben und sich Anfang 1979 mit der AG „Ems" auf einen neuen langfristigen Vertrag zur Inselversorgung verständigt, der für die Insulaner diverse Vergünstigungen enthielt. Die Stadträte handelten damit nicht anders als ihre Vorgänger, die sich in ebenso klarer Erkenntnis der damit verbundenen Risiken schon 1902/03 wohlweislich aus dem Verkehrsbetrieb herausgehalten und die wenigen später erworbenen Anteile der Gemeinde 1961 wieder abgegeben hatten.

Anpassung 6.3

Bis Mitte der 1970er Jahre war das Areal südlich des Bahnhofs noch von dem lange Zeit allein über die Schiene abgewickelten Frachtverkehr geprägt. Die Aufnahme links zeigt im unmittelbaren Anschluss an die Wohnhäuser den Güterbahnhof der Kleinbahn, rechts daneben der Betriebshof mit den damaligen Gebäuden. Seitdem infolge der schweren Sturmflutschäden vom Februar 1962 ein Teil des öffentlichen Nahverkehrs mit Bussen abgewickelt wurde, mussten diese lange unter höchst beengten Verhältnissen am Güterbahnhof abfahren (rechts).

Damit war der oben benannte grundlegende Zielkonflikt zwar nicht aus der Welt, aber doch auf pragmatische Weise kanalisiert. Im Vergleich mit der allgemeinen Geldentwicklung seit dem letzten Weltkrieg lag der Anstieg von 19 DM 1951 auf 38 DM im Jahre 1983 für eine Rückfahrkarte Borkum–Emden, in 32 Jahren also lediglich eine Verdoppelung, jedenfalls weit unter dem Durchschnitt der Preissteigerungen, die in diesem Zeitraum in Deutschland insgesamt eingetreten sind. Wenn in solchen Verhältnissen die Rahmenbedingungen stimmen, dann können und werden die Tarife auch weiterhin niedriger bleiben, als sie bei einer allein vom Prinzip der Gewinnmaximierung bestimmten Preisgestaltung ausfallen würden, doch wäre es höchst fatal, vor den unvermeidlichen Problemen und den tatsächlich anfallenden Kosten die Augen zu verschließen und unrealistische Positionen zu beziehen.

Mit der Umwandlung der Borkumer Kleinbahn und Dampfschiffahrt AG in eine GmbH 1962/63 war nur die juristisch-organisatorische Basis für den Marsch in die Zukunft geschaffen, die dringend notwendigen Rationalisierungs- und Modernisierungsmaßnahmen standen dagegen noch aus. Gerade damals hatte die große Sturmflut vom Februar 1962 am Hafen und an der Wattbahnstrecke verheerende Schäden angerichtet. Über mehrere Monate hin konnte die Kleinbahn den Personen- und Güterverkehr zwischen Ortszentrum und Anleger nur mit zwei Bussen und zwei LKW aufrechterhalten, die mit Soforthilfekrediten des Landes Niedersachsen beschafft worden waren. Das Ausmaß der damaligen Zerstörungen war so groß, dass fortan der Staat im Interesse der Allgemeinheit den Unterhalt des die Wattbahnstrecke schützenden Deiches übernommen und die Gesellschaft damit von einer inzwischen unerträglich gewordenen Last befreit hat. Mit den überwiegend sehr alten Gleisen und dem Hafen mit seinen schwach gewordenen Spundwänden sowie mit den dringend erneuerungsbedürftigen mobilen Betriebsmitteln blieb der Kleinbahn immer noch genug zu tragen.

Als seit Mitte der 1960er Jahre die Kosten gerade bei dem personalintensiven Bahnbetrieb immer weiter stiegen, schien es vorübergehend, als müsse der gesamte Eisenbahnverkehr stillgelegt und auf Busse umgestellt werden. Betriebsprüfer hatten errechnet, dass die Beförderung mit Bussen pro Kopf um 38 Pfennig billiger sein würde als mit der

Anpassung 6.3

Links: Nach dem Abriss des alten Güterbahnhofs entstand an derselben Stelle 1976 ein großzügig angelegter Zentralomnibusbahnhof.

Rechts: Seit dem vollständigen Übergang des Frachtverkehrs auf das Roll-On/Roll-Off-Prinzip 1968/69 wird der Gütertransport auf der Insel nur noch per Lkw abgewickelt. Maßgebliche Basis dafür ist der damals am Kleinbahnhafen gebaute Seegüterschuppen.

Bahn, und so setzte in diesen Jahren der planmäßige Ausbau des 1962 eher notgedrungen begonnenen öffentlichen Nahverkehrs mit Bussen ein. In einer längeren Umschulungsaktion wurde zunächst eine Reihe von Mitarbeitern zu Busfahrern ausgebildet, ehe der Verkehr zwischen Hafen und Ortszentrum, allerdings nur in den Winterhalbjahren, ausschließlich auf die Straße verlagert wurde. Im Sommerhalbjahr dagegen blieb der Eisenbahnbetrieb rationeller, weil bei dem in der Hochsaison bei jeder Schiffsankunft und -abfahrt herrschenden großen Andrang mehr als ein Dutzend Gelenkbusse mit mindestens 20 Fahrern notwendig gewesen wäre.

Auf Dauer aufgegeben wurde aber der mit der Einführung des Roll-On/Roll-Off-Verkehrs ab 1968 unrentabel gewordene Güterverkehr auf der Schiene. Fracht- und Güterverkehr betreibt das Unternehmen seither allein mit LKW von einem eigens am Kleinbahnhafen gebauten Seegüterschuppen aus. Damit konnte auch der Einsatz von Vertragsspediteuren entfallen, der noch in den 1950/60er Jahren üblich gewesen war.

Wie bei der damaligen Deutschen Bundesbahn ging auch auf Borkum das Dampfzeitalter ausgangs der 1960er Jahre zu Ende. Schon seit 1962 waren überwiegend Diesellokomotiven und Triebwagen im Einsatz gewesen, aber in der Hochsaison taten die betagten Dampflokomotiven DOLLART und BORKUM noch immer ihren Dienst, wenn auch inzwischen nur noch selten. Zum 80-jährigen Jubiläum der Borkumer Kleinbahn 1968 heizten sie zum letzten Mal zu einer regulären Fahrt ihre Kessel auf und wurden dann, fast zeitgleich mit der BAYERN ex RHEINLAND (I), dem letzten Dampfer der AG „Ems", außer Dienst gestellt. Romantik hin, Nostalgie her – Dieselmotoren waren nun einmal günstiger zu betreiben als die aufwendig zu bedienenden Dampfmaschinen, und für die erst sehr viel später aufkommenden Konzepte, die es erlauben, Ziele des Denkmalschutzes harmonisch mit betriebswirtschaftlichen Gesichtspunkten zu verbinden und auf dieser Basis einen Dampfbetrieb zu erhalten bzw. wiederaufzunehmen, fehlte es damals noch an einem ausreichend entwickelten Problembewusstsein.

Anpassung 6.3

Zum 80-jährigen Jubiläum der Borkumer Kleinbahn wurde am 16. Juni 1968 noch einmal eine der damals schon länger nicht mehr benutzten Dampflokomotiven aktiviert: Die festlich geschmückte Dampflok BORKUM hält mit einem kleinen Zug aus historischen Wagen während der Jubiläumssonderfahrt auf dem Gleisabschnitt an der Strandpromenade, der bei dieser Gelegenheit zum letzten Mal befahren wurde. Damit war das Kapitel Dampfbetrieb bei der Borkumer Kleinbahn bis auf weiteres abgeschlossen.

Mit den überkommenen Gegebenheiten auf dem Betriebshof der Kleinbahn (links die Werkstatthalle von 1912, rechts der Lokomotivschuppen von 1888) war die Ende der 1970er Jahre eingeleitete grundlegende Modernisierung und Rationalisierung des Bahnbetriebs nicht zu vereinbaren. Alle alten Gebäude wurden daher abgerissen und durch neue ersetzt.

Die Diesellokomotive LEER, gebaut 1935 von den Deutschen Werken Kiel und bis zum Ende des Zweiten Weltkriegs von der Wehrmacht auf Borkum eingesetzt, wurde 1947 von der Kleinbahn übernommen und ist trotz ihres hohen Alters und ihrer mit 55 PS nur geringen Maschinenleistung bis heute als Reservelok im Einsatz.

Anpassung 6.3

Nach zwei Bauabschnitten war im Frühjahr 1982 der neue Betriebshof der Borkumer Kleinbahn fertig. Er steht an derselben Stelle wie vorher die Werkstätten und Schuppen aus den Jahren 1888/1912, die den zeitgemäßen Betriebsanforderungen nicht mehr gewachsen waren. Der Schornstein des Neubaus mit dem Firmenlogo ist dem eines Schiffes nachempfunden.

Eine rigorose Durchforstung des Bahnfahrplans, mit der es gelang, die Züge optimal an die Ankunft und Abfahrt der Schiffe anzupassen, ermöglichte schließlich eine weitere Reduzierung des Einsatzes von Mensch und Material, ohne dass Urlauber und Insulaner eine Verschlechterung des Angebots hinnehmen mussten. Auf diese Weise konnte sich die Borkumer Kleinbahn im Laufe der Zeit sukzessive zu einem attraktiven und gleichzeitig wieder rentabel arbeitenden Verkehrsunternehmen im Dienste Borkums wandeln, doch der Weg, den sie dabei zurücklegen musste, sollte letztlich weit länger werden, als damals abzusehen war. Der erste Schritt dazu war der 1982 fertiggestellte neue Betriebshof, der seither im Sommer wie im Winter einen nach modernsten Gesichtspunkten ablaufenden autarken Werkstattbetrieb mit einer optimalen Wartung und Reparatur des rollenden Materials gewährleistet. Die noch in den 1980er Jahren vorgenommene Erneuerung der Gleise und der Hafenspundwände waren die nächsten Schritte zur Modernisierung, während die Bahnhofssanierung, bei der städtebauliche und denkmalpflegerische Gesichtspunkte in besonderer Weise zu berücksichtigen waren, beim 100-jährigen Jubiläum beider Verkehrsgesellschaften 1988/89 noch ein Projekt war, das erst im Zuge der in den 1990er Jahren eingeleiteten umfassenden Erneuerung der Eisenbahninfrastruktur in Angriff genommen werden konnte. Alles in allem aber zeigten bereits die hier dargestellten ersten Maßnahmen, dass die Borkumer Kleinbahn in den 1980er Jahren mit Erfolg dabei war, wieder so lebendig und kreativ zu werden wie in ihren Anfangszeiten.

Anpassung 6.3

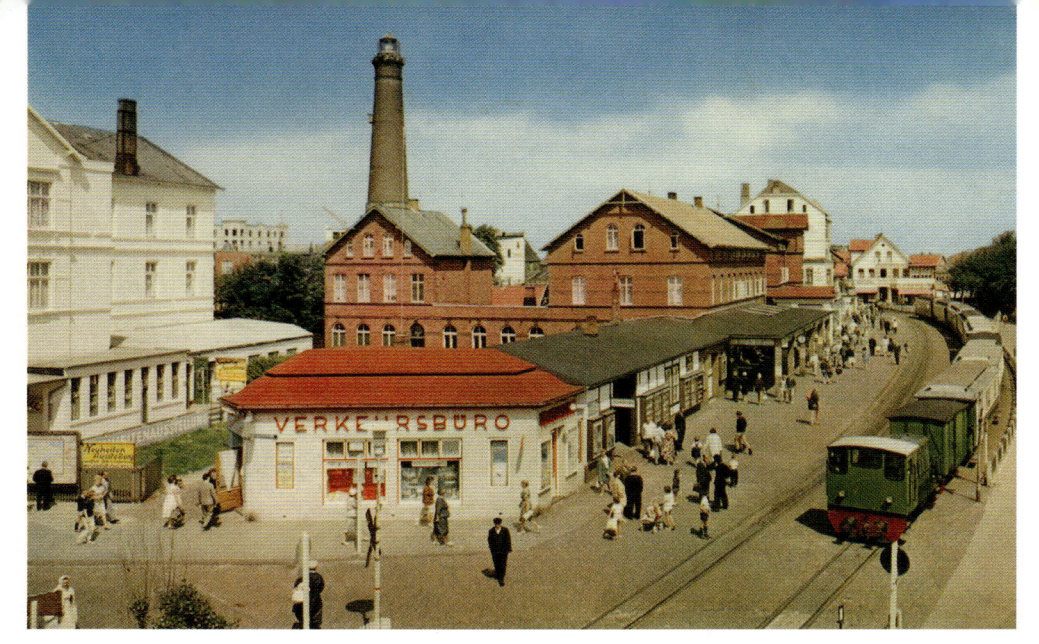

Der Borkumer Bahnhof Mitte der 1980er Jahre in seinem überkommenen Zustand. Anfang des nächsten Jahrzehnts stand seine grundlegende Erneuerung an.

Zum 100-jährigen Jubiläum der Borkumer Kleinbahn 1988 schenkte die Konzernmutter AG „Ems" ihrem Tochterunternehmen eine neue Diesellokomotive vom Typ Schöma, die hier, geschmückt mit Girlanden, im Borkumer Hafen entladen wird. Sie erhielt den Namen EMDEN.

Das 100-jährige Jubiläum der Borkumer Kleinbahn und der AG „Ems" 1988/89 wurde von der Gesellschaft gebührend und mit entsprechendem Werbeaufwand begangen.

Anpassung 6.4

ANPASSUNG [4]
Reaktionen auf die Ölpreisschocks der 1970er Jahre

Links: Die kombinierte Auto- und Personenfähre RHEINLAND (III), gebaut 1974 auf der Werft Cassens in Emden im Neubauzustand, in dem sie bei einer Länge von 63 m 1.000 Fahrgäste und 50 PKW bzw. eine entsprechende Anzahl LKW transportieren konnte. Sie war ein Schwesterschiff der OSTFRIESLAND (II) und der WESTFALEN (III).

Rechts: 1980 wurde die RHEINLAND (III) auf knapp 80 m verlängert und bot fortan 1.200 Fahrgästen und bis zu 75 PKW bzw. einer entsprechenden Anzahl LKW Platz. Sie war bis zum Herbst 1993 in der Borkumfahrt im Einsatz, ehe sie nach Terschelling verkauft wurde.

Alle seit den späten 1960er Jahren erzielten Erfolge gerieten jedoch in Gefahr, als Ende 1973 der erste Ölpreisschock die deutsche und europäische Wirtschaft traf. Die AG „Ems" griff in dieser Situation nicht zu dem naheliegenden einfachen Mittel der Tariferhöhung, um die stetig steigenden Kosten aufzufangen, sie rationalisierte vielmehr ihren Betrieb konsequent weiter. Erster Schritt dazu war 1974 der Verkauf der 1968 in Dienst gestellten Autofähre RHEINLAND (II) und ihr Ersatz durch einen gleichnamigen Neubau, der, wieder bei der Werft Cassens in Emden, nach denselben Plänen wie 1970 die OSTFRIESLAND (II) und 1972 die WESTFALEN (III) entstand. Mit drei baugleichen Schiffen ließen sich nun insbesondere die LKW- und PKW-Transporte viel rationeller gestalten.

Ihre erfolgreiche Strategie, über eine erhebliche Straffung der Angebote die Betriebskosten deutlich zu senken, setzte die Gesellschaft fort, als 1979/80 der zweite Ölpreisschock über Deutschland und Europa hereinbrach. Die WESTFALEN (III) und die RHEINLAND (III) wurden 1980 auf knapp 80 m verlängert und boten damit um ein Drittel mehr Platz für jetzt je 1.200 Passagiere und 75 PKW. Die OSTFRIESLAND (II) wurde dadurch zunächst entbehrlich und 1981 nach Terschelling verkauft. Mit all diesen Maßnahmen war es möglich, die Zahl der regulären Fahrten zwischen Borkum und Emden von 3.906 im Jahre 1976 auf 2.649 im Jahre 1982 zu reduzieren, ohne dass das Angebot und die Beförderungsleistung darunter gelitten hätten. Nur durch einen reibungslosen Betrieb und eine optimale Abstimmung aller beteiligten Menschen und Betriebsmittel war diese vorher kaum vorstellbare Anpassung an die gewandelten Verhältnisse möglich.

ANPASSUNG [5]
Ausflugsfahrten mit und ohne Gelegenheit zum zollfreien Einkauf

Das 1964 in Norwegen gebaute schmucke Fahrgastschiff POSEIDON, hier am Borkumlijn-Terminal der AG „Ems" in Eemshaven, gehörte von 1975 bis 1977 zur Flotte der AG „Ems". Das hochseetüchtige Schiff mit Platz für 900 Fahrgäste wurde ausschließlich für Lust- und Einkaufsreisen sowie für Ausflugs- und Sonderfahrten eingesetzt.

Dass die AG „Ems" die Folgen des Ölpreisschocks verhältnismäßig gut bewältigen konnte, war in nicht unerheblichem Maße auch Folge einer inzwischen überwundenen Erscheinung, die für einige Jahre den Küstenverkehr in den grenznahen Gebieten der Bundesrepublik Deutschland an Ost- und Nordsee geprägt hat, die sog. Butterfahrten. Bedingt durch unterschiedliche Zollbestimmungen in der Bundesrepublik und der EG war es möglich, den kleinen Grenzverkehr zollrechtlich mit einer echten Auslandsreise gleichzustellen, so dass die Fahrgäste entsprechend große Mengen an zollfrei erworbenen Waren mit nach Hause nehmen durften. Da Butter dabei den größten Posten ausmachte, bekamen diese Reisen den Namen Butterfahrt und wurden wegen ihrer für die Beteiligten zweifellos großen Attraktivität schnell bundesweit bekannt. Nur der jeweilige örtliche Einzelhandel konnte sich – zu Recht – über diese Reisen, die zuerst im deutsch-dänischen Grenzgebiet auf der Ostsee angeboten wurden, nicht freuen.

Im deutsch-niederländischen Grenzgebiet, wo derartige Einkaufsfahrten genauso möglich waren, wurden diese aus Rücksicht auf den Einzelhandel zunächst nur begrenzt durchgeführt. Die AG „Ems" begnügte sich mit den seit 1967 samstags und sonntags angebotenen Söpkefahrten mit Tanz, die lediglich zollfreien Genuss an Bord und die Mitnahme einer Kleinstration für zuhause gestatteten. Erst als sich 1975 eine Ostseereederei in Emden etablierte und ohne die geringste Rücksichtnahme auf den Einzelhandel Butterfahrten in Vollversion anbot, blieb der AG „Ems" zu ihrem eigenen Schutz nichts anderes übrig, als ebenfalls offensiv auf diesem Felde tätig zu werden. Noch im selben Jahr kaufte die Reederei die 1964 in Norwegen gebaute POSEIDON, ein überaus formschönes und hochseetüchtiges Fahrgastschiff, das nach einem Umbau auf der Werft Josef L. Meyer in Papenburg bei einer Geschwindigkeit von 15,5 Knoten 900 Personen Platz bot. Um im Wettbewerb der jetzt immer zahlreicher auf der Ems verkehrenden Butterschiffe weiter mithalten zu können, wurde 1976 die 1973 bei der Sietas-Werft in Hamburg-Neuenfelde gebaute kombinierte Personen- und Autofähre NORDLICHT, Kapazität 650 Personen und 45 PKW, Höchstgeschwindigkeit 16,3 Knoten, als zweites Schiff für die Butterfahrt angeschafft. Gelegentlich musste die AG „Ems" sogar ein drittes Schiff dafür einsetzen, um der großen Nachfrage Herr zu werden.

Anpassung 6.5

Die kombinierte Auto- und Personenfähre NORDLICHT (I), gebaut 1973 auf der Sietas-Werft in Hamburg-Neuenfelde, fuhr von 1976 bis 1985 unter der Flagge der AG „Ems". Sie war sowohl im Borkum- als auch im internationalen Fährverkehr eingesetzt. Von 1976 bis 1978 war sie vorwiegend in der Butterfahrt tätig.

Die AG „Ems" war der erste Nutzer der neuen Hafenanlagen, die seit 1972 sukzessive auf der niederländischen Seite des Dollart entstanden. Hier ein Situationsbild aus Eemshaven aus der Hochphase der Butterfahrten im Jahre 1977. Gleich drei Schiffe, die NORDLICHT (I) (am Steiger), RHEINLAND (III) (im Hintergrund) und die POSEIDON (rechts in der Anfahrt), waren nötig, um den Andrang zu bewältigen. Die große Zahl der Reisebusse gibt einen Eindruck von dessen Umfang.

Die Fahrten liefen so ab, dass die Teilnehmer mit dem Schiff ins niederländische Delfzijl oder nach dem dort seit Ende der 1960er Jahren neu entstandenen Eemshaven gebracht wurden, von wo es mit Bussen über die trockene Grenze zurück nach Deutschland ging. Es war ein regelrechtes Butterfahrten-Fieber, das damals zeitweise an der Küste herrschte und sich bis weit ins Binnenland auswirkte, von wo aus in großem Umfang Tagesausflüge mit Omnibussen zu den Butterschiffhäfen organisiert wurden. Die bedeutenden Gewinne aus den Butterfahrten verwendete die AG „Ems" dazu, die regulären Borkumfahrpreise zu subventionieren. Trotz des Ölpreisschocks wurde daher der Preis für eine Rückfahrkarte mit vierwöchiger Gültigkeit zwischen 1964 und 1978, also in 14 Jahren, nur um 6 DM von 26 DM auf 32 DM angehoben.

Der Boom schwächte sich bereits mit einer ersten Änderung der Zollordnung ab, die 1976 speziell für den Bereich des Emsreviers erlassen wurde. Diese sog. Lex Ems schrieb als Voraussetzung für den zollfreien Warenverkauf eine wesentlich weiter in die Hochsee reichende Fahrt vor, ein Erfordernis, dem die hier tätigen, durchweg nur bedingt seetüchtigen Ostseeschiffe nicht mehr genügen konnten. Die Lage normalisierte sich daher wieder, so dass die POSEIDON Ende 1977, ebenso wie im Vorjahr die MÜNSTERLAND (I), nach Flensburg verkauft werden konnte. Hier haben beide – die MÜNSTERLAND unter dem Namen FEHMARN I – als Butter- und Ausflugsschiff noch bis zum Ende des 20. Jahrhunderts gute Dienste geleistet. Die ehemalige MÜNSTERLAND (I) wurde nach einer längeren Liegephase sogar noch einmal reaktiviert und fand 2003 als Karibikfähre RENAISSANCE eine neue Aufgabe. Im Emsrevier reichte die NORDLICHT für den fortan nicht mehr ganz so stürmischen, aber immer noch regen Andrang zu diesen zollfreien Einkaufsmöglichkeiten vollauf, bis nach einer nochmaligen Änderung der Zollbestimmungen im Jahre 1983 die Butterfahrten für die Reederei uninteressant und eingestellt wurden.

Anpassung 6.5

Jann Harms, Riepe, Arbeitnehmervertreter im Aufsichtsrat der AG „Ems" von 1973 bis 1981.

Heino Tammen, Emden, Arbeitnehmervertreter im Aufsichtsrat der AG „Ems" von 1973 bis 1983.

Karl Waldmann, Neermoor, Arbeitnehmervertreter im Aufsichtsrat der AG „Ems" von 1981 bis 2013.

Rolf-Peter Geltz, Bremerhaven, Arbeitnehmervertreter im Aufsichtsrat der AG „Ems" von 1983 bis 1993.

Außerordentlich bewährt hatte sich in diesen Jahren die 1972 geschaffene Niederlassung der AG „Ems" in Eemshaven, die erste Ansiedlung in dem damals gerade fertiggestellten neuen Hafen überhaupt. Zunächst diente diese Basis im wesentlichen dem traditionellen sommerlichen Ausflugsverkehr zwischen dem deutschen bzw. niederländischen Festland und Borkum und seinen Nachbarinseln bis hin nach Helgoland. Dieser Verkehr wurde weitgehend von dem damals im regulären Borkumfährverkehr kaum noch gebrauchten schmucken Fahrgastschiff MÜNSTERLAND (I) getragen, das von vornherein für den Ausflugsverkehr in küstenferneren Bereichen der Nordsee geplant war und daher im Unterschied zu seinem sonst völlig baugleichen Schwesterschiff OSTFRIESLAND (I) zum Schutz gegen höheren Seegang eine hochgezogene Back hatte.

Es setzte dabei u. a. die Mitte der 1960er Jahre begonnenen Abendfahrten in See fort, die zunächst mehr für das einheimische Publikum gedacht waren. Bei solchen Gelegenheiten waren die Schiffe über die Toppen geflaggt und mit bunten Lampionketten geschmückt, boten flotte Musik, Tanz und vielerlei Unterhaltung und waren stets gut ausgelastet. In den 1970er Jahren zielten solche Lustfahrten dann besonders auf die Sommergäste der ostfriesischen Inseln, die dabei zugleich – mit Ausnahme der nach Helgoland gehenden Fahrten – zollfrei einkaufen konnten. Ein auf der nächtlichen See abgebranntes Feuerwerk bildete meist den Höhepunkt dieser Reisen.

| Anpassung | 6.5 |

Ende der sechziger und in den siebziger Jahren wurde für Ausflugsfahrten vorwiegend die 1964 gebaute MÜNSTERLAND (I) eingesetzt, hier 1970 bei der Einfahrt in den Hafen von Terschelling.

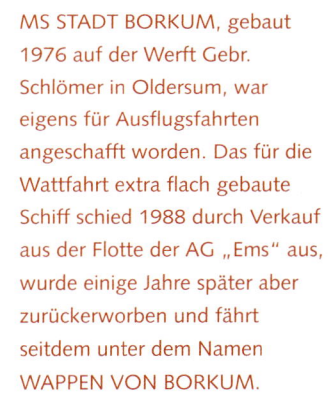

MS STADT BORKUM, gebaut 1976 auf der Werft Gebr. Schlömer in Oldersum, war eigens für Ausflugsfahrten angeschafft worden. Das für die Wattfahrt extra flach gebaute Schiff schied 1988 durch Verkauf aus der Flotte der AG „Ems" aus, wurde einige Jahre später aber zurückerworben und fährt seitdem unter dem Namen WAPPEN VON BORKUM.

Für die Fahrt im Wattbereich war die MÜNSTERLAND wegen ihrer Größe allerdings nicht geeignet. So entschloss sich die Gesellschaft 1976, ein gerade von der Werft Gebr. Schlömer in Oldersum fertiggestelltes kleines Fahrgastschiff zu übernehmen, das ursprünglich für die Friesland-Fährlinie in Carolinensiel, an der die AG „Ems" eine Beteiligung von einem Drittel hielt, bestimmt war. Mit nur 1 m Tiefgang und 11 Knoten Geschwindigkeit war dieses auf den Namen STADT BORKUM getaufte Schiff, das 350 Passagieren Platz bot, ideal geeignet für kleine Kaffee- und Ausflugsfahrten rund um die Insel Borkum, zu den Seehundbänken, nach Greetsiel und dergleichen nahegelegenen Zielen. Zu seinem Heimat- und Einsatzhafen wurde daher Borkum bestimmt. Dafür schied die MÜNSTERLAND (I), für die sich damals gerade eine günstige Verkaufsgelegenheit ergab, Ende 1976 aus der Flotte der AG „Ems" aus.

ANPASSUNG [6]
Borkumlijn Eemshaven

Für die Niederlassung der AG „Ems" in Delfzijl-Eemshaven wurde es wirklich ernst erst ab 1976/77, als die Reederei sich ein ganz neues Betätigungsfeld erschloss. Nationale Bestimmungen zum Schutz des jeweils eigenen Speditionsgewerbes verhinderten damals noch den freien Warenaustausch und Güterfernverkehr zwischen den Mitgliedstaaten der Europäischen Gemeinschaft. So wickelte z.B. nur eine knapp bemessene Zahl von Fuhrunternehmen, die über eine entsprechende Konzession verfügten, den LKW-Verkehr zwischen Skandinavien und den Benelux-Ländern ab, der die Bundesrepublik Deutschland nur im Transit berührte. Entsprechend teuer wurden die Konzessionen für diesen lukrativen Verkehr gehandelt, aber in dieser massiven Wettbewerbsverzerrung lag auch eine Marktlücke, die die AG „Ems" als erste erkannte. Über See waren diese Transporte nämlich konzessionsfrei, damit erheblich billiger und, je nach Verkehrslage, auch deutlich schneller als über Land. Im fernen Japan wurde daher Ende 1976 für die AG „Ems" eine hochseetüchtige Fahrgast- und Autofähre, die auch Schwergut laden konnte, in Auftrag gegeben, die bei ihrer Indienststellung im Sommer 1977 den Namen EMSLAND (II) erhielt. Mit großem Erfolg wickelte dieses Schiff nun einen Huckepack-Verkehr mit LKW zwischen dem dänischen Esbjerg und dem niederländischen Eemshaven und umgekehrt ab, bis eine plötzliche Liberalisierung der LKW-Konzessionen diesem Verkehr 1978 die Grundlage entzog. Die EMSLAND (II) wurde daraufhin verchartert und tat zunächst zwei Jahre Dienst im Verkehr zwischen Algeciras und Ceuta in der Straße von Gibraltar. Zeitweilige Chartereinsätze im europäischen Ausland schlossen sich, wie auch bei der NORDLICHT (I), an. So befuhren diese beiden Schiffe u.a. die Strecken St. Malo–Kanalinseln, Neustadt–Bornholm, Oeland–Gotland und andere mehr, ehe sie, da in der eigentlichen Borkumfahrt nicht mehr gebraucht, verkauft wurden, die NORDLICHT 1985 nach Tahiti und die EMSLAND (II) 1986 nach Norwegen.

Der LKW-Verkehr zwischen Skandinavien und den Benelux-Ländern, der die Bundesrepublik Deutschland nur im Transit berührt, wurde in den 1970er Jahren durch Konzessionen noch stark behindert. Die AG „Ems" bot mit ihrem 1978 eröffneten RO/RO-Fährdienst zwischen Esbjerg und Eemshaven eine schnelle und komfortable Alternative. Hier ein Werbeprospekt für diesen Dienst in dänischer Sprache.

Anpassung   6.6

Auto- und Schwergutfähre EMSLAND (II), gebaut 1977 in Japan. Sie diente in erster Linie dem Transport von LKW zwischen dem dänischen Esbjerg und dem niederländischen Eemshaven.

171

Anpassung 6.6

Um für die zu erwartenden Verkehrsverlagerungen auf die niederländische Dollartseite nach der ursprünglich für die 1990er Jahre geplanten Fertigstellung der Emslandautobahn frühzeitig gerüstet und im Wettbewerb weiterhin vorn zu sein, hat die Gesellschaft in den 1980er Jahren dort kräftig investiert. Als erstes gründete sie für den Betrieb in Eemshaven ein niederländisches Tochterunternehmen, die AG „Ems" Nederland b.v., und unter Einbeziehung ihrer seit 1972 dort schon bestehenden Betriebsstätte baute sie bald darauf mit einem Aufwand von 6,5 Mio. niederländischen Gulden eine moderne, allen Anforderungen gewachsene Personen- und Güterabfertigungsanlage für den Borkumverkehr. Als dieses Borkumlijn-Terminal im Sommer 1985 im Beisein von Prinz Claus der Niederlande und Bundespräsident Richard von Weizsäcker feierlich eröffnet wurde, war zugleich der Bogen zurück zu den Anfängen der AG „Ems" geschlagen, denn die Ems-Dampfschifffahrts-Gesellschaft Concordia, älteste Wurzel der heutigen Reederei, hat bei ihrer Gründung im Jahre 1843 in erster Linie ja den Verkehr mit Delfzijl im Blick gehabt.

Die neue Kai- und Abfertigungsanlage der niederländischen AG „Ems"-Tochter am Borkumlijn-Terminal in Eemshaven wurde im Sommer 1985 durch den damaligen Bundespräsidenten Dr. Richard von Weizsäcker und Prinz Claus der Niederlande eröffnet und in Betrieb genommen.

Annemarie Russell, geb. Clauditz, Leer, Mitglied im Aufsichtsrat der AG „Ems" von 1948 bis 1973 und von 1988 bis 1993 sowie im Beirat der Borkumer Kleinbahn und Dampfschiffahrt GmbH von 1963 bis 1990.

Dr. Joosten Connemann, Fabrikant in Leer, Mitglied im Aufsichtsrat der AG „Ems" und im Beirat der Borkumer Kleinbahn und Dampfschiffahrt GmbH von 1983 bis 2012. Von 1999 bis 2011 war er Vorsitzender beider Gremien.

Auf der Basis dieser neuen Verkehrsinfrastruktur wurde es möglich, die Fahrtzeit vom Festland nach Borkum auf weniger als eine Stunde zu verkürzen. Man rechnete daher damals damit, dass längerfristig etwa 30% des gesamten Borkumverkehrs über dieses niederländische Standbein der Reederei abgewickelt werden würde; 1988 waren es immerhin schon 76.074 Personen mit 12.804 Kraftfahrzeugen, die von dieser Möglichkeit Gebrauch gemacht haben. Dass die tatsächliche Entwicklung dieses Verkehrs schließlich weit höhere Dimensionen erreichen sollte, war allerdings noch nicht abzusehen, denn dazu bedurfte es erst der durchgehenden Fertigstellung der Autobahn zwischen dem Rhein-Ruhr-Gebiet und Ostfriesland; das aber war erst mehrere Jahre nach der Jahrtausendwende erreicht.

Anpassung 6.7

ANPASSUNG [7]
Die neuen Autofähren der 1980er Jahre

Oben: Die kombinierte Auto- und Personenfähre OSTFRIESLAND (III), gebaut 1985 auf der Werft Martin Jansen in Leer, bietet Platz für 1.200 Fahrgäste und 75 PKW oder eine entsprechende Anzahl LKW.

Unten: Die kombinierte Auto- und Personenfähre MÜNSTERLAND (II), gebaut 1986 auf der Werft Martin Jansen in Leer, ist ein Schwesterschiff der ein Jahr älteren OSTFRIESLAND (III) und bietet wie diese Platz für 1.200 Personen und 75 PKW bzw. eine entsprechende Anzahl LKW.

Als Ersatz für die 1981 verkaufte OSTFRIESLAND (II) wurde 1984 bei der Schiffswerft Martin Jansen in Leer eine neue Personen- und Autofähre in Auftrag gegeben, die mit 78 m Länge und 12,60 m Breite eine ähnliche Kapazität (1.200 Passagiere, 75 PKW) haben sollte wie die älteren Fähren RHEINLAND (III) und WESTFALEN (III). Im Unterschied zu diesen erhielt der Schiffsneubau aber außer einer größeren Stellfläche in Anpassung an die zwischenzeitlich erreichte technische Entwicklung eine hochmoderne elektronische Ausstattung, die sich so gut bewährte, dass bald auch die RHEINLAND (III) und die WESTFALEN (III) auf diese Weise ausgerüstet wurden. Das im Frühjahr 1985 abgelieferte neue Schiff wurde OSTFRIESLAND getauft und war damit innerhalb von 25 Jahren der dritte Träger dieses Namens.

Weil seit der Eröffnung des Borkumlijn-Terminals in Eemshaven im Sommer 1985 ständig eine Autofähre dort ihren Dienst versehen musste, reichte die Schiffskapazität in Emden nicht mehr aus. So bekam die Werft Martin Jansen gleich nach Ablieferung der OSTFRIESLAND (III) den Auftrag, ein Schwesterschiff zu bauen. Unter dem Namen MÜNSTERLAND (II) wurde es im Sommer 1986 abgeliefert und komplettierte die Flotte der AG „Ems" auf nunmehr vier nahezu baugleiche und damit äußerst rationell einzusetzende kombinierte Fahrgast- und Autofähren.

Anpassung 6.8

ANPASSUNG [8]
Durchbruch im Schnellverkehr: Katamaran MS NORDLICHT 1989

Auch in den folgenden Jahren gab es kein Ruhen und Rasten, denn die Aufgabe, einen Schnellverkehr zwischen Borkum und dem Festland einzurichten, war noch immer ungelöst. Zum 100-jährigen Jubiläum der AG „Ems" 1989 schließlich war es dann so weit: der Schnellverkehr war kein Traum und kein Experiment mehr. Um die ostfriesischen Küstenbadeorte, in denen sich seit Ende der 1960er Jahre ein reger Urlaubsbetrieb entwickelt hatte, besser in den Ausflugsverkehr zwischen Borkum und den west- sowie den übrigen ostfriesischen Inseln, außerdem nach Helgoland und zu einigen besichtigenswerten Festlandszielen einbeziehen zu können, gab die Gesellschaft 1988 bei Spezialisten in Norwegen ein hochmodernes Doppelrumpfschiff in Auftrag, das bei einem Tiefgang von maximal 1,60 m 270 Passagieren einen bequemen Platz bietet und mit einer Zweimotorenanlage von je 2.500 PS eine Höchstgeschwindigkeit von 38 Knoten erreicht. Solche seetüchtigen Katamarane, die heute die seit den 1970er Jahren als Schnellverbindungen üblicherweise eingesetzten Tragflächenboote fast überall vollständig verdrängt haben, kamen damals gerade erst auf und waren an der Nordseeküste noch eine beinahe exotische Ausnahme. Im April 1989 wurde der Neubau an die AG „Ems" ausgeliefert und auf den Namen NORDLICHT (II) getauft; sein Heimathafen war lange Zeit Borkum. Die bis dahin im Ausflugsverkehr eingesetzte STADT BORKUM war damit entbehrlich geworden und wurde nach Finnland verkauft.

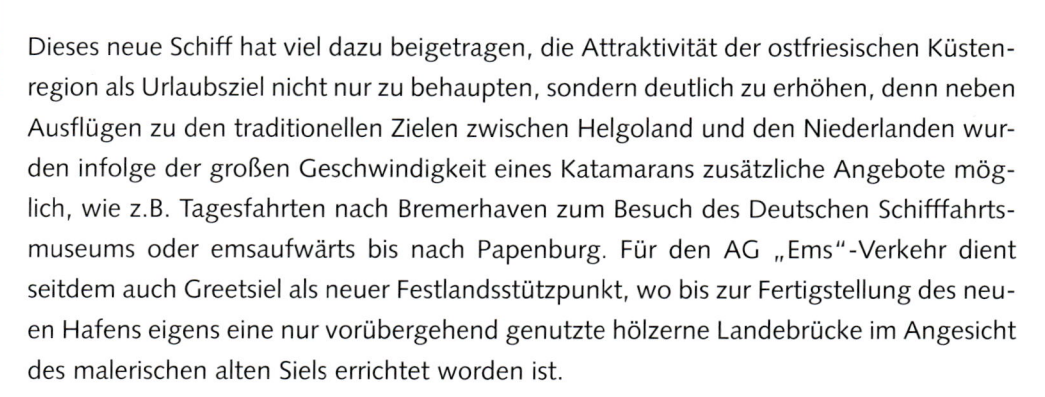

Dieses neue Schiff hat viel dazu beigetragen, die Attraktivität der ostfriesischen Küstenregion als Urlaubsziel nicht nur zu behaupten, sondern deutlich zu erhöhen, denn neben Ausflügen zu den traditionellen Zielen zwischen Helgoland und den Niederlanden wurden infolge der großen Geschwindigkeit eines Katamarans zusätzliche Angebote möglich, wie z.B. Tagesfahrten nach Bremerhaven zum Besuch des Deutschen Schifffahrtsmuseums oder emsaufwärts bis nach Papenburg. Für den AG „Ems"-Verkehr dient seitdem auch Greetsiel als neuer Festlandsstützpunkt, wo bis zur Fertigstellung des neuen Hafens eigens eine nur vorübergehend genutzte hölzerne Landebrücke im Angesicht des malerischen alten Siels errichtet worden ist.

Wilko Hapig, Rechtsanwalt und Notar in Leer, Mitglied im Aufsichtsrat der AG „Ems" von 1987 bis 1988 sowie wieder seit 2013 und im Beirat der Borkumer Kleinbahn und Dampfschifffahrt GmbH seit 1988.

Anpassung 6.8

Der Katamaran NORDLICHT (II), gebaut 1988/89 auf der Werft Fjellstrand in Omastrand, Norwegen, kurz vor seiner Ablieferung an die AG „Ems" Anfang April 1989 am Kai der Bauwerft (oben) und bei der Abfahrt von Helgoland im Sommer desselben Jahres (rechts).

Die hohe Geschwindigkeit von 38 Knoten, die der 1989 in Dienst gestellte Katamaran NORDLICHT (II) der AG „Ems" erreichte, war seinerzeit an der ganzen Nordseeküste einzigartig. Er wurde daher gerne für Sonderfahrten gechartert, die, wie z.B. zum Besuch eines Musicals in Hamburg, mit einem langsameren Schiff von Cuxhaven aus gar nicht möglich gewesen wären. Kein Wunder, dass solche Fahrten von ihren Anbietern als „Sensation" angepriesen wurden.

Anpassung 6.8

Wieder schloss sich ein Kreis, denn mit der Linie von und nach Greetsiel nahm die Reederei die älteste regelmäßige Festlandsverbindung Borkums überhaupt wieder auf. Von hier aus, dem Sitz des 1859 aufgelösten Amtes, zu dem die Insel verwaltungsrechtlich seit jeher gehört hatte, wurden schon seit dem 17. Jahrhundert die obrigkeitlichen Interessen der ostfriesischen Landesregierung auf Borkum wahrgenommen. Der amtlich bestellte Fährmann, der den regelmäßigen Amtsverkehr und Nachrichtenaustausch zwischen dem Amtmann in Greetsiel und dem Inselvogt auf Borkum besorgte, war somit sozusagen der Mittler zwischen dem Staat und der Insel. Später aber ist diese Mittlerrolle im Interesse der Urlauber an der Küste auf die AG „Ems" übergegangen.

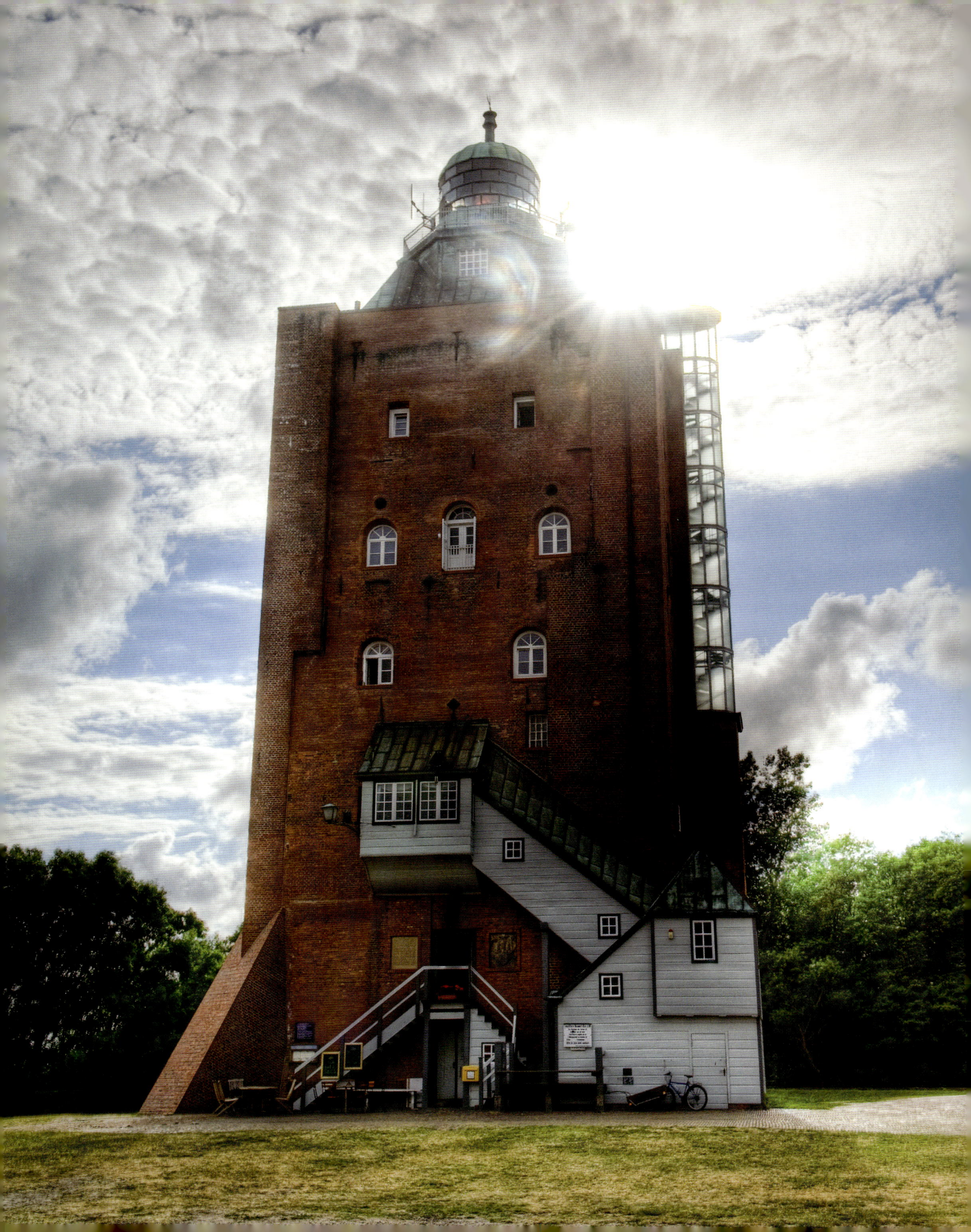

7

NACHHALTIGE SICHERUNG

der Grundlagen: Die Landinfrastruktur
und die Modernisierung
der Verkehrsangebote
(1989–2014)

Der Leuchtturm von Neuwerk, von der Stadt Hamburg im 14. Jahrhundert zur Sicherung des Schiffsverkehrs in der Elbmündung auf diesem kleinen Eiland errichtet: Seit 2010 ist die AG „Ems" Träger des Verkehrs nach dort.

NACHHALTIGE SICHERUNG [1]
Sanierung der Gleise und Gebäude der Borkumer Kleinbahn

In den Jahrzehnten seit der Wiederaufnahme eines regulären Geschäftsbetriebes der AG „Ems" nach dem Zweiten Weltkrieg hatte der Schwerpunkt ihrer Investitionsaktivitäten darauf gerichtet sein müssen, den Schiffspark zu erneuern und so zu entwickeln, dass er den sich in dieser Zeit mehrmals wandelnden Anforderungen des modernen Seebädertourismus stets in allen Belangen gewachsen war. Diese Aufgabe war mit der Indienststellung des Hochgeschwindigkeitskatamarans NORDLICHT (II) und dem damit möglichen Angebot eines Schnellverkehrs zwischen Borkum und dem ostfriesischen Festland im Jahr des 100-jährigen Jubiläums der Gesellschaft 1989 zu einem vorläufigen erfolgreichen Abschluss gekommen. Andere Geschäftsfelder hatten dagegen hinter diesen Prioritäten lange Zeit zurücktreten müssen, denn trotz einer kerngesunden Struktur waren und sind die finanziellen Kräfte des Unternehmens nicht unbegrenzt.

Zu den davon betroffenen Bereichen gehörte in erster Linie die Borkumer Kleinbahn. Hier hatte die AG „Ems" jahrzehntelang auf grundlegende Erneuerungsmaßnahmen verzichten und sich stattdessen im wesentlichen darauf beschränken müssen, die Betriebsanlagen ausreichend sicher und gebrauchsfähig zu halten. Das war für eine gewisse Zeit zweifellos ein akzeptabler Weg, auf die Dauer aber musste eine langfristig ausgerichtete Lösung her, denn die mit dem früheren militärischen Güterschwerverkehr verbundene jahrzehntelange Überbeanspruchung des Gleiskörpers hatte zu grundlegenden Schäden und Mängeln geführt, die im Laufe der Zeit geradezu den Charakter einer Erbhypothek angenommen und zu einem erheblichen Investitionsstau geführt hatten.

Auch die Auseinandersetzungen mit der Stadt Borkum im Zusammenhang mit dem Auslaufen des ursprünglichen staatlichen Verkehrsprivilegs von 1903 Ende der 1970er Jahre (siehe Abschnitt 6.3) hatten sich lähmend auf die Bereitschaft der AG „Ems" ausgewirkt, nennenswert in die Infrastruktur der Kleinbahn zu investieren, solange über deren künftigen Existenzbedingungen keine Klarheit bestand. Erst nachdem sich beide Seiten im Frühjahr 1979 über diese Streitfragen sowie weitere damit zusammenhängende Probleme verständigt und einen über 50 Jahre bis 2028 laufenden neuen Vertrag über die Inselversorgung durch die AG „Ems" abgeschlossen hatten, war für diese wieder eine ausreichend zuverlässige Basis für langfristige Investitionen erreicht und damit die Voraussetzung für eine grundlegende Sanierung der Bahninfrastruktur auf Borkum gegeben.

Nachhaltige Sicherung **7.1**

Von 1990 bis 1992 wurden der alte Bahnhof durch einen Neubau ersetzt, die Altbauteile saniert und für veränderte Nutzungen umgebaut sowie schließlich der ganz Bahnhofsbereich völlig umgestaltet. Hier eine Gesamtansicht des neuen Inselbahnhofs im heutigen Zustand, aufgenommen mit einem Fischaugenobjektiv und daher leicht gerundet.

Ein damals aufgestellter Masterplan mit einem bedeutenden Investitionsvolumen hatte zum Ziel, die Borkumer Kleinbahn sukzessive zur Bewältigung sämtlicher Anforderungen des Seebäderverkehrs um die Wende vom 20. zum 21. Jahrhundert ebenso fit zu machen, wie es der Konzernmutter AG „Ems" mit ihrem neu entwickelten Verkehrskonzept und den dazu gehörenden Fährschiffstypen zu diesem Zeitpunkt bereits weitgehend gelungen war. Da jedoch die Schiffsinvestitionen vorläufig noch Vorrang hatten, konnten bis zum 100-jährigen Jubiläum der Borkumer Kleinbahn 1988 und der AG „Ems" 1989 nur einige der im Masterplan vorgesehenen Maßnahmen realisiert werden. Am Anfang stand in zwei Bauabschnitten bis zum Frühjahr 1982 die vollständige Erneuerung des Bahnbetriebshofs mit Fahrzeughalle und Werkstatt, in dem fortan eine zeitgemäße und optimal durchrationalisierte Wartung und Reparatur des rollenden Materials in allen Gewerken möglich war.

Da auch der Eisenbahnbetrieb selbst künftig deutlich rationeller ablaufen musste, wurde parallel zu den Bauarbeiten am Betriebshof geprüft, ob eine Magnetschwebebahn eine realistische Alternative zur herkömmlichen Verkehrsabwicklung sein könnte. Eine 1981 vorliegende Planungs- und Machbarkeitsstudie ergab, dass eine solche Alternative grundsätzlich möglich war und die AG „Ems" nur mit etwa 6,5 Mio. DM belastet hätte. Den gesamten Rest der auf mehr als 95 Mio. DM kalkulierten Kosten für den zweigleisigen Aufbau einer Magnetbahnstrecke hätte dagegen das Bundesministerium für Forschung und Technologie erstattet, das am Bau einer Referenzstrecke für dieses neuartige Verkehrsmittel außerordentlich stark interessiert war. Trotz dieser auf den ersten Blick geradezu rosig erscheinenden Bedingungen hat die AG „Ems" von dem Projekt schnell wieder Abstand genommen, insbesondere deswegen, weil völlig unklar war, welche Kosten eine Magnetschwebebahn im laufenden Betrieb verursachen würde.

Schon im Hinblick auf die lediglich gut sieben Kilometer lange und zusätzlich durch mehrere Haltestellen unterbrochene Strecke, die für ein solches auf Hochgeschwindigkeit ausgelegtes Verkehrsmittel viel zu kurz ist, gab es allen Grund, an einem rationellen Betrieb zu zweifeln. Vor allem aber war und ist kritisch zu fragen, ob eine Magnetschwebe-

Nachhaltige Sicherung 7.1

Die Haltestelle Jakob van Dyken-Weg war lange Zeit nur in Teilen gepflastert und insgesamt in einem eher provisorischen Zustand (links), ehe sie in zwei Baumaßnahmen 1994 und 2006 in einen die Bedürfnisse der Fahrgäste besser befriedigenden und behindertengerechten Zustand umgestaltet wurde (rechts).

bahn samt der mit einem solchen Hightech-Verkehrsmittel verbundenen emotionalen Konnotationen überhaupt nach Borkum gepasst hätte und mit dem primär auf Beschaulichkeit und Ruhe ausgerichteten Charakter der Insel zu vereinbaren gewesen wäre. Bereits diese Frage zu stellen hieß und heißt, sie mit Nein zu beantworten, und die Entwicklung, die die Kleinbahn seither genommen hat, hat denn auch in aller Deutlichkeit erwiesen, wie richtig es damals war, auf das Projekt Magnetschwebebahn Borkum zu verzichten.

Nach Klärung dieser Frage ging es für die AG „Ems" also darum, in der Grundsanierung der herkömmlichen Infrastruktur für die Borkumer Kleinbahn fortzufahren und sich als nächstes der Erneuerung der Gleise zu widmen. Verteilt über mehrere Jahre wurde das Gleis 2 einschließlich aller Holzschwellen bis 1987 sukzessive vollständig erneuert und dabei mit Schienen deutlich größerer Tragfähigkeit als vorher ausgestattet. Das Gleis 1 dagegen wurde bis 1989 auf einem insgesamt ca. 4 km langen Abschnitt, der im wesentlichen die Wattbahnstrecke umfasste, abgebaut, weil die Erwartung bestand, den Betrieb der Kleinbahn durch einen partiell eingleisigen Verkehr mit entsprechend geringeren Unterhaltskosten erheblich rationeller gestalten zu können. Nachdem im Bereich des Inselbahnhofs ebenfalls alle Schienen erneuert worden waren, wurde schließlich der Bahnhofsvorplatz neu gepflastert und städtebaulich angemessen umgestaltet. Zum 100-jährigen Jubiläum der Borkumer Kleinbahn und der AG „Ems" 1988/89 präsentierte sich daher die Basis des Kleinbahnzentrums bereits auf der Höhe der Zeit.

Was dem Platz dagegen noch fehlte, war die Erneuerung des Bahnhofs selbst und seiner Nebengebäude. In enger Abstimmung mit der Denkmalpflege und den zuständigen Gremien der Stadt Borkum wurde in den Jahren 1990/91 dort, wo bislang im Einmündungsbereich Bismarckstraße/Bahnhofsvorplatz der Gepäckschuppen und der Pavillon mit dem Verkehrsbüro gestanden hatten, also neben dem bestehenden Bahnhofsgebäude, ein stilistisch dem vorhandenen Baubestand eng angepasster vollkommen neuer Bahnhof errichtet, in dem sowohl die Verwaltung und die Betriebszentrale der Kleinbahn als auch alle Betriebseinrichtungen mit Kundenkontakt (Fahrkartenschalter, Wartehalle, Gepäckabfertigung etc.) ihren Platz fanden. Auch eine Fahrradausleihstation ließ sich später in dem für diesen Zweck außerordentlich günstig gelegenen neuen Gebäude

Nachhaltige Sicherung 7.1

bestens unterbringen. Der alte, aus dem Jahre 1893 stammende Bahnhof aber wurde anschließend unter Beibehaltung seiner äußeren Gestalt und unter Einbeziehung eines durch die AG „Ems" angekauften angrenzenden Grundstücks in ein modernes Laden- und Geschäftszentrum mit Wohnungen in den Obergeschossen umgewandelt. Durch einen gläsernen Arkadenvorbau miteinander verbunden, bilden beide Gebäude eine harmonische Einheit und geben dem Bahnhofsplatz seither ein einheitliches Gepräge.

Noch während die Bauarbeiten am neuen und alten Bahnhof liefen, hatte sich allerdings gezeigt, dass die „am grünen Tisch" entstandene Erwartung, mit dem teilweisen Rückbau von Gleis 1 die Kleinbahn rationeller betreiben zu können, unrealistisch war. Zwar waren die unmittelbaren Unterhaltskosten für den Gleiskörper wie geplant gesunken, aber der Bahnbetrieb selbst war wegen der unvermeidbaren wetter- und tidebedingten Unregelmäßigkeiten bei der Ankunft und Abfahrt der Fähren häufig erheblich gestört, weil die Züge beim Wechsel zwischen dem zweigleisigen und dem eingleisigen Streckenabschnitt unplanmäßig vor den Weichen auf den jeweils entgegenkommenden Zug warten mussten. Gerade in der Hauptreisezeit, wenn in beiden Richtungen Züge in dichter Taktfolge nötig sind, um das hohe Fahrgastaufkommen zu bewältigen, war das sowohl für die Urlauber als auch für alle Bediensteten der Kleinbahn höchst ärgerlich und Anlass zu manchen Auseinandersetzungen.

So wurde bereits 1992 beschlossen, die Bahnstrecke komplett wieder zweigleisig auszubauen und dabei auch Gleis 1 in seiner gesamten Länge auf dasselbe schwerere Schienenprofil wie Gleis 2 umzurüsten. Im Zuge dieser Arbeiten, die im Frühjahr 1994 abgeschlossen waren, wurde auch die Haltestelle am Jakob van Dyken-Weg erneuert und den dort gewachsenen Verkehrsbedürfnissen angepasst. Seitdem läuft der Bahnbetrieb zwischen dem Kleinbahnhafen und dem Ortszentrum wieder ganzjährig, während ein Transfer der Fahrgäste zwischen Hafen und Bahnhof durch Busse des von der Borkumer Kleinbahn auf der Insel seit Anfang der 1960er Jahre ebenfalls betriebenen öffentlichen Personennahverkehrs nur noch in besonderen Ausnahmefällen erfolgt, etwa bei größeren Bauarbeiten.

Seit den 1970er Jahren war der Wechsel zwischen Fähre und Kleinbahn im Borkumer Hafen zwar sicher, aber nicht eben bequem, denn er verlangte den Fahrgästen die Bewältigung zahlreicher Treppenstufen ab.

Mit diesen erheblichen Kraftanstrengungen innerhalb weniger Jahre war zwar ein großer Teil des ursprünglichen Investitionsstaus bei der Kleinbahn abgebaut, aber noch längst waren nicht alle Altlasten und Mängel beseitigt. Als erstes standen 1994/95 im Kleinbahnhafen die Sanierung der zuletzt in den 1930er Jahren überholten Kaimauer und

183

Nachhaltige Sicherung **7.1**

Links: 1995 wurde am Anleger 1 im Kleinbahnhafen eine barrierefreie Passagierbrücke in Betrieb genommen, die den Fahrgästen bei jedem Wasserstand einen direkten höhengleichen Zu- und Abgang zum bzw. vom Schiff ermöglicht. Später erhielt auch der für den Katamaran benutzte Anleger 3 einen solchen Zugang.

insbesondere die komplette Erneuerung einer durch Sturmfluten teilweise unterspülten Spundwand an, wofür allein knapp 1 Mio. DM eingesetzt werden mussten. Eine weitere Investition in dieser Größenordnung war 1995 mit dem Bau einer neuen Passagierbrücke auf der Südseite des Kleinbahnhafens verbunden, durch die ein direkter höhengleicher Übergang vom Passagierhauptdeck der Fähren zum Bahnsteig und zu den Kleinbahnzügen möglich wurde.

Diese den Umstieg erheblich erleichternde Verbindung, für die die Fähren eigens mit einem doppeltürigen Seiteneinstieg versehen worden waren, hatte sich als dringend notwendig erwiesen, denn die vorherige Brücke, die vom Oberdeck der Fähren zum Bahnsteig führte, hatte auf beiden Seiten jeweils zahlreiche Treppenstufen, die insbesondere für ältere und gehbehinderte Fahrgäste sowie für solche mit mehreren Gepäckstücken nur mit Mühe zu bewältigen waren. Mit der behindertengerecht ausgelegten neuen Brücke dagegen war der Wechsel zwischen beiden Verkehrsmitteln, und zwar unabhängig vom je nach Tide unterschiedlich hohen Wasserstand, völlig problemlos geworden – ein erheblicher Komfortgewinn sowohl für die Urlauber als auch für die Insulaner. Weil in der zweiten Hälfte der 1990er Jahre und insbesondere nach der Jahrtausendwende die Frequenz und das Passagieraufkommen im Katamaranverkehr deutlich zugenommen hatten, wurde im Jahre 2002 daher auch am Anleger 3, an dem die Katamarane abgefertigt werden, eine nach diesem Prinzip funktionierende Umsteigebrücke installiert.

Auch am Kleinbahnbetriebshof im Ortszentrum waren bauliche Erweiterungen erforderlich geworden. Für den zwischenzeitlich gewachsenen Bestand an rollendem Material wurde 1994 die Fahrzeugabstellhalle verlängert und, u.a. durch eine vollständige Pflasterung, den gestiegenen Verkehrs- und Betriebsbedürfnissen angepasst; 1999 kamen durch einen zusätzlichen Anbau weitere Abstellplätze hinzu. Seitdem kann der gesamte Fahrzeugpark der Borkumer Kleinbahn außerhalb seiner Einsatzzeiten unter Dach unter-

Nachhaltige Sicherung 7.1

Die für alle anfallenden Gewerke zweckgenau eingerichtete Werkstatt (rechts) und die in der jüngeren Vergangenheit mehrfach vergrößerte Wagenabstellhalle (links) ermöglichen der Borkumer Kleinbahn eine in jeder Hinsicht optimale und rationelle Wartung und Pflege ihres rollenden Materials.

gebracht und dadurch bestens gegen die aggressiven Materialbeeinträchtigungen geschützt werden, die vom Hochseeklima der Insel mit seinem hohen Salzgehalt in der Luft ausgehen. Mit dem Bau einer Bio-Diesel-Tankstelle für die Lokomotiven und Straßenfahrzeuge der Kleinbahn im Jahre 1994 wurde auch den inzwischen gestiegenen Anforderungen des Umweltschutzes und dem Gebot nachhaltigen Wirtschaftens Rechnung getragen. Allerdings hat sich der Einsatz von Bio-Diesel in den Lokomotiven im Dauerbetrieb nicht bewährt, so dass heute wieder herkömmlicher Kraftstoff verwendet wird. Dank all dieser Investitionen ist der Betriebshof auch in seinen übrigen Komponenten auf der Höhe der Zeit und in der Lage, allen Betriebsanforderungen der Kleinbahn auch in Zukunft zu genügen. Insbesondere gilt das für die vielfältig ausgestattete Werkstatt, in der die ganz unterschiedlichen Arbeiten und Gewerke, die bei der Wartung, Reparatur und Erneuerung eines aus so vielen Wurzeln gewachsenen Fahrzeugparks wie dem der Borkumer Kleinbahn anfallen, ganzjährig unter optimalen Bedingungen durchgeführt werden können.

So groß die mit erheblichen finanziellen Anstrengungen verbundenen Erfolge der bislang dargestellten Maßnahmen zur nachhaltigen Verbesserung der Kleinbahninfrastruktur auch waren, die Zeit für eine Investitionspause oder auch nur eine Verlangsamung der Gangart war noch nicht gekommen. Vielmehr hatten die AG „Ems" und ihr Tochterunternehmen Borkumer Kleinbahn und Dampfschiffahrt GmbH weitere Herausforderungen zu bewältigen, die sich nicht zuletzt daraus ergaben, dass sich mit der Aufhebung Borkums als Marinestandort 1995 Chancen aufgetan hatten, die noch wenige Jahre zuvor unvorstellbar gewesen waren. Diese sich nur einmal bietende Gelegenheit zur weiteren Verbesserung und Rationalisierung der Betriebsabläufe bei der Kleinbahn sowie zum Aufbau neuer Geschäftsfelder galt es zu nutzen.

Mit abermals erheblichem Finanzaufwand kaufte die Gesellschaft aus den freigewordenen Bundeswehrliegenschaften 1997 zum einen ein 3,4 ha großes unbebautes Gelände, das unmittelbar südlich an den Kleinbahnhafen angrenzte und für das dortige Hafenareal ein Entwicklungspotential eröffnete, das in seinen einzelnen Komponenten zunächst noch gar nicht absehbar war und konzeptionell erst entwickelt werden musste. Zum anderen erwarb sie auf der gegenüberliegenden nördlichen Seite des Kleinbahnhafens ein Kasernengebäude, um darin künftig saisonal oder aus sonstigen Gründen befristet auf der Insel tätiges Personal unterbringen zu können. Da dieses zu Recht einen höheren als den in Kasernen üblichen Wohnstandard verlangt, waren zur entsprechenden Verbesserung der Innenausstattung kurzfristig weitere umfangreiche Investitionen erforderlich.

Nachhaltige Sicherung 7.1

Der Kleinbahnhafen nach seiner Umgestaltung aus der Vogelperspektive: Halblinks vom Anleger 1 der Aufstellplatz für die zur Abfahrt bestimmten Autos, von dem auch ein direkter Weg zum in die Fischerbalje hinausgebauten Anleger 2 führt. An der linken Ecke des spitzwinkeligen Hafenbeckens die barrierefreie Zugangsbrücke zum Katamarananleger, daneben die neuen Bahnsteigüberdachungen. Auf der rechten Seite des Hafenbeckens der Seegüterschuppen, dahinter die ehemalige Kaserne, von der ein Teil der AG „Ems" als Unterkunft für befristet auf der Insel tätiges Personal dient. Links im Hintergrund der nördliche Rand des Borkumer Schutzhafens.

Eine weitere Chance zur langfristigen Sicherung und Verbesserung ihrer Verkehrsinfrastruktur auf Borkum konnte die AG „Ems" bereits im folgenden Jahr (1998) nutzen, als sie vom Land Niedersachsen das gesamte, 6,54 ha große Gelände der Wattbahnstrecke und des Kleinbahnhafens erwarb, das der Kleinbahn bis dahin nur in einem Erbpachtverhältnis zur Verfügung gestanden hatte. Dieser Kauf war besonders wertvoll, denn als nunmehrige Eigentümerin dieser beiden Schlüsselliegenschaften sowohl für den Fähr- als auch für den Eisenbahnbetrieb hat die Gesellschaft ein Maß an Planungs- und Betriebssicherheit erreicht, das es in dieser Langfristigkeit seit der Eröffnung der Kleinbahn im Jahre 1888 nie gegeben hatte.

Welches Entwicklungspotential in den ehemaligen Bundeswehrliegenschaften steckte, zeigte sich, als das Konzept „Hafen 2000" vorlag. Nach diesem sollte in den ersten Jahren des neuen Jahrtausends der gesamte Hafenbereich umgestaltet werden, der sich damals, abgesehen von den zwischenzeitlich erneuerten Anlegern und Umsteigebrücken, noch immer weitgehend in dem Zustand zeigte, den er bereits vor dem Zweiten Weltkrieg gehabt hatte. Die jetzt in Angriff zu nehmende Neuordnung der Verkehrsabläufe hatte zum Ziel, den Eisenbahn- und Fußgängerverkehr einerseits und die Fahrzeugverladung samt Stückgutumschlag andererseits so zu entflechten, dass sich beide fortan störungsfrei nebeneinander abwickeln ließen. Der erste Schritt zur Realisierung dieses abermals mit einer Millioneninvestition verbundenen Projekts bestand im Herbst 2004 darin, die Wege der Autos, die von einer ankommenden Fähre herunterfahren, konsequent von denen zu trennen, die in der Gegenrichtung auf diese auffahren wollen.

Nachhaltige Sicherung 7.1

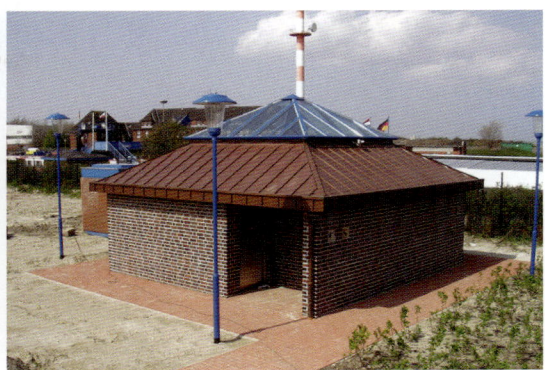

Links: Die Bahnsteige am Kleinbahnhafen mit ihren neuen Überdachungen. Links vorn der Zugang zur barrierefreien Passagierbrücke von Anleger 1.

Rechts: Mit der Fertigstellung des barrierefreien Toilettengebäudes kam die Umgestaltung des Kleinbahnhafens 2006 zum Abschluss.

Letztere hatten sich bis dahin vor jeder Schiffsabfahrt auf der Reedestraße weit zurück gestaut und damit sowohl den Ortsverkehr, der lediglich, wie z.B. Taxen, nur vorübergehend das Hafen- und Anlegergelände berührt, als auch den Abfluss der neu angekommenen Autos massiv behindert. Nun wurde auf dem vormals unbebauten ehemaligen Bundeswehrareal südlich des Kleinbahnhafens ein großer neuer Kfz-Warteplatz gepflastert, der von der Reedestraße aus über eine eigens dazu gebaute Rechtsabbiegerspur mit Ampelsicherung in Richtung Neuer Hafen und die bis zum Kleinbahnhafen verlängerte Juister Straße erreicht wird. Auch die Busse des öffentlichen Personennahverkehrs nehmen auf ihrer Runde vom Ortszentrum über den neuen und den Kleinbahnhafen und wieder zurück seither diesen Weg und haben damit ihre Haltestelle auf der Seite des Kleinbahnhafens, auf der auch der gesamte Personenverkehr auf dem Weg vom und zum Schiff stattfindet. Mit dieser Trennung der Richtungsströme, durch die das vorherige zweimalige Kreuzen der Kleinbahngleise weggefallen ist, hat sich die Verkehrssituation im Kleinbahnhafen so entspannt, dass Störungen hier nahezu ausgeschlossen sind. Zugleich wurde dadurch auch der Zeitaufwand für das Ab- und Auffahren der Autos von der bzw. auf die Fähre erheblich verkürzt.

Mit dem Abriss der alten Reedeschänke 2004 wurde schließlich der letzte Schritt zur Realisierung des Projekts „Hafen 2000" eingeleitet. In den Jahren 2005 und 2006 erhielt das gesamte Areal des Kleinbahnhafens eine neue Pflasterung, während die beiden Bahnsteige, auf denen wartende Fahrgäste bis dahin auf jeden Wetterschutz hatten verzichten müssen, ebenso wie die südlich anschließende Fläche eine großzügig bemessene Überdachung bekamen. Im Bereich zwischen den Gleisen und dem Schutzdeich schließlich wurden Parkplätze für Kurzparker sowie eine Taxenzone geschaffen. Auch die Zufahrt zum Anleger 2 in der Fischerbalje, die auf diese Weise deutlich verkürzt werden konnte, führt jetzt über diesen südlich der beiden Bahnsteige gelegenen Teil des Hafengebiets. Den Endpunkt dieser Umgestaltung zum „Hafen 2000" setzte im Frühjahr 2006 ein neues Sanitärgebäude. Obwohl dieses zum Schutz gegen Sturmfluten

Nachhaltige Sicherung **7.1**

Im Winter 2005/06 wurden die stärker befahrenen Straßen, die den Weg der Kleinbahn kreuzen, mit Ampelanlagen und automatischen Halbschranken versehen – ein großer Gewinn für die Verkehrssicherheit auf Borkum.

höher gelegen ist als das umgebende Straßenniveau, ist es dennoch barrierefrei erreichbar und damit behindertengerecht – für Rollstuhlfahrer ein bedeutender Komfortgewinn, denn das vorherige Toilettengebäude war nur über einige Treppenstufen zugänglich und damit für die meisten von diesen nicht benutzbar.

Lediglich ein kleiner Schönheitsfehler war damals im Kleinbahnhafen noch geblieben. Bei bestimmten Wasserständen führte der Höhenunterschied zwischen der Fähre und dem Kai an Anleger 1 zu einem so ungünstigen Winkel, dass Autos mit geringer Bodenfreiheit nur über mobile, diesen Höhenunterschied abmildernde Spurbleche aufs Schiff gelangen bzw. von diesem herunterfahren konnten. Um diese umständliche und zeitaufwendige Prozedur überflüssig zu machen, wurde daher in den ersten Monaten des Jahres 2012 noch einmal eine erhebliche Investition getätigt, indem das Niveau des gesamten Kaibereichs vor dem Anleger 1 um knapp einen Meter erhöht und die dortige RO/RO-Brücke so umgerüstet wurde, dass die Autos jetzt nahezu höhengleich zwischen Schiff und Land wechseln können. Bis auf weiteres darf damit der Kleinbahnhafen als perfekt ausgestattet gelten.

Weil eine Verkehrszählung ergeben hatte, dass an insgesamt acht Straßen, die die Kleinbahn auf ihrem Weg zwischen Bahnhof und Hafen kreuzt, „mäßiger" und nicht nur „schwacher" Verkehr herrscht – bei letzterem hätten weiterhin technisch ungesicherte Bahnübergänge genügt –, verlangte die Landeseisenbahnaufsicht die Absicherung dieser Bahnübergänge durch automatisch gesteuerte Halbschranken und Ampelanlagen, wie es sie an der Reedestraße kurz vor dem Kleinbahnhafen bereits seit 2004 gab. Die Bauarbeiten zu dieser teuren, aber notwendigen Maßnahme, die den laufenden Eisenbahnbetrieb insbesondere für die Lokomotivführer, aber auch für alle die Gleise querenden Passanten deutlich entspannter werden ließ, wurden im Winterhalbjahr 2005/06 durchgeführt und waren pünktlich zum Saisonbeginn 2006 abgeschlossen.

Nachhaltige Sicherung 7.1

Solange die Kleinbahngleise auf Holzschwellen im Sandbett verlegt waren, musste regelmäßig Gift gesprüht werden, um das Holz zu schützen und den Gleiskörper von Pflanzenbewuchs frei zu halten. Seit dies aus Umweltschutzgründen nicht mehr erlaubt ist, hat sich die Lebenszeit der dauernder Feuchtigkeit von unten ausgesetzten Holzschwellen massiv verkürzt.

Parallel dazu wurde auch der Fahrgastkomfort an der vielbenutzten Haltestelle Jakob van Dyken-Weg noch einmal deutlich verbessert. Bislang hatte es dort einen Bahnsteig lediglich in Fahrtrichtung Hafen gegeben, während in Fahrtrichtung Bahnhof der Aus- und Zustieg über eine lose Sandfläche erfolgte. Dieser zweite Bahnsteig, der ebenso wie der schon vorhandene mit schrägen Anrampungen versehen wurde, erlaubt es, dass die Fahrgäste seitdem in beiden Richtungen die Züge bequem erreichen und jeweils an der Außenseite aus- und einsteigen können. Damit auch größere Gepäckstücke, Kinderwagen, Fahrräder oder sonstige sperrige Gegenstände, die im Gepäckwagen transportiert werden müssen, ohne Probleme ein- und ausgeladen werden können, wurden die Gepäckwagen, die bis dahin nur auf einer Seite eine große Ladetür gehabt hatten, auch auf der gegenüberliegenden Seite mit einer solchen ausgestattet. Im Ergebnis führten alle diese Baumaßnahmen zu einem erheblichen Komfortgewinn für die Fahrgäste, Urlauber und Inselbewohner.

Nach dem Abschluss der Umgestaltung des Kleinbahnhafens und der direkt und indirekt damit zusammenhängenden Maßnahmen war eigentlich eine Phase des Innehaltens mit den nun schon über viele Jahre sich hinziehenden Investitionen in die Infrastruktur der Kleinbahn vorgesehen, doch eine neu eingetretene Herausforderung, die – zumindest mittelfristig – im voraus nicht absehbar gewesen war, zwang die Gesellschaft abermals zu zwei Großinvestitionen im Umfang von jeweils mehreren Millionen Euro. Das in den 1980er Jahren vollständig neu verlegte und erst 1987 fertig gewordene Gleis 2 zeigte nämlich bereits nach weniger als 20 Jahren Nutzung massive Verschleißerscheinungen. Insbesondere erwies sich, dass die hölzernen Schwellen, die wie seit jeher direkt in den Inselsand eingebettet worden waren, von innen her faulten und morsch wurden,

Nachhaltige Sicherung 7.1

Lange vor Beginn der eigentlichen Gleiserneuerungen kam in Eemshaven jeweils ein Sonderzug mit den Gleisen und den Betonschwellen an, die dann in einer zeitaufwendigen Prozedur per LKW und Fähre nach Borkum gebracht werden mussten. Das linke Bild zeigt die Verladung von Betonschwellen in Eemshaven, das rechte die Abfahrt eines mit Schienen beladenen Tiefladers von der Fähre auf Borkum.

weil die direkt von unten auf sie einwirkende Dauerfeuchtigkeit nicht mehr so wie früher durch den intensiven Gebrauch von chemischen Holzschutzmitteln vom Schwellenkern ferngehalten werden durfte. Die Folgen der daraus resultierenden Instabilitäten des Gleisunterbaus konnte jeder Fahrgast der Borkumer Kleinbahn bemerken, wenn deren Züge bei der Passage bestimmter Abschnitte beträchtlich hin und her schwankten.

Wie bei vielen anderen Investitionen zur Verbesserung der Verkehrsinfrastruktur gab die AG „Ems" auch bei der Entscheidung über die Art der nunmehr unumgänglich gewordenen Erneuerung von Gleis 2 dem Prinzip der langfristig wirkenden Nachhaltigkeit trotz deutlich höherer Baukosten den Vorrang vor einer lediglich in kürzeren Zeitdimensionen günstiger erscheinenden Lösung. Erstmals in der Geschichte der Borkumer Kleinbahn wurden daher Betonschwellen verwendet, die eigens für die Inselbahn entwickelt worden waren. Verlegt in einem Steinschotterbett, sind sie gegenüber dem gewachsenen Inselboden durch eine darunter liegende Geogitterfolie als unterste Schicht abgedichtet, so dass die Lebensdauer eines auf diese Weise gebauten Gleises etwa 50 Jahre beträgt, während ein Gleis auf Holzschwellenbasis bereits nach 20 Jahren erneuert werden muss.

Bei dieser Entscheidung wurde außerdem auf die Nutzung technologischer Innovationen geachtet. Um einen ca. 700 m langen Streckenabschnitt, der über besonders weichen und wenig tragfähigen Untergrund führt, langfristig besser zu stabilisieren, wurde hier mit dem von einer Wolfsburger Firma entwickelten extrem leichten Porenbeton ein beim Gleisbau bis dahin noch nie verwendeter neuer Werkstoff eingesetzt, dessen Stabilität und Tragkraft trotz seines geringen Gewichts dem von herkömmlichem Beton gleich kommt. Aufgrund seiner Hauptbestandteile – Kunststofffasern statt Eisenarmierung, dazu Zement, Wasser und Seife – hat dieser Leichtbeton jedoch ein spezifisches Gewicht von weniger als Eins und kann daher in weichen Untergrund nicht einsinken. Ein auf dieser Basis verlegtes Gleis gleicht demnach einer schwebenden, aber dennoch stabilen Brücke. Darüber hinaus hat der Porenbeton die für die Anwohner höchst erfreuliche Eigenschaft, schallisolierend und vibrationsdämpfend zu wirken. Begleitet wurde diese Maßnahme von einem wissenschaftlichen Messprogramm der Technischen

Nachhaltige Sicherung 7.1

Die von der Meuselwitzer Werkbahn gemieteten Spezialwagen mit Seitenschütteinrichtung erleichterten die Verteilung des Schotters auf dem Neubaugleis erheblich (links). Auf Betonschwellen ließen sich die neuen Gleise präziser und spurgenauer verlegen als auf Holzschwellen (rechts).

Universität Braunschweig mit dem Ziel, den neuen Werkstoff künftig auch beim Gleisbau weiterer Eisenbahnen einzusetzen. Leider hat sich gezeigt, dass dieser neue Werkstoff die in ihn gesetzten Erwartungen nicht ausreichend erfüllt; der betroffene Streckenabschnitt ist daher inzwischen auf herkömmliche Bauweise umgerüstet worden.

Der Neubau von Gleis 2, der im Winterhalbjahr 2007/08 durchgeführt wurde, war für die AG „Ems" und die Borkumer Kleinbahn mit einer gewaltigen logistischen Herausforderung verbunden. Es galt nämlich, beginnend bereits im Mai 2007, von Eemshaven aus per LKW und Autofähre insgesamt gut 10.000 Betonschwellen, mehr als 16.000 t Steinschotter sowie 14.500 m Schienen mit einem Metergewicht von 49 kg, d.h. einer wesentlich höheren Stabilität als die bisher verwendeten, die lediglich 30 kg pro Meter wogen, nach und nach auf die Insel zu schaffen. Bis zu fünf 18-Tonner täglich waren dafür während der Woche im Einsatz. Auf Borkum wurden diese Baustoffe dann mit Güterwagen der Kleinbahn, also weitgehend ohne Inanspruchnahme der Inselstraßen, entlang der gesamten Gleisstrecke so verteilt, dass während der eigentlichen Bauarbeiten Materialtransporte nur noch auf jeweils sehr kurzen Wegen notwendig waren. Dies war unabdingbar, denn schließlich musste sichergestellt sein, dass der Eisenbahnbetrieb auf dem anderen Gleis, auf den zumindest an den Wochenenden wegen des dann größeren Fahrgastaufkommens auf keinen Fall verzichtet werden konnte, trotz der Bauarbeiten möglichst wenig beeinträchtigt wurde. Dazu gehörte es auch, dass von der ehemaligen Meuselwitzer Werkbahn aus dem Braunkohlerevier südlich von Leipzig, die mit derselben Spurbreite betrieben wird wie die Borkumer Kleinbahn, einige Spezialwagen mit Seitenschütteinrichtung angemietet wurden. Mit deren Hilfe war es möglich, den Steinschotter vom aktiven Nachbargleis aus in Längsrichtung auf der Trasse des Neubaugleises zu verteilen.

Dank dieser weitsichtigen Vorbereitung kamen alle Gleiserneuerungsarbeiten gut voran und konnten wie geplant Ende April 2008, also rechtzeitig vor Beginn der Sommersaison, zum Abschluss gebracht werden. An dem dazu erforderlichen Investitionsaufwand in Höhe von gut 4 Mio. € beteiligte sich das Land Niedersachsen über die Landesnahverkehrsgesellschaft zur Hälfte, weil diese Maßnahme nicht nur den Eigentümern nützt,

Nachhaltige Sicherung 7.1

Die Wiedereröffnung auch des zweiten Gleises nach dessen völliger Erneuerung wurde im Frühjahr 2014 feierlich begangen: Der Niedersächsische Ministerpräsident Stephan Weil gibt dem ersten Zug die Fahrt auf der neugebauten Strecke frei.

sondern zugleich den öffentlichen Personennahverkehr auf der Insel nachhaltig verbessert hat. Aus diesem Grund hat das Land über seine Nahverkehrsgesellschaft auch alle übrigen diesem Zweck dienenden Erneuerungsmaßnahmen der Borkumer Kleinbahn, die hier dargestellt worden sind bzw. noch behandelt werden, jeweils in erheblichem Umfang gefördert.

Als im Winterhalbjahr 2013/14 auch für Gleis 1 auf dieselbe Weise eine vollständige Erneuerung anstand, ging es ein wenig entspannter zu, denn jetzt konnten alle Beteiligten in hohem Maße von Erfahrungen profitieren, die sie bereits beim Neubau von Gleis 2 gewonnen hatten. So wurden die abermals großen logistischen Herausforderungen beim Heranschaffen und Verteilen der Baumaterialien in der Vorphase dieser Maßnahme ab Herbst 2013 ebenso gut gemeistert wie der Bau selbst, der plangerecht bis Ostern 2014 zum Abschluss kam.

Mit der vollständigen Erneuerung beider Gleise der Inselbahn und der damit endgültig erreichten langen Betriebsperspektive von etwa 50 Jahren ist es, pünktlich zum 125-jährigen Jubiläum der AG „Ems" und der Borkumer Kleinbahn, gelungen, die Bahninfrastruktur auf Borkum auf einen Stand zu bringen, den sie in diesem Perfektionsgrad noch nie in ihrer Geschichte gehabt hat. Die dazu erforderlichen großen Investitionen waren für beide Gesellschaften zwar mit erheblichen Anstrengungen verbunden, aber dennoch höchst lohnenswerte Kapitalanlagen, weil sie nicht nur im Sinne der Nachhaltigkeit eine auf Jahrzehnte hin stabile Betriebsbasis geschaffen, sondern auch für einen bedeutenden Zugewinn an Komfort, Sicherheit und Zuverlässigkeit für die Urlauber und Insulaner gesorgt haben. Denn diese sind es schließlich, denen all diese Verbesserungen in der Borkumer Verkehrsinfrastruktur zugute kommen. Soll diese aber ihr Potential in vollem Umfang zur Geltung bringen, muss auch das rollende Material einem gleichermaßen hohen Standard genügen. Auch dafür haben die Borkumer Kleinbahn und die AG „Ems" in den letzten 25 Jahren erhebliche Anstrengungen unternommen.

Nachhaltige Sicherung **7.2**

NACHHALTIGE SICHERUNG [2]
Neue Kleinbahnwagen im überkommenen „Look", Restaurierung und Traditionspflege beim alten rollenden Material

Erster Schritt zur grundlegenden Erneuerung des rollenden Materials der Borkumer Kleinbahn war die Beschaffung von drei umweltfreundlich ausgerüsteten neuen Diesellokomotiven der Firma SCHÖMA in Diepholz im Winter 1993/94. Hier die Lok BERLIN, die mit den beiden anderen Loks HANNOVER und MÜNSTER baugleich ist.

Nachdem zu Anfang der 1990er Jahre mit dem Neubau des Inselbahnhofs und der Entscheidung für die Wiederaufnahme eines durchgängig zweigleisigen Bahnbetriebs die ersten Schritte zur nachhaltigen Stärkung der ortsfesten Betriebsmittel getan waren, widmete sich die Gesellschaft ab 1992/93 mit Vorrang dem rollenden Material der Borkumer Kleinbahn. Hier waren größere Investitionen schon seit langem unterblieben mit der Folge, dass alle Fahrzeuge der Kleinbahn zwar technisch stets in einem noch brauchbaren Zustand waren und ihre täglichen Aufgaben daher meist ohne nennenswerte Ausfälle erfüllten, aber insgesamt deutlich hinter den weit höheren und moderneren Standards zurück standen, die die Schiffe der AG „Ems" längst erreicht hatten. Sollte das damals eingeführte Betriebsmotto „AG Ems … und der Urlaub beginnt!" nicht nur für die Seepassage, sondern für die gesamte, die Benutzung der Inselbahn mit einschließende Fahrt von und nach Borkum gelten, dann war es von größter Wichtigkeit, den Urlaubsgästen auch auf dem Weg zwischen der Reede und dem Borkumer Ortszentrum ein Maß an Komfort und Bequemlichkeit zu bieten, das zeitgemäß ist und ihren Erwartungen entspricht.

Mit den vorhandenen Personenwagen, deren jüngsten aus dem Baujahr 1928 stammten, war das beim besten Willen nicht mehr möglich, und weil unabhängig davon auch der laufende Erhaltungsaufwand für diese Wagen immer größer wurde, entschied sich die Gesellschaft dafür, die für den regulären Passagierbetrieb der Kleinbahn erforderliche Mindestausstattung von zwei Zuggarnituren samt Lokomotiven komplett neu zu

Nachhaltige Sicherung **7.2**

Die Ende 1993 und im Frühjahr 1994 in Betrieb genommenen beiden neuen Zuggarnituren orientieren sich außen wie innen am überkommenen Erscheinungsbild der Borkumer Kleinbahnwagen, entsprechen technisch und im verwendeten Material aber den Anforderungen des 21. Jahrhunderts.

beschaffen. Auch diese Entscheidung, die mit etwa 16 Mio. DM einen außerordentlich hohen Investitionsaufwand erforderte, war dem Gedanken der Nachhaltigkeit und Langlebigkeit der Betriebsmittel verpflichtet. Allerdings wurde sie der AG „Ems" dadurch etwas erleichtert, dass das Land Niedersachsen zugesagt hatte, sich mit Mitteln zur Förderung des öffentlichen Personennahverkehrs an den Anschaffungskosten des neuen rollenden Materials ebenso zu beteiligen, wie es das auch bei den meisten anderen in diesen Jahren durchgeführten Erneuerungsmaßnahmen der Borkumer Kleinbahn getan hat.

Als erstes wurden bei der Firma Christoph Schöttler Maschinenbau (SCHÖMA) in Diepholz, die mit einer Ausnahme auch alle bereits vorhandenen Zugmaschinen der Borkumer Kleinbahn gebaut hatte, 1992 und 1993 insgesamt drei baugleiche Diesellokomotiven in Auftrag gegeben, die nach ihrer Indienststellung Ende 1993 und Frühjahr 1994 auf die Namen BERLIN, HANNOVER und MÜNSTER getauft wurden; letztere ist bereits die dritte dieses Namens in der Geschichte der Borkumer Kleinbahn. Wegen ihres Einsatzes auf einer Urlaubs- und Badeinsel mit reiner Seeluft sind diese drei Lokomotiven besonders umweltfreundlich ausgerüstet. Ihre Motoren wurden zunächst mit Bio-Diesel betrieben, sie verursachen aber auch beim Einsatz von Mineralkraftstoff reduzierte Stickoxid-, Kohlenmonoxid-, Kohlenwasserstoff- und Rußemissionen.

Parallel dazu erhielt die Firma Waggonbau Bautzen GmbH 1992 den Auftrag zum Bau zweier neuer Zuggarnituren, bestehend jeweils aus acht Personenwagen und einem Sonderwagen für den Transport von Rollstuhlfahrern, größerem Gepäck, Fahrrädern, Kinderwagen oder sonstigem sperrigen Gerät. Die Abmessungen der neuen Personenwagen richteten sich nach der Länge der vorhandenen Bahnsteige, die Vorgaben für ihre äußere und innere Gestaltung aber waren abgeleitet von den seit Jahrzehnten das Bild der Borkumer Kleinbahn prägenden Wagen der sog. „Bauart Weyer", benannt nach dem Düsseldorfer Unternehmen Carl Weyer, bei dem sie teils vor, teils nach dem Ersten Weltkrieg gebaut worden waren. Wie diese sollten die neuen Wagen an beiden Seiten über einen überdachten, im übrigen aber offenen Ein- und Ausstieg mit jeweils

Nachhaltige Sicherung 7.2

Jeder der neuen Kleinbahnwagen hat deutlich sichtbar einen Namen nach einer topografischen Gegebenheit der Insel und vermittelt den Urlaubern damit ein Stück Borkumer Heimatkunde; hier eine kleine Auswahl dieser Namen.

einer Sitzbank zur Benutzung bei schönem Wetter verfügen, im Inneren mit hölzernen Sitzbänken in Längs- und Querausrichtung ausgestattet sein und auf dem Dach in ganzer Länge ein leicht erhöhtes Oberlicht haben.

Ziel dieser Vorgaben war es, auch mit den neuen Zügen den überkommenen Gesamtcharakter des Wagenparks der Inselbahn weitgehend einheitlich zu bewahren. Bei der Entscheidung über die beim Bau der Züge zu verwendenden Materialien ließ sich die Gesellschaft nicht primär von einem aktuell günstigen Anschaffungspreis leiten, sondern davon, mit den eingesetzten Mitteln ein Höchstmaß an Langlebigkeit und Robustheit zu erreichen sowie den Aufwand für Wartung und Instandhaltung dauerhaft möglichst gering halten zu können. So wurde auf rostendes Material verzichtet, wo immer das möglich war, während die Farben der in gelb, rot, blau und magenta gehaltenen Wagen besonders widerstandsfähig sind gegen die aggressiven Einwirkungen der salzigen Seeluft. Aus all diesen Komponenten ergibt sich eine auf mindestens 50 Jahre prognostizierte Lebensdauer für die beiden neuen Zuggarnituren – ein weiteres Beispiel dafür, dass Investitionsentscheidungen bei der AG „Ems" im höchstmöglichen Maße auf dem Prinzip der Nachhaltigkeit fußen und stets mit dem Blick in die Zukunft getroffen werden.

Die beiden Ende 1993 und im Frühjahr 1994 ausgelieferten neuen Zuggarnituren, deren Wagen jeweils nach einer topografischen Gegebenheit der Insel – WOLDEDÜNEN, GREUNE STEE, FISCHERBALJE, STEERENKLIPP, OSTDÜNEN, UPHOLM, WATERDELLE, STURMECK und KOBBEDÜNEN bei dem einen, HOOGE HÖRN, KIEBITZDELLE, HOPP, HOHES RIFF, OLDE DÜNEN, OSTLAND, TÜSKENDÖÖR, MUSCHELFELD und BANTJEDÜNEN bei dem anderen Zug – benannt sind und den Urlaubern damit gleich ein Stückchen Borkumer Heimatkunde liefern, wurden Ende März 1994 vom damaligen Niedersächsischen Minister für Wirtschaft und Verkehr Dr. Peter Fischer feierlich in Betrieb genommen. Seitdem haben diese formschönen Züge alle Erwartungen, die an ihre Anschaffung geknüpft waren, erfüllt, und schon nach kurzer Zeit waren sie aus dem Bild Borkums gar nicht mehr wegzudenken.

Nachhaltige Sicherung 7.2

Der ursprünglich als großer Sanitätswagen 1922 in Görlitz für das Militär gebaute Personenwagen wurde 1947 von der Borkumer Kleinbahn übernommen und 1984 zu einem Gesellschaftswagen umgebaut. Links eine Außen-, rechts eine Innenansicht.

Bereits im Zusammenhang mit den Überlegungen zum etwaigen Umbau der Borkumer Kleinbahn auf Magnetschwebebahntechnik Anfang der 1980er Jahre war deutlich geworden, dass die Inselbahn nicht einfach ein Instrument zum bloßen Personentransport zwischen Hafen und Ortszentrum ist, sondern von vielen Urlaubsgästen als Verkehrsmittel mit einem hohen emotionalen Wert wahrgenommen wird. Die Kleinbahn kann deswegen geradezu als integraler Teil des auf Ruhe und Erholung ausgelegten Inselcharakters gelten. Bei den Entscheidungen, die nach Indienststellung der beiden neuen Zuggarnituren über den Umgang mit dem überkommenen rollenden Material zu treffen waren, kam es daher darauf an, diesen Gegebenheiten ausreichend Rechnung zu tragen.

Mit anderen Worten: Die Borkumer Kleinbahn musste unter Beachtung aller Anforderungen, die sie im aktuellen Tagesgeschäft zu erfüllen hat, für ihren traditionellen Fahrzeugpark ein Einsatzkonzept entwickeln, das dazu führt, dass bereits sie selbst und ihre Betriebsmittel insgesamt als ein hochwertiges touristisches Angebot eingestuft werden, das es in dieser Form weder bei den Inselgästen zu Hause noch in vergleichbaren anderen Urlaubsorten gibt. Denn gerade im Hinblick auf die in den letzten Jahrzehnten generell stark gewachsene Begeisterung für historische Technik, die in diversen Spezialmuseen bewahrt, aber – abgeschnitten von ihren ursprünglichen Einsatzzwecken –, letztlich meist eher künstlich am Leben gehalten wird, verfügt die Borkumer Kleinbahn über ein Alleinstellungsmerkmal, das keine Museumseisenbahn der Welt bieten kann: Die Kleinbahn ist ein Verkehrsmittel, das auch nach mittlerweile 125 Jahren noch immer seine im Kern unverändert gebliebene angestammte Aufgabe im alltäglichen Leben der Insel erfüllt.

Das gemäß dieser Erkenntnis entwickelte Einsatzkonzept sah vor, die Kleinbahn ihre reiche Geschichte gewissermaßen einfach selbst erzählen zu lassen, indem sie ihre historischen Fahrzeuge so einsetzt, wie sie es immer getan hat – bei Bedarf auch im Echtbetrieb des Alltags. Im Lichte dieses Ziels überprüfte die Kleinbahn nach der Indienststellung der beiden neuen Züge noch 1994 den gesamten Bestand ihres historischen

Nachhaltige Sicherung 7.2

Zwei in der gemeinnützigen Einrichtung „Jugend in Arbeit" in Hamburg von Grund auf restaurierte historische Kleinbahnwagen kehren 1998 auf dem Tieflader nach Borkum zurück. Vorn der 1914 gebaute ehemalige kleine Militärsanitätswagen, der von der Kleinbahn 1947 übernommen wurde, hinten der schon 1889 gebaute Personenwagen 17, der bis zur Übernahme durch die Kleinbahn 1916 bei der Kyffhäuser Grubenbahn im Einsatz war.

rollenden Materials und schied dabei aus, was nicht mehr für sie in Frage kam. Einiges wurde damals verschrottet, während von den 16 alten Personenwagen der „Bauart Weyer" sechs an verschiedene Museen abgegeben wurden. Die übrigen 10 Weyer-Wagen aber blieben im Bestand; acht davon werden für Zeiten besonders hohen Passagieraufkommens mit verdichteter Zugfolge oder für Sonderaufgaben als dritte Zuggarnitur in Reserve gehalten. Die damit mögliche Flexibilität war und ist bis heute zwingend erforderlich, denn bei der inzwischen in einer Größenordnung wie nie zuvor angebotenen Zahl an Schiffsverbindungen mit in der Saison durchschnittlich mindestens jeweils sieben regulären Fähranküften und -abfahrten pro Tag (vier von und nach Emden, drei von und nach Eemshaven), zu denen die verschiedenen Sonder- und Ausflugsfahrten noch hinzuzuzählen sind, müssen in der Spitze jeweils mehrere tausend Menschen in kurzer Zeit zwischen Reede und Bahnhof hin- und hertransportiert werden. Das aber verlangt einen entsprechend großen Wagenpark, soll es für die Inselgäste nicht zu unakzeptabel langen Wartezeiten kommen.

Auf der Basis der Überprüfung ihres rollenden Materials startete die Kleinbahn 1995 ein auf mehrere Jahre angelegtes Programm zur systematischen und weitestgehend originalgetreuen Restaurierung ihres neben den Wagen der „Bauart Weyer" noch vorhandenen gesamten sonstigen historischen Wagenparks. Dieser ist im Laufe der Zeit aus verschiedenen Wurzeln zusammengewachsen und enthält einzelne Stücke, die noch aus dem späten 19. Jahrhundert stammen, allerdings nicht mehr bis in die Schicht der Erstausstattung mit den „Poppinga-Wagen" reichen, denn diese sind bereits in den 1950er Jahren endgültig verschrottet worden. Teils geschah die damalige Erneuerung in der eigenen Werkstatt, teils in einer der Jugendhilfe verpflichteten gemeinnützigen Einrichtung in Hamburg, die sich auf solcherlei ungewöhnliche Arbeiten spezialisiert hat.

Der vielleicht wichtigste Teil dieser systematischen Traditionspflege bestand darin, dass die Kleinbahn ihre im Jahre 1968 außer Betrieb gesetzte letzte, 1940 bei Orenstein & Koppel in Babelsberg gebaute Dampflok DOLLART, die seit 1978 als Denkmal vor dem

Nachhaltige Sicherung **7.2**

Um wieder einsatzfähig zu werden, musste die ehemalige Dampflok DOLLART, die zwei Jahrzehnte als Denkmal vor dem Borkumer Kurhaus gestanden und dementsprechend gelitten hatte, komplett auseinander genommen werden (links). Im Frühjahr 1997 kam sie im vollständig restaurierten Bestzustand wieder zurück, hier noch ohne ihr künftiges Namensschild BORKUM bei ersten Probefahrten auf der Wattbahnstrecke (rechts).

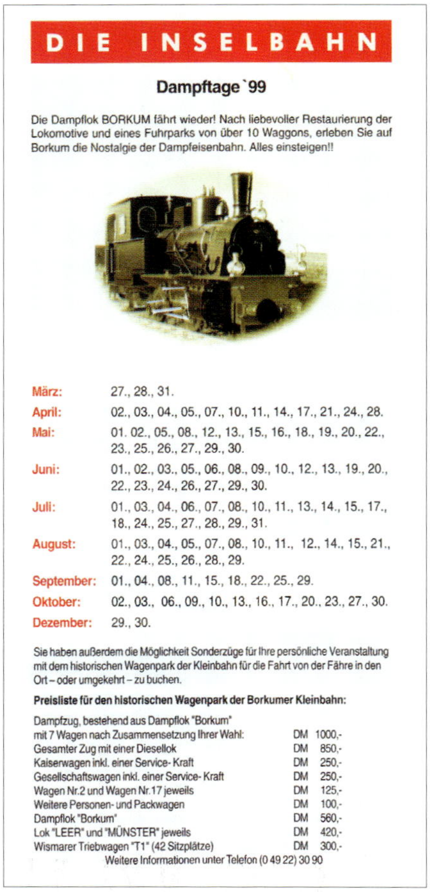

Seit der Wiederinbetriebnahme der Dampflok BORKUM finden Jahr für Jahr eigene „Dampftage" nach Fahrplan statt (links). Besonders beliebt bei den Urlaubsgästen ist die Möglichkeit, sich in einem Eintageslehrgang zum Ehrendampflokführer ausbilden zu lassen. Hier präsentieren zwei Teilnehmer zusammen mit ihren Ausbildern stolz ihre darüber ausgestellte Urkunde (rechts).

198

Nachhaltige Sicherung 7.2

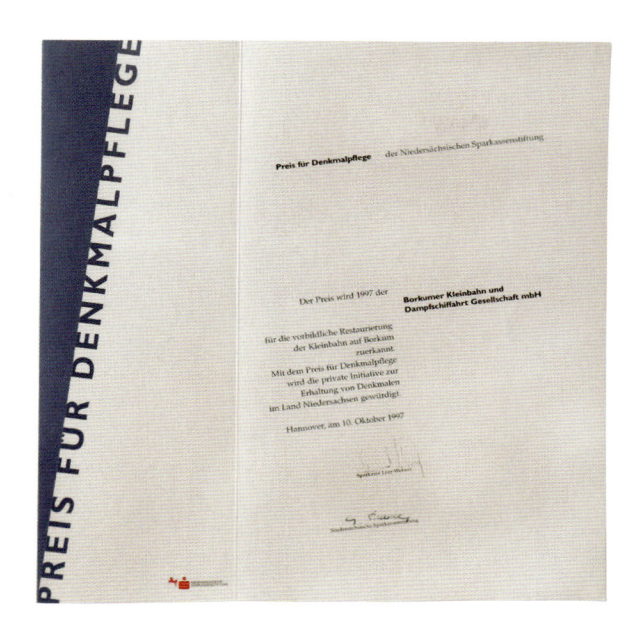

Als verdienten Lohn für ihre Restaurierungsanstrengungen bei ihrem historischen rollenden Material erhielt die Borkumer Kleinbahn 1997 den Preis für Denkmalpflege der Niedersächsischen Sparkassenstiftung.

Der 1905 gebaute sog. „Kaiserwagen" zeigt nach seiner bis ins letzte Detail originalgetreuen Restaurierung, wie luxuriös in der Zeit des Deutschen Kaiserreichs ein Salonwagen für gehobene Ansprüche ausgestattet war.

Borkumer Kurhaus gestanden hatte und dort dem allmählichen Verfall ausgesetzt gewesen war, 1996 in den eigenen Bestand zurückholte und anschließend im Instandsetzungswerk Meiningen der Deutschen Bahn von Grund auf voll funktionsfähig wiederherstellen ließ. Um die allergen- und schadstoffarme Borkumer Seeluft, auf die viele Inselgäste angewiesen sind, nicht zu beeinträchtigen, wurde dabei statt des herkömmlichen ein von der Schweizerischen Lokomotiven- und Maschinenfabrik AG in Winterthur entwickelter völlig neuartiger Dampfkesseltyp eingebaut, der seine Kraft aus einer Leichtölfeuerung mit Dampfzerstäubung zieht.

Mit Kosten von weit mehr als 600.000 DM war dies zwar eine außerordentlich teure Investition, aber als die im Fahrwerk leuchtend rot und im Oberbau dunkelblau angestrichene Lokomotive Ende März 1997 unter dem Namen BORKUM (die dritte Dampflok dieses Namens in der Geschichte der Kleinbahn) in einer großen Feier in Betrieb genommen wurde, war das Echo so überwältigend, dass sofort klar war, die AG „Ems" hatte die richtige Entscheidung getroffen. Beim Publikum besonders beliebt, tut die Lok BORKUM seitdem während der Saison ihren Dienst, teils an eigens veranstalteten „Dampftagen", teils für andere Sonder- oder Charterfahrten, und bei erhöhtem Bedarf ist sie mit der dritten Zuggarnitur der „Weyer-Wagen" sogar im regulären Passagierverkehr zwischen Bahnhof und Hafen unterwegs.

Parallel zu diesem Schritt wurde auch der 1905 im Auftrag der Borkumer Kleinbahn als luxuriöser Salonwagen gebaute sog. „Kaiserwagen", der ebenso wie die Dampflok DOLLART lange als technisches Denkmal vor dem Kurhaus gestanden hatte, 1996 in den Bestand der historischen Fahrzeuge zurückgeholt und in der eigenen Werkstatt mit

Nachhaltige Sicherung 7.2

Links: Der in der Waggonfabrik Wismar 1940 gebaute und bis 1976 auf der Insel im Einsatz gewesene Schienenbus „T 1", der zwischenzeitlich einem Eisenbahnmuseum gehört hatte, konnte 1997 von der Borkumer Kleinbahn zurückerworben werden. Nach seiner gründlichen Restaurierung ist das „Schweineschnäuzchen" genannte Fahrzeug Teil des historischen Fahrzeugparks und wird gerne für Ausflugs- und Sonderfahrten genutzt.

Rechts: Der Mercedes-Omnibus O 3500 aus dem Jahre 1951 war ursprünglich zwar nicht auf Borkum im Einsatz, doch als nicht schienengebunden rundet er den historischen Fahrzeugpark der Kleinbahn aufs beste ab.

besonderer Sorgfalt und Liebe zum Detail originalgetreu restauriert. Der Wagen, der den Geist des Jugendstils atmet und außen mit dem dafür typischen Dekors bemalt ist (vgl. Abb. auf Seite 96), besteht aus einem Salon mit hochwertigen, in bordeauxrotem Samt bezogenen Polstersesseln, Mahagoniintarsien, goldglänzenden Strukturtapeten und polierten Messingknöpfen zum Verschließen der schweren Damastvorhänge sowie einem etwas einfacher ausgestatteten Adjutantenabteil. Zeitgleich mit der Dampflok BORKUM war im Frühjahr 1997 auch der „Kaiserwagen" aufs Schönste wiederhergerichtet und einsatzbereit; beide bilden seitdem sozusagen die „Juwelen" im historischen Fahrzeugpark der Borkumer Kleinbahn.

Den Lohn für seine darauf verwandten großen Anstrengungen erhielt das Unternehmen noch im selben Jahr, als es für die vorbildliche Restaurierung der Dampflok BORKUM und des „Kaiserwagens" mit dem Denkmalpflegepreis der Niedersächsischen Sparkassenstiftung ausgezeichnet wurde. Besonders gewürdigt wurde dabei die Tatsache, dass beide Fahrzeuge nicht wie sonst vielfach üblich lediglich als Museumsobjekte restauriert worden sind, sondern trotz der damit verbundenen höheren Kosten im Echt- und Regelzugbetrieb eingesetzt werden.

Die Borkumer Kleinbahn konnte sich somit in ihren Maßnahmen zur Erhaltung ihres Bestandes historischer Fahrzeuge, die bis zur Jahrtausendwende sämtlich bestens durchrestauriert waren, bestätigt sehen. In konsequenter Verfolgung dieser Linie gelang es ihr außerdem, zwei weitere Akzente zu setzen: der erste 1997, als sich die Gelegenheit bot, den 1940 von der Waggonfabrik Wismar an sie ausgelieferten Schienenbus „T1" von einem in Auflösung begriffenen Eisenbahnmuseum zurückzukaufen. Bis Mitte der 1950er Jahre war dieser Schienenbus regelmäßig, danach aber nur noch selten im Inselverkehr zum Einsatz gekommen und 1976 ausgemustert worden. In der eigenen Werkstatt aufwendig restauriert und wieder fahrtüchtig gemacht, steht der auf der Vorder- wie der Hinterseite mit je einem markant vorstehenden Motorantrieb ausgerüstete und deswegen als „Schweineschnäuzchen" bezeichnete Schienenbus seit dem Frühjahr 1998 für Sonder- und Ausflugsfahrten auf Borkum zur Verfügung.

Nachhaltige Sicherung **7.2**

Nach ihrer vollständigen Restaurierung sind auch die im Bestand der Kleinbahn verbliebenen alten „Weyer-Wagen" in Zeiten hohen Bedarfs im Regelverkehr zwischen Hafen und Ortszentrum im Einsatz. Anders als früher aber tragen nur einige von ihnen eine Werbeaufschrift, und auch diese ist betont dezent gehalten und ausschließlich ortsbezogen.

Den zweiten Akzent setzte die Kleinbahn im Jahre 2002 mit dem Ankauf eines Mercedes-Omnibusses vom Typ O 3500 aus dem Jahre 1951, der zwar nie auf Borkum gefahren war – einen Omnibusbetrieb gibt es hier erst seit dem Frühjahr 1962 –, aber den Bestand historischer Verkehrsmittel der Kleinbahn höchst sinnvoll ergänzt, da er als nicht schienengebundenes Radfahrzeug zu echten Inselrundfahrten eingesetzt werden kann. Vornehm in dunkelrot und schwarz lackiert und mit einem farblich auf gleiche Weise gestalteten Gepäckanhänger versehen, ist dieser Oldtimerbus, mit dessen Benutzung Inselgäste sozusagen aus der Gegenwart in eine vergangene Zeit versetzt werden, aus dem Borkumer Verkehrsgeschehen gar nicht mehr wegzudenken.

Zur Abrundung all dieser Maßnahmen wurde im Winterhalbjahr 2005/06 schließlich auch die Reservezuggarnitur der „Weyer-Wagen" teils in der eigenen Werkstatt, teils von der auf solche Arbeiten spezialisierten Einrichtung „Ökologische Technik" in Hamburg-Finkenwerder generalüberholt und technisch wie optisch aufs Beste wiederaufgearbeitet. Einer dieser Wagen verwandelte sich dabei in einen Bistrowagen mit kleiner Küchenausstattung, einem Barbereich und gemütlichen Cafétischen mit je zwei bzw. vier Plätzen. In einem edlen Dunkelgrün gestrichen und, anders als früher, nur teilweise dezent mit einer ortsbezogenen Werbebeschriftung versehen, stehen die „Weyer-Wagen" seitdem den übrigen Teilen des historischen Wagenparks der Borkumer Kleinbahn in nichts mehr nach.

Mit der konsequent betriebenen Pflege einer aus ihrer eigenen Vergangenheit entwickelten und daher auf Anhieb überzeugend gelebten Tradition, die sich problemlos und widerspruchsfrei mit den stets zuverlässig erfüllten Anforderungen im täglichen Regelzugverkehr in Einklang bringen lässt, hat die Borkumer Kleinbahn den richtigen Weg

Nachhaltige Sicherung **7.2**

Links: Seit einigen Jahren steht der „Kaiserwagen" auch als rollendes Standesamt zur Verfügung. Eine Eheschließung in solchem Rahmen ist ein zweifellos unvergessliches Erlebnis.

Rechts: Dampflok BORKUM mit vier historischen Personenwagen im Jahre 2011 auf Sonderfahrt.

beschritten. Wie beabsichtigt, ist es ihr auf diese Weise gelungen, als Verkehrsunternehmen mit einem eigenständigen touristischen Wert wahrgenommen zu werden. Vom Publikum – Urlaubsgästen wie Insulanern – wird das damit über den Standardverkehr zwischen Hafen und Ortszentrum hinaus mögliche reizvolle Angebot gut angenommen. Sonder-, Ausflugs- und Charterfahrten mit dem Wismarer „Schweineschnäuzchen", dem Oldtimeromnibus oder einer von der Dampflok BORKUM gezogenen historischen Wagengarnitur sind sehr beliebt und daher stets gut frequentiert. Insgesamt umfasst der Bestand an schienengebundenen Fahrzeugen der Borkumer Kleinbahn drei Vollzüge mit jeweils acht Personen- und einem Gepäckwagen, einen historischen Zug mit vier bis sieben Wagen sowie sieben Lokomotiven und einen Triebwagen.

Einen besonderen „Leckerbissen" bildet dabei der „Kaiserwagen", der als rollender Festsalon für kleine Gesellschaften gebucht werden kann, z.B. für Hochzeitspaare, die sich auf dem alten Inselleuchtturm haben trauen lassen. Seitdem das bei der Wahl von Trauungslokalitäten früher sehr starre Personenstandsrecht vor einigen Jahren gelockert worden ist, steht der „Kaiserwagen" inzwischen aber auch selbst als mobiles Standesamt zur Verfügung. Kombiniert mit dem Bistrowagen und der Dampflok BORKUM, die einen solchen „Hochzeitszug" in langsamer Fahrt über die Insel zieht, ist den Brautpaaren, die bislang von diesem Angebot Gebrauch gemacht haben, ihre Eheschließung zu einem zweifellos unvergesslichen Erlebnis geworden.

Um den Feriengästen aber auch unabhängig von einer Fahrt mit dem historischen Fahrzeugpark eine Möglichkeit zu dessen Nutzung zu geben, steht seit einigen Jahren der Bistrowagen während der Sommermonate zu bestimmten Zeiten als nostalgisches Waggon-Café am Kleinbahnhafen und bietet sich dort mit einem Angebot an Kaffee und Kuchen, diversen Getränken und kleinen Snacks als reizvolles und gut angenommenes Ausflugsziel an.

202

Nachhaltige Sicherung **7.3**

NACHHALTIGE SICHERUNG [3]
Neue Aufgaben für die Kleinbahn und Rationalisierung durch flexible Organisation

So erfolgreich die Maßnahmen zur touristischen Positionierung der Borkumer Kleinbahn als eigenständige Marke auch waren, so notwendig blieb und bleibt es für sie als ein dem Gebot der Wirtschaftlichkeit unterliegender Betrieb, auch weiterhin fortlaufend über Möglichkeiten zur rationelleren Erbringung ihrer Leistungen nachzudenken und neue Betätigungsfelder mit zusätzlichen Einnahmemöglichkeiten zu erschließen. Um den insbesondere in den Stoßzeiten der Hochsaison häufig höchst wuseligen Betrieb auf dem Bahnhof mit weniger Personalaufwand besser zu kanalisieren, Durcheinander und Verwirrung zu vermeiden und die Fahrgäste möglichst eindeutig auf den jeweils speziell zu ihrer Schiffsabfahrt gehörenden Zug hinzuweisen, wurde 1997 ein Video-überwachtes und zentral gesteuertes elektronisches Fahrgastinformationssystem am Inselbahnhof, an der Haltstelle Jakob van Dyken-Weg und am Kleinbahnhafen installiert. Dieses mit den Festlandbasen der AG „Ems" in Emden und Eemshaven eng verknüpfte Informationssystem hat sich gut bewährt, doch obwohl auf seinen Anzeigetafeln stets mehrere Stunden im voraus deutlich über die allein maßgeblichen Abfahrtzeiten der jeweils nächsten drei Züge und die damit erreichbaren Schiffe informiert wird, lautet die am häufigsten gestellte Frage auf der Insel noch immer „Und wann fährt der Zug am Bahnhof ab, wenn ich das Schiff um … Uhr erreichen will?"

Seit 1997 wird die Anzeigetafel am Inselbahnhof, die Auskunft über die jeweils nächsten Ankünfte und Abfahrten der Züge gibt, im Verbund mit den Verkehrsdaten von Emden-Außenhafen und Eemshaven zentral elektronisch gesteuert und zeigt damit gegebenenfalls auch Abweichungen vom regulären Fahrplan an.

Nachhaltige Sicherung 7.3

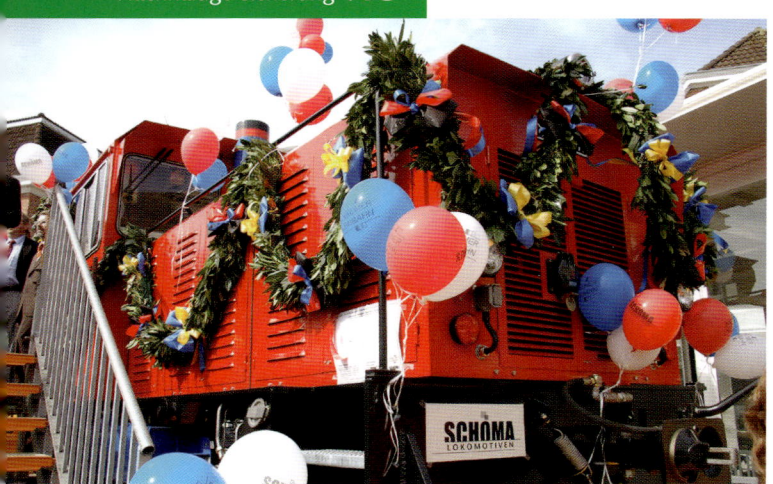

Für die Einführung des Wendezugbetriebs war die Anschaffung einer vierten, mit den drei vorhandenen weitgehend baugleichen Diesellokomotive der Fa. SCHÖMA erforderlich, die auf dem Auricher Marktplatz im April 2007 auf den Namen AURICH getauft wurde (links). Im regulären Verkehr wurde der Wendezugbetrieb zum Saisonauftakt 2007 aufgenommen. Der damalige Vorsitzende der FDP-Fraktion im Niedersächsischen Landtag und spätere Niedersächsische Wirtschaftsminister sowie Bundesgesundheitsminister und deutsche Vizekanzler Philipp Rösler gab dazu gemeinsam mit der Borkumer Bürgermeisterin Kristin Mahlitz das Startsignal (rechts).

Wirtschaftlich viel bedeutender war es allerdings, eine Lösung zu finden, mit der sich vermeiden lässt, am Ende einer jeden Fahrt, sei es am Kleinbahnhafen, sei es am Bahnhof, die Lokomotive von der Zugspitze der einen Fahrtrichtung an die Zugspitze der Gegenrichtung versetzen zu müssen. Dieses Rangieren war nicht nur zeit- und personalaufwendig, sondern auch nicht ungefährlich, weil die Loks sich ihren Weg meist durch ein teilweise dichtes Menschengedränge bahnen mussten. Mit der Einführung des Prinzips „Wendezugbetrieb" im Juli 2007 war es mit diesen Umständlichkeiten vorbei. Seitdem fährt an beiden Enden eines jeden Zuges je eine Diesellokomotive, von denen aber nur die jeweils vordere zieht, während die jeweils andere am Zugschluss ohne Getriebekraft mitläuft. Um das zu erreichen, musste die Kleinbahn bei der Firma SCHÖMA in Diepholz zunächst eine vierte Diesellok beschaffen, die in Ausstattung und Leistungsvermögen den drei 1993/94 dort gekauften neuesten Loks BERLIN, HANNOVER und MÜNSTER (III) weitgehend gleicht, aber technisch in verschiedenen Punkten auf einem moderneren Stand und insbesondere bereits von vornherein dafür ausgelegt ist, einem Zug auch kraftfrei „hinterherzulaufen". Im April 2007 auf den Namen AURICH getauft und somit nach einer 1906 in Dienst gestellten Dampflok die zweite Lokomotive dieses Namens auf Borkum, nahm sie zusammen mit den drei übrigen Lokomotiven, die im Laufe des Winterhalbjahres 2006/07 bei ihrer Herstellerfirma in Diepholz auf ihren veränderten Einsatzzweck umgerüstet worden waren, im Sommer dieses Jahres den Wendezugbetrieb auf. Diese Maßnahme hat die Abwicklung des Verkehrsgeschehens seither bedeutend erleichtert und den Wechsel von einer Fahrtrichtung zur anderen zeitlich erheblich verkürzt. Trotz eines Kostenaufwands von deutlich mehr als 0,5 Mio. €, an denen sich auch das Land Niedersachsen im Rahmen der Förderung des öffentlichen Personennahverkehrs beteiligt hat, war diese Maßnahme daher eine lohnenswerte und abermals dem Prinzip der Nachhaltigkeit verpflichtete Investition.

Nachhaltige Sicherung 7.3

Seit Herbst 1999 wird der gesamte Kaibetrieb beim Löschen und Laden der Autofähren von der Fa. Habich & Goth, dem auf diese Aufgabe spezialisierten Tochterunternehmen der Borkumer Kleinbahn, abgewickelt. Besonders in den Sommermonaten mit ihrem stets großen Verkehrsaufkommen kommt es dabei darauf an, dass das jeweils von großen Traktoren durchgeführte Roll-Off bzw. Roll-On der LKW-Anhänger und -Auflieger ohne eigene Zugmaschine sowie der Rollcontainer für Gästegepäck und sonstiges Kleinfrachtgut zügig erfolgt, denn die Zeit zwischen Ankunft und Wiederabfahrt eines Schiffs ist stets knapp bemessen.

Mehr Flexibilität war auch bei der Abwicklung des Verkehrs im Kleinbahnhafen gefragt. Aus diesem Grunde wurde im Oktober 1999 die gesamte Abfertigung der ankommenden und abfahrenden Schiffe von der Borkumer Kleinbahn und Dampfschiffahrt GmbH auf deren Tochterfirma Habich & Goth verlagert. Angefangen vom Festmachen einer Fähre bei der Ankunft bis zum Lösen von deren Landvertäuung bei der Abfahrt, erledigt seitdem das Personal von Habich & Goth alle dazwischen anfallenden Arbeiten: Die Steuerung des Roll-Off der PKW und LKW bzw. die Durchführung des Roll-Off der LKW-Auflieger oder -Anhänger ohne Zugmaschine mit eigenen Traktoren; die Weiterleitung von Fracht bis zum Empfänger und die ggf. dazu erforderlichen weiteren Bearbeitungsschritte; die Sortierung des Urlaubergepäcks und dessen Ausrollen zu den jeweiligen Unterkünften; die sonstigen Entladearbeiten sowie schließlich die Abwicklung des Briefposttransports und der Briefkastenleerung auf der Insel – beide Dienste hat die Deutsche Post 2001 bzw. 2002 auf die Borkumer Kleinbahn übertragen – und für abfahrende Fähren das Ganze in umgekehrter Richtung und Reihenfolge.

Manche der genannten Arbeiten führt Habich & Goth nicht selbst aus, sondern lässt sie durch eine ihrerseits damit beauftragte Dienstleistungsfirma erledigen, so z.B. durch die Firma Petra Brinkmann, die sich auf die Postdienste spezialisiert hat. Auf diese Weise haben sich die Verkehrsströme am Kleinbahnhafen deutlich spürbar voneinander entzerren lassen, und da sich jeweils nur ein kleiner Personalkörper um eine in sich geschlossene Aufgabe kümmern muss, lässt sich das gesamte Hafengeschäft mit erheblich weniger Aufwand bei gleichzeitig weit größerer Flexibilität abwickeln, als wenn die letztlich auf den eigentlichen Eisenbahnverkehr spezialisierte Kleinbahn diese für sie eher betriebsfremden Arbeiten selbst erledigen müsste.

Das gilt erst recht für den eigentlichen Fracht- und Großgüterumschlag, für den die Kleinbahn bereits im Jahre 1984 zusammen mit einigen anderen Partnern die Borkumer Industriegüterumschlag GmbH (BIG) gegründet hat. Nachdem der Militärstandort auf der Insel 1995/96 aufgehoben worden ist und der bis dahin primär der Marine dienende Schutzhafen keine militärischen Zwecke mehr zu erfüllen hat, hat dieser als logistische Basis für die Versorgung der Insel mit Bau- und Brennstoffen und dergleichen Gütern aller Art erheblich an Gewicht gewonnen, und wegen der diversen Windparks zur umweltschonenden Erzeugung von Energie, die seit einigen Jahren vor Borkum entstehen, ist diese Bedeutung im Hinblick auf den Offshorebereich noch einmal ebenso kräftig gewachsen, wie das Volumen des dort stattfindenden Güterumschlags zugenommen hat. Um unter diesen gewandelten Rahmenbe-

Nachhaltige Sicherung 7.3

Mit dem 2013 im Borkumer Schutzhafen in Betrieb genommenen ortsfesten Schwerlastkran war die Borkumer Industriegüterumschlag GmbH (BIG), in der Lage, auch tonnenschwere Lasten umzuschlagen. Auch größere Sportboote und Jachten profitieren beim Einsetzen ins Wasser von diesem Kran, der seit der vollständigen Verschmelzung der BIG mit der Habich & Goth GmbH im Jahre 2014 von diesem Tochterunternehmen der Borkumer Kleinbahn betrieben wird.

dingungen auch beim Fracht- und Großgüterverkehr flexibler und wachstumsorientiert agieren zu können, hat die Borkumer Kleinbahn im Jahre 2006 die Anteile aller übrigen Partner an der BIG aufgekauft, so dass diese zu einem zweiten hundertprozentigen Tochterunternehmen der Kleinbahn wurde. 2014 ging die BIG vollständig in der Habich & Goth GmbH auf, die weiterhin durch einen Ergebnisabführungsvertrag mit der Kleinbahn als Unternehmensmutter verbunden ist, so wie diese ihrerseits in einem solchen Verhältnis zur AG „Ems" steht.

Hauptgeschäftszweck der BIG war der Betrieb einer festen Laderampe für diverse Frachten sowie einer Vielzweckumschlaganlage für Industriegüter im Schutzhafen. In Ausfüllung dieses Zwecks wurde dort im Mai 2013 ein 12 m hoher Kran in Betrieb genommen, der auf der Insel erstmals ortsfest tonnenschwere Container und Stückgut in dieser Gewichtsklasse heben kann, aber auch für das Ein- und Aussetzen von Sportbooten und Jachten ins bzw. aus dem Wasser zur Verfügung steht. Die Infrastruktur des Borkumer Schutzhafens und dessen Leistungsfähigkeit als Offshorehafen ist damit in der jüngsten Vergangenheit erheblich verbessert worden.

Während diese technisch-logistischen Bereiche eher eigenständig neben dem übrigen Betätigungsfeld der Borkumer Kleinbahn stehen, sind andere Dienstleistungen ganz unmittelbar mit deren gestiegenem touristischen Eigengewicht verknüpft. Dazu gehören der einige Jahre nach dem Neubau des Bahnhofs Mitte der 1990er Jahre aufgenommene Fahrradverleih, der heute mehr als 700 Fahrräder sowie diverse andere mobile Mietobjekte wie Anhänger und Bollerwagen anbietet und durch eine für einen solchen Betrieb unverzichtbare Werkstatt komplettiert wird. Weiter sind regelmäßig Inselrundfahrten sowie Orts- und Inselführungen im Angebot, die teils allgemeiner Art sind, teils sich auf bestimmte Themen oder historische Aspekte konzentrieren. Schließlich runden Wattführungen mit allen dazugehörigen Erklärungen und Aktivitäten, geleitet stets von speziell für den Einsatz im Nationalpark Wattenmeer ausgebildeten und geprüften Führern, die Palette der touristischen Neben- und Ergänzungsangebote der Borkumer Kleinbahn ab. Alle diese Erlebnis-, Lern- und Unterhaltungsmöglichkeiten stehen bei den Urlaubsgästen hoch im Kurs und werden gern angenommen.

Damit diese reichhaltigen Angebote ebenso wie alle übrigen, in sich außerordentlich vielfältigen Geschäftsfelder der Borkumer Kleinbahn stets zuverlässig und flexibel, aber dennoch mit einem schlanken Personalkörper realisiert werden können, ist der größte

Nachhaltige Sicherung 7.3

Wattführungen mit Heinrich „Heini" Poppinga sind bei den Urlaubsgästen ein gern genutztes touristisches Angebot der Borkumer Kleinbahn. Der eigens dafür ausgebildete und zertifizierte Führer ist zugleich als Busfahrer für das Unternehmen tätig – eines von vielen Multifunktionstalenten, die im Personalkörper der Kleinbahn vorhanden sind.

In den ursprünglich als Gepäckaufbewahrung genutzten Räumen im neuen Inselbahnhof betreibt die Borkumer Kleinbahn seit den 1990er Jahren in bester Zentrallage einen Fahrradverleih mit zugehöriger Werkstatt, hier die Außen- und Innenansicht.

Teil der Kleinbahnbelegschaft im Laufe der Zeit zu Multifunktionstalenten ausgebildet und geschult worden. Da ist der Busfahrer zugleich geprüfter Wattführer, der Lokführer zugleich Kfz-Mechaniker oder Elektriker, der Mitarbeiter im Fahrradverleih zugleich Maler und Lackierer oder Tischler, der Lohnbuchhalter zugleich Busfahrer und das Mitglied der für die Streckenkontrolle zuständigen Gleisbaurotte zugleich Heizer oder Zugführer, kurz: in der zwischen 1990 und 2014 von weniger als 40 auf – einschließlich Auszubildende – annähernd 70 Köpfe gewachsenen Belegschaft der Kleinbahn und ihrer Nebenbetriebe gibt es nahezu niemanden, der nicht je nach Bedarf ganz unterschiedliche Aufgaben wahrnehmen könnte. Auf diese Weise hat sich die Kleinbahn von den teilweise extremen saisonalen Schwankungen, die unvermeidlich das Leben einer Urlaubsinsel prägen, weitgehend unabhängig gemacht und sichergestellt, dass ihr gesamtes Personal zu angemessenen Kosten stets gut, ausreichend und in einem sozial verlässlichen Rahmen beschäftigt ist.

Ein ganz neues Geschäftsfeld für die Borkumer Kleinbahn hat sich in den letzten ca. 10 Jahren dadurch aufgetan, dass sich die für den Betrieb einer Eisenbahn bei ihr ohnehin notwendig vorzuhaltenden fachlichen Kompetenzen und organisatorischen Strukturen ohne nennenswerten Zusatzaufwand auch für Eisenbahnen nutzen lassen, die für einen solchen Aufwand selbst zu klein sind. So konnte die Borkumer Kleinbahn, verkörpert in

Nachhaltige Sicherung 7.3

Transport eines Großbauteils für ein Windkraftrad durch die für den Auricher Windenergieanlagenbauer ENERCON tätige Eisenbahngesellschaft Oldenburg-Ostfriesland auf der Schiene. Da diese – wie auch manche anderen Eisenbahnen in der nordwestdeutschen Küstenregion – einem nur eingeschränkten Zweck dient, fehlt es ihr an einer ausreichenden eigenen eisenbahntechnischen Kompetenz. Der Betrieb diverser solcher Bahnen wird daher von der Borkumer Kleinbahn und ihrem Eisenbahnbetriebsleiter verantwortlich gesteuert, ein neues Aufgaben- und Geschäftsfeld der Kleinbahn, das seit einigen Jahren stetig an Bedeutung gewinnt.

Zum 125-jährigen Jubiläum der Borkumer Kleinbahn im Sommer 2013 fand ein Malwettbewerb der Borkumer Schulkinder statt, dessen Ergebnisse seitdem einen der historischen Wagen schmücken.

ihrem entsprechend qualifizierten und zertifizierten Eisenbahnbetriebsleiter Theodor Robbers, inzwischen die Verantwortung für den Betrieb der Emder Hafenbahn übernehmen, der jahrzehntelang unhinterfragt bei der Deutschen Bahn gelegen hatte. Weiter kümmert sie sich um die Reaktivierung der Eisenbahnstrecke Aurich–Abelitz und um die Anpassung der gesamten Eisenbahnstrecke Emden–Aurich auf eine Ladebreite von 5 Metern sowie um deren generelle Reaktivierung für den Personennahverkehr. Sie hat im Auftrag der Landeshafengesellschaft Niedersachsen Ports GmbH den Eisenbahnbetrieb im neuen Tiefwasserhafen Jade-Weser-Port in Wilhelmshaven aufgebaut und leitet schließlich den Betrieb der Eisenbahngesellschaft Oldenburg-Ostfriesland, die primär im Dienste des Windenergieanlagenbauers Enercon tätig ist. Alle diese auch weiterhin wachsenden administrativen Tätigkeiten für andere Eisenbahnen haben die Bedeutung der Borkumer Kleinbahn enorm gesteigert, sich aber auch bei ihren Erträgen sehr positiv bemerkbar gemacht.

So können die AG „Ems" und ihr Tochterunternehmen Borkumer Kleinbahn mit Stolz auf die letzten 25 Jahre zurückblicken, in denen die Zahl der per Zug und Bus auf der Insel beförderten Fahrgäste von gut 865.500 (1989) um etwa 275.500 auf mehr als 1.141.000 (2014) gestiegen ist und für die Kleinbahn sowie all ihre Belange insgesamt ca. 35 Mio. € investiert worden sind. Die großen Probleme, die sich aus der jahrzehntelang nur in verhältnismäßig geringfügiger Höhe möglichen Investitionen sukzessive ergeben und beim 100-jährigen Jubiläum 1988/89 unübersehbar zu einem großen Investitionsstau geführt hatten, sind alle mit Erfolg gemeistert worden. Beim 125-jährigen Jubiläum im Jahre 2014 waren sie daher nur noch Geschichte.

NACHHALTIGE SICHERUNG [4]
Neue Anlegebrücken und neues Terminal in Emden-Außenhafen, Rationalisierung des Frachtumschlags

Die im Sommer 1901 im Zusammenhang mit dem Ausbau Emdens zum Kopfhafen des Rhein-Ruhrgebiets erfolgte Verlegung des Borkumverkehrs in den Emder Außenhafen und dessen unmittelbare Anbindung an das deutsche Eisenbahnnetz hatten für die AG „Ems" einen entscheidenden Schritt in die Zukunft bedeutet und ihr dank der damit erreichten modernen Infrastruktur eine bis zum Ersten Weltkrieg andauernde Blüteperiode ermöglicht. Später war der Außenhafen weiter ausgebaut und sukzessive neuen Anforderungen angepasst worden, aber seine letzte bauliche Verbesserung lag beim 100-jährigen Jubiläum der AG „Ems" 1989 schon Jahrzehnte zurück.

Grund dafür war der Strukturwandel, der seit Ende der 1960er/Anfang 1970er Jahre in der Eisen-, Stahl- und Bergwerksindustrie des Rhein-Ruhrgebiets eingesetzt und dazu geführt hatte, dass der Massengutumschlag mit Erz und Steinkohle, der in Emden auf seinem Höhepunkt Mitte der 1960er Jahre etwa 17 Millionen Tonnen pro Jahr betragen hatte, sich bis Anfang der 1990er Jahre vollständig in die Rheinmündungshäfen Amsterdam, Rotterdam und Antwerpen verlagert hatte. Diese haben seit jeher im Vergleich zu Emden strukturell wesentlich günstigere Voraussetzungen, so dass das zur Verhinderung dieser Verlagerung in den 1970er Jahren entwickelte Projekt „Dollarthafen", eines Emden vorgelagerten vollständig neuen Hafens mit großer Fahrwassertiefe und Industriebetrieben unmittelbar am seeschifftiefen Wasser, letztlich von Anfang an zum Scheitern verurteilt war. Bis die Politik im Bund und im Land Niedersachsen sowie die für die Hafenentwicklung sonst verantwortlichen Stellen dieses Scheitern offen einzugestehen bereit waren, dauerte es allerdings bis Mitte der 1990er Jahre.

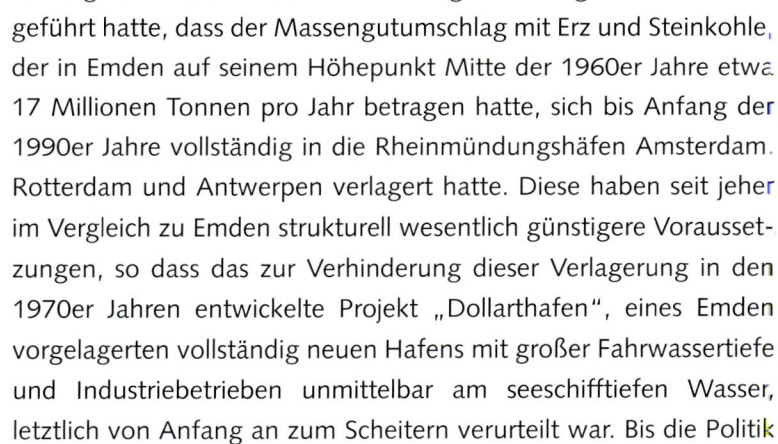

Erst nachdem das Projekt „Dollarthafen" im November 1994 endgültig ad acta gelegt worden war, war der Weg zu neuen Lösungen im Emder Außenhafen frei. Diese waren mehr als überfällig, denn der lange vorherige Schwebezustand hatte dazu geführt, dass nennenswerte öffentliche Investitionen für dessen Unterhalt und bauliche Fortentwicklung hier schon lange nicht mehr erfolgt waren. Lediglich die AG „Ems" hatte im Zusammenhang mit der Einführung des Autofährverkehrs im Jahre 1968 eine hubfähige

Der Niedersächsische Ministerpräsident Gerhard Schröder, der Emder Oberbürgermeister Alwin Brinkmann (Mitte) und der Leiter des Niedersächsischen Hafenamtes Emden Gerd Frerichs am 6. April 1995 bei der Unterschrift unter die Verträge zur Neugestaltung der Kaianlagen in Emden-Außenhafen.

Nachhaltige Sicherung 7.4

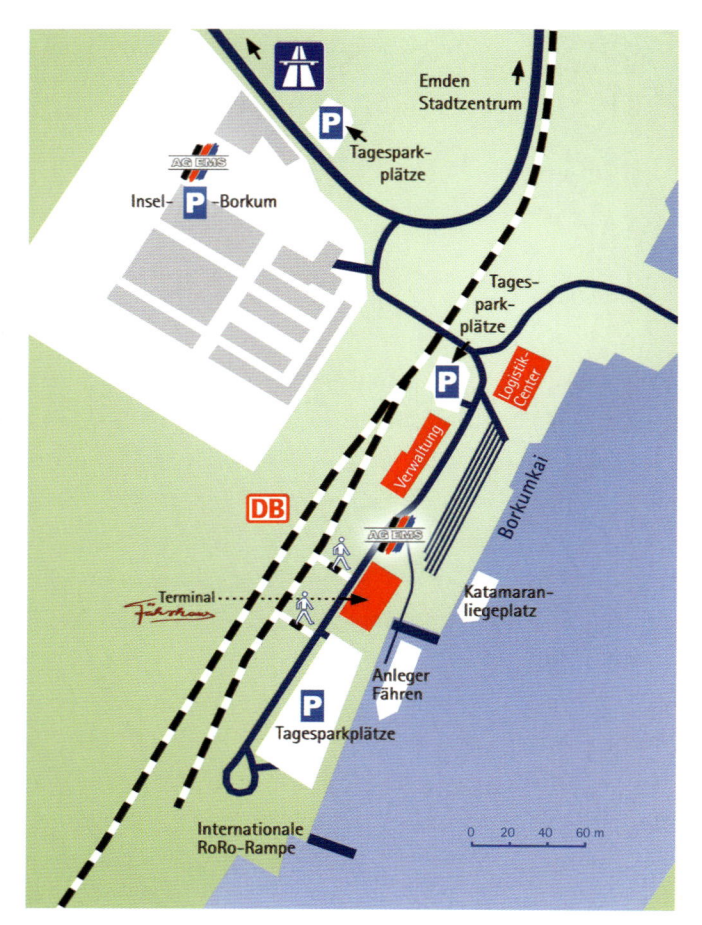

Zur Neugestaltung der Infrastruktur am Borkumkai gehörte auch die Schaffung eines barrierefreien höhengleichen Seitenein- und -ausstiegs zu den Fähren, wie es ihn auf Borkum bereits seit 1995 gab.

Gesamtübersicht über die zwischen 1997 und 2003 durchgeführten Baumaßnahmen zur völligen Neugestaltung des Borkumkais in Emden-Außenhafen. Mit Ausnahme der ursprünglich vorgesehenen Brücke zur kreuzungsfreien Überquerung der Eisenbahngleise in Höhe des Logistikzentrums sind die Planungen so umgesetzt worden, wie sie hier dargestellt sind.

Roll-On/Roll-Off-Rampe sowie 1975 noch eine Personenbrücke gebaut, die den mit der Eisenbahn an- und abreisenden Urlaubern in beiden Richtungen einen direkten und von den Autoreisenden vollständig getrennten Übergang zwischen Zug und Schiff ermöglichte. Im übrigen aber war der Zustand der Kaianlagen im Außenhafen im Laufe der Zeit immer schlechter geworden, so dass Teile davon schon seit den 1980er Jahren aus Sicherheitsgründen für den Verkehr hatten gesperrt werden müssen. Für die AG „Ems" waren diese Mängel mit einer fortwährend wachsenden Erschwernis ihrer Betriebsabläufe verbunden, gegen die sie jedoch nichts anderes unternehmen konnte, als eindringlich immer wieder darauf hinzuweisen und die Politik zu mahnen, endlich Entscheidungen zu treffen.

Im Winterhalbjahr 1994/95 hatten diese Mahnungen Erfolg. Befördert vom damaligen Niedersächsischen Ministerpräsidenten Gerhard Schröder, wurde am 6. April 1995 im Emder Rathaus ein Vertrag zwischen der AG „Ems" und dem Land Niedersachsen unterschrieben, nach welchem das Land für einen Neubau der Kaianlagen sowie für deren kreuzungsfreie Straßenanbindung und einen Ausbau der Eisenbahngleisanlage auf Fernverkehrslänge zu sorgen hatte, während die AG „Ems" den Neubau der gesamten Suprastruktur übernahm. Diese umfasste ein neues Abfertigungs- und ein neues Verwaltungsgebäude, neue RO/RO-Brücken, von denen eine auch für den internationalen Schwergut-Fährverkehr geeignet sein musste, neue Passagierbrücken für den behindertengerechten höhengleichen Schiffsein- und -ausstieg sowie ein Fracht- und Logistikzentrum, das es als solches bis dahin am Borkumkai noch nicht gegeben hatte.

Nachhaltige Sicherung 7.4

Die allein dem Borkumverkehr dienende zweite neue RO/RO-Brücke in Emden-Außenhafen, hier mit der Auto- und Personenfähre OSTFRIESLAND (III), war im Herbst 1999 fertig.

Eröffnung der neuen RO/RO-Brücke für den internationalen Schwergut-Fährverkehr durch den Vorsitzenden des Aufsichtsrats der AG „Ems" Heinrich Klasen, den Staatssekretär im Niedersächsischen Wirtschaftsministerium Alfred Tacke und den Emder Oberbürgermeister Alwin Brinkmann (von links nach rechts) im Mai 1998. Im Hintergrund AG „Ems"-Vorstand Dr. Bernhard Brons.

Nach einer Planungs- und Vorbereitungsphase, die – in solchen Fällen nicht ungewöhnlich – wesentlich länger gedauert hatte als zunächst vorgesehen, erfolgte durch den damaligen Niedersächsischen Wirtschafts- und Verkehrsminister Fischer am 15. Juli 1997 der erste Rammschlag für den Neubau der Kaianlagen. Die von der AG „Ems" entsprechend der ursprünglichen Terminplanung schon 1996 in Auftrag gegebene RO/RO-Schwergut-Brücke, die deswegen bereits bei Baubeginn fertig war und fortan auf ihren Einbau hatte warten müssen, wurde im Mai 1998 in Betrieb genommen und diente während der weiteren Baumaßnahmen, die sich bis weit ins Jahr 1999 hinzogen, auch der Abwicklung des Borkumverkehrs. Auf dem an diese Brücke angrenzenden südlichen Abschnitt der Kaianlage, der der Öffentlichkeit nicht mehr zugänglich ist, bietet die AG „Ems" seitdem in Kooperation mit einigen Partnerfirmen vielfältige Möglichkeiten zum Umschlag und zur großflächigen Lagerung von Containern und Trailern an, teils unter Dach, teils im Freien. Dank einer Wassertiefe von mindestens 8,50 m selbst bei Niedrigwasser können diese Umschlaganlagen auch von Hochseeschiffen jederzeit ohne Einschränkung genutzt werden. Im Herbst 1999 war auch die allein dem Borkumverkehr dienende zweite – etwas kleinere – RO/RO-Brücke installiert, womit schließlich der neue Fähranleger insgesamt in Betrieb genommen werden konnte.

Im nächsten, im unmittelbaren zeitlichen Anschluss daran begonnenen Schritt stand bis zum Frühjahr 2000 die Neugestaltung des Bahnsteigbereichs an, die bereits 1998 in das Mehrjahresprogramm der Landesnahverkehrsgesellschaft aufgenommen worden war. Hierbei wurde ein Teilgleis entfernt und dafür die Bahnsteigfläche entsprechend vergrößert. Nachdem die Planung der gesamten Neugestaltung des Borkumkais mit dem Ziel eines größeren Kundennutzens bei gleichzeitig geringeren Baukosten kurzfristig noch einmal überarbeitet worden war, wurde der Bau eines großen Logistikzentrums

Nachhaltige Sicherung 7.4

Seit dem Frühjahr 2000 bietet der neu gepflasterte und dabei erheblich verlängerte und verbreiterte Bahnsteig des Bahnhofs Emden-Außenhafen den Fahrgästen ein bis dahin unbekanntes Maß an Benutzungskomfort.

Ende 2000 war das Logistikzentrum fertig, in dem erstmals in der Geschichte des Borkumverkehrs der Frachtgutumschlag in Emden-Außenhafen witterungsunabhängig unter Dach abgewickelt werden kann.

Nur ein Dreivierteljahr dauerten die Bauarbeiten am transparent gestalteten neuen Fahrgastterminal in Emden-Außenhafen, das im September 2001 in Betrieb genommen wurde und den Borkumpassagieren in allen Belangen einen optimierten Weg zur Fähre bietet. Links eine Gesamtansicht von außen, rechts ein Blick in den Restaurations- und Wartebereich.

mit Frachtgutumschlaghalle im nördlichen Kaiabschnitt, nahe an der Straßenabzweigung zur Nesserlander Schleuse, im Sommer 2000 in Angriff genommen und bereits nach wenigen Monaten abgeschlossen. Noch im Dezember desselben Jahres setzten auch die Arbeiten für den Neubau eines dem Fähranleger unmittelbar benachbarten Fahrgastterminals ein, das im September 2001 ohne besondere Feierlichkeiten in Betrieb genommen wurde.

Unter dem Dach dieses großzügig und sehr transparent gestalteten Stahl- und Glasgebäudes finden sich im Erdgeschoss ein mit allen zeitgemäßen IT-Einrichtungen versehener Check-In-Bereich, die Gepäckaufgabe, eine Wartezone und der nur wenige Meter lange höhengleiche Übergang zum Schiff sowie ein großer Restaurationsbereich, der nicht nur den wartenden Fahrgästen ermöglicht, mit einem je nach Tageszeit unterschiedlichen Angebot an Speisen und Getränken ihren Hunger und Durst zu stillen,

Nachhaltige Sicherung **7.4**

Im Winter 2002/03 war auch das auf dem Untergeschoss des vormaligen Bahnhofs Emden-Außenhafen errichtete neue Verwaltungsgebäude der AG „Ems" fertig (links). Zeitgleich damit erhielt der Bahnsteig auf seiner vollen Länge eine Überdachung, die sich harmonisch an die noch aus dem Kaiserreich stammende alte Bahnsteigüberdachung vor dem ehemaligen Bahnhofsgebäude anschließt, hier ein Bild aus dem Jahre 2015 mit einem IC-Zug der Deutschen Bahn (rechts).

sondern sich auch schon bald bei Ausflüglern und den Emdern selbst großer Beliebtheit erfreute. Im Obergeschoss des neuen Terminals haben die Fährdienstleitung und die dazu gehörige Verwaltung ihren Sitz.

Im Herbst 2001 waren damit die Planungen bis auf den Neubau des Verwaltungsgebäudes und die Überdachung des Bahnsteigs in die Tat umgesetzt. Die Arbeiten zur Realisierung auch dieser letzten beiden Bausteine begannen im Winterhalbjahr 2001/02 mit dem Abriss des alten Verwaltungsgebäudes der AG „Ems". Als Ersatz dafür wurde im Laufe des Jahres 2002 der von der Deutschen Bahn übernommene frühere Bahnhof Emden-Außenhafen grundlegend umgebaut und erheblich vergrößert, ohne dass das denkmalgeschützte Untergeschoss dabei beeinträchtigt worden wäre – ganz im Gegenteil, die unmittelbar an das Gebäude anschließende alte Bahnsteigüberdachung mit ihrem im Stil der Kaiserzeit gestalteten Tragwerk wurde ebenso erhalten wie ein dort befindlicher ehemaliger Fahrkartenschalter mit Bedienungsfenster nach außen. Zugleich wurde eine sich harmonisch mit dem alten Baubestand verbindende neue Bahnsteigüberdachung errichtet, so dass der Bahnsteig jetzt auf seiner gesamten Länge gut gegen Wind und Wetter geschützt ist.

Die zum Abschluss all dieser Baumaßnahmen noch erforderliche endgültige Flächenbefestigung des Borkumkais erfolgte im Laufe des Jahres 2003. Hierzu gehörte außer der Installation von Ver- und Entsorgungsanlagen, namentlich für den Bereich, der dem Öffentlichen Personennahverkehr gewidmet ist, auch die Einrichtung einer für das gesamte Kaigelände ausreichenden neuen Beleuchtung. Im wesentlichen waren diese Arbeiten eigentlich Teil des vom Land Niedersachsen allein zu leistenden Maßnahmenpakets, doch da sie auch Park- und Abstellflächen der AG „Ems" umfassten, traten beide gemeinsam als Auftraggeber auf und teilten sich die Kosten nach Proportion.

213

Nachhaltige Sicherung **7.4**

Gesamtansicht des Borkumkais nach Abschluss aller Bauarbeiten im Herbst 2003: Vorne rechts die RO/RO-Brücke für den internationalen Schwergutverkehr, dahinter die etwas kleinere RO/RO-Brücke für den Borkumverkehr sowie der Anleger für den Katamaranverkehr und weitere Fährschiffe. In der Bildmitte das Fahrgastterminal als Mittler zwischen Bahnsteig und Schiff, links dahinter das neue Verwaltungsgebäude der AG „Ems" und rechts dahinter das Logistikzentrum. Am linken Bildrand in der Mitte der Insel-Parkplatz Borkum, die früheren Borkumgaragen. Im Bildvordergrund die Logistikflächen der AG „Ems".

Als im Herbst 2003 die Dauerbaustelle Borkumkai endlich aufgehoben werden und der dortige Verkehrsbetrieb fortan ohne die sechs Jahre lang damit verbunden gewesenen Beeinträchtigungen ablaufen konnte, war das für alle Beteiligten ein Akt der Befreiung. Ebenso wie die Verkehrsanlagen für die Kleinbahn auf Borkum ist auch die neue Infrastruktur in Emden-Außenhafen, für die die AG „Ems" insgesamt etwa 6,5 Mio. € investiert hat, in besonderem Maße dem Prinzip der Nachhaltigkeit verpflichtet. Soweit heute erkennbar, werden dort auf lange Zeit keine grundlegend neuen Baumaßnahmen notwendig sein. Das Logistikzentrum mit seiner Frachthalle, das es erstmals in der Geschichte des Borkumverkehrs erlaubt, den gesamten Güterumschlag zwischen dem Festland und der Insel unbeeinträchtigt von Witterungseinflüssen unter Dach abzuwickeln und Frachtgut dort vorübergehend auch geschützt zu stauen, hat sich außerordentlich bewährt. Die Be- und Entladeprozesse der Autofähren sind seither von zahlreichem vorher unvermeidlichem Ballast befreit und konnten dank dieser rationelleren Abwicklung auch zeitlich deutlich verkürzt werden.

Lediglich ein Element der 1995 mit dem Land Niedersachsen vereinbarten Neugestaltung des Borkumkais ist nicht realisiert worden: dessen kreuzungsfreie Anbindung an die beiden Zufahrtstraßen auf der Binnenseite des Deichs. Die dazu erforderliche Brücke über den Deich und die Eisenbahngleise erschien dem Land zu teuer, und so ist es trotz vielfältiger Bemühungen der AG „Ems", der Stadt Emden und der Landeshafengesellschaft Niedersachsen Ports, das Land in diesem Punkte umzustimmen, dabei geblieben, dass lediglich die Abbiegespur zum Borkumkai ausgebaut und das dabei zu querende Deichschart vergrößert und erneuert wurde.

Nachhaltige Sicherung **7.5**

NACHHALTIGE SICHERUNG [5]
Das Prinzip der kurzen Wege: Bessere Übergänge zwischen der Eisenbahn, dem ruhenden Individualautoverkehr und der Fähre in Emden

Nach langen Kämpfen mit der Deutschen Bahn wurde der elektrifizierte Eisenbahnbetrieb auf der Strecke Emden-Hauptbahnhof–Emden-Außenhafen im Sommer 2006 durch den Staatssekretär im Niedersächsischen Wirtschaftsministerium Joachim Werren und die Borkumer Bürgermeisterin Kristin Mahlitz eröffnet.

So gut und nützlich die bis 2002/03 durch die Neugestaltung der Infrastruktur am Borkumkai erreichten Verbesserungen am Bahnhof Emden-Außenhafen für die Borkumurlauber auch waren, es fehlte noch immer an einem Element, das für die dauerhafte Sicherung der Eisenbahnanbindung an die Fähre von entscheidender Bedeutung war und ist: die Elektrifizierung der ca. 3 km langen Stichstrecke zum Emder Hauptbahnhof. Schon mehrfach hatte die Deutsche Bahn im Laufe der jüngeren Vergangenheit aus Rationalisierungsgründen erwogen, diese Strecke stillzulegen, hatte davon jedoch nach Interventionen jedes Mal abgehalten werden können. Nachdem aber die Strecke Münster–Norddeich durchgehend elektrifiziert worden war, ließ sich nicht leugnen, dass die unmittelbare Anbindung von Fern- und Regionalzügen an den Emder Außenhafen erheblich aufwendiger geworden war, weil in Emden Hauptbahnhof jeweils die Elektro- gegen eine Diesellokomotive bzw. umgekehrt getauscht werden musste. Auch der als Alternative dazu teilweise praktizierte Einsatz von Pendelzügen mit Dieselloktraktion zwischen Hauptbahnhof und Außenhafen war sehr aufwendig und für die Borkumurlauber darüber hinaus mit dem Nachteil verbunden, dass sie mitsamt ihrem oft umfangreichen Gepäck einmal zusätzlich umsteigen mussten, was nach den Gegebenheiten des Emder Hauptbahnhofs nicht eben bequem war und ist.

Um das deswegen weiterhin über der Stichstrecke zum Außenhafen hängende Damoklesschwert einer drohenden Stilllegung zu entschärfen, waren die AG „Ems", die Stadt Emden und die Landesnahverkehrsgesellschaft sowie das Niedersächsische Wirtschafts- und Verkehrsministerium schon seit langem intensiv darum bemüht, bei der Deutschen Bahn die Elektrifizierung dieser Strecke auf den Weg zu bringen – und hatten damit endlich auch Erfolg. Pünktlich zum Saisonbeginn konnte der damalige niedersächsische Wirtschaftsstaatssekretär Joachim Werren Ende Juni 2006 den Zugbetrieb mit elektrischer Traktion anpfeifen. Dadurch war es erstmals wieder möglich, IC-Züge aus dem Westen, dem Süden und dem Osten Deutschlands sowie Regionalzüge aus Richtung Münster

215

Nachhaltige Sicherung 7.5

Im Mai 2012 wurde der Steuerwagen eines Regionalexpresszuges auf den Namen INSEL BORKUM getauft, Zeichen der inzwischen engen Verflechtung zwischen der Deutschen Bahn und den diese ergänzenden lokalen Verkehrsträgern wie der AG „Ems".

oder Hannover/Bremen/Oldenburg ohne weiteren Aufwand direkt bis Emden-Außenhafen durchfahren bzw. in umgekehrter Richtung dort starten zu lassen. Seitdem steht dieser Bahnhof täglich über jeweils mehrere IC- und Regionalzugpaare sowohl mit dem weiter entfernten Deutschland als auch mit dessen Ostfriesland näher liegenden Teilen in Verbindung.

Während es im Fernverkehr schon länger einen IC BORKUM gibt, trägt seit Mai 2012 auch im Regionalverkehr ein Steuerwagen den Namen INSEL BORKUM. Diese Namengebung ist nicht nur im allgemeinen ein Zeichen der engen Verbundenheit zwischen der Insel und ihren näher oder weiter entfernt wohnenden Urlaubsgästen, sondern auch ein Spiegel der Tatsache, dass die Eisenbahnverbindungen von und nach Emden mit dem Ziel Borkum inzwischen in weit höherer Frequenz gebucht werden als früher. Maßgeblich für diese Entwicklung ist die heute zur Regel gewordene durchgehende Reisekette von weither bis nach Borkum, die ihrerseits auf eng aufeinander abgestimmten Eisenbahn- und Schiffsfahrplänen basiert. Mit der anstehenden Erneuerung ihrer IC-Flotte beabsichtigt die Deutsche Bahn ab etwa 2015, ihr Zugangebot nach Emden und auch zum Borkumkai zumindest in den Sommermonaten noch erheblich zu vergrößern. Es wird dann im Zweistundentakt möglich sein, ohne Umsteigen nach hier zu gelangen, auch dies eine nachhaltige und deutliche Verbesserung der Verkehrsanbindung Borkums. Der von jedem Hindernis freie, überaus bequeme und nur noch sehr kurze Übergang zwischen dem Zug und der Fähre in Emden-Außenhafen, bei dem jeweils nur wenige Meter nicht überdacht zu passieren sind, hat zu diesem Erfolg zweifellos seinen Teil beigetragen.

Umso wichtiger war es, auch für die mit dem eigenen Auto anreisenden Urlaubsgäste das Prinzip der kurzen Wege zu realisieren. Der erste Schritt dazu bestand darin, dass sich die AG „Ems" mit einem namhaften Betrag an der Initiative beteiligte, mit der die ostfriesische und die emsländische Wirtschaft sowie viele Kommunen und kommunale Gebietskörperschaften beider Regionen ab 2001 die Finanzierung des noch ausstehenden Teilstücks der Autobahn 31 zwischen dem nördlichen Westfalen und Ostfriesland sicherstellten und damit für deren beschleunigte Fertigstellung bereits zum Jahresende 2004 sorgten; ohne diese Unterstützung wäre der Autobahnbau erst mehr als 10 Jahre später zum Abschluss gekommen. Mit 35.000 € „kaufte" die AG „Ems" damals einen 140 m langen Abschnitt der A 31 im Bereich der Emder Ortsumgehung, über die für den Fernverkehr inzwischen der schnellste Weg zum Borkumanleger führt. Der entsprechende Autobahnzubringer endet bzw. beginnt an der Einfahrt zum Borkumkai und

Nachhaltige Sicherung 7.5

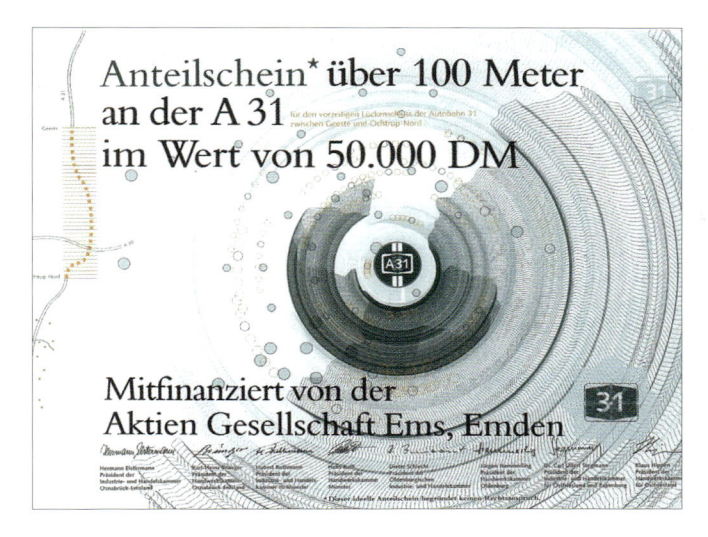

Wie viele andere Betriebe der ostfriesischen und emsländischen Wirtschaft beteiligte sich auch die AG „Ems" an der Finanzierung zur beschleunigten Fertigstellung der Autobahn A 31; hier einer ihrer Anteilscheine an der neuen Autobahn.

zu den Park- und Garagenplätzen, die die AG „Ems" schon seit den 1930er Jahren unmittelbar hinter dem Deich für die Borkumurlauber vorhält.

Dieses im Laufe der Zeit mehrfach erweiterte und ausgebaute Areal, auf dem Garagenboxen, insbesondere aber an die 1.700 PKW-Abstellplätze in mehreren Hallen und unter freiem Himmel zur Verfügung standen, war gemäß den Umständen seiner Entstehung nicht systematisch geplant, sondern eher wild bis auf die Ausbaustufe gewachsen, die es um die Jahrtausendwende erreicht hatte. In der deswegen dort herrschenden Enge und Unübersichtlichkeit ging es verwirrend zu, und viele Urlauber hatten folglich ihre liebe Mühe, den ihnen zugewiesenen Abstellplatz für ihr Auto zu finden. Zugleich nahm die Nachfrage nach diesen Autoabstellplätzen fortlaufend zu, weil immer mehr Urlauber – und insbesondere die Benutzer der Schnellfähren, die oft nur für einen Kurzaufenthalt nach Borkum reisen – von vornherein darauf verzichten, ihr Auto mit auf die Insel zu nehmen. An Spitzentagen reichte die Kapazität daher häufig nicht mehr aus, um die Nachfrage nach Parkplätzen zu decken. Aus beiden Gründen war es daher seit langem überfällig, eine grundlegende und zukunftssichere Verbesserung dieser Verhältnisse in Angriff zu nehmen und dabei auch beim Übergang zum und vom Schiff für die Autofahrer ein Maß an Komfort und Übersichtlichkeit zu schaffen, das mit den geschilderten Baumaßnahmen für die Bahnreisenden bereits erreicht war.

Schon 1995 hatte die AG „Ems" durch die Übernahme einer unmittelbar südlich an das Areal der Borkumgaragen angrenzenden Erbpachtfläche im Umfang von 2,8 ha ihren Handlungsspielraum bedeutend ausweiten können. Seit Anfang des Jahres 2004 wurde schließlich, beginnend mit dem Abriss der alten Tankstelle und einiger Abstellhallen, eine grundlegende Umgestaltung der bisherigen Borkumgaragen vollzogen. Außer diesen Reduktionsschritten, durch die dort im wahrsten Sinne des Wortes Luft geschaffen wurde, bestand die Baumaßnahme aus der Befestigung, besseren Drainage und Asphaltierung der Stellflächen, aus der Anlage beleuchteter, teilweise überdachter und gut ausgeschilderter Fußwege sowie aus der völligen Neugestaltung des seitdem vierspurig ausgelegten Ein- und Ausfahrtbereiches, an dessen Rand auch die Parkplatzverwaltung angesiedelt ist.

Seit dem Ende dieser Bauaktion im Sommer 2005, für die die AG „Ems" ca. 1,5 Mio. € aufgewendet hat, stellt sich das Areal übersichtlich, hell und freundlich, zeitgemäß und praktisch gestaltet sowie den Anforderungen der Nutzer in allen Belangen gewachsen dar. Um den Zweck dieser weiterhin ca. 1.700 Abstellplätze großen Betriebseinrichtung

Nachhaltige Sicherung **7.5**

Seit dem Sommer 2005 präsentieren sich die früheren Borkumgaragen nach ihrer grundlegenden Erneuerung und Modernisierung als Insel-Parkplatz-Borkum, hier der Ein- und Ausfahrtbereich mit dem Aufsichtsgebäude.

bereits im Namen deutlich zum Ausdruck zu bringen, wurde der überkommene Name „Borkumgaragen" aufgegeben und durch „Insel-Parkplatz-Borkum" ersetzt. Dieser Name entspricht den tatsächlichen Gegebenheiten auch viel eher, denn es handelt sich im Kern um eine originär zur Insel gehörige und dieser lediglich vorgelagerte Infrastruktur auf dem Festland. Da das Land Niedersachsen die ursprünglich geplante Brücke als kreuzungsfreien Weg zum Borkumkai aus Kostengründen nicht bauen wollte, einigten sich beide Seiten statt dessen auf den Bau eines zweiten Deichscharts für den Personenverkehr als direkte Verbindung zwischen Insel-Parkplatz und Fahrgastterminal. Das Land hatte dabei für das Deichschart zu sorgen, während es der AG „Ems" oblag, das Parkplatzareal angemessen an diesen neuen Übergang anzubinden.

Auf diese Weise ist es gelungen, für den gesamten Verkehr auf dem Borkumkai das Prinzip der kurzen Wege zu realisieren und den mit dem Auto anreisenden Inselgästen einen ebenso komfortablen direkten und kurzen Transfer zum und vom Schiff zu bieten wie den Bahnreisenden. Das Prinzip der kurzen Wege beinhaltet darüber hinaus aber auch die strukturell gar nicht hoch genug zu schätzende weitere Komponente, dass der Fähranleger Emden-Außenhafen und damit letztlich Borkum selbst über zwei verschiedene Fernverkehrsinfrastruktureinrichtungen, die Eisenbahn und die Autobahn, direkt erreichbar ist. Dank der erwähnten Flächenerweiterung im südlichen Anschluss an ihr Parkareal hat die AG „Ems" außerdem die Möglichkeit gewonnen, die vorhandenen Abstellmöglichkeiten je nach Nachfrage ganz flexibel zu nutzen und damit die für solche Zwecke ohnehin vorhandene Infrastruktur kurz-, mittel- oder längerfristig an die im Außenhafen tätigen Kfz-Im- und -Exportfirmen zu vermieten. Auch dieser rationale und auf Mehrfachnutzung angelegte sowie betriebswirtschaftlich überaus vorteilhafte Umgang mit einem tendenziell knappen Gut, wie es solche Spezialflächen sind, ist ein gutes Beispiel für nachhaltiges Wirtschaften.

Nachhaltige Sicherung 7.6

NACHHALTIGE SICHERUNG [6]
Eemshaven: Neues Terminal und Anbindung an das niederländische Eisenbahnnetz

Das 1985 in Betrieb genommene AG „Ems"-Terminal in Eemshaven war seinerzeit so dimensioniert worden, dass es den Bedarf auf unabsehbar lange Zeit schien decken zu können. Nach der durchgehenden Fertigstellung der Autobahn A 31 im Jahre 2004 aber wuchs hier der Verkehr, der bereits im Laufe der 1990er Jahre kräftig zugenommen hatte, mit schon bald danach mehr als 300.000 Fahrgästen pro Jahr in Größenordnungen, mit denen die Kapazität der dortigen Infrastruktur endgültig überfordert war. Wegen der Verschiebungen in der Verkehrsfrequenz, die sich dadurch zwischen den beiden Festlandbasen der AG „Ems" in Emden und Eemshaven ergeben hatten, waren daher auf der niederländischen Seite des Dollart tiefgreifende Änderungen geboten, die so ausgelegt sein mussten, dass sich damit nicht nur dieses, sondern auch ein perspektivisch noch deutlich größeres Verkehrsaufkommen bewältigen lässt. Denn angesichts der gegenüber dem Weg über Emden um mehr als die Hälfte kürzeren Fahrtzeit zwischen Eemshaven und Borkum bedurfte es keiner prophetischen Fähigkeiten, um zu erkennen, dass dieser Strang des Borkumverkehrs auch weiterhin kräftig wachsen würde.

So kam es der Gesellschaft sehr zupass, dass damals bei den für die Hafenwirtschaft in der Provinz Groningen zuständigen Stellen in den Niederlanden ohnehin Planungen zur Vergrößerung der Kapazitäten und zu einem Ausbau der Hafeninfrastruktur in Eemshaven liefen und bereits im Sommer 2006 in erste Baumaßnahmen eingemündet waren.

Lageplan von Eemshaven mit dem neuen und dem alten AG „Ems"-Borkumlijn-Terminal. Die die Fahr- und Rangierzeit erheblich verkürzende günstige Lage des neuen Terminals unmittelbar an der Hafenein- und -ausfahrt ist gut zu erkennen. Die künftige direkte Eisenbahnanbindung des Terminals ist noch nicht eingezeichnet.

Nachhaltige Sicherung 7.6

Nach beiderseits konstruktiv geführten Verhandlungen kam schon im September 2006 zwischen der Groningen Seaports, der von der dortigen öffentlichen Hand getragenen Hafenverwaltungsgesellschaft, die das Pendant zur Niedersachsen Ports GmbH auf der deutschen Seite des Dollart ist, einerseits und dem niederländischen Tochterunternehmen der AG „Ems", der AG „Ems" Nederland B.V., andererseits ein Vertrag zustande, mit dem sich die Probleme lösen ließen. Gemäß diesem Vertrag konnte die AG „Ems" ihren bisherigen Standort im „Emmahaven" aufgeben und in die geplante Hafenerweiterung verlegen, die nach der niederländischen Königin „Beatrixhaven" heißen sollte.

In diesem, dem Fahrwasser der Westerems viel näher gelegenen neuen Hafenbecken übernahm die AG „Ems" nun im Erbpachtverhältnis ein Gelände, das mit 6,5 Hektar doppelt so groß ist wie das vorherige und zusätzlich den Vorteil hat, unmittelbar an die Hafenein- bzw. -ausfahrt anzugrenzen. Ein zeitaufwendiges Drehen und Verholen der Borkumschiffe, wie es am alten Standort wegen des ungünstig in einer hinteren Ecke des Emmahavens gelegenen Anlegers stets erforderlich gewesen war, wurde damit von vornherein entbehrlich. Eine wichtige weitere Verbesserung lag darin, dass statt des bisher lediglich einen Liegeplatzes an der alten Pier künftig drei Borkumschiffe (Autofähren und Katamarane) gleichzeitig Platz haben sollten, so dass jedes Schiff bei seiner Ankunft auch ohne Verzögerung sofort anlegen könnte. Auch für die im Borkumverkehr notwendige übrige Infrastruktur bot das von der AG „Ems" übernommene Gelände ausreichend Platz: eine Aufstell- bzw. Wartefläche für die zum Transfer auf die Insel anstehenden Autos; ein kleinerer Kurzzeitparkplatz für Besucher sowie ein großer Langzeitparkplatz in unmittelbarer Nähe zum Anleger mit knapp 2.000 Stellplätzen für die Autos derjenigen Urlauber, die während des Inselaufenthalts ihren fahrbaren Untersatz nicht benutzen wollen; ergänzend dazu eine Parkhalle mit abgeschlossenen Autoabstellplätzen für Dauernutzer und Gäste mit höheren Ansprüchen sowie schließlich ein großzügig bemessenes Terminalgebäude. Es blieben hier somit keinerlei Wünsche offen.

Erster Rammschlag (PAAL 1) für das neue AG „Ems"-Borkumlijn-Terminal in Eemshaven im Frühjahr 2007.

Nachhaltige Sicherung 7.6

Die Eröffnung des neuen AG „Ems"-Borkumlijn-Terminals in dem nach ihr benannten Beatrixhafen von Eemshaven nahm die niederländische Königin Beatrix im April 2008 persönlich vor (links). Das großzügig und mit viel Glas transparent gestaltete Terminal orientiert sich an dem einige Jahre älteren Emder Terminal (rechts).

Nachdem im März 2007 die Rammarbeiten für die Spundwände im neuen Beatrixhaven und parallel dazu die Ausbaggerung des Hafenbeckens begonnen hatten, waren bereits im August dieses Jahres die Voraussetzungen dafür geschaffen, dass die AG „Ems" den Bau ihres neuen Terminalgebäudes in Angriff nehmen konnte. Orientiert am Beispiel des inzwischen schon einige Jahre bewährten Emder Terminals, ist es ein von einer Stahlkonstruktion getragenes und mit viel Glas großzügig und transparent gestaltetes Bauwerk, in dem ein auf starken Andrang ausgelegter Eincheck- und Ticketingbereich, eine komfortable Wartezone mit vielen Plätzen, eine Café-Lounge und ein lichtdurchflutetes Restaurant mit Sommerterrasse untergebracht sind, von dem aus die Fahrgäste ebenso wie von allen übrigen Bereichen aus den gesamten hier angrenzenden Hafenbetrieb beobachten können. Bis auf die Parkhalle mit ihren mehr als 30 Einstellplätzen, die in einem zweiten Bauabschnitt erst Ende des Jahres 2008 realisiert wurde, waren alle übrigen Bauwerke fristgerecht im Frühjahr 2008 fertig, so dass das neue Borkumlijn-Terminal am 18. April dieses Jahres durch die niederländische Königin Beatrix feierlich eröffnet werden und mit Beginn der Saison im Juni 2008 regulär in Betrieb gehen konnte.

Wie in Emden und Borkum erfolgt der Einstieg der Fahrgäste jetzt auch hier höhengleich und ohne jede Treppenstufe von der Seite über eine unmittelbar auf das Hauptdeck der Fähren führende Passagierbrücke; alle drei Fährhäfen der AG „Ems" sind damit vollständig behindertengerecht gestaltet. Die Gesamtinvestition für diese Maßnahme war mit ca. 6,5 Mio. € nicht gering, aber in hohem Maße zukunftsgerecht und nachhaltig, denn am neuen Standort ist das Eemshavener Terminal noch einmal ein ganzes Stück näher an Borkum herangerückt. Die vorher bei knapp unter einer Stunde liegende Fahrtzeit zur Insel hat sich dadurch um 10 Minuten auf nur noch eine Dreiviertelstunde reduziert mit der doppelt positiven Folge, dass wegen des dadurch geringeren Treibstoffverbrauchs die Betriebskosten spürbar gesunken und die Umlaufzeiten auf dieser

Nachhaltige Sicherung **7.6**

Gesamtansicht des neuen AG „Ems"-Borkumlijn-Terminals aus der Vogelperspektive. Die Lage der großzügig bemessenen Anlage direkt an der Ausfahrt zur Westerems ist gut zu erkennen.

Strecke signifikant kürzer geworden sind. Der letztgenannte Faktor ist insbesondere an verkehrsstarken Tagen von Belang, weil dann auch kurzfristig zusätzliche Abfahrten eingeschoben werden können, ohne dass der Fahrplan dadurch durcheinander gerät.

Die von 2007 bis 2014 von 306.117 auf 346.614, d.h. um gut 13 % gestiegene Zahl der über Eemshaven verschifften Fahrgäste zeigt, dass die Urlauber den deutlich kürzeren Weg über Eemshaven als Vorteil empfinden und somit die Entscheidung der AG „Ems" für den Neubau ihres dortigen Terminals mit seiner für einen guten Verkehrsfluss geradezu idealen Infrastruktur in jeder Hinsicht richtig war. Es ist daher voraussichtlich nur noch eine Frage weniger Jahre, bis der Anteil des Fährverkehrs auf der Eemshaven-Strecke, der jetzt bei gut 36 % liegt, die Hälfte des Gesamtpassagieraufkommens im Borkumverkehr erreicht haben wird. Neben der ohnehin schon seit langem guten Autobahnanbindung Eemshavens hat zweifellos auch die zeitgleich zum Neubau des dortigen Terminals von der niederländischen Autobahnverwaltung eingeführte deutliche Ausschilderung nach Borkum bzw. zum Borkumanleger in Eemshaven zu diesem Zuwachs beigetragen.

Im Hinblick auf das strategisch wichtige Ziel, neben dem seit jeher auf Borkum heimischen deutschen Publikum auch niederländische Gäste in größerer Zahl für einen Besuch auf dieser der niederländischen doch so viel näher als der deutschen Küste gelegenen Insel zu gewinnen, gab es allerdings noch einen grundlegenden strukturellen Mangel zu beklagen: die fehlende Eisenbahnanbindung von Eemshaven. Würde ein solches, sozu-

Nachhaltige Sicherung **7.6**

sagen „auf die grüne Wiese" gesetztes Infrastrukturprojekt wie dieses heute noch einmal von Anfang an konzipiert und entwickelt werden, wäre ein sowohl für den Güter- als auch den Personenverkehr ausgelegter Eisenbahnanschluss höchstwahrscheinlich von vornherein eine Selbstverständlichkeit, doch als in der zweiten Hälfte der 1960er Jahre die Planungen für Eemshaven begannen, galt der Straßen- und Autoverkehr als das gegenüber der Eisenbahn grundsätzlich leistungsfähigere, flexiblere und kostengünstigere Transportkonzept, und dass es einmal zu einem Ölpreisschock wie erstmals im Herbst 1973 und den davon als Konstante des seitherigen Wirtschaftslebens ausgelösten dauerhaften Preissteigerungen für Öl und Ölprodukte kommen könnte, war damals erst recht noch unvorstellbar.

So brauchte es überall seine Zeit, bis ein – nicht zuletzt ökologisch motiviertes – Umdenken einsetzte. Auf der Basis einer von der AG „Ems" schon frühzeitig in Auftrag gegebenen Machbarkeitsstudie, die für einen direkten Eisenbahnanschluss des Eemshavener Borkumterminals zu einem positiven Ergebnis gekommen war, suchte die Gesellschaft schon 2008 das Gespräch mit den für den niederländischen Eisenbahnverkehr zuständigen Institutionen in Politik, Verwaltung und Wirtschaft, um auszuloten, ob, wie und wann dieses Ziel zu erreichen sei. Sowohl bei der Regierung in Den Haag als auch bei allen maßgeblichen Stellen auf der Groninger Provinzial- und Kommunalebene fanden diese Anstöße offene Ohren und ergänzten sich mit Planungen zur Verbesserung der Eisenbahninfrastruktur, die dort ohnehin in Gang waren.

Mit der Zusage der niederländischen Reichsregierung, die letzte noch bestehende Finanzierungslücke zu schließen, und einem darauf basierenden Vertrag zwischen den vor Ort zuständigen niederländischen Stellen und der AG „Ems" fanden diese Bemühungen im Sommer 2012 ihren positiven Abschluss. Demgemäß wird die von Groningen kommende und bislang in Roodeschool endende Bahnstrecke bis nach Eemshaven verlängert und mit einem Stichgleis unmittelbar mit dem Borkumlijn-Terminal verbunden. Dazu wird der bisherige Kopfbahnhof in Roodeschool zu einem Durchgangsbahnhof umgebaut und von dort bis zum künftigen Endpunkt dieser Strecke in Eemshaven ein Personenverkehr eingerichtet, der jedoch strikt getrennt vom ebenfalls zu verbessernden Güterverkehr abläuft. Die AG „Ems" hat sich dabei verpflichtet, die Kosten für den Bau der Bahnsteig- und Gleisanlagen an ihrem Terminal zu tragen, während die Stadt Borkum, der Landkreis Leer und das Land Niedersachsen, die an dieser den Borkumverkehr so sehr begünstigenden Verbesserung der

Zwei verschiedene Firmenflaggen, ein Unternehmen beiderseits des Dollart: die AG „Ems".

223

Nachhaltige Sicherung 7.6

Ministerin Melanie Schultz van Haegen (im roten Kleid) verkündet im Sommer 2012 im Bahnhof Groningen die Entscheidung der niederländischen Reichsregierung, die noch bestehende Finanzierungslücke für den Anschluss Eemshavens an das niederländische Eisenbahnnetz zu schließen (links). Damit war die Voraussetzung für eine vertraglichen Bindung auch der übrigen Finanzierungspartner geschaffen. Passgerecht in einem Regionalzug setzen (von rechts nach links) der Groninger Provinzminister Mark Boumans, der AG „Ems"-Vorstand Dr. Bernhard Brons, der Landrat des Kreises Leer Bernhard Bramlage und Axel Held als damaliger Interims-Geschäftsführer der Wirtschaftsbetriebe Borkum am 18. Dezember 2013 ihre Unterschriften unter den Vertrag, mit dem die Kofinanzierung der Baumaßnahmen zur Verlängerung der Eisenbahnstrecke von Roodeschool nach Eemshaven geregelt wird (rechts).

Infrastruktur allesamt ebenfalls ein großes Interesse haben, eine Kofinanzierung in einem Volumen von insgesamt 450.000 € in Aussicht gestellt haben. Gemessen an den auf 17,5 Mio. € veranschlagten Gesamtkosten für dieses Projekt ist das zwar nur ein kleiner Beitrag, doch atmosphärisch von großer Bedeutung, denn er zeigt, wie eng und selbstverständlich mittlerweile die grenzüberschreitende Zusammenarbeit zwischen beiden Ländern geworden ist und wie gut sie funktioniert.

2013 erging der Planfeststellungsbeschluss für diese Maßnahme. Die Bauarbeiten begannen noch im selben Jahr und sollen 2017 beendet sein. Borkum wird dann als einzige Nordseeinsel von zwei Festlandshäfen aus erreichbar sein, deren Fährschiffsanleger jeweils unmittelbar an die Autobahn und an die Eisenbahn angebunden sind – ein Infrastrukturvorteil, wie er besser nicht sein könnte. Die direkte Eisenbahnverbindung wird den Inselgästen darüber hinaus die Möglichkeit bieten, ganz bequem Tagesausflüge in die von einem bunten Studentenleben geprägte Provinzmetropole Groningen mit ihrer überaus reizvollen Altstadt zu unternehmen, auch dies ein nicht zu unterschätzender Gewinn für das touristische Potential von Borkum.

Nachhaltige Sicherung **7.7**

NACHHALTIGE SICHERUNG [7]
Flexibilität: Fähr- und Schnellverkehr in wechselseitiger Ergänzung

Den weiten Weg aus dem fernen Australien, wo er gebaut worden war, legte der 2001 zur Verstärkung des Schnellverkehrs erworbene Katamaran POLARSTERN „huckepack" auf einem Frachtschiff zurück, hier bei der Ankunft im Emder Hafen im Sommer 2001.

Mit der Indienststellung des Hightech-Katamarans NORDLICHT (II) im Frühjahr 1989 schien es zunächst so, dass der damit möglich gewordene Schnellverkehr die überkommenen Verkehrsmodalitäten, die von den vier vorhandenen Autofähren mit ihren nahezu identischen Kapazitäten geprägt waren, nicht grundlegend beeinflussen würde und der Katamaran lediglich als zusätzliches Angebot ergänzend dazugekommen war. Bald zeigte sich jedoch, dass beide Komponenten nicht in einem bloßen Additionsverhältnis zueinander standen, sondern sich strukturell gegenseitig erheblich beeinflussten. Bereits im zweiten Einsatzjahr, 1990, waren ca. 70.000 der insgesamt knapp 738.000 Fahrgäste, die mit den Schiffen der AG „Ems" im Verkehr zwischen Borkum und den beiden Festlandbasen in Emden und Eemshaven befördert worden waren, also annähernd 10%, Benutzer des Katamarans. 1992 war dieser Anteil bereits auf ein Siebtel (14,3%) gestiegen, d.h. von den in diesem Jahr insgesamt beförderten 807.868 Fahrgästen hatten etwa 115.000 für ihre Passage nach und von Borkum den Katamaran gegenüber den Autofähren bevorzugt. Tatsächlich war davon nur der Verkehr zwischen Emden und Borkum betroffen, denn lediglich auf dieser Strecke, auf der die Fahrtzeit mit der Autofähre gut zwei Stunden beträgt, macht sich die höhere Geschwindigkeit des Katamarans mit einem Zeitgewinn von etwa einer Stunde nennenswert bemerkbar. Dagegen bringt sein Einsatz auf der von vornherein lediglich knapp einstündigen Fahrt zwischen Eemshaven und der Insel nur einen so geringfügigen Zeitgewinn, dass die damit verbundenen höheren Kosten im Regelfall nicht gerechtfertigt wären.

Nachhaltige Sicherung 7.7

Der neue Katamaran POLARSTERN auf Schnellfahrt im Dollart. Mit 42 Knoten und 402 Plätzen übertraf er die ältere NORDLICHT (II) sowohl in der Geschwindigkeit als auch in der Kapazität.

Dieser Trend hielt auch weiterhin an. Zur Jahrtausendwende 1999/2000 lag der Anteil der Katamaranpassagiere schon bei knapp 17% (ca. 141.400 von gut 848.000 Fahrgästen insgesamt). Da die Nachfrage nach Plätzen im Schnellverkehr trotz der dafür fälligen höheren Fahrpreise weiterhin zunahm, ergriff die AG „Ems", die schon länger auf einen Ausbau dieser Verkehrskomponente bedacht war, im Herbst 2000 die Gelegenheit, im fernen Australien einen werftneuen zweiten Katamaran zu erwerben, der dort infolge eines Konkurses zu günstigen Bedingungen zum Verkauf stand. Mit einer Investition, die sich einschließlich der Kosten für die Überführung und die Anpassung der Ausstattung an die Bedürfnisse des Verkehrs im Ems- und angrenzenden Nordseerevier auf knapp 9 Mio. DM (ca. 4,5 Mio. €) belief, verfügte die AG „Ems" nunmehr über ein weiteres Schnellschiff, das, im April 2001 auf den Namen POLARSTERN getauft, mit einer Kapazität von 402 Plätzen deutlich größer war als der Katamaran NORDLICHT (II) (272 Plätze) und mit einer Maximalgeschwindigkeit von 42 Knoten auch vier Knoten schneller fuhr als dieser.

Mit dem seitdem erheblich größeren Angebot an Plätzen im Schnellverkehr stieg dessen Anteil am Inselverkehr noch einmal steil an und hat sich seit 2004 auf eine weitgehend konstante Größenordnung zwischen 30 und 35% des Gesamtverkehrs auf der Strecke Emden–Borkum eingependelt. 2013 waren demnach mehr als 198.000 der hier in diesem Jahr insgesamt gezählten knapp 592.000 Fahrgäste Benutzer des Katamarans. Besonders beliebt ist dieses Verkehrsmittel bei den Insulanern, denn diesen ist damit die Möglichkeit geboten, morgens zu „normaler" Zeit nach Emden zu fahren, dort oder in einer der anderen ostfriesischen Städte Geschäfte oder Behördenbesuche zu erledigen und bereits mittags wieder auf Borkum zu sein. Neben diesen zählen Kurzurlauber, Vielfahrer und solche Bahnreisende, die für ihren Borkumbesuch einen besonders langen Weg zurückzulegen haben, zu den Hauptnutzern des Schnellverkehrs.

Nachhaltige Sicherung **7.7**

Hans-Gerd Petersen, Arbeitnehmervertreter im Aufsichtsrat der AG „Ems" von 1993 bis 1998.

Christa Wiechmann, Arbeitnehmervertreterin im Aufsichtsrat der AG „Ems" von 1998 bis 2013.

Tino Schuhknecht, Arbeitnehmervertreter im Aufsichtsrat der AG „Ems" seit 2013.

Florian Weber, Arbeitnehmervertreter im Aufsichtsrat der AG „Ems" seit 2013.

Diese Entwicklung konnte allerdings nicht ohne Konsequenzen für den Einsatz der Autofähren bleiben, weil deren Auslastung dadurch deutlich zurückging. Als erstes wurde die WESTFALEN (III), die bei der damals anstehenden Generalüberholung zu einem hochseetauglichen sog. Zweiabteilungsschiff umgebaut und damit weltweit einsetzbar geworden war, aus dem Borkumverkehr genommen und im letzten Quartal 1990 im Rahmen einer Bareboat-Charter ab Rostock für Tagesfahrten auf die Ostsee mit der Möglichkeit zum zollfreien Einkauf eingesetzt. Bei einem solchen Überlassungsverhältnis übernimmt der Charterer die Bereederung des ihm ohne Personal zur Verfügung gestellten Schiffes und trägt dessen sämtliche Betriebs- und Unterhaltskosten. Diese zunächst kurzfristig angelegte Fremdbeschäftigung der WESTFALEN für derartige Tagesfahrten auf der Ostsee ab Rostock wurde schon bald in ein mehrjähriges Charterverhältnis für diesen Zweck umgewandelt, das erst im Oktober 1993 zu Ende ging. Zurück in ihrem angestammten Einsatzgebiet im Emsrevier, nahm die WESTFALEN nach einer Generalüberholung, bei der die Maschinenanlage automatisiert und sämtliche Fahrgasträume grunderneuert sowie von allen asbesthaltigen Materialien befreit worden waren, im Frühjahr 1994 den Borkumverkehr ab Eemshaven wieder auf, aus dem die RHEINLAND (III) im Herbst des Vorjahres durch Verkauf an die Reederei Doeksen, die den Verkehr mit der niederländischen Insel Terschelling betreibt, endgültig ausgeschieden war.

Nachhaltige Sicherung **7.7**

1994 ergab sich Gelegenheit, das einige Jahre vorher nach Finnland verkaufte frühere Ausflugsschiff STADT BORKUM zurückzukaufen. Nach gründlicher Renovierung und technischer Aufrüstung steht es seitdem unter seinem neuen Namen WAPPEN VON BORKUM außer für den Ausflugsverkehr als flexible Reserve auch für den regulären Fährverkehr von und nach Borkum zur Verfügung.

Mit nunmehr nur noch drei Autofähren konnte die AG „Ems" den Anforderungen des überkommenen Inselverkehrs im allgemeinen genügen; lediglich in den Spitzenzeiten der Hochsaison kam es gelegentlich zu Engpässen. Die Reederei nutzte daher im Jahre 1994 die Gelegenheit, aus einem Konkurs ihr 1988 nach Finnland verkauftes früheres Ausflugsschiff STADT BORKUM zurückzukaufen. Nach Sanierung und Umbau auf den Namen WAPPEN VON BORKUM getauft, steht dieses mit seiner Kapazität von 350 Plätzen seitdem zum Ausgleich von Engpässen oder für Zeiten besonders niedriger Nachfrage im Linienverkehr zwischen beiden Festlandsbasen und der Insel zur Verfügung. Um die damit mögliche Flexibilität im Einsatz ihrer Schiffsflotte auf ein Maximum zu steigern, wurde im Jahre 1999 die Geschwindigkeit der WAPPEN VON BORKUM durch Verbesserungen am Antrieb auf 12,5 Knoten erhöht, so dass sie seitdem in etwa denselben Fahrzeiten erreicht wie die Autofähren. Das wesentliche Aufgabenfeld der WAPPEN VON BORKUM liegt jedoch in der Ausflugsfahrt.

Neben den Veränderungen, die sich aus dem wachsenden Anteil des Schnellverkehrs am gesamten Inselverkehr ergaben, machte sich seit Beginn der 1990er Jahre ein zweiter Trend immer stärker bemerkbar, der als solcher zwar grundsätzlich schon lange vorherzusehen gewesen war, in seiner konkreten Ausgestaltung und den daraus für die AG „Ems" erwachsenden Folgen aber erst allmählich deutlich wurde. Die Voraussetzungen für ihr zweites Festlandssteinbein in Eemshaven hatte die Reederei schon Anfang der 1970er Jahre in der klaren Erkenntnis geschaffen, dass von hier aus der Weg von und nach Borkum insbesondere für Urlaubsgäste aus Nordrhein-Westfalen spürbar kürzer sein würde als über Emden. Es dauerte einige Zeit, bis die Verkehrsfrequenz des erst im Sommer 1985 in Betrieb genommenen Terminals in Eemshaven eine signifikante Größenordnung erreicht hatte, aber trotz der damals noch immer höchst unzureichenden Autobahnverbindung zwischen Nordrhein-Westfalen und Ostfriesland lief bereits 1997 ein Viertel des in diesem Jahr gut 827.000 Fahrgäste ausmachenden Personenver-

Nachhaltige Sicherung 7.7

Dr. Claas Brons, selbständiger Unternehmer und Rechtsanwalt in Emden, Mitglied im Aufsichtsrat der AG „Ems" und im Beirat der Borkumer Kleinbahn und Dampfschiffahrt GmbH ab 1993. Seit 2011 ist er Vorsitzender beider Gremien.

Dr. Matthias Klasen, Rechtsanwalt und Notar in Leer, Mitglied im Aufsichtsrat der AG „Ems" und im Beirat der Borkumer Kleinbahn und Dampfschiffahrt GmbH seit 2000.

Hajo Brons, Diplomkaufmann in Potsdam, Mitglied im Aufsichtsrat der AG „Ems" und im Beirat der Borkumer Kleinbahn und Dampfschiffahrt GmbH seit 2007.

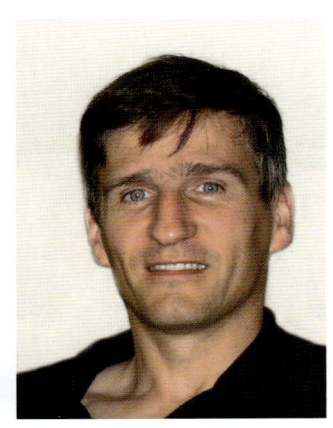

Dr. Markus Connemann, Fabrikant in Leer, Mitglied im Aufsichtsrat der AG „Ems" und im Beirat der Borkumer Kleinbahn und Dampfschiffahrt GmbH von 2012 bis 2013.

Insa Stoidis-Connemann, Steuerberaterin in Leer, Mitglied im Beirat der Borkumer Kleinbahn und Dampfschiffahrt GmbH seit 2013.

kehrs sowie ein Drittel des sich auf mehr als 100.000 Einheiten belaufenden Kfz-Transports über Eemshaven. Mehr als 200.000 Passagiere mit etwa 33.000 Autos hatten sich demnach in diesem Jahr für die Route mit der lediglich eine knappe Stunde dauernden Fährfahrt nach Borkum entschieden – gegenüber dem Jahr 1989 mit 94.608 Fahrgästen (= 13,1% des Gesamtaufkommens von 723.269 Passagieren) und 13.144 Kfz (= 15,5% des Gesamtaufkommens von 84.654 Kfz) mehr als eine Verdoppelung des Ausgangswertes im erstgenannten und etwas weniger als eine Verdreifachung im zweitgenannten Fall.

Diese Entwicklung hielt an: Im Jahre 2000 betrug der Anteil der über Eemshaven transportierten Gäste-Kfz bereits 47% des Gesamtaufkommens, das im Jahr zuvor mit 102.757 Einheiten seinen bislang absoluten Höchststand erreicht hatte. 2003 wurde erstmals die 50%-Marke überschritten, und in den Jahren zwischen 2007 und 2014 pendelte sich die Zahl der über Eemshaven verschifften Autos zwischen 56 und 58% des gesamten Fahrzeugaufkommens ein (2014: 56.238 Kfz über Eemshaven bei einem Gesamtaufkommen von 97.958 Einheiten). Parallel dazu hatte sich auch das Zahlenverhältnis zwischen den über Emden und den über Eemshaven reisenden Fahrgästen deutlich, wenn auch nicht so krass wie bei den Autos, zugunsten Eemshavens verschoben. Belief sich 2002 der Anteil der über die niederländische Dollartseite reisenden Fahrgäste mit 262.463 auf 29,6% des Gesamtpassagieraufkommens von 887.613 Personen, so war er 2014 mit 346.614 von 943.879 Passagieren insgesamt auf einen Anteil von 36% gestiegen. Zu dieser Entwicklung hat der 2004 endlich erreichte Lückenschluss auf der Autobahn A 31, mit dem sich die Fahrtzeiten zwischen Nordrhein-Westfalen und Ostfriesland deutlich verkürzt haben, unverkennbar seinen Teil beigetragen.

Die Folge all dieser Verschiebungen in den Verkehrsströmen von und nach Borkum war eine sehr unterschiedliche Auslastung der AG „Ems"-Schiffe, die teils der Nachfrage kaum Herr werden, teils ihre Kapazitäten nicht ausreichend ausnutzen konnten. Von den Unwägbarkeiten, die sich daraus für die Urlauber ergeben konnten, einmal abgesehen, war dies insbesondere betriebswirtschaftlich ein großes Problem. Denn wenn auf der gegenüber der Eemshaven-Strecke doppelt so langen Emden-Strecke eine Autofähre mangels Nachfrage lediglich ihre halbe Kapazität nutzen kann, ohne dass deswegen die reinen Fahrtkosten niedriger ausfallen, dann erwächst daraus ein Kostenfaktor in einer Höhe, der in den Ertragsrechnungen der Reederei binnen kurzem äußerst negativ zu Buche schlägt. Die AG „Ems" musste daher ihr Einsatzkonzept, das bis dahin auf drei gleich großen Autofähren und deren etwa gleich großer Verkehrsfrequenz in Emden und Eemshaven basiert hatte, kritisch überdenken und im Lichte dieser Erkenntnisse verändern.

Nachdem sie mit der WAPPEN VON BORKUM bereits seit einiger Zeit über ein Entlastungsinstrument verfügte, mit dem sie sowohl auf besonders hohe Verkehrsspitzen als auch auf Fälle besonders geringer Nachfrage flexibel und kostenmindernd reagieren konnte, gewann sie mit dem Kauf des Katamarans POLARSTERN im Winterhalbjahr 2000/2001 und der damit möglich gewordenen massiven Ausweitung des Schnellverkehrs ein Maß an Handlungsfreiheit, das ihr bis dahin gefehlt hatte. Da die Reederei das hier skizzierte Problem nicht eindimensional dadurch lösen durfte, dass sie einfach auf der Emden-Strecke eine Autofähre strich und diese stattdessen auf der Eemshaven-Strecke zum Einsatz brachte – das hätte auf der niederländischen Seite des Dollart zwar die Kosten reduziert und zu einer ausreichenden Kapazität geführt, aber dafür auf der ostfriesischen Seite große Enttäuschung und Unzufriedenheit ausgelöst –, kam es also darauf an, den Zielkonflikt zwischen einem für die Kunden möglichst attraktiven Angebot auf der einen und dem betriebswirtschaftlichen Gebot, die dafür aufzuwendenden Kosten möglichst niedrig zu halten, auf der anderen Seite so zu lösen, dass alle Beteiligten einigermaßen zufrieden gestellt waren.

Die Antwort, die die AG „Ems" damals fand, bestand darin, dass mit Beginn des Sommerfahrplans 2001 der Einsatz der Autofähren auf der Eemshaven-Strecke durchgehend so verdichtet wurde, dass der dortige Bedarf jederzeit gedeckt werden konnte, ohne dabei eine vorübergehend höhere Nachfrage auf der Emden-Strecke aus dem Auge zu verlieren. Zum Ausgleich der dafür notwendigen Reduzierung des Angebots im

Nachhaltige Sicherung 7.7

Als Claas Brons (senior), Kaufmann in Emden, im Januar 2007 im 93. Lebensjahr starb, war er, 1942 das erste Mal in die Aufsichtsräte der AG „Ems" und der Borkumer Kleinbahn und Dampfschiffahrt AG gewählt, 65 Jahre ununterbrochen Mitglied in den Aufsichtsgremien beider Gesellschaften. Von 1959 bis 1990 war er zugleich deren Vorsitzender. In seiner an Länge vermutlich nie zu übertreffenden Amtszeit hat er die Geschicke der AG „Ems" und ihres Tochterunternehmens seit Ende des Zweiten Weltkriegs entscheidend geprägt und maßgeblich dazu beigetragen, dass der Konzern alle aus dem Wandel der Zeiten erwachsenen vielfältigen neuen Herausforderungen jeweils erfolgreich gemeistert hat.

Autofährenverkehr auf der Emden-Strecke um etwa 10 %, d.h. um bis zu einen Schiffsumlauf täglich, wurde hier der jetzt mit zwei Katamaranen mögliche Schnellverkehr erheblich ausgeweitet und in seinen Ankunfts- und Abfahrtzeiten aufs engste mit dem Emder Zugfahrplan der Deutschen Bahn verknüpft. Und für diejenigen Fahrgäste, denen selbst die eine Stunde noch zu lang war, auf die sich die Fahrtzeit zwischen Emden und Borkum auf diese Weise verkürzte, bot die Reederei mit einem von ihr kurz zuvor erworbenen neuen Anleger an der Knock, etwa 12 km unterhalb von Emden-Außenhafen gelegen, eine Alternative, durch die sich der Zeitaufwand noch einmal um etwa ein Drittel auf nur noch ca. 40 Minuten reduzieren ließ. Auf diese Weise konnte die AG „Ems" ihr Angebot hoch flexibel und gleichzeitig kostenreduziert gestalten und ihre Schiffe ab dem Jahr 2003 dennoch im dichtesten Fahrplan einsetzen, den es in der Geschichte des Borkumverkehrs je gegeben hat. Die Reduktion des Autofähreneinsatzes auf der Emden-Strecke hatte zunächst einigen Unmut verursacht, insbesondere bei den Insulanern, die dadurch von manchen liebgewordenen Gewohnheiten Abschied nehmen mussten, doch war diese Kritik infolge der guten kommunikativen Begleitung dieser Maßnahmen durch die Reederei und angesichts der zusätzlichen Angebote im Schnellverkehr schnell wieder verstummt.

Nachhaltige Sicherung 7.7

Cornelius Akkermann, Bürgermeister von Borkum, Mitglied im Beirat der Borkumer Kleinbahn und Dampfschiffahrt GmbH von 2001 bis 2005.

Kristin Mahlitz, Borkumer Bürgermeisterin, Mitglied im Beirat der Borkumer Kleinbahn und Dampfschiffahrt GmbH von 2005 bis 2011.

Georg Lübben, Borkumer Bürgermeister seit 2011, Mitglied im Beirat der Borkumer Kleinbahn und Dampfschiffahrt GmbH seit 2012.

Zusätzlich zu den bislang behandelten langfristigen Trends und Verschiebungen im Borkumverkehr galt es schließlich auf eine Entwicklung zu reagieren, die teils eine Konsequenz aus den eigenen Maßnahmen der AG „Ems" war, teils aber auch Ursachen gesamtgesellschaftlicher und genereller Art hat. Der signifikante Rückgang im Kfz-Transport, der von seinem absoluten Höhepunkt mit 102.757 Fahrzeugen im Jahre 1999 kontinuierlich auf nur noch 87.773 Beförderungsfälle im Jahre 2008 gesunken war und seitdem nur leicht wieder angestiegen ist (2014 wurden 97.958 Einheiten transportiert), korrespondiert zum einen mit den großen Zuwächsen im Schnellverkehr und den Verbesserungen im Leistungsangebot der Borkumer Kleinbahn: Wer sozusagen im Handumdrehen mit dem Katamaran auf die Insel gelangen und darüber hinaus mit der Eisenbahn bis unmittelbar ans Fährterminal in Emden-Außenhafen fahren bzw. dieses oder den Anleger in Eemshaven über den direkten Autobahnanschluss schnell erreichen kann und sich außerdem nicht für längere Zeit auf Borkum aufhalten will – der seit den 1970er Jahren zu beobachtende generelle Trend zu mehreren kürzeren Urlaubsreisen pro Jahr statt einer längeren hält nach wie vor an –, der hat das eigene Auto entweder bewusst von vornherein zu Hause gelassen oder stellt es bevorzugt in Emden bzw. Eemshaven auf dem jeweiligen Insel-Parkplatz ab, weil seine kostspielige Mitnahme auf die Insel bei geringem Gepäckumfang und für lediglich wenige Tage nicht lohnenswert erscheint. In diesem Rückgang spiegelt sich aber auch ein gesamtgesellschaftlicher Wertewandel, der dazu geführt hat, den Zugriff auf das eigene Auto nicht in allen Lebenslagen für notwendig zu halten, zumal dann, wenn es um einen Aufenthalt in einem so besonderen Urlaubsort geht, wie es Borkum mit seinem allergiefreundlichen Hochseeklima und seiner Einbettung in den Nationalpark Wattenmeer einer ist.

Nachhaltige Sicherung **7.7**

Angesichts dieses absoluten Rückgangs im Autotransport häuften sich, zumal in der Nebensaison und in den Tagesrandzeiten, die Fälle, in denen ein Einsatz einer der drei gleich großen Autofähren, über die die AG „Ems" verfügt, unwirtschaftlich wurde, weil sie nur teilweise ausgelastet waren. Um hier deutlich flexibler und kostengünstiger fahren zu können, erwarb die Gesellschaft im Januar 2006 eine bei der Wyker Dampfschiffs-Reederei zum Verkauf stehende Auto- und Personenfähre, die bis 2002 unter dem Namen HILLIGENLEI im Revier der Nordfriesischen Inseln ihren Dienst getan hatte und mit einer Kapazität von lediglich 30 PKW- bzw. einer entsprechend reduzierten Zahl von LKW-Stellplätzen sowie 630 Passagierplätzen weniger als halb so groß ist wie die anderen im Borkumverkehr eingesetzten Autofähren. Nachdem sich die Fähre bei Tests als geeignet erwiesen hatte und auf die technischen Gegebenheiten der RO/RO-Brücken in Emden, Eemshaven und Borkum angepasst sowie in den Fahrgastsalons und im Restaurationsbereich renoviert worden war, ist sie seit dem Frühjahr 2006 unter dem Namen GRONINGERLAND in Zeiten geringerer Nachfrage vorwiegend auf der Eemshaven-Strecke unterwegs, kommt hier bei Bedarf aber auch zur Verstärkung des Linienverkehrs an Sonnabenden sowie auf der Emden-Strecke an Freitagabenden zum Einsatz. Die GRONINGERLAND hat sich seitdem als ideale Ergänzung der übrigen AG „Ems"-Flotte bewährt und insbesondere die Aufgabe erfüllt, zur Kostensenkung im Borkumverkehr beizutragen.

Mit der 2006 von der Wyker Dampfschiffs-Reederei erworbenen Fähre GRONINGERLAND, die nur über die Hälfte der Kapazität der übrigen Autofähren im Borkumverkehr verfügt, kann die AG „Ems" auf unterschiedlich große Nachfrage flexibel reagieren und ihre Flotte daher deutlich kostengünstiger einsetzen.

Nachhaltige Sicherung 7.7

MS WESTFALEN (III) in der Schlussphase ihres regulären Einsatzes in der Borkumfahrt. Seit 2006 fuhr sie, baulich der neuen Aufgabe entsprechend angepasst, unter dem Namen HELGOLAND während des Sommerhalbjahres zwischen Wilhelmshaven und Helgoland. Fortan war sie nur noch in den Wintermonaten im Borkumverkehr tätig, wenn jeweils eine der regulären Autofähren zur Überholung in die Werft musste. Seit Herbst 2014 wieder ganz in der Borkumfahrt eingesetzt, erhielt das Schiff im Sommer 2015 auch seinen alten Namen WESTFALEN zurück.

Die bis dahin vorwiegend auf der Eemshaven-Strecke eingesetzte WESTFALEN (III) war hier durch die neue Fähre nunmehr weitgehend entbehrlich geworden und fand noch im selben Jahr (2006) eine neue Verwendung im Helgolandverkehr. Im Winter aber fährt dieses mittlerweile mehr als 40 Jahre alte Schiff weiterhin vertretungsweise auf seinen angestammten Strecken, wenn die OSTFRIESLAND (III) bzw. die MÜNSTERLAND (II) als die beiden regulär eingesetzten großen Borkumfähren zur jährlichen Überholung in der Werft sind. Im allgemeinen reichen diese beiden sowie die kleinere GRONINGERLAND für den normalen Borkumverkehr aus. Dagegen hat sich im Schnellverkehr der seit 2001 betriebene Einsatz von zwei Katamaranen auf die Dauer als etwas zu groß dimensioniert erwiesen, zumal das größere der beiden Schiffe, die POLARSTERN, die außer im Borkumverkehr auch für Ausflugsfahrten im Emsrevier und insbesondere nach Helgoland Verwendung fand, mit ihren vier Hochleistungsmotoren angesichts der seit der Jahrtausendwende kontinuierlich und zeitweise sogar massiv steigenden Gasölpreise kaum noch kostendeckend zu betreiben war.

So wurde dieser Katamaran, der im Sommer 2008 auf der Rückfahrt von Helgoland bei hohem Wellengang und starkem Wind eine in den Medien intensiv behandelte kleine Havarie erlitten hatte, im Oktober dieses Jahres nach Tallinn verkauft, wo er auch heute noch Dienst tut. Der Schnellverkehr von und nach Borkum aber wird seitdem wie in der Zeit ab 1989 allein von der NORDLICHT (II) getragen, die zum Ausgleich für den mit dem Ausscheiden der POLARSTERN verbundenen Kapazitätsrückgang in diesem Segment die Zahl ihrer Fahrten ein Stück weit erhöht hat. Mit all diesen Maßnahmen und dem immer wieder kritisch überdachten Mischungsverhältnis im Einsatz ihrer verschiedenen Schiffe ist es der AG „Ems" gelungen, auch im Jahr ihres 125-jährigen Jubiläums ein für ihre Kunden attraktives und dennoch kostengünstiges Angebot für den Fährverkehr von und nach Borkum vorzuhalten.

NACHHALTIGE SICHERUNG [8]
Neue Angebote im Ausflugsverkehr in und um Emden und im ostfriesisch-niederländischen Küstenrevier

Hatte sich der von der AG „Ems" angebotene Ausflugsverkehr lange auf gelegentliche Fahrten mit einer der großen Fähren zu den westfriesischen Nachbarinseln oder nach Helgoland sowie mit dem (1988 verkauften) kleinen Ausflugsschiff STADT BORKUM auf Fahrten zu den der Insel vorgelagerten Seehundbänken sowie auf Tages- oder Abendfahrten in See beschränkt, die je nach Dauer und Entfernung mit der Gelegenheit zum zollfreien Einkauf verbunden waren, so hatten sich mit der Indienststellung des schnellen Katamarans NORDLICHT (II) im Frühjahr 1989 ganz neue Möglichkeiten ergeben. Dessen hohe Geschwindigkeit bei gleichzeitig nur geringem Tiefgang erlaubten es nämlich der AG „Ems", an ihre ältesten Wurzeln anzuknüpfen und den Verkehr emsaufwärts bis nach Papenburg wieder aufzunehmen, der vor der Eröffnung der Hannoverschen Westbahn im Jahre 1856 eines der Standbeine der beiden ersten Emsdampfschifffahrtsgesellschaften gewesen war.

Unter der Marke EMSLinie entwickelte die AG „Ems" daher seit 1989 jeweils für die Dauer der Sommersaison ein Angebot von Ausflugsfahrten auf der Unterems zwischen Papenburg und Borkum, das über mehrere Jahre hin auch Zwischenstopps in Leer,

Mit ihrem 1989 beschafften schnellen Katamaran NORDLICHT (II) konnte die AG „Ems" auch ihr Angebot im Ausflugsverkehr auf der Unterems erheblich erweitern. Unter der Marke EMSLinie gehörten dazu u.a. regelmäßige Fahrten zwischen Papenburg und Borkum, hier der dazugehörige Prospekt.

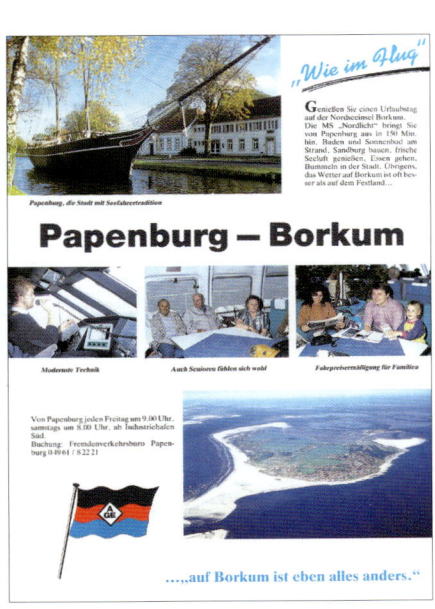

Nachhaltige Sicherung 7.8

Oben: Im Rahmen der EMSLinie wurden auch die emsabwärts von Papenburg gelegenen Häfen vom Ausflugsverkehr der AG „Ems" bedient. Hier die NORDLICHT (II) im Hafen von Oldersum zu einem Werftaufenthalt.

Unten: Bei stärkerer Nachfrage und bei besonderen Angeboten kamen auch beide Katamarane der AG „Ems" gleichzeitig im Rahmen der EMSLinie zum Einsatz: Hier die POLARSTERN (vorn) und die NORDLICHT (II) (hinten) in Schnellfahrt auf der Ems.

Weener und Ditzum einschloss und den Fahrgästen damit vielfältige Variationsmöglichkeiten für die individuelle Ausgestaltung einer solchen Unternehmung eröffnete. In Kooperation mit einem Busunternehmen, das Zubringerfahrten ab Meppen abwickelte, strahlte dieses Angebot auch weit über Papenburg hinaus ins Emsland aus und erschloss damit ein zusätzliches Potential an Fahrgästen, z.B. bei den zahlreichen Landfrauenvereinen, bei denen sich derartige Ausflugsfahrten großer Beliebtheit erfreuten. Mehr als 15.000 Fahrgäste pro Jahr fanden häufig auf diese Weise den Weg nach Borkum, doch ließ sich der Erfolg trotz großer Anstrengungen der AG „Ems", dieses Angebot noch auszubauen und seine Plazierung am Markt zu verbessern, nicht auf Dauer bewahren.

Erster Störfaktor waren der Bau des Emssperrwerks bei Gandersum ab 1995 und die mit dessen Fertigstellung mehrfach ohne lange Vorankündigung vorgenommene Aufstauung der Unterems, wenn wieder einmal eines der riesigen auf der Meyer-Werft in Papenburg gebauten Kreuzfahrtschiffe zur Überführung in die Nordsee anstand. Nach der Jahrtausendwende wirkten sich dann zunächst der Neubau der Emsbrücke bei Weener und anschließend der Neubau der Emsbrücke (Jann-Berghaus-Brücke) bei Leer so störend aus, dass fahrplanmäßig vorgesehene Ausflugsfahrten immer häufiger kurzfristig abgesagt werden mussten und die AG „Ems" die für einen solchen Verkehr zwingend notwendige langfristige Verlässlichkeit nicht mehr gewährleisten konnte. Die Fahrgastzahlen brachen massiv ein, und weil gleichzeitig auch die Mineralölpreise stetig

Nachhaltige Sicherung 7.8

Oben: Begegnung zweier ungleicher Schiffsgrößen auf dem Dollart vor Borkum im Sommer 2005: Neubau NORWEGIAN JEWEL der Meyer-Werft in Papenburg und Katamaran POLARSTERN der AG „Ems": Die zur Überführung der riesigen Kreuzfahrtschiffe der Meyer-Werft in die Nordsee nötige Aufstauung der Ems bei Gandersum hat u.a. dazu beigetragen, dass die AG „Ems" den Verkehr auf ihrer EMSLinie nicht mehr verlässlich genug langfristig festlegen konnte und dieses Angebot daher im Herbst 2008 einstellen musste.

Unten: Der Ausflugsverkehr auf der Ems unterhalb von Gandersum ist von den Aufstauungen nicht betroffen: MS WAPPEN VON BORKUM am Anleger Ditzum, Emden schräg gegenüber auf der anderen Emsseite gelegen.

anstiegen, wurde das lange Zeit so erfolgreiche Ausflugsangebot auf der EMSLinie unwirtschaftlich. So blieb der AG „Ems" nichts anderes übrig, als zum Saisonschluss im Herbst 2008 die Einstellung dieses Verkehrs als regelmäßiges Angebot bekanntzugeben. Seitdem gibt es Ausflugsfahrten auf der Unterems von und nach Papenburg nur noch von Fall zu Fall.

Dagegen konnte die AG „Ems" ihren Ausflugsverkehr, der zu Anfang der 1990er Jahre insgesamt in einer Größenordnung zwischen 30.000 und 35.000 Fahrgästen pro Jahr lag, in den übrigen Sparten deutlich ausweiten. Maßgeblich trug dazu der Rückkauf ihres 1988 nach Finnland verkauften Ausflugsschiffs STADT BORKUM bei, das nach Generalsanierung und Umbau im Frühjahr 1995 unter seinem neuen Namen WAPPEN VON BORKUM für ein vielfältiges Angebot zur Verfügung steht. Mit diesem Schiff, das aufgrund seines nur geringen Tiefgangs für die Wattfahrt ideal geeignet ist, konnte die AG „Ems" nunmehr wieder Fahrten zu den Seehundbänken, zum Krabbenfang und in die Leybucht bis ins malerische Greetsiel durchführen, es darüber hinaus aber auch im gesamten Emsmündungsrevier für unterschiedliche touristische Zwecke einsetzen, nicht zuletzt für exklusive Charterfahrten, für die das Interesse im Laufe der Zeit immer größer wurde. Schon 1995, im ersten Jahr des Einsatzes der WAPPEN VON BORKUM, war das Gesamtfahrgastaufkommen im Ausflugsverkehr der AG „Ems" auf über 43.000 gestiegen, 1997 lag es bei mehr als 54.000 und hatte bis 2003 mit diversen zwischenzeitlichen Schwankungen auf gut 73.000 zugenommen. 2007 erreichte es mit ca. 92.600

Nachhaltige Sicherung 7.8

Mit dem Erwerb der Landestelle Knock von der Wasser- und Schifffahrtsverwaltung und deren Ausbau zu einem regulären Anleger hatte die AG „Ems" seit 2001 eine Saisonabfahrtstelle zur Verfügung, von der aus sich die Fahrtzeiten nach Helgoland und insbesondere nach Borkum mit dem Katamaran POLARSTERN signifikant verkürzen ließen. Im Hintergrund ist die Silhouette des Industrieviers von Delfzijl/ Eemshaven zu erkennen.

einen Höchststand und sank dann bis 2011 wieder auf ca. 70.000 ab, auf welchem Niveau es in etwa auch heute noch liegt. 2012 war die WAPPEN VON BORKUM daran mit ca. 21.000 und 2013 mit ca. 26.700 Beförderungen beteiligt.

Trotz ihres insgesamt positiven Trends zeigen diese Zahlen, dass das Geschäft im Ausflugsverkehr sehr störanfällig ist und großen Schwankungen unterliegt. Es ist daher eine Daueraufgabe der Reederei, ihr Angebot immer wieder zu überprüfen und im Lichte veränderter Rahmenbedingungen neue Ideen zu entwickeln. Eine solche Situation war eingetreten, nachdem es der AG „Ems" im November 2000 gelungen war, im Rahmen einer öffentlichen Ausschreibung die mit dem endgültigen Aus des Projekts „Dollarthafen" von der Wasser- und Schifffahrtsverwaltung nicht mehr benötigte Landemole Knock, etwa 12 Kilometer unterhalb Emdens am Rysumer Nacken gelegen, samt der dazugehörigen Liegenschaft und einem darauf stehenden vormaligen Pumpenhaus zu erwerben. Mit der Umgestaltung der Landemole zu einer für ihre Schiffe geeigneten Saisonabfahrtstelle sowie dem Umbau des Pumpenhauses zu einem Fahrgastzentrum und einem – vom Publikum schnell sehr gut angenommenen – Restaurant-Café mit dem Namen „Strandlust" in den Jahren 2001 bzw. 2002 war die AG „Ems" in der Lage, nicht nur die Fahrtzeit nach Borkum auf der Emden-Strecke um bis zu 30 Minuten zu verkürzen, sondern auch im Ausflugsverkehr weitere Angebote zu machen.

Dazu gehört u.a. die direkte Dollartüberquerung zwischen Eemshaven oder Delfzijl auf der niederländischen Seite und der Knock oder Emden auf der ostfriesischen Seite des Dollart, womit die Reederei ein weiteres Mal an ihre Ursprünge anknüpfte, denn der Hauptzweck der 1843 in Emden gegründeten Emsdampfschifffahrtsgesellschaft Concordia hatte ja drin bestanden, den traditionellen Fährverkehr über den Dollart auf der jahrhundertealten Fernverkehrslinie Hamburg–Amsterdam mit den damals neuen technischen Mitteln zu beschleunigen und zu verbessern. Heute bietet die WAPPEN VON BORKUM damit u.a. die Möglichkeit, die linksemsisch verlaufende Dollartroute des Emsradweges mit Fahrradwegen im Ostfriesland rechts der Ems zu verbinden, z.B.

Nachhaltige Sicherung 7.8

1995 übernahm die AG „Ems" den bis dahin vom Niedersächsischen Hafenamt Emden getragenen Hafenbootverkehr samt den beiden dazu vorhandenen Fahrzeugen. Oben die RATSDELFT an der traditionellen Abfahrtstelle am Ende des Ratsdelfts vor dem Emder Rathaus, unten die SCHREYERSHOEK, die wegen ihrer geringeren Größe auch für Kanalfahrten eingesetzt werden konnte, an dem damals neu eingerichteten Anleger „Flugplatz" am Treckfahrtstief weit außerhalb der Stadt.

mit der sog. Mühlentour, die durch die Krummhörn mit ihren vielen geschichtsträchtigen Dörfern und sehenswerten mittelalterlichen Wehrkirchen verläuft. Selbstverständlich ist auf diese Weise auch ein Abstecher nach Borkum oder zu einem der sonstigen kleinen Häfen möglich, die von der WAPPEN VON BORKUM angefahren werden. „Ship und Bike" heißt dieses Angebot und verweist damit auf ein Segment im touristischen Angebot der AG „Ems", das diese ab Mitte der 1990er Jahre neu aufgebaut hat.

Den Einstieg dazu bot im Jahre 1995 die Übernahme des bis dahin und seit jeher von der ursprünglich preußischen, ab 1946 niedersächsischen Hafenverwaltung selbst durchgeführten Hafenbootverkehrs im Emder Hafen. Im Zuge der damals überall einsetzenden kritischen Prüfung der traditionell von der öffentlichen Hand wahrgenommenen Aufgaben war auch dieses Segment als von jeglichem hoheitlichen Charakter frei identifiziert und folglich als zur Erledigung auf privatwirtschaftlicher Basis besser geeignet eingestuft worden. Mit einem Investitionsaufwand von 180.000 DM übernahm die AG „Ems" in diesem Jahr die beiden Hafenboote RATSDELFT und SCHREYERSHOEK, die ursprünglich überwiegend der Verkehrsvermittlung zwischen der Stadt und den im Hafen liegenden Frachtschiffen gedient hatten, inzwischen aber fast nur noch zu rein touristisch ausgerichteten Hafenrundfahrten eingesetzt wurden.

Mit der SCHREYERSHOEK als dem kleineren dieser beiden Boote sind darüber hinaus auch Fahrten außerhalb des Hafens auf einigen der malerischen Kanäle der Stadt Emden möglich, und so stieß das in der Saison nunmehr verstärkte Angebot an Hafenrundfahrten sowie an Kanal- und Charterfahrten sofort auf ein lebhaftes Echo. Knapp 58.000 Fahrgäste wurden 1995 in diesem Segment des von der AG „Ems" angebotenen Ausflugsverkehrs gezählt, und das ist in etwa auch die Größenordnung, in der sich dieser Verkehr bis heute bewegt. Während der Saison starten die Hafenrundfahrten bis zu fünfmal täglich vom Anleger am Ratsdelft, im Zentrum der Stadt Emden gelegen, und erfreuen sich bei den vielen Urlaubsgästen, die inzwischen in jedem Sommer nach Emden kommen, sehr großer Beliebtheit. Altersbedingt wurde die SCHREYERSHOEK 2006 durch einen modernen Neubau desselben Namens ersetzt.

Nachhaltige Sicherung **7.8**

Die 2006 gebaute SCHREYERSHOEK hat das namensgleiche Altfahrzeug ersetzt, ist aber dank seiner Dimensionen wie dieses in der Lage, auch die vielen Grachten und Kanäle in und um Emden zu befahren.

Das Motorboot ENGELKE und sein baugleiches Schwesterfahrzeug FALDERNDELFT, ehemalige Rettungsboote der Autofähre OSTFRIESLAND (III), können für individuelle Gruppenfahrten gemietet werden, auf Wunsch auch mit Catering.

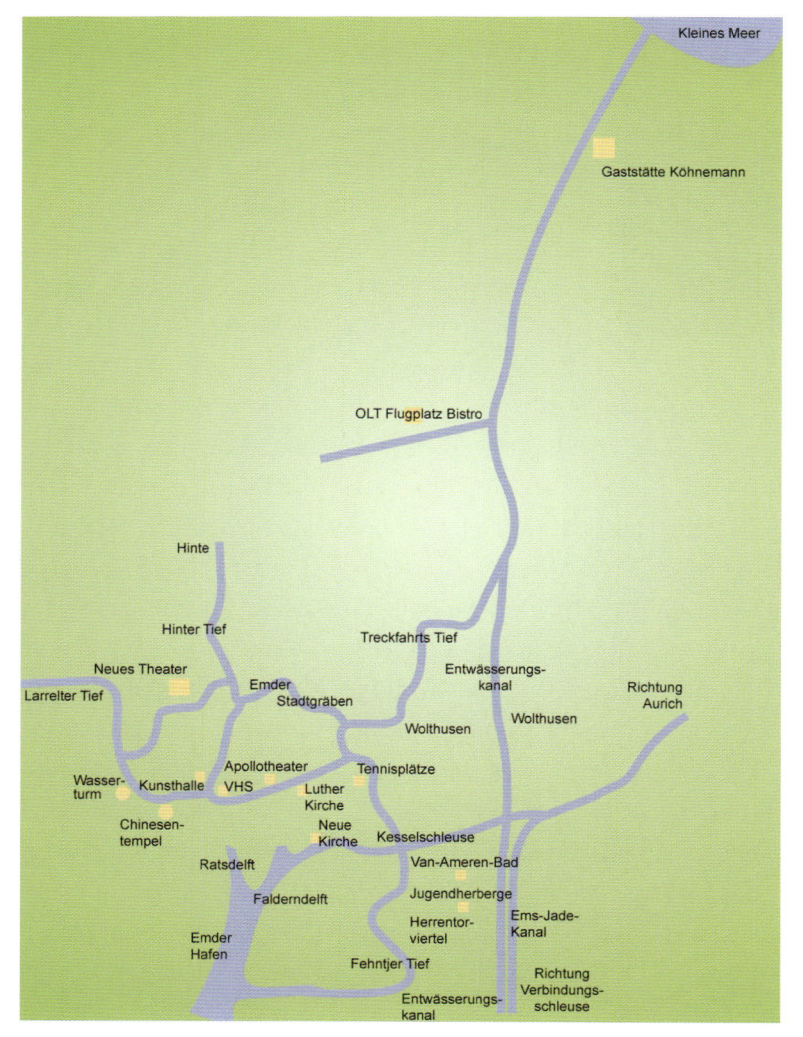

Die Grachten- und Kanalkarte für Emden und Umgebung zeigt, wie vielfältig das Revier für Paddler und Bootsfahrer hier ist. Insgesamt ist das mit Emden in Verbindung stehende Kanalnetz weit größer, als dieser Kartenausschnitt zeigt.

240

Nachhaltige Sicherung 7.8

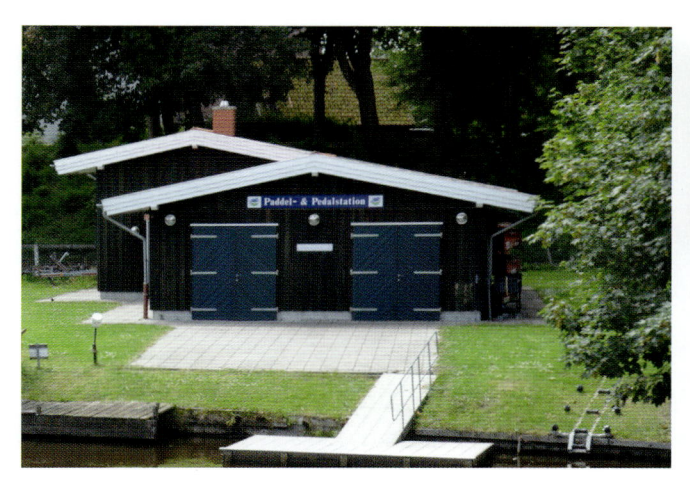

Mit der 2007 eröffneten Paddel- und Pedalstation am Emder Stadtgraben (oben links) hat die AG „Ems" ihr Angebot auch auf Reisende ausgeweitet, die den Verkehr auf der Binnenseite der Deiche bevorzugen. Fahrräder und Paddelboote (oben rechts und unten links) stehen leihweise zur individuellen Nutzung zur Verfügung und können an diversen Relaisstationen auch gegeneinander ausgetauscht werden.

Emden ist seit jeher Schnitt- und Endpunkt zahlreicher größerer und kleinerer Kanäle, die bis ins spätere 19. Jahrhundert und teilweise noch darüber hinaus sowohl der wichtigste Träger des Güterverkehrs zwischen der Stadt und den Dörfern ihres Umlandes waren als auch – und das bis heute – ein maßgebliches Instrument zur Entwässerung der tiefgelegenen Marsch- und Moorregionen im westlichen und zentralen Ostfriesland sind. Demgemäß eröffnet sich von Emden aus ein weitläufiges Kanalnetz, das überwiegend nur mit Wasserfahrzeugen zu befahren ist, die deutlich kleiner sind als die beiden 1995 von der AG „Ems" übernommenen Hafenboote. Für Fahrten im engeren Bereich der Stadt, die in Anlehnung an die aus den Niederlanden bekannte Marke als „Grachtenfahrten" angeboten werden, setzt die AG „Ems" daher neben der SCHREYERSHOEK, die für solche Fahrten auch individuell gechartert werden kann, zusätzlich ein kleineres Boot ein, das mit den hier teilweise herrschenden sehr engen Verhältnissen keinerlei Probleme hat. Mit einem für den Einsatz als Kanalboot umgerüsteten und im April 2011 auf den Namen FALDERNDELFT getauften vormaligen Rettungsboot der Autofähre OSTFRIESLAND (III) sowie einem damit baugleichen weiteren Fahrzeug, der ENGELKE, stehen für diesen Zweck inzwischen zwei weitere Motorboote noch geringerer Größe zur Verfügung. Deren Zielgruppe sind insbesondere kleinere Gesellschaften, die die Boote für private Feiern chartern und damit nicht nur deren Ablauf, sondern selbstverständlich auch bestimmen können, welche Route im Emder und ggf. im angrenzenden Kanalnetz befahren werden soll.

Nachhaltige Sicherung **7.8**

Zu den touristischen Dienstleistungen der AG „Ems" im Binnenbereich gehören auch ein Karawan-Stellplatz und eine Marina im Alten Binnenhafen von Emden. Beide Angebote werden gerne und viel genutzt.

Damit sind die Übergänge zwischen den von der AG „Ems" binnenseits der Deiche angebotenen Verkehrssparten noch fließender geworden. Nachdem bereits 1997 in Höhe des Emder Flugplatzes am Treckfahrtstief ein zum Pausieren im Flugplatzbistro, aber auch zum Wechsel des Verkehrsmittels geeigneter Anleger gebaut worden war, erweiterte die AG „Ems" einige Jahre später die Palette ihres Ausflugsverkehrs noch einmal. Mit einer 2007 eröffneten Paddel- und Pedalstation, gelegen am Emder Stadtgraben in Höhe des Marienwehrster Zwingers und der Johannamühle, der einzigen bis heute in der Stadt funktionsfähig erhaltenen Windmühle, wird das überkommene Angebot im Ausflugsverkehr der AG „Ems" seitdem von zwei weiteren Segmenten sinnvoll abgerundet, die sowohl einzeln als auch eng miteinander verflochten genutzt werden können. Die hier zur Vermietung vorgehaltenen Paddelboote und Fahrräder können auf dem Land- oder dem Wasserweg von Rad- und Bootswanderern auf unterschiedlich langen, auch mehrtägigen Rundkursen durch Ostfriesland genutzt und an diversen weiteren derartigen Relaisstationen, auf denen auch Übernachtungsmöglichkeiten zur Verfügung stehen, ganz nach Belieben untereinander ausgetauscht werden. Auf diese Weise lassen sich die Naturschönheiten der ostfriesischen Landschaft, die weit vielfältiger ist, als Außenstehende oft glauben, am besten erkunden und genießen.

NACHHALTIGE SICHERUNG [9]
Der Helgolandverkehr als neues Standbein der AG „Ems" und die Übernahme der Reederei Cassen Eils

Obwohl die AG „Ems" Ausflugsfahrten von Borkum nach Helgoland bereits in den 1920/30er Jahren und wieder seit den 1960er Jahren mit einer gewissen Konstanz durchgeführt hatte – die 1964 in Dienst gestellte Fähre MÜNSTERLAND (I) war für solche Fahrten unter Hochseebedingungen eigens mit einer besonders hochgezogenen Back ausgestattet worden –, bildete der Helgolandverkehr lange nur ein kaum ins Gewicht fallendes Randsegment im Verkehrsangebot der AG „Ems". Das galt zunächst auch noch für die Zeit nach Anschaffung des Katamarans NORDLICHT (II), obwohl dieser aufgrund seiner Schnelligkeit für Ausflugsfahrten nach Helgoland besonders gut geeignet ist und 1989, im Jahr seiner Indienststellung, auch einige Male für solche Fahrten eingesetzt worden war. In den folgenden Jahren aber hatte der sich gut entwickelnde Ausflugsverkehr auf der Unterems zwischen Papenburg und Borkum Vorrang, und die noch übrige Kapazität der NORDLICHT wurde dringend für den ebenfalls kräftig wachsenden Schnellverkehr zwischen Emden und Borkum benötigt. Erst als im Frühjahr 1995 das aus Finnland zurückgekaufte Ausflugsschiff WAPPEN VON BORKUM für den Verkehr auf der Unteremsstrecke zusätzlich zur Verfügung stand, waren neue Rahmenbedingungen gegeben.

Dank der dadurch eingetretenen Entlastung der NORDLICHT konnte die AG „Ems" deren frei gewordene Kapazitäten anderweitig nutzen, und so bot sie nach vierjähriger Pause in diesem Jahr erstmals wieder Fahrten von Borkum nach Helgoland an. Bei den Inselgästen kam dieses Angebot, mit dem sich der gewöhnliche Urlaubstagesablauf auf reizvolle Weise unterbrechen und ergänzen lässt, sehr gut an, zumal sich aufgrund der Schnelligkeit des Katamarans der für einen solchen Ausflug anfallende Zeitaufwand gegenüber den früheren Gegebenheiten in überschaubaren Grenzen hält. Weder müssen die Teilnehmer in aller Herrgottsfrühe aufstehen bzw. umgekehrt in Kauf nehmen, erst spät abends wieder auf Borkum einzutreffen, damit sich ein Tagesausflug auf dieser langen Strecke überhaupt lohnt, noch geht für das Aus- und Einsteigen auf Helgoland, das bei herkömmlichen Seebäderschiffen stets den aufwendigen Einsatz von Börtebooten verlangt, Zeit verloren, weil Katamarane wegen ihres geringen Tiefgangs und ihrer großen Wendigkeit in den Helgoländer Schutzhafen einfahren und direkt an der Pier anlegen können.

Folgende Doppelseite: Handgezeichnete gewestete Karte der Insel Helgoland aus dem Jahre 1769. Die Düne im Osten der Hauptinsel ist bereits abgetrennt, auch die Lange Anna ist schon abgespalten. Der flache Strandbereich vor der Steilküste, an den sich heute der Schutzhafen anlehnt, dient für die kleineren Wasserfahrzeuge als Schiffslände. Der größte Teil der Insel ist landwirtschaftlich genutzt.

Nachhaltige Sicherung **7.9**

HELGELAND

Bayd. Haven

tekening van t Reede en Haven Helgeland
het groot Besteck geteekent in t Jaar 1769
van Cornelis Martin Pohler Capitein tot Bautschuid.

Noord Haven

Bolle Cliff

Nachhaltige Sicherung **7.9**

Mit dem im Jahre 2001 erworbenen Katamaran POLARSTERN verfügte die AG „Ems" über ein zweites Schnellschiff und konnte daher den Ausflugsverkehr nach Helgoland fortan erheblich intensivieren. Das Bild zeigt die POLARSTERN vor der Kulisse des Helgoländer Oberlandes beim Anlegen im Schutzhafen der Insel.

All diesen Faktoren kommt heute auch deswegen ein immer größeres Gewicht zu, weil sich die Ansprüche und das Reiseverhalten des Publikums gegenüber früher deutlich verändert haben. So wie sich auch im gesamten übrigen Leben die Abläufe und Prozesse immer mehr beschleunigt haben, regiert inzwischen auch in der Urlaubs- und Freizeit vermehrt das Gebot der Schnelligkeit und Kurzfristigkeit. Für die längerfristige Planung und Vorbereitung gerade solcher Aktivitäten, die wie ein einzelner Tagesausflug nicht im Mittelpunkt eines Urlaubs stehen, ist daher häufig kaum noch Platz. Es dominiert vielmehr die Spontaneität, und um auch die wachsende Zahl derjenigen zufrieden zu stellen, die sich aus Prinzip nur noch kurzentschlossen für etwas entscheiden, müssen auch die Seebäderreedereien ein entsprechend großes Angebot an Schnellverbindungen vorhalten, wollen sie einen Teil ihres Publikums nicht von vornherein verloren geben. Sie dürfen dabei allerdings auch diejenigen nicht vergessen, die gerade umgekehrt ganz gezielt das Prinzip der Entschleunigung bevorzugen. So trendgerecht die damals veranstalteten Tagesausflüge mit dem Katamaran nach Helgoland für viele auch waren, die AG „Ems" konnte solche den Inselgästen willkommene Abwechslung dennoch nur in begrenztem Umfang bieten, denn zunächst musste die NORDLICHT für den regelmäßigen Schnellverkehr zwischen Borkum und Emden sowie zur Bedienung der langen Strecken im Ausflugsverkehr auf der Unterems zur Verfügung stehen.

So kam es der AG „Ems" sehr gelegen, als sie 1998 von der ihr befreundeten Nachbarreederei AG Norden Frisia, die von Norddeich aus den Fährverkehr nach Juist und Norderney betreibt, ein Angebot zur Kooperation im Ausflugsverkehr nach Helgoland erhielt. Gegenstand dieser Kooperation, an der sich außerdem die im Verkehr zu den Nordfriesischen Inseln tätige Wyker Dampfschiffs-Reederei sowie die Förde Reederei Seetouristik aus Flensburg beteiligten – beide hatten ebenfalls seit langem Ausflugsfahrten nach Helgoland im Angebot –, war die gemeinsame Anschaffung eines schnellen Katamarans, der von jedem Partner proportional zum Umfang seiner Beteiligung tageweise für jeweils eigenständig angebotene Helgolandfahrten gechartert werden konnte. Die Be-

Nachhaltige Sicherung 7.9

Wenn der CAT No. 1 einmal wöchentlich für die AG „Ems" fuhr, berührte er auf seinem Weg von Borkum bzw. Eemshaven nach Helgoland auch die Insel Norderney, die hier im Hintergrund sichtbar ist.

reederung übernahm die AG Reederei Norden Frisia, die einen 432 Fahrgäste fassenden und über 30 Knoten schnellen Katamaran bei einer Werft in Australien bereits in Auftrag gegeben hatte. Auf diesem Weg ließ sich nicht nur die Finanzierung des etwa 20 Mio. DM teuren Schiffs leichter bewerkstelligen, sondern auch dessen Betriebsrisiko auf mehrere Schultern verteilen, so dass jede der beteiligten Reedereien nur ein überschaubares Wagnis einzugehen brauchte.

Ein Wagnis nämlich ist mit dem Einsatz dieser Hochgeschwindigkeitsschiffe im Helgolandverkehr verbunden, so groß die Vorteile ihrer drastisch kürzeren Fahrtzeiten auch sind. Die Nordsee gehört bekanntlich nicht zu den Schönwetterrevieren, sondern wird häufig von Schlechtwetterfronten mit entsprechend kräftigen Winden überquert und zeigt sich dann auch im küstennäheren Bereich der Deutschen Bucht nicht von ihrer für Urlaubsgäste angenehmsten Seite. Ein entsprechend höherer Seegang macht sich auf herkömmlichen Seebäderschiffen, zumal wenn diese wie heute üblich mit Stabilisatoren ausgestattet sind, meist nur verhältnismäßig wenig störend bemerkbar, die auf solche Wasserverhältnisse nicht ausgelegten Katamarane aber haben damit große Probleme. Sollen ihre Fahrgäste in solchen Situationen nicht massiv von Seekrankheit befallen werden, müssen sie entweder ihre Geschwindigkeit erheblich drosseln und verlieren damit den Vorteil ihrer nur halb so langen Fahrtzeit, oder sie fahren erst gar nicht los – das ist spätestens bei Windstärke sieben geboten –, um ihre Fahrgäste von vornherein vor solchen Unannehmlichkeiten zu bewahren. Der Einsatz von Hochgeschwindigkeitskatamaranen im Helgolandverkehr ist also stets mit dem unvorhersehbaren Risiko verbunden, dass seit langem geplante Fahrten wetterbedingt kurzfristig abgesagt werden müssen. Umso bedeutender war das von der AG Reederei Norden Frisia vorgeschlagene Kooperationsmodell, mit dem sich die betriebswirtschaftlichen Folgen solcher Ungewissheiten klein halten ließen.

Der in Australien gebaute Katamaran, von dem die Bauwerft versicherte, er sei wegen eines vorne zwischen den beiden Rümpfen angebrachten zusätzlichen kleinen Scheinrumpfes in besonderem Maße hochseetauglich, kam nach einer langen Seereise erst mit einiger Verspätung Ende Juni 1999 „huckepack" mit einem Frachter in Emden an und nahm nach Erledigung einiger Probefahrten und sonstiger Vorbereitungen bereits am

1. Juli dieses Jahres seinen Dienst auf. Feuerrot angestrichen, musste dieser „Supercat" wegen der unterschiedlichen und miteinander nicht kompatiblen Schiffsbenennungstraditionen der vier beteiligten Reedereien mit dem völlig neutralen Namen CAT No. 1 vorlieb nehmen. Auf Charterbasis stand dieses Schnellschiff der mit 25% an dem Gemeinschaftsunternehmen beteiligten AG „Ems" fortan während der Saison jeweils einmal in der Woche für Helgolandfahrten zur Verfügung. Um einem möglichst großen Interessentenkreis Gelegenheit zur Teilnahme zu geben, liefen diese so ab, dass der CAT No. 1 morgens in Norderney mit Fahrgästen startete, die entweder nach Helgoland fahren oder Tagesbesuche in Groningen oder auf Borkum absolvieren wollten. Unterbrochen von einem ersten Stopp in Eemshaven, wo die Groningenbesucher von Bord gingen und die dort wartenden Helgolandinteressenten an Bord kamen, und einem zweiten Halt auf Borkum, auf dem abermals ein von den unterschiedlichen Zielen bestimmter Wechsel der Fahrgäste anstand, machte sich das Schiff endgültig auf den Weg nach Helgoland. Nach einem dreieinhalbstündigen Inselaufenthalt führte der Rückweg über Borkum direkt nach Norderney, während Eemshaven für die dort gestarteten Fahrgäste über eine Autofähre ab Borkum angebunden war.

Allerdings zeigte sich bald, dass die gemeinschaftliche Nutzung eines Schiffes durch vier Reedereien wohl unvermeidbar mit gewissen Reibungsverlusten, diversen Koordinierungsproblemen und manchen anderen Störfaktoren verbunden war, die immer wieder zu kurzfristigen Ausfällen führten. Solange das Projekt aber insgesamt erfolgreich war und alle Beteiligten ihre mit dem CAT No. 1 angebotenen Helgolandfahrten genügend auslasten konnten, fiel das nicht weiter ins Gewicht. Dagegen verlor das Gemeinschaftsprojekt schnell an Reiz, als das Interesse an Tagesausflügen nach Helgoland, das bereits in den 1980er Jahren überall an der deutschen Nordseeküste deutlich geschrumpft, allerdings nach der deutschen Wiedervereinigung im Herbst 1990 infolge eines Nachholbedarfs der Menschen in den neuen Bundesländern vorübergehend noch einmal stark gestiegen war, nach der Jahrtausendwende generell wieder nachließ, obwohl die unverändert reizvolle Möglichkeit zum mehrwertsteuerfreien Einkauf auf der Insel weiterhin gegeben war. Der von den vier Reedereien gemeinschaftlich betriebene Helgolandverkehr hatte damit seine wirtschaftliche Basis bereits zu einem Teil verloren, als ihn der gleichzeitig einsetzende kontinuierliche Anstieg der Mineralölpreise vollends zu einem betriebswirtschaftlichen Problem machte. Der CAT No. 1 war nämlich nicht nur in der Geschwindigkeit, sondern auch im Verbrauch von Treibstoff ein „Supercat" und verursachte dementsprechend hohe Betriebskosten. Es bedurfte deshalb keiner langen Verhandlungen zwischen den beteiligten Reedereien, um sich darauf zu verständigen, den CAT No. 1 zum Saisonende 2006 aus dem Verkehr zu nehmen und zu verkaufen. Farblich im wesentlichen unverändert, ist dieses Schiff seitdem im Verkehr zwischen Tallinn und Helsinki im Einsatz.

Nachhaltige Sicherung 7.9

Helgoland Linie

Seit 2006 fuhr die vorherige Borkumfähre WESTFALEN (III) unter ihrem neuen Namen HELGOLAND während der Sommersaison täglich zwischen Wilhelmshaven und Helgoland. Die aus dem Gemeindelogo von Helgoland entnommenen einzelnen Elemente des Firmenlogos des zu diesem Zweck gegründeten AG „Ems"-Tochterunternehmens HelgolandLinie waren auf der Bordwand des Schiffes verteilt und gaben diesem dadurch eine unverwechselbare Identität. 2015 erhielt das überwiegend wieder in der Borkumfahrt eingesetzte Schiff seinen alten Namen zurück.

Der AG „Ems" fiel der Rückzug aus diesem Projekt auch deshalb leicht, weil sie neben der NORDLICHT (II) ab 2001 mit der POLARSTERN über einen zweiten Katamaran etwa gleicher Größe und Leistungsfähigkeit wie der CAT No. 1 verfügte, den sie im Rahmen seines breitgefächerten Gesamtaufgabenspektrums auch für Ausflüge nach Helgoland einsetzen konnte, ohne dabei Rücksicht auf andere nehmen zu müssen. Dazu kam die Tatsache, dass der jahrzehntelang mit konventionellen Schiffen von Wilhelmshaven aus betriebene Helgolandverkehr durch vielerlei Probleme bei den bisherigen Betreibern Ende der Saison 2004 eingestellt worden war. Wollten daher von den vielen Orten an der ostfriesischen und oldenburgischen Küste, in denen sich ebenso wie in den binnenlands angrenzenden weiteren ostfriesischen und nordoldenburgischen Regionen im Laufe der letzten Jahrzehnte ein blühender Sommertourismus entwickelt hat, Urlaubsgäste einen Tagesausflug nach Helgoland machen, dann mussten sie fortan einen bereits unakzeptabel weiten Weg auf sich nehmen, um auch nur ein Schiff nach dort zu erreichen, von dessen eigener weiteren Fahrtzeit einmal ganz abgesehen. Da aber erfahrungsgemäß auch bei diesen Urlaubsgästen ein Interesse an Ausflügen nach Helgoland vorhanden war, hatte sich die AG „Ems" vorgenommen, die in Wilhelmshaven entstandene Lücke mit Saisonbeginn 2006 mit ihrer Fähre WESTFALEN (III) zu schließen, die damals im Borkumverkehr auf der Eemshaven-Strecke infolge des Ankaufs der kleineren Fähre GRONINGERLAND entbehrlich geworden war. Auf diese Weise konnte die Reederei eine ohnehin vorhandene und verfügbare Ressource nutzen, um mit begrenztem Risiko – ein Erfolg war keineswegs garantiert – zusätzliche Erträge zu erzielen, und ein in der Region seit langem eingeführtes touristisches Angebot erhalten.

Nachhaltige Sicherung 7.9

Zu diesem Zweck gründete sie mit der HelgolandLinie ein neues Tochterunternehmen und ordnete diesem die WESTFALEN zu, die seit ihrer zu Anfang der 1990er Jahre vorgenommenen baulichen Ertüchtigung grundsätzlich ohnehin schon hochseetauglich war. Gemäß den zwischenzeitlich verschärften Sicherheitsbestimmungen aber musste sie für den regelmäßigen Einsatz in der Helgolandfahrt noch einmal auf den neuesten Stand gebracht werden. Nach einem Werftaufenthalt, bei dem u.a. die Fenster im vorderen Salon gegen Bullaugen ausgetauscht und die Passagierausstiege an beiden Seiten zu Börteboot-tauglichen Helgolandpforten umgerüstet worden waren, wurde das Schiff am 10. Juni 2006 in HELGOLAND umgetauft. Unter diesem Namen war es seitdem jeweils von Mai bis September täglich in der Fahrt zwischen Wilhelmshaven und der roten Felseninsel im Einsatz und beförderte innerhalb einer Saison jeweils mehrere zehntausend Fahrgäste. 2007 waren es ca. 46.000 und im folgenden Jahr ca. 52.000 Passagiere. In den folgenden Jahren bis 2014 schwankten diese Zahlen zwischen ca. 26.000 im Minimum (2014) und knapp 40.000 im Maximum (2009); im Jahresdurchschnitt lag die von der AG „Ems" bzw. ihrem Tochterunternehmen erbrachte Beförderungsleistung auf dieser Strecke somit bei über 39.000 Fahrgästen. Ob es auch 2015 und darüber hinaus bei einem täglichen Helgolandverkehr ab Wilhelmshaven bleiben wird, ist jedoch unsicher; wahrscheinlich wird er künftig durch unregelmäßige Fahrten ab Hooksiel ersetzt.

Da eine solche Helgolandfahrt deutlich länger dauert als die Überfahrt zu einer der ostfriesischen Inseln, ist dabei heute – in Analogie zu dem beim Wandern schon lange maßgeblichen Prinzip „Der Weg ist das Ziel" und in bewusster Abgrenzung zum Schnellverkehr mit den Katamaranen – die Seereise bereits selbst als Teil des Ziels definiert. Demgemäß ist die HELGOLAND so ausgestattet, dass sie mit Strandkörben und Liegestühlen auf dem Sonnendeck einerseits Bedürfnisse nach einem ruhigen Genuss von Sonne und Meer erfüllen kann. Mit einem täglich wechselnden Programm aus Livemusik, Entertainment, Kinderkino und zahlreichen weiteren Spiel- und Unterhaltungsaktivitäten kann sie andererseits aber auch allen denjenigen den mehrstündigen Aufenthalt an Bord zu einem eigenständigen Erlebnis machen, die eine fröhliche Partystimmung oder Gruppenanimation bevorzugen. Mit dieser partiellen Übertragung von Kreuzfahrtatmosphäre auf länger dauernde regelmäßige Fährschiffsfahrten folgt die Reederei einem Trend, der sich zunächst auf den langen, eine Übernachtung einschließenden transnationalen Strecken entwickelt hat, inzwischen aber auch auf Routen üblich geworden ist, die wie die hier in Rede stehende lediglich mehrere Stunden in Anspruch nehmen. Insbesondere Familien mit Kindern, aber auch Reisegruppen aller Art, Größe, Zusammensetzung und Ausrichtung stehen im Zentrum solcher Bemühungen, den Aufenthalt auf dem Schiff für die Fahrgäste so angenehm und kurzweilig wie möglich zu gestalten.

Nachhaltige Sicherung 7.9

Seit 2007 war der Helgolandverkehr der AG „Ems" in der zu gleichen Teilen mit der AG Reederei Norden Frisia betriebenen Wilhelmshaven-Helgoland-Linie WHL gebündelt; links deren Reedereiflagge, rechts eine Kartenübersicht des von einem schnellen Katamaran und einem konventionellen Fahrgastschiff abgewickelten Verkehrs.

Da eine Kooperation mehrerer Reedereien im Helgolandverkehr auch nach der Beendigung des wirtschaftlich nur bedingt erfolgreichen Projekts „Supercat" grundsätzlich weiterhin als nützlich angesehen wurde, setzte die AG „Ems" ihre Zusammenarbeit mit der Reederei AG Norden Frisia ab dem Jahreswechsel 2006/07 auf neuer Basis fort. Von der Förde Reederei Seetouristik in Flensburg übernahm die AG „Ems" deren 50-prozentigen Anteil an der schon lange bestehenden Wilhelmshaven-Helgoland-Linie (WHL), an der die AG Norden Frisia zur anderen Hälfte bereits beteiligt war. Als nunmehr gemeinsames Tochterunternehmen der beiden Reedereien wurde die WHL Träger des von Ostfriesland ausgehenden regelmäßigen Helgolandverkehrs und wickelte diesen in der Weise ab, dass die AG „Ems" ihre beiden Schiffe HELGOLAND und POLARSTERN an die WHL vercharterte. Jeweils etwa 20 mal zwischen April und Herbst eines Jahres fuhr dabei der schnelle Katamaran POLARSTERN auf der längeren Strecke von Emden mit Zwischenhalten in Borkum und Norderney, wo weitere Fahrgäste zusteigen konnten, nach Helgoland und in umgekehrter Reihenfolge zurück, während die HELGOLAND von Mitte Mai bis Ende September täglich auf der kürzeren Strecke von Wilhelmshaven aus im Einsatz war und damit in diesem Zeitraum insgesamt etwa 125 solcher Fahrten absolvierte. Auf dieser durch den Hochseebereich führenden Strecke ist das Schiff für maximal 800 Fahrgäste zugelassen, während es in der Borkumfahrt, für die es ursprünglich gebaut worden ist, bis zu 1.200 Passagiere befördern darf. Mit jeweils insgesamt deutlich mehr als 60.000 Fahrgästen pro Saison erwies sich der Einsatz dieser beiden Schiffe in den Jahren 2007 und 2008 als erfolgreich. Darüber hinaus zeigen diese Zahlen, dass es im ostfriesisch-oldenburgischen Küstengebiet für eine regelmäßige Helgolandverbindung im Sommer ein ausreichendes Potential gibt. Mit dem Verkauf des wegen seines hohen Treibstoffverbrauchs unwirtschaftlich gewordenen Katamarans POLARSTERN Ende 2008 gingen die Passagierzahlen in diesem fortan nur noch von der HELGOLAND getragenen Verkehrssegment zwangsläufig deutlich zurück, doch blieben sie, wie die eben genannten Angaben gezeigt haben, weiterhin in einer Größenordnung, die deutlich machte, dass der saisonale Linienverkehr zwischen Ostfriesland und Helgoland zwar nicht gerade ein kraftstrotzendes, aber langfristig mindestens ausreichend tragfähiges Standbein im Geschäftsportefeuille der AG „Ems" geworden war, das weiter zu stärken sich lohnte.

Nachhaltige Sicherung 7.9

Cassen Eils, ein von Norderney stammender Kapitän, war der Pionier im Helgolandverkehr nach dem Zweiten Weltkrieg. Gleich zu Beginn der Wiederbesiedlung Helgolands im Jahre 1952 nahm er mit der MS RUDOLF, einem alten Frachtschiff, den Versorgungs- und Passagierverkehr mit der Insel auf. Aus diesen kleinen Anfängen erwuchs im Laufe der Zeit die nach ihrem Gründer benannte Reederei mit Sitz in Cuxhaven, die seit den 1970er Jahren vier Fahrgastschiffe umfasste. Cassen Eils starb Anfang 2010 im Alter von 86 Jahren.

Christa Eils, Witwe des Firmengründers, flankiert von AG „Ems"-Vorstand Dr. Bernhard Brons (rechts) und ihrem Steuerberater (links), nach Unterzeichnung des Kaufvertrages im September 2010, durch den die Reederei an die AG „Ems" überging. Rechts außen die Cassen Eils-Prokuristin Karin Hering, links außen Cassen Eils-Kapitän Ewald Bebber.

Eine ganz neue Konstellation auf diesem Feld trat ein, nachdem zu Anfang des Jahres 2010 mit Cassen Eils der Gründer und Seniorchef der nach ihm benannten Reederei gestorben war. Der von Norderney stammende Cassen Eils war von Beginn der Wiederbesiedlung Helgolands im Jahre 1952 an ein Pionier des Schiffsverkehrs mit dieser Insel und seitdem ununterbrochen sowohl in der ganzjährigen Inselversorgung als auch im touristischen Verkehr nach dort tätig. Aus kleinsten und zunächst durchaus abenteuerlich anmutenden Anfängen hatte er im Laufe der Zeit in Cuxhaven ein Unternehmen aufgebaut, das von dort und vom schleswig-holsteinischen Büsum aus Linien- und Ausflugsfahrt nach Helgoland mit drei, ab 2001 nur noch zwei Schiffen betrieb. Dazu kam ein flachgehendes kleineres Schiff für den Verkehr zwischen Cuxhaven und der Insel Neuwerk sowie für sonstige Ausflugsfahrten im Bereich der Elbmündung. Neben dem Inselverkehr gehörten zur Geschäftsgrundlage der Reederei auch die sog. Butterfahrten auf der Nord- und der Ostsee, auf denen die Teilnehmer außer der namengebenden Butter auch diverse sonst hoch besteuerte Waren zollvergünstigt einkaufen konnten.

Obwohl die Hochphase dieser Fahrten bereits in den 1980er Jahren nach Änderung diverser Zollbestimmungen zu Ende gegangen war, blieben sie in reduziertem Umfang im Angebot und sicherten der Cassen Eils-Flotte weiterhin einen nennenswerten Teil ihrer Beschäftigung. Für die Reederei war es daher ein schwerer Schlag, als solche Einkaufsfahrten aufgrund einer weiteren Harmonisierung der maßgeblichen Zoll- und Steuerbestimmungen innerhalb der EU im Laufe des Jahres 2000 endgültig eingestellt werden mussten. Ein Prozess schleichender Substanzauszehrung, der bereits vorher eingesetzt, jetzt aber an Geschwindigkeit gewonnen hatte, ließ sich in den folgenden Jahren auch durch diverse Vercharterungsmaßnahmen und schließlich den Verkauf eines der drei größeren Schiffe nur noch verlangsamen, aber nicht mehr aufhalten.

Nachhaltige Sicherung 7.9

MS ATLANTIS (II), 1972 gebaut und für 1.000 Fahrgäste ausgelegt, ist das größte Schiff der Cassen Eils-Flotte, das außerdem der Inselversorgung dient. Es ist üblicherweise auf der Cuxhaven-Strecke im Einsatz.

MS FUNNY GIRL, 1973 gebaut und für 800 Fahrgäste ausgelegt, bei der Abfahrt in Büsum. Von diesem Hafen geht der reguläre Verkehr zwischen der schleswig-holsteinischen Westküste und Helgoland aus.

MS FAIR LADY, 1970 gebaut und wie ihr Schwesterschiff FUNNY GIRL für 800 Passagiere ausgelegt, am Helgolandanleger in Bremerhaven. Den Zuschlag für diesen zentral in der Stadt gelegenen Anleger, an dem zwischenzeitlich vier Jahre lang kein Verkehr nach Helgoland mehr heimisch gewesen war, erhielt die AG „Ems"-Tochter Cassen Eils im Frühjahr 2011. Seitdem unterhält die Reederei hier das dritte Festlandsstandbein ihres Helgolandverkehrs.

Spätestens nach dem Tod des Firmengründers war daher unübersehbar geworden, dass die Reederei Cassen Eils zu ihrem dauerhaften Überleben eines starken Partners bedurfte, und so war es nach Lage der Dinge fast zwangsläufig, dass die AG „Ems" als mittlerweile verstärkt im Helgolandverkehr tätige Gesellschaft mit der Familie Eils darüber ins Gespräch kam. Bereits im September des Jahres 2010 waren sich beide Seiten einig geworden, dass die Reederei Cassen Eils sowie die Olympia Seetouristik und Passagierschiffahrt GmbH als deren persönlich haftende Komplementärin rückwirkend zum 1. Januar dieses Jahres für ca. 3,3 Mio. € an die HelgolandLinie GmbH überging und damit innerhalb der Unternehmensfamilie der AG „Ems" sozusagen in ein Enkelverhältnis zur Hauptgesellschaft eintrat. Als eingeführte Marke sollte die Reederei aber weiterhin unter ihrem angestammten Namen in der Helgolandfahrt tätig sein.

Die Gesamtflotte der AG „Ems" war dadurch um drei Schiffe gewachsen: die 1.000 Passagiere fassende ATLANTIS (II), Baujahr 1972, die für 800 Fahrgäste ausgelegte FUNNY GIRL, Baujahr 1973, beide in der Helgolandfahrt tätig, sowie die im Neuwerk- und Ausflugsverkehr im Wattenbereich eingesetzte kleinere FLIPPER, Baujahr 1977, die eine Kapazität von 500 Plätzen hat. Dank der im Verbund mit der AG „Ems" neu gewonnenen Stärke war es bereits im Januar 2011 möglich, das einige Jahre vorher nach Polen verkaufte Schiff FAIR LADY, ein 1970 gebautes Schwesterschiff der FUNNY GIRL,

Nachhaltige Sicherung 7.9

Oben: Handgezeichnete Perspektivansicht der Insel Neuwerk aus dem Jahre 1803 mit dem im Mittelalter von der Stadt Hamburg errichteten Leuchtturm und der kleinen dazugehörigen Siedlung, die von einem Deich geschützt wird. An den beiden Flaggen ist deutlich sichtbar, dass die Insel zu Hamburg gehörte, woran sich bis heute nichts geändert hat.

Links: Das vollständig umdeichte landwirtschaftlich nutzbare Marschareal, hier ein Ausschnitt aus einer 1787 entstandenen handgezeichneten Karte, umfasst nur etwa ein Drittel von Neuwerk. Die übrige Inselfläche ist nur wenig höher als das umliegende Wattgebiet und fällt daher nur bei Ebbe trocken.

zurückzukaufen, gründlich zu überholen und für den Einsatz in der Helgolandfahrt baulich anzupassen. Mit nunmehr wieder vier Schiffen war die Cassen Eils-Flotte in der Lage, neben den Strecken Büsum–Helgoland und Cuxhaven–Helgoland in der Sommersaison auch den täglichen Verkehr zwischen Bremerhaven und Helgoland zu bedienen, der von der früheren Betreiberin dieser Strecke 2008 eingestellt worden war. Von der Schwestergesellschaft WHL wurde zusätzlich dazu noch die von Wilhelmshaven aus eingesetzte HELGOLAND gechartert, so dass seit 2011 die gesamte im Küstenabschnitt zwischen Wilhelmshaven und Büsum betriebene Helgolandfahrt mit konventionellen Seebäderschiffen unter der Flagge von Cassen Eils gebündelt ist und koordiniert aus einer Hand betrieben wird.

Jährlich gut 230.000 (2014: 233.985) Fahrgäste in der Helgolandfahrt sowie weitere ca. 60.000 in der Neuwerk- und Ausflugsfahrt im Bereich der Elbmündung, insgesamt also knapp 300.000 Beförderungen, zeigen, dass die Reederei Cassen Eils seitdem mit gutem Erfolg in ihrem Aufgabengebiet tätig ist. Allerdings hatte die Tatsache, dass deren Schiffe wegen der knappen Betriebsmittel über längere Zeit hin nicht mehr grundlegend überholt und modernisiert, sondern nur noch, beschränkt auf das jeweils dringend Notwendige, einsatzfähig gehalten worden waren, zu einem höheren Nachholbedarf an Sanierungs- und Instandhaltungsarbeiten geführt. Dieser Investitionsstau, der mit Vorrang abgebaut werden musste, sowie die damit verbundenen überproportional hohen Abschreibungen haben daher trotz der guten Zahlen im laufenden Geschäft in der Gesamtrechnung zunächst negative Jahresergebnisse zur Folge gehabt, doch ist diese Phase inzwischen überwunden.

Nachhaltige Sicherung **7.9**

MS HELGOLAND (ex WESTFALEN (III)) am Helgolandanleger in Wilhelmshaven, dem vierten Festlandsstandbein der Helgolandaktivitäten der AG „Ems".

MS FLIPPER, das 1977 gebaute kleinste Schiff der Reederei Cassen Eils, hier am Anleger von Neuwerk. Es ist für die Fahrt nach Neuwerk und den Einsatz im Wattrevier extra flach gebaut und kann daher bei Ebbe problemlos trocken fallen.

Unter der Reedereiflagge von Cassen Eils ist mittlerweile der gesamte Helgolandverkehr der AG „Ems" gebündelt.

War bereits das Grund genug, aus Anlass des 60-jährigen Jubiläums der Reederei Cassen Eils im Jahr 2012 nicht nur mit Stolz auf die Leistungen der Vergangenheit zurückzublicken, sondern auch auf eine erfolgreiche Zukunft zu hoffen, so verstärkte sich diese Perspektive noch einmal deutlich, als das Unternehmen Anfang 2013 in einer öffentlichen Ausschreibung der Gemeinde Helgoland den Zuschlag für die Abwicklung der ganzjährigen Inselversorgung in den nächsten 15 Jahren erhielt. Diese Perspektive wurde noch weiter verstärkt durch eine deutliche Vereinfachung der gesellschaftsrechtlichen Stellung des Unternehmens im Gesamtkonzern der AG „Ems". Waren deren zu unterschiedlichen Zeiten begonnenen Engagements im Helgolandverkehr bislang auf mehrere Teilgesellschaften gestreut, die ihrerseits in einer gestuften Hierarchie zueinan-

Nachhaltige Sicherung 7.9

Sommerlicher Hochbetrieb vor Helgoland: Von den auf Reede liegenden fünf Schiffen gehören vier zur Reederei Cassen Eils bzw. zum Konzern AG „Ems", vorn links die FUNNY GIRL, dahinter die ATLANTIS (II), in der Bildmitte die HELGOLAND und rechts die FAIR LADY. Nur das Schiff im Hintergrund ist von einer anderen Reederei.

der standen, so wurden mit Beschluss der Gesellschafterversammlung 2013 alle diese Geschäftszweige auf einer Ebene in der HelgolandLinie zusammengeführt und diese anschließend in Cassen Eils umfirmiert. In dieser nunmehr 100-prozentigen Tochter der AG „Ems" sind somit sämtliche Komponenten von deren Helgolandverkehr gebündelt. Auf diese Weise gleich doppelt für die Zukunft gestärkt, konnte das Unternehmen jetzt nicht nur seinen Ressourceneinsatz längerfristig zuverlässiger kalkulieren, sondern auch eine Modernisierung seiner Schiffsflotte in Angriff nehmen, ein Schritt, der vor allem deswegen erforderlich ist, weil die vorhandenen Schiffe konzeptionell den Anforderungen nicht mehr gewachsen sind, die heute und in Zukunft in der Seebäderfahrt ebenso wie in der Inselversorgung an sie gestellt werden. Ein dementsprechend für die Helgolandfahrt völlig neu entwickeltes Schiff ist bereits in Bau und wird im Spätsommer 2015 in Dienst gestellt. Eine weitere Neuerung aber ist schon jetzt realisiert: seit Herbst 2013 sorgt ein Cassen Eils-Schiff dafür, dass statt der früher im Winter lediglich angebotenen zwei oder drei Festlandsverbindungen pro Woche nunmehr eine tägliche Fahrt zwischen Cuxhaven und Helgoland durchgeführt wird, ein großer Gewinn für die Insulaner wie für ihre Urlaubsgäste.

Nachhaltige Sicherung **7.9**

Nachhaltige Sicherung **7.9**

Hochbetrieb mit drei Cassen Eils-Schiffen am Reedereianleger vor Cuxhavens Wahrzeichen, der Alten Liebe: links MS FLIPPER, in der Mitte MS ATLANTIS (II) und rechts MS FUNNY GIRL. Lange Zeit gab es dort nur ein kleines Cassen Eils-Fährbüro (links), dahinter der Nachbau eines Semaphors, mit dem Signale auf optischem Wege von einer Station zur nächsten übermittelt werden konnten, so dass bereits im frühen 19. Jahrhundert eine sehr schnelle Kommunikation zwischen Cuxhaven und Hamburg möglich war. 2014 konnte die Reederei in unmittelbarer Nachbarschaft dazu ein vorher anderweitig genutztes Gebäude erwerben (rechts) und verfügt seitdem über eine allen Anforderungen des Helgoland- und Ausflugsverkehrs genügende Terminal-Infrastruktur.

NACHHALTIGE SICHERUNG [10]
Die OLT und ihr Wandel zum Anbieter im regionalen Flugverkehr

Der einzige Dienst, bei dem die AG „Ems" aus naheliegenden Gründen nicht an lang zurückreichende historische Traditionen anknüpfen konnte, ist der Luftverkehr. Nachdem bereits in den 1920er Jahren die Lufthansa von Bremen und Köln aus Flüge nach Norderney und Borkum durchgeführt hatte, bot die 1958 in Emden von Jan Janssen und Martin Dekker, zwei flugbegeisterten und risikobereiten jungen Männern mit Pilotenschein, gegründete Firma Ostfriesische Lufttaxi GmbH, abgekürzt OLT, erstmals wieder Flüge zu den ostfriesischen Inseln an. Aus kleinen Anfängen und geradezu primitiv zu nennenden Verhältnissen entwickelte sich im Laufe der Zeit ein Unternehmen, das von Jahr zu Jahr mehr Passagiere zwischen den ostfriesischen Inseln einschließlich Helgolands und dem Festland, im Sommer auch von Düsseldorf aus, beförderte. Allein die Zahl der Fluggäste auf Borkum stieg von knapp 5.000 im Jahre 1958 auf 49.236 im Jahre 1978 und nahm auch weiterhin zu. Diese Zahlen spiegeln eine erhebliche Veränderung im Verkehrsverhalten der Urlauber wider, vergleichbar mit der Entwicklung der 1960er Jahre, als die zunehmende Zahl der Autoreisenden die AG „Ems" zum Einsatz von Autofähren zwang. Die Gesellschaft musste daher auch auf den zunehmenden Luftverkehr reagieren und nutzte dazu die Gelegenheit, als die OLT Ende 1977 zum Verkauf stand.

Die OLT war nach dem Tod ihres Mitgründers und nachmaligen Alleinbetreibers Jan Janssen, der im April 1970 bei einem Flugzeugabsturz ums Leben gekommen war, zunächst in auswärtige Hände gekommen und hatte in diesem Zusammenhang, bei allerdings gleichbleibendem Firmenkürzel, auch ihren Namen geändert; fortan löste sich die Abkürzung OLT nicht mehr in Ostfriesische Lufttaxi GmbH auf, sondern in Ostfriesische Lufttransport GmbH. Jetzt ging die OLT mit ihren damals vier Flugzeugen vollständig auf die AG „Ems" über, die ihr neues Tochterunternehmen ihrerseits Anfang 1978 in einen auf ihren Vorschlag hin gegründeten Pool einbrachte, in dem die Inselflugaktivitäten der AG „Ems", der AG Reederei Norden Frisia sowie der Dollart Auto- und Flugcharter Emden GmbH, die seit Anfang der 1970er Jahre Borkum und andere Inseln anflog, gebündelt wurden. Ziel dieses operativen Zusammenschlusses, in dem die drei Partner ihre unterschiedlich dimensionierten Flugzeuge mitsamt dem jeweiligen Personal zur Verfügung stellten, war es, die vorhandenen Ressourcen unter Vermeidung von Überkapazitäten besser und gleichmäßiger auszulasten und dadurch den Kostenaufwand für jeden Beteiligten in möglichst engen Grenzen zu halten.

Nachhaltige Sicherung 7.10

Die Anfänge der 1958 an den Start gegangenen OLT und des von ihr lange allein genutzten Emder Flugplatzes auf dem sog. Wilden Lande waren geradezu primitiv: Das Flugplatzgebäude mit dem „Tower" am Rande einer holprigen Graspiste (linkes Bild) hatten die beiden Firmengründer eigenhändig gebaut.
Das Flugbuch aus dem Jahre 1959 (rechtes Bild) zeigt, dass es sich bei der OLT zunächst um einen echten Lufttaxibetrieb zwischen Emden, Borkum, Juist und Norderney handelte.

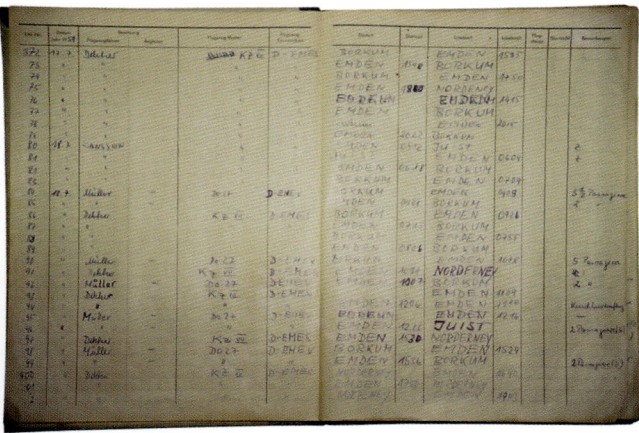

Bereits in der ersten Hälfte der 1960er Jahre hatte sich der Flugplatz Emden kräftig entwickelt. Vor der 1961 errichteten Abstellhalle stehen drei Flugzeuge vom Typ Cessna 172, davon zwei mit der gut sichtbaren OLT-Firmenaufschrift „Lufttaxi".

Nachhaltige Sicherung **7.10**

Das kombinierte OLT/FLN-Logo am Leitwerk einer Cessna auf dem Flugplatz Borkum um 1990, die der AG „Ems" und der AG Reederei Norden Frisia über ihr 1988 gegründetes Unternehmen Nordseeflug GbR gemeinsam gehörte.

Das dazu gegründete gemeinschaftliche Unternehmen bekam den Namen Ostfriesischer Flugdienst GmbH und Co. Vermittlungs KG, abgekürzt OFD, wobei die OLT das „O", die Frisia Luftverkehr Norden (FLN) als Tochter der AG Reederei Norden Frisia das „F" und die Dollart GmbH das „D" beisteuerten. Die OFD betrieb fortan das operative Geschäft im Inselflugverkehr, koordinierte den Einsatz der Flugzeuge, rechnete mit den drei Partnergesellschaften intern ab und veranlasste ggf. einen gegenseitigen Kostenausgleich. Zum Geschäftsprinzip gehörte dabei die Verpflichtung der Beteiligten, auf gegenseitige Konkurrenz untereinander im Inselflugverkehr ebenso zu verzichten wie auf eine einseitige Vergrößerung oder Verkleinerung der jeweils eingebrachten Flugzeugflotte. Auf dieser Basis war die AG „Ems"-Tochter OLT über die OFD fortan mit wechselndem Erfolg im Flugverkehr nach Borkum tätig. 1989 beförderte sie 36.653 Fluggäste und wies bei einem Umsatz von knapp 1,5 Mio. DM einen Verlust von ca. 60.000 DM aus, während sie in den vorhergehenden Jahren jeweils einen Gewinn in sechsstelliger Höhe erwirtschaftet hatte. Unberührt von der Poollösung OFD war die Frachtsparte der OLT geblieben, die die AG „Ems" unter der Firma OLT Cargo weiterhin allein betrieb und dabei ein weit über den Inselverkehr hinaus reichendes Einsatzgebiet abdeckte.

Annähernd 10 Jahre war diese Konstellation stabil geblieben, in der es, ebenfalls seit 1978, außer den in der OFD gebündelten Aktivitäten im Inselflugverkehr mit der Firma Flugbetrieb Heubach (FBH), später umbenannt in Flugbetrieb Borkum GmbH (FBB), im Luftverkehr zwischen Borkum und dem Festland nur einen weiteren Anbieter gab. In den Jahren 1988 und 1989 aber traten binnen weniger Monate grundlegende Veränderungen ein. Zunächst gab die Dollart GmbH Ende 1988 ihr Engagement im Flugverkehr auf, schied damit aus der OFD aus und wurde zu 60% von der AG „Ems" bzw. ihrer Luftverkehrstochter OLT und zu 40% von der AG Reederei Norden Frisia bzw. ihrem Tochterunternehmen FLN übernommen. Mit Gesellschaftsanteilen in eben diesem Verhältnis von 60:40 wurde die OFD von den beiden verbliebenen Partnern

Nachhaltige Sicherung 7.10

Im April 1995 war das neue Abfertigungsgebäude samt Tower und asphaltierter Start- und Landebahn des Flugplatzes Emden fertig, hier mit einer Cessna 404 der OLT (rechtes Bild). Die Eröffnung am 6. April 1995 wurde im Beisein des Niedersächsischen Ministerpräsidenten Gerhard Schröder vorgenommen, hier zusammen mit den Vorständen der AG „Ems" Dr. Bernhard Brons (Mitte) und der AG Reederei Norden Frisia Dr. Carl-Ulfert Stegmann (rechts) vor dem Büro der OLT (linkes Bild).

fortan allein weiterbetrieben. Die von der Dollart GmbH übernommenen vier Flugzeuge dagegen gingen ins Eigentum der von den beiden Inselreedereien gemeinsam gegründeten GbR Nordseeflug über und wurden von dieser der OFD im Wege der Miete zur Verfügung gestellt. Ein knappes Jahr später, im Herbst 1989, kamen auch die vier Flugzeuge der FBB an die GbR Nordseeflug, nachdem die OLT diesen einzigen Konkurrenten im Inselflugverkehr kurz vorher für knapp 0,5 Mio. DM vollständig übernommen hatte. Damit war die OFD als Pool der Luftverkehrstöchter der beiden Inselreedereien der einzige Anbieter im Seebäderflugverkehr nach Borkum und den benachbarten Inseln.

Noch immer aber gingen die Perspektiven der AG „Ems" bzw. ihrer Unternehmenstochter OLT nicht über das angestammte Feld des Inselflugverkehrs hinaus, und dabei wäre es wahrscheinlich auch geblieben, wenn nicht von außen an die AG „Ems" herangetragene Anstöße dazu geführt hätten, dass diese sukzessive auch im Regionalflugverkehr Fuß fasste, woraus sich – zunächst eher schleichend, dann immer schneller – ein schließlich außerordentlich gewichtiges Engagement der OLT bzw. ihrer Muttergesellschaft AG „Ems" in diesem Segment entwickeln sollte.

Eingeleitet wurde dieser Wandel mit der Insolvenz der Roland Air Bremen GmbH (ROA) im November 1990. Über die Frisian Airways Holding AG, die seit 1988 als Eigentümerin hinter der ROA stand, waren die AG „Ems" und die AG Reederei Norden Frisia mit je 12,5% an der ROA beteiligt und standen daher vor der Entscheidung, ob sie mit Verlust ausscheiden oder den Betrieb dieser Fluggesellschaft auf eigene Rechnung fortführen wollten. Nicht zuletzt auf Zuraten der Bremer Landesbank als einem der Hauptgläubiger und des Landes Bremen, die beide großes Interesse am weiteren Erhalt der ROA hatten, entschlossen sich die beiden ostfriesischen Inselreedereien dazu, mit Wirkung vom 1. Dezember 1990 sowohl den Flugzeugpark der ROA als auch deren gesamten Flug- und Bodenbetrieb zu übernehmen. Als alleinige Gesellschafterin der übernommenen Firma, die weiterhin unter ihrem in Bremen eingeführten Namen ROA

Nachhaltige Sicherung **7.10**

Schon nach wenigen Jahren bestand die Flotte der seit Ende 1990 von der OFD betriebenen Roland Air Bremen (ROA) bereits nur noch aus Regionalflugzeugen vom Typ Metroliner.

tätig sein sollte, setzten sie dazu ihr bestehendes Gemeinschaftsunternehmen OFD GmbH & Co. Vermittlungs KG ein. Zusätzlich befördert wurde dieser Entschluss durch die nahezu gleichzeitig eingetretene Insolvenz der Air Bremen GmbH & Co. Luftverkehrs KG, weil damit ein möglicher Konkurrent weggefallen und das im Bremer Luftverkehr zur Verfügung stehende Betätigungsfeld deutlich größer geworden war.

Zunächst aber standen nicht die von der Air Bremen betriebenen Strecken Bremen–Kopenhagen, Bremen–Brüssel und Bremen–London Gatwick zur Debatte – diese sollte die OLT erst mehrere Jahre später bedienen –, sondern der mit der Wiedervereinigung Deutschlands am 3. Oktober 1990 besonders dringlich gewordene innerdeutsche Flugverkehr, der bis auf weiteres die völlig unzureichenden Eisenbahn- und Autobahnverbindungen in die neuen Bundesländer ausgleichen musste. Der von der ROA noch im Januar 1991 aufgenommene Liniendienst zwischen Bremen, Leipzig und Dresden, der drei- bzw. viermal pro Woche morgens und abends angeboten wurde, entwickelte sich so erfolgreich, dass noch im selben Jahr ein süddeutsches Unternehmen konkurrierend zur ROA auf dieser Strecke tätig wurde. Wurden zunächst kleine Flugzeuge vom Typ Cessna 404 eingesetzt, so konnte die OLT/OFD/ROA 1992 mit drei gebraucht gekauften Metrolinern SA 226 bereits über Flugzeuge verfügen, die bis zu 15 Passagieren Platz boten und mit ihrem Turboprop-Antrieb originär in die Klasse der Regionalflugzeuge gehörten.

Mit Erfurt und Stuttgart sowie Berlin-Tempelhof, von wo während der sommerlichen Hochsaison mehrmals wöchentlich Flüge nach Borkum, Norderney, Juist und Emden angeboten wurden, kamen bald zusätzliche Ziele hinzu, und 1993 wurden mit den Strecken Bremen–Brüssel und Bremen–Nürnberg weitere Regionalverbindungen ins Programm aufgenommen. Die Zahl der von der OLT/OFD/ROA insgesamt, also einschließlich des Seebäderverkehrs, beförderten Passagiere stieg von knapp 55.000 im Jahr 1991 über ca. 61.000 und ca. 63.000 in den beiden folgenden Jahren bis 1994 auf mehr als 71.500. Der Umsatz der OLT allein, der 1990 bei gut 2,6 Mio. DM gelegen hatte, war dadurch im selben Zeitraum steil auf 10,6 Mio. DM gewachsen, doch fielen wegen der dazu notwendigen hohen Investitionen sowie des vielfach schwer kalkulierbaren Umfeldes die Jahresabschlüsse dieser Zeit überwiegend negativ aus. Allein eine im März 1995 begonnene und bereits im August dieses Jahres wieder eingestellte Verbindung zwischen Nürnberg und Leipzig hatte zu einem Minus von ca. 670.000 DM geführt.

Da sich die Gewichte zwischen der AG „Ems" und der AG Reederei Norden Frisia als den beiden Partnern der die ROA tragenden OFD inzwischen deutlich auf die Seite der AG „Ems" verschoben hatten, wurden die gesellschaftsrechtlichen Verhältnisse mit Wirkung vom 1. Juli 1996 ganz neu geordnet. Unter dem Dach der OLT wurden jetzt sämtliche Flugaktivitäten der OFD/ROA einschließlich der bis dahin den beiden Reedereien direkt gehörenden Anteile der ROA gebündelt, so dass die OLT künftig als die eigentliche Betreiberin der ROA auch nach außen hin deutlich sichtbar in Erscheinung trat; kurzfristig wurde die Marke ROA in der Kombination OLT/ROA noch beibehalten, doch schon bald lief der Flugbetrieb nur noch unter der Marke OLT und ihrem Logo, der stilisierten weißen Möwe. Die OFD als bisherige Betreibergesellschaft stellte dagegen zeitgleich ihren Geschäftsbetrieb vollständig ein und wurde anschließend im Handelsregister gelöscht. In der neuen OLT, deren Stammkapital durch Sacheinlagen der beiden Partner zunächst von 0,5 auf 1,5 Mio. DM und wenig später durch Bareinlagen auf 3,2 Mio. DM erhöht worden war, war die AG „Ems" mit 74,9% (= 2,398 Mio. DM) der Hauptpartner, während die AG Reederei Norden Frisia mit 25,1% (= 0,802 Mio. DM) nur noch eine Minderheitsbeteiligung hielt. Soweit die eingesetzten Flugzeuge nicht geleast waren, standen auch diese nunmehr im alleinigen Eigentum der OLT.

Auf dem Sommerflugplan 1998 dominiert die OLT, unter deren alleinigem Dach inzwischen der Flugbetrieb der ROA gebündelt war, optisch bereits deutlich. Das überkommene ROA-Firmenlogo wurde bald danach völlig außer Gebrauch gesetzt.

Weitere Verbindungen, so von Paderborn/Lippstadt nach Berlin-Tempelhof und von Bremen nach Dresden, die die OLT von anderen Fluggesellschaften übernommen hatte, entwickelten sich gut, machten aber den Einsatz eines größeren Metroliner-Typs nötig, der mit 19 Passagierplätzen allerdings ein Startgewicht von mehr als 5,7 t hatte. Von der bei dieser Gewichtsgrenze endenden landesrechtlichen Lizenz, unter der die OLT bis dahin geflogen war, waren Flugzeuge dieser Größenordnung daher nicht mehr gedeckt.

Nachhaltige Sicherung 7.10

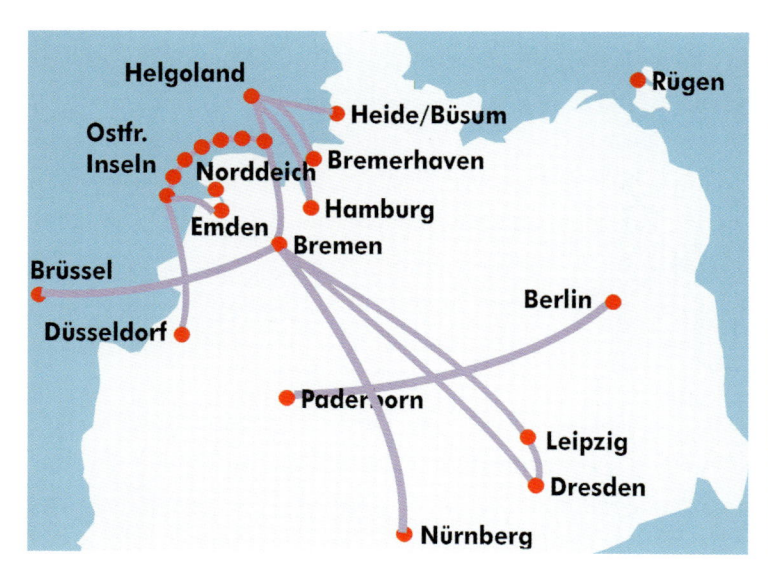

Links: 1998 reichte das Streckennetz der OLT über Nordwestdeutschland hinaus bereits bis nach Süd- und Südostdeutschland und Brüssel.

Rechts: Mit der Saab 340 stieß die OLT ab 1999 erstmals in die Klasse der 30-sitzigen Regionalflugzeuge vor.

So bedurfte es einer gewichtsmäßig unbeschränkten neuen Fluglizenz, die nur vom Bundesluftfahrtamt erteilt werden konnte. Mit dieser im Juli 1995 ausgestellten neuen Genehmigung hatte die OLT ihre vom Landesrecht gesetzten bisherigen Grenzen als vorwiegend im Seebäderverkehr aktives Flugunternehmen endgültig hinter sich gelassen und war nunmehr offiziell in den Kreis der in weit größeren Dimensionen tätigen Regionalfluggesellschaften aufgestiegen.

Auf dieser Grundlage weitete die OLT in den folgenden Jahren ihr Betätigungsfeld sukzessive weiter aus, teils auf Strecken, die sie auf eigenes Risiko flog, teils auf Strecken, die sie wie die Verbindungen Erfurt–München, Rostock–München und Debrecen–München im öffentlichen Auftrag bediente. Zog sich ein Anbieter von einer Strecke zurück, wie es in den Jahren 2000/2001 die belgische SABENA, die dänische MUK-AIR und die SWISS infolge ihrer Insolvenzen taten, dann bemühte sich die OLT, die dadurch entstandenen Lücken schnell wieder zu schließen. Auf den Strecken Bremen–Brüssel, Bremen–Kopenhagen und Bremen–Zürich, auf denen die OLT bereits vorher als Kooperationspartner der letztgenannten Gesellschaften tätig gewesen war, gelang das, weil es hier um gut frequentierte Anschlussflüge zu internationalen Fernverbindungen ging: über Brüssel in die Länder Afrikas und über Kopenhagen in die skandinavischen Länder. Befördert wurden solche Erfolge auch durch den Einstieg der OLT in die internationalen elektronischen Buchungssysteme ab 1997, womit durchgehende Buchungen und Gepäcktransfers mit Flügen mehrerer Anbieter vom Start bis zum Endziel möglich wurden.

Auf anderen Strecken dagegen hatte die OLT keinen Erfolg, so auf den Verbindungen Bremen–London-City Airport, Bremen–Manchester und Bremen–Berlin, weil hier die Konkurrenz entweder von vornherein zu stark bzw. die Nachfrage zu gering war oder

Nachhaltige Sicherung 7.10

Ab 2005 hatte sich das Streckennetz der OLT weiter vergrößert und umfasste jetzt auch Ziele in mehreren außerdeutschen Staaten. 2008 wurde der bereits bestehende Werkflugverkehr zwischen Bremen und Toulouse für den Flugzeugkonzern Airbus um tägliche Flüge zwischen Hamburg-Finkenwerder und Toulouse erweitert.

weil sich aufgrund von Anfangserfolgen der OLT bald andere zu einem konkurrierenden Engagement animiert sahen. Denn so sehr sich die OLT auch bemühte, sich auf Nischen zu konzentrieren, die andere Fluggesellschaften offen ließen, weil sie dazu kein Flugzeug passender Größe hatten oder ein vorhandenes nicht einsetzen wollten, so schnell konnte sich die Definition dessen, was als Nische galt, auch ändern. So bediente die OLT manche Strecke nur kurzfristig, sozusagen nach dem Prinzip „Versuch und Irrtum", und gab sie wieder auf, wenn sie sich als nicht lohnenswert erwies. Für einen über Kampfpreise ausgefochtenen Wettbewerb um eine einzelne Strecke war die OLT jedenfalls bei weitem nicht stark genug.

Diese stets ungewissen und, anders als im angestammten Bereich der Inselschifffahrt, mittel- und längerfristig nur schwer oder gar nicht kalkulierbaren Rahmenbedingungen waren und blieben prägend für das Engagement der OLT im Regionalflugverkehr und zeigten immer wieder von neuem, wie nah Erfolg und Scheitern beieinander liegen konnten. Ab dem Jahr 2000 kam eine gewisse Stabilität dadurch zustande, dass sich die OLT mit Erfolg um Aufträge im Werkflugverkehr großer Industriekonzerne bewarb. Den Anfang machte die Strecke Braunschweig–Altenburg, die sie für den VW-Konzern bediente. Noch im selben Jahr kam für Airbus die Verbindung Bremen–Toulouse hinzu,

267

Nachhaltige Sicherung **7.10**

Der Preis, den die OLT 2008 für die Übernahme des täglichen Werkflugverkehrs für Airbus zwischen Hamburg-Finkenwerder und Toulouse zahlen musste, bestand in der Anschaffung von zwei 100-sitzigen Jets des Typs Fokker 100; vor einem davon präsentiert hier die Besatzung voller Stolz sich und das neue Flugzeug auf dem Flughafen Bremen.

ab 2002 ergänzt um deren Werkflüge zwischen Hamburg-Finkenwerder und Filton, deren englischer Endpunkt 2005 nach Bristol verlegt wurde, wodurch diese Flüge dann auch für Außenstehende buchbar waren. 2007 folgte für General Motors der Werkflugverkehr zwischen Frankfurt/Main und Trollhättan in Schweden, der allerdings schon im Sommer des folgenden Jahres vom Auftraggeber vorzeitig gekündigt wurde. 2008 schließlich übernahm die OLT auch den Airbus-Werkflugverkehr zwischen Hamburg-Finkenwerder und Toulouse, und auf Charterbasis war sie darüber hinaus für Konzerne wie Siemens und Porsche tätig.

Um sich aber um Aufträge für diesen Werkflugverkehr überhaupt bewerben zu können, bedurfte es größerer Flugzeuge, als die OLT bis dahin in ihrer Flotte hatte. Es galt daher, von den 19-sitzigen Metrolinern vom Typ SA 227, die erst seit 1995 von der OLT eingesetzt wurden, den Sprung in die nächsthöhere Klasse der 30-Sitzer zu tun. So erwarb die OLT im Sommer 1999 in der Hoffnung, mit dem damit möglichen breiter gestaffelten Angebot mehr Kunden zu erreichen, mit einer 33-sitzigen Saab 340 ihr erstes Flugzeug in dieser Leistungskategorie und konnte es zunächst sowohl im Charter- als auch im Linienverkehr und ab Herbst des folgenden Jahres schließlich auch im Werkflugverkehr für Airbus mit Erfolg einsetzen. Die Anforderungen gerade dieses bedeutenden Kunden aber stiegen schnell weiter an. Schon im Sommer 2002 galt es, pro Flug zwischen Bremen und Toulouse statt der bislang üblichen 30 künftig bis zu 50 Fluggäste befördern zu können. Die OLT, die ihren letzten Entwicklungssprung noch gar nicht richtig verdaut hatte, war daher gezwungen, mit der Anschaffung einer Saab 2000 sehr schnell bereits die nächste Stufe zu nehmen. Und als es 2008 darum ging, den Auftrag für die noch wesentlich stärker frequentierten Airbus-Werkflüge zwischen Hamburg-Finkenwerder und Toulouse zu bekommen, musste sie mit dem Erwerb zweier Fokker 100 sogar den Einstieg in die Klasse der düsengetriebenen 100-Sitzer vollziehen.

Nachhaltige Sicherung 7.10

Links: Hohe Prominenz als Fluggast in einer OLT-Maschine im März 1998: Der frühere Staatschef der Sowjetunion Michail Gorbatschow und Ehefrau Raissa.

Rechts: Kostenlose Werbung für die OLT: Die gerade Deutscher Fußballmeister gewordene Mannschaft von Werder Bremen landet in einer OLT-Saab 2000 im Mai 2004 auf dem Flughafen Bremen. Das Bild des glücklich die Vereinsfahne schwenkenden Trainers in der offenen Tür des Flugzeugs wurde von zahlreichen Fernsehkameras in alle Welt übertragen.

Diese rasante Entwicklung binnen weniger Jahre, die der OLT eine enorme organisatorische, technische und finanzielle Leistung abverlangte, war zwar durchaus erfreulich, sie war aber auch mit Investitionen und Betriebskosten in einer Höhe verbunden, die zahlreiche offene und versteckte Risiken enthielten. So umfasste die Regionalflugzeugflotte der OLT im Jahre 2008 insgesamt 11 Maschinen, die teils in ihrem Eigentum standen, teils geleast waren. Sie bestand aus zwei Fokker 100 mit je 100 Plätzen, drei Saab 2000 mit je 50 Plätzen, zwei Saab 340 mit je 33 Plätzen und vier Metrolinern SA 227 mit je 19 Plätzen.

In einer Flugzeugflotte solchen Umfangs war nicht nur sehr viel Kapital gebunden, zu ihrem Einsatz gehörte notwendigerweise auch eine dazu passende Personaldecke, die folglich parallel zum Wachstum des Flugzeugparks immer größer werden musste. War die OLT bei ihrer Umwandlung in ein gemeinsames Tochterunternehmen der AG „Ems" und der AG Reederei Norden Frisia im Jahre 1996 noch mit insgesamt 70 Beschäftigten ausgekommen, so belief sich ihr Personalkörper 10 Jahre später schon auf 116 Mitglieder, und auf dem Höhepunkt der Entwicklung im Jahre 2008 gehörten schließlich 148 Betriebsangehörige zur OLT. Entsprechend wichtig war es, dass die Flotte regelmäßig auf hohem Niveau ausgelastet sein musste, um einen rationellen Betrieb zu gewährleisten.

Allerdings boten die von den genannten Flugzeugtypen abgedeckten Größenklassen auch ganz neue Einsatzmöglichkeiten im Charterbetrieb, der insbesondere an den Wochenenden eine immer größere Bedeutung für die OLT gewann. Dann waren nämlich die während der Woche im Werkflugverkehr ganz oder teilweise gebundenen Maschinen für andere Einsätze frei und flogen im Auftrag diverser Reiseveranstalter immer häufiger auch Urlauber an ihre Ferienziele, so von Bremen nach Mallorca oder von Zürich, München, Frankfurt, Köln, Dortmund und Bremen nach Usedom; auch

Nachhaltige Sicherung **7.10**

Vier Flugzeuge der OLT-Flotte im Jahre 2000 auf dem Flughafen Bremen: vorne drei 19-sitzige Metroliner SA 227, dahinter eine Saab 2000 mit 50 Plätzen.

Ziele in Süditalien, Ungarn und diversen anderen europäischen Ländern standen auf dem Programm. Neben manchen Prominenten, angefangen vom früheren Chef der Sowjetunion Michail Gorbatschow bis zu Bundeskanzlerin Angela Merkel, gehörten weiterhin zahlreiche Vereine der Fußball-Bundesliga zu den regelmäßigen Kunden der OLT. Gelegentlich verhalf ihr das zu besonderer Aufmerksamkeit wie im Mai 2004, als ein Foto um die Welt ging, das den glücklich die Vereinsfahne schwenkenden Trainer des frischgebackenen Deutschen Fußballmeisters Werder Bremen in der Tür eines OLT-Flugzeugs zeigte – willkommene Werbung, die die Marke OLT weit über Ostfriesland hinaus bekannt machte.

Proportional zur größer werdenden Zahl der im Regionalverkehr zur Verfügung stehenden Flugzeuge hatte sich auch die Zahl der von diesen beförderten Passagiere sukzessive deutlich nach oben entwickelt, wenn auch mit erheblichen Schwankungen: aus 23.517 Fluggästen im Jahre 1995 waren 1998 schon 41.538 geworden, zwei Jahre später waren sie wieder auf 23.317 abgesackt, um über 44.348 im Jahre 2001 und 76.249 im Jahre 2003 in den beiden folgenden Jahren mit 104.215 bzw. 108.114 erstmals die Grenze zur Sechsstelligkeit zu überspringen. Nach einem Rückgang um ca. 10% auf 90.406 im Jahre 2006 bildeten die drei Jahre von 2008 bis 2010 mit 179.728, 163.044 und 148.898 Passagieren den absoluten Höhepunkt in den Beförderungsleistungen der OLT im Regionalflugverkehr. Die letztgenannten Zahlen waren in besonderem Maße auch ein Spiegel des Einsatzes der beiden in dieser Zeit neu zur Flotte gekommenen 100-sitzigen Fokker-Jets.

Auch die Umsatzerlöse stiegen steil an und erreichten bald Dimensionen, die das Feld der übrigen Geschäftsfelder der AG „Ems" weit hinter sich ließen. 2001 überstiegen die Erlöse der Sparte Luftfahrt mit knapp 18 Mio. € erstmals diejenigen der Sparte Schifffahrt, die in diesem Jahr mit gut 15,3 Mio. € um etwa 2,6 Mio. € niedriger lagen. Im

Nachhaltige Sicherung 7.10

2008 war die OLT-Flotte in weitere Dimensionen gewachsen. Hier eine 100-sitzige Fokker 100 (vorn) neben einer Saab 2000 mit 50 Sitzen (Mitte) und einem Metroliner SA 227 mit 19 Plätzen (hinten) auf dem Flughafen Bremen.

nächsten Jahr betrugen die Umsatzerlöse im Luftverkehr bereits 23,9 Mio. €, 2003 beliefen sie sich auf 27,5 Mio. € und übersprangen 2004 die Grenze von 34 Mio. €. In den drei folgenden Jahren blieben sie mit nur leichten Steigerungen auf diesem Niveau, ehe sie schließlich 2008 mit knapp 50 Mio. € ihren absoluten Höchststand erreichten. Darin enthalten waren auch die, gemessen am Gesamtvolumen eher bescheidenen, aber trotz des überaus personalintensiven Betriebs (63.500 Arbeitsstunden 2008) stets in schwarzen Zahlen geschriebenen Ergebnisse der OLT-Luftwerft, auf deren beiden Betriebsstätten in Bremen und Emden alle Flugzeuge der eigenen Flotte wie auch diejenigen einiger anderer Gesellschaften regelmäßig gewartet und überholt wurden. Mit dem genannten Ergebnis belief sich in diesem Jahr der Anteil der Luftfahrt am Gesamtumsatz des AG „Ems"-Konzerns auf 63,9 %, während die Schifffahrt, die doch eigentlich dessen Kernkompetenz ausmacht, nur noch bei 24,1 % lag – eine zum Nachdenken gereichende Konstellation, die deutlich macht, wie massiv sich in kürzester Zeit die Gewichte verschoben hatten. Sollten hier Störfaktoren eintreten, dann konnte das schnell in eine Schieflage einmünden, deren Risiken für den ganzen Konzern dann vermutlich nur schwer zu kalkulieren sein würden.

Das war auch Vorstand und Aufsichtsrat sehr wohl bewusst, und demgemäß waren sie immer mehr darauf bedacht, die gesellschaftsrechtliche Anbindung der OLT und ihrer Geschäftstätigkeit an die AG „Ems" so zu gestalten, dass sich etwaige Probleme beim Tochterunternehmen nur in gezielt zu beeinflussenden Grenzen auf die Konzernmutter auswirken konnten. Weil sich zwischenzeitlich die steuerrechtlichen Rahmenbedingungen geändert hatten, nach denen der bisherige Status der OLT als gemeinsame Tochter zweier verschiedener Muttergesellschaften nicht mehr zulässig war, stand zunächst die interne Neuordnung des Verhältnisses zwischen der AG „Ems" und der AG Reederei Norden Frisia als den beiden Gesellschaftern der OLT an. Diese wurde daher 2003 in eine von der AG „Ems" allein getragene GmbH umgewandelt und damit zu deren

Nachhaltige Sicherung **7.10**

100-prozentigem Tochterunternehmen, das fortan über einen Ergebnisabführungsvertrag mit seiner Mutterfirma verbunden war. Bei positivem Jahresergebnis konnte sich damit die AG „Ems"-Bilanz verbessern, durch die Pflicht zum Ausgleich von Verlusten aber auch verschlechtern.

Als Gegenleistung für ihr gesellschaftsrechtliches Ausscheiden aus der OLT erhielt die AG Reederei Norden Frisia, die im Umfang ihrer bisherigen Beteiligung in Höhe von 25,1% als eine Art stiller Gesellschafter weiter im Boot blieb, eine garantierte Ausgleichszahlung von jährlich mindestens 10.000 €, die sich in Abhängigkeit vom jeweiligen Gewinn der OLT auch deutlich erhöhen, auf keinen Fall aber vermindern konnte. Für einige Jahre blieb es noch bei diesem Verhältnis zwischen den beiden Inselreedereien, doch zeigte sich bald, dass eine weitere Beteiligung der AG Reederei Norden Frisia an der OLT nur wenig Sinn machte. So verständigten sich beide Partner 2008 darauf, dass deren Anteil für gut 1,7 Mio. € an die AG „Ems" überging. Als nunmehr alleinige Eigentümerin der OLT entschied diese fortan auch in allen Belangen allein über deren Geschicke und Geschäftspolitik.

Noch einmal kostenlose Werbung in größtmöglichem Umfang: Auf einem offiziellen Pressefoto vom Erstflug des Großraumflugzeugs vom Typ Airbus A 380 im April 2005 füllt ein gerade startendes OLT-Flugzeug vom Typ Saab 2000 die obere Bildhälfte.

Spätestens mit Beginn der allgemeinen Finanzkrise im Herbst 2007, die zeitlich mit einem monatelang anhaltenden kräftigen Anstieg der Kerosinpreise zusammenfiel, war aber auch klar geworden, dass angesichts der unsicheren und schnell schwankenden Rahmenbedingungen, unter denen der Regionalflugverkehr stattfand, bereits das mittlerweile erreichte Geschäftsvolumen der OLT ein Risiko darstellte, das unbedingt begrenzt werden musste. So gründete die AG „Ems" zum Jahresende 2009 mit der OLT Flugbeteiligungen GmbH ein neues 100-prozentiges Tochterunternehmen und übertrug auf dieses nunmehr alles Fluggerät, das vorher im Eigentum der OLT GmbH gestanden hatte oder von dieser geleast worden war. Anschließend stellte die OLT Flugbeteiligungen GmbH die jetzt in ihrem Eigentum stehenden bzw. geleasten Flugzeuge im Wege der Vermietung wieder der alten OLT GmbH zur Verfügung, so dass von nun an der gesamte operative Flugbetrieb rechtlich strikt vom Eigentum bzw. Besitz der Flugzeuge getrennt war. Wie notwendig und sinnvoll diese Trennung und die damit erreichte Risikominderung für die AG „Ems" war, sollte sich schon im folgenden Jahr 2010 zeigen, als wegen des Wegfalls einiger Strecken, des Ausfalls zahlreicher Flüge nach dem großen Vulkanausbruch auf Island im April und Mai dieses Jahres sowie einer generell geringeren Nachfrage die Beförderungsleistung der OLT gegenüber dem Jahr 2009 um gut 14.000 Passagiere zurückging.

Nachhaltige Sicherung 7.10

Da die Flotte damit nur unzureichend ausgelastet war, musste die OLT GmbH, die 2009 noch einen Gewinn von gut 1,3 Mio. € erzielt hatte, in diesem Jahr einen Verlust in Höhe von knapp 3 Mio. € verbuchen. Um den Fortbestand der Gesellschaft zu sichern, waren eine Straffung des operativen Geschäfts sowie diverse Restrukturierungsmaßnahmen erforderlich. Durch Ausgliederung der vorhandenen vier Metroliner SA 227 und der zwei Saab 340, d.h. der Flugzeuge der beiden unteren Größenklassen mit 19 bzw. 32/33 Plätzen, führten diese Maßnahmen sowohl zu einer Halbierung des Regionalflugzeugparks auf fünf Maschinen (drei Saab 2000 mit je 50 und zwei Fokker 100 mit je 100 Plätzen) als auch zu einer Verringerung der Personalstärke auf 137 Beschäftigte. Der dafür erforderliche Aufwand in Höhe von ca. 0,65 Mio. € trieb den Verlust, den die AG „Ems" in diesem Jahr im Geschäftszweig Regionalflugverkehr hinnehmen musste, weiter auf schmerzhafte 4,5 Mio. € in die Höhe.

Das war zu verkraften, sofern sich ein so drastischer Einbruch nicht wiederholte und solange die in der OLT-Flotte verbliebenen Flugzeuge eine zumindest mittelfristig ausreichend sichere Beschäftigung im Werkflug- und Charterverkehr hatten. Doch auch diese Hoffnung sollte sich nicht erfüllen. Als im Sommer 2011 der Auftrag für den Airbus-Werkflugverkehr zwischen Hamburg-Finkenwerder und Toulouse nicht verlängert, sondern an einen anderen Anbieter vergeben wurde, hatte der OLT-Regionalflugverkehr vielmehr seine Lebensgrundlage verloren.

Abermals hatte sich gezeigt, wie schnell und unvorhersehbar konkurrierende Anbieter auf diesem Geschäftsfeld auftreten konnten, die im Zweifel deutlich stärker waren als ein Nischenanbieter wie die OLT, und wie gefährlich es sich auswirken konnte, wenn zumindest ein Teil des vorgehaltenen Flugzeugparks speziell auf die Bedürfnisse eines einzelnen Auftraggebers zugeschnitten sein musste. So bitter es war, Vorstand und Aufsichtsrat der AG „Ems" blieb jetzt nichts anderes übrig, als sich mit Auslaufen des Airbus-Werkflugauftrags im Oktober 2011 von dieser Sparte zu trennen, die sich noch beim 50-jährigen OLT-Jubiläum drei Jahre zuvor in leuchtender Blüte präsentiert hatte. Glücklicherweise gelang es, mit dem polnischen Finanzinvestor Amber Gold aus Danzig einen Käufer zu finden, der den Regionalflugbereich der OLT einschließlich des vorhandenen Personals als geschlossenen Block zur Weiterführung übernahm, so dass niemand entlassen werden musste. Mit dem Verkauf des letzten noch verbliebenen Regionalflugzeugs war im März 2012 das Kapitel Regionalflugverkehr für die AG „Ems" endgültig abgeschlossen. Ihren sichtbarsten Niederschlag fand diese Entwicklung im Volumen der Außenumsätze des Gesamtkonzerns, die dadurch von vorher ca. 85 Mio. € um nahezu die Hälfte auf 45 Mio. € zurückgingen.

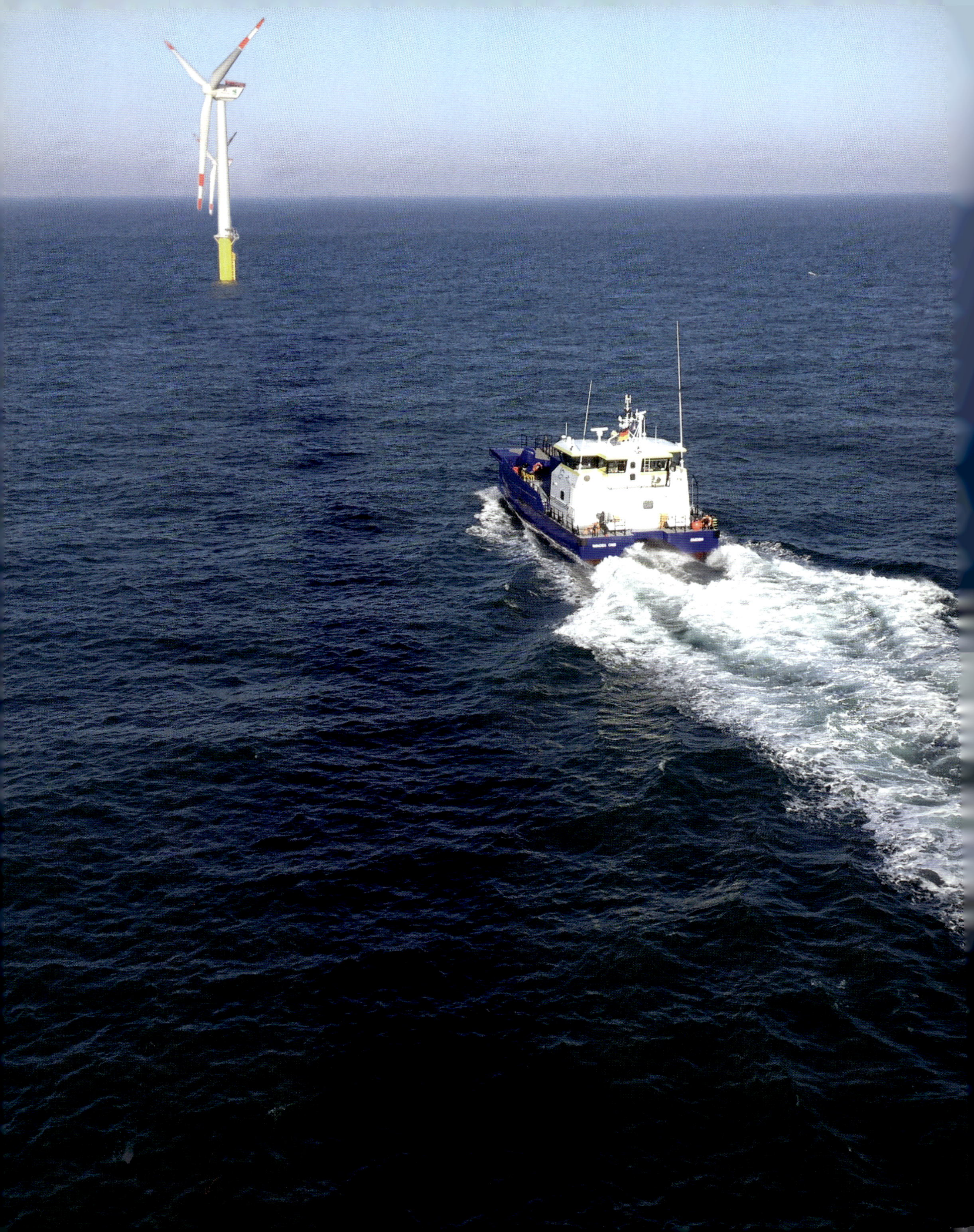

DIE AG „EMS"-GRUPPE HEUTE:

Ein Konzern mit vielfältigen neuen Angeboten

Der Bau von großen Windparks zur Energiegewinnung weit vor der deutschen Küste war für die AG „Ems" Anlass, ihre über Jahrzehnte gewachsenen Kompetenzen als Unternehmen der Inselversorgung für ein ganz neues Geschäftsfeld nutzbar zu machen: Maritime Offshore-Dienstleistungen vielfältiger Art. Hier die WINDEA ONE auf einer Einsatzfahrt.

AG „EMS" HEUTE
Bedingungen, Möglichkeiten und Grenzen der Diversifikation

Für Unternehmen, die wie die AG „Ems" und die übrigen Seebäderreedereien an der Nord- und Ostseeküste auf einen seit ihrer Gründung im Kern nahezu unverändert gebliebenen Geschäftszweck gerichtet sind, stand es über Jahrzehnte hin völlig außer Frage, sich nur auf solche Aktivitäten zu konzentrieren, die eben diesem Zweck dienlich waren. Demgemäß standen bei der AG „Ems" der Schiffsverkehr zwischen Borkum und dem Festland samt den unmittelbar ergänzend dazugehörigen weiteren Komponenten im Mittelpunkt. Insbesondere waren dies die Borkumer Kleinbahn sowie die Borkumgaragen in Emden, während Sparten wie der Mitte der 1970er Jahre aufgenommene Seebäderflugverkehr von und nach Borkum und einigen anderen Inseln nur eine untergeordnete Rolle spielten. Sogar ein Bereich wie die Bordgastronomie auf den Fähren, der mit deren Betrieb doch eigentlich aufs engste verwoben ist, war in früheren Jahren zeitweise an Außenstehende verpachtet.

Wenn es überhaupt einzelne Aktivitäten außerhalb des Inselverkehrs gab, dann waren diese aus besonderen Konstellationen erwachsen, die zum Hauptgeschäftszweck der AG „Ems" zumindest eine gewisse Nähe hatten. Das galt zunächst für den die Bilanzen der Gesellschaft enorm aufpolierenden Verkauf von Butter, Alkoholika, Tabakwaren und anderen sonst hoch besteuerten Produkten im Rahmen von „Butterfahrten", die in den 1970/80er Jahren einen Boom sondergleichen erlebten, weil das Emsmündungsrevier mit seiner Lage im deutsch-niederländischen Grenzgebiet die denkbar günstigsten Voraussetzungen für solche Verkaufsfahrten bot. Das galt aber auch für das Angebot eines direkten LKW-Transfers zwischen Esbjerg und Eemshaven in den 1970er Jahren, mit dem sich im LKW-Verkehr zwischen Skandinavien und den Benelux-Ländern der Transit durch Deutschland umgehen ließ, der damals noch an Konzessionen gebunden, daher auf nur wenige Speditionen konzentriert und dementsprechend überproportional teuer war.

AG „EMS" heute 8.0

Eine Mutter und zahlreiche Töchter bzw. Beteiligungen: Das Potpourri der Firmenlogos zeigt, wie sehr sich das Tätigkeitsfeld des Konzerns AG „Ems" in den letzten 25 Jahren verbreitert hat und wie vielfältig gemischt die heute abgedeckten Geschäftsbereiche sind.

Beide Fälle hatten gezeigt, dass es für die AG „Ems" sehr lohnenswert sein konnte, sich auch außerhalb ihres engeren angestammten Geschäftsbereichs zu betätigen, aber zugleich deutlich gemacht, dass dies mit unbekannten oder jedenfalls nur bedingt von Emden aus überschaubaren Risiken verbunden war. Grundvoraussetzung für den Erfolg solcher neuen Aktivitäten war und ist daher, dass diese aus den Kernkompetenzen der AG „Ems" als einem dem Inseltourismus und der Inselversorgung dienenden Verkehrsunternehmen abgeleitet sein müssen. Während es früher jedoch nur ausnahmsweise Anlass zu solchen „Ausflügen" auf neues Terrain gegeben hatte, hat die allgemeine Dynamisierung, die das gesamte heutige Leben und insbesondere die Wirtschaft in immer stärkerem Maße prägt, dazu geführt, dass Bereiche zusammenwachsen, die früher völlig getrennt voneinander existierten, und immer öfter überkommene Spartengrenzen übersprungen werden müssen. Auch die AG „Ems" sah sich im Laufe der letzten 25 Jahre mehrmals mit solchen Gegebenheiten konfrontiert und musste dann Entscheidungen treffen, aus denen jeweils neue Geschäftsfelder erwachsen sind.

AG „EMS" HEUTE [1]

Die Gastronomietochter: Die beiden Hotels VierJahresZeiten auf Borkum und weitere gastronomische Aktivitäten

Bei Eröffnung der Borkumer Kleinbahn durch die Firma Habich & Goth im Jahre 1888 gehörte auch ein direkt neben dem Bahnhof gelegenes Hotel zum Vermögensbestand des Unternehmens, das nach seinem ersten Pächter „Bahnhofshotel Dabelstein" hieß. Zusammen mit der Kleinbahn und deren Betriebseinrichtungen war dieses Hotel 1903 an die damals neu gegründete Borkumer Kleinbahn und Dampfschiffahrt AG übergegangen und lange Zeit das einzige Hotel auf der Insel, das ganzjährig geöffnet hatte. Aufgrund dessen war das Hotel wie der Bahnhof selbst für Borkum von Anfang an ein gewissermaßen lebensnotwendiger Teil der öffentlichen Infrastruktur. Es diente Notaren, die zu Beurkundungen auf die Insel kamen, als Geschäftslokal und Beamten vom Festland, die vorübergehend hier tätig waren, als Quartier, es war bis in die 1920er Jahre Sitz des Borkumer Post- und Telegrafenamtes, und eine Bankfiliale war hier ebenfalls heimisch. Auch die Vorstands- und Aufsichtsratsmitglieder der AG „Ems" und der Borkumer Kleinbahn fanden hier Versorgung und Unterkommen, wenn sie auf der Insel zu tun hatten.

Wie die Kleinbahn war allerdings auch das Bahnhofshotel im Laufe der Zeit allmählich zurückgeblieben, weil in den Jahrzehnten nach dem Zweiten Weltkrieg bei allen Investitionsentscheidungen der AG „Ems" die Entwicklung neuer Schiffstypen Vorrang vor

Altes Gebäude in neuem Glanz: Das 1998 nach Umbau und Erweiterung eröffnete Inselhotel VierJahresZeiten der AG „Ems" ist ein Hotel für gehobene Ansprüche und deckt ein Segment der Hotellerie ab, das es auf Borkum auf dieser Stufe vorher nicht gegeben hatte. Links vorn neben dem Eingang der neue Wintergarten, der im Frühjahr 2015 angebaut wurde.

AG „EMS" heute 8.1

Der Swimmingpool mit seinem stets angenehm temperierten Wasser sowie die mit Liegen und Strandkörben gemütlich ausgestattete Ruhezone im Innenhof des Inselhotels VierJahresZeiten sind Teil des im Innern unmittelbar angrenzenden Wellnessbereichs und geben diesem dadurch eine von den Gästen gern genutzte zusätzliche Komponente im Freiluftbereich.

anderen Aufgaben gehabt hatte. Auch zu Beginn der 1990er Jahre musste die an sich unumgänglich gewordene bauliche Erneuerung des Hotels, das den aktuellen gastronomischen Anforderungen schon lange nicht mehr genügte, zunächst hinter den Maßnahmen zur Sanierung der Kleinbahn zurückstehen. Erst als hier bis Mitte der 1990er Jahre die wichtigsten Schritte getan waren, konnte die AG „Ems" auch diese Aufgabe in Angriff nehmen, um damit zugleich den Schlussstein bei der kompletten Erneuerung des Bahnhofsbereichs zu setzen. Ebenso allerdings, wie sie die Investitionen zur Modernisierung der Kleinbahn dazu genutzt hatte, diese selbst konsequent zu einem eigenständigen touristischen Produkt weiterzuentwickeln, kam es ihr auch bei der Erneuerung des Bahnhofshotels darauf an, sich nicht nur auf eine bloße Baumaßnahme zu beschränken, vielmehr sollte das gesamte in dem Objekt steckende Potential aktiviert werden. Daraus erwuchs zum einen die Grundsatzentscheidung, das Hotel künftig nicht mehr zu verpachten, sondern selbst zu betreiben und mit den übrigen Aktivitäten der Gesellschaft im Inseltourismus harmonisch zu einem Ganzen zu verbinden, und zum anderen die Festlegung auf eine gegenüber dem traditionellen Betrieb völlige Neukonzeption mit dem Ziel, das Haus an der Grenze zum obersten Segment der Hotellerie zu positionieren, das auf Borkum bis dahin noch nicht abgedeckt war.

Demgemäß galt es, von den gerade in der jüngeren Vergangenheit stark veränderten, aber auch deutlich gestiegenen Erwartungen des Publikums auszugehen, denn diesen muss ein Hotel genügen, wenn es auf einer so hohen Ebene mit Erfolg agieren will. Dazu gehören zunächst geschmackvoll und mit hochwertigem Inventar eingerichtete, aber zugleich mit einer jeweils individuellen Note versehene Zimmer, in deren gemütlicher Atmosphäre die Gäste sich außerhalb ihrer sonstigen Aktivitäten oder bei schlechterem Wetter gerne aufhalten mögen. Dazu gehört weiter ein großer und zugleich großzügig ausgestatteter Wellnessbereich, der vom Schwimmbecken mit temperiertem Wasser in einer Gartenlandschaft über Sauna und Dampfbad mit unterschiedlichen Hitzegraden und eine zum Faulenzen und Entspannen einladende Ruhe- und Liegezone bis hin zu Fitness-, Massage- und Beautyanwendungen reicht. Dazu gehören zum dritten ein Restaurant und eine Küche, die in der richtigen Mischung zwischen regionaltypischer Ausrichtung und überregionaler, womöglich gar internationaler Vielfalt eine breite

AG „EMS" heute   8.1

Palette an Geschmacksrichtungen abdeckt. Und schließlich gehört dazu ein einladender und die Kommunikation der Gäste untereinander befördernder allgemeiner Aufenthaltsbereich mit Lese-, Spiel- und Unterhaltungsmöglichkeiten, der auch den Bedürfnissen von Kindern gerecht wird.

Unter Berücksichtigung all dieser Anforderungen wurde das Bahnhofshotel zwischen Herbst 1996 und Frühjahr 1998 grundlegend erneuert und dabei unter Wahrung seines Charakters als Baudenkmal durch ein zusätzliches Stockwerk im Altbau und einen stilistisch diesem angepassten Neubautrakt an der zum Alten Postweg gerichteten Seite erheblich erweitert. Den Gästen stehen jetzt 134 Betten in 65 Zimmern zur Auswahl, die keine Nummer, sondern einen Namen haben, der jeweils zu demjenigen Themenbereich passt, dem jedes der drei Geschosse gewidmet ist. Demgemäß tragen die Zimmer im Geschoss „Insel und Küste" Namen wie „Memmert" oder „Greetsiel", im Geschoss „Flora und Fauna" heißen sie „Seestern" oder „Strandhafer", und im Geschoss „Märchen und Sagen" sind sie „Klabautermann" oder „Seewiefke" benannt. Keines der hochwertig ausgestatteten Badezimmer gleicht dem anderen, sondern jedes ist mit einem individuellen, von der Porzellanmalerin Regina Kobe eigens für dieses Hotel geschaffenen Fliesenbild geschmückt, dessen Motiv zu Borkum und zur Küste passt; etwa 1.500 Fliesen musste sie dazu in eineinhalbjähriger Fleißarbeit in kleine Kunstwerke verwandeln.

Der Gesamtinvestitionsaufwand für das Ende März 1998 unter dem Namen Inselhotel VierJahresZeiten eröffnete Haus belief sich auf mehr als 15 Mio. DM. Der Name dient zugleich als Motto, denn dieses Hotel sollte ganzjährig und nicht nur saisonal geöffnet sein. Den Betrieb übernahm mit der Inselhotel VierJahresZeiten GmbH ein weiteres 100-prozentiges Tochterunternehmen der AG „Ems", mit dem die Muttergesellschaft zu diesem Zweck einen Pacht- und einen Ergebnisabführungsvertrag abgeschlossen hatte.

Im Inselhotel VierJahresZeiten haben die Zimmer keine Nummern, sondern Namen, die sich jeweils aus einem der für jedes Geschoss unterschiedlichen Themenbereiche ergeben. Hier je ein Beispiel aus den Themenbereichen „Flora und Fauna" sowie „Märchen und Sagen".

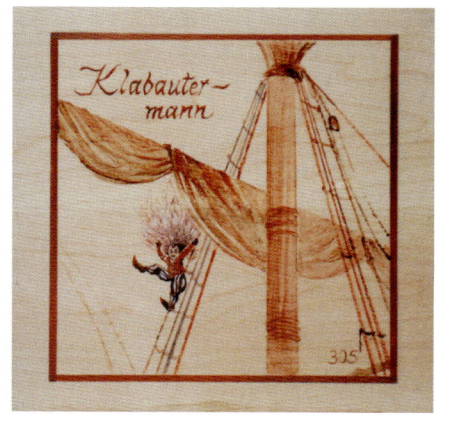

AG „EMS" heute 8.1

Das Strandhotel VierJahresZeiten, bestehend aus dem noch aus der Kaiserzeit stammenden Altbau des ehemaligen Hotels Bakker (mit spitzem Giebel) und dem in den 1970er Jahren im damals üblichen Stil davor gebauten Neubau des vormaligen Hotels Poseidon (oben) gehört seit 1999 als zweites Haus zum Hotelleriebereich der AG „Ems". Seine Lage an der „Schokoladenseite" von Borkum erlaubt es, im stilvoll renovierten Restaurant dieses Hotels mit Blick auf den Strand und die See zu speisen (unten).

Das Hotel wurde sofort gut angenommen und erreichte bereits im ersten Teilbetriebsjahr eine Zimmerauslastung von knapp 45 %, doch war ein nicht zuletzt durch Sofortabschreibungen verursachter Jahresfehlbetrag in Höhe von ca. 0,9 Mio. DM nicht zu vermeiden. Auch in den folgenden Jahren ergab sich noch jeweils ein Minus, wenn dieses auch stetig abnahm und deutlich geringer ausfiel als zu Anfang. Der Grund dafür lag allerdings nicht im Inselhotel VierJahresZeiten, das sich wie erhofft positiv entwickelte und seine Auslastung kontinuierlich steigern konnte, sondern in der Tatsache, dass sich schon zum Jahresende 1998 die Gelegenheit ergeben hatte, das kurzfristig zum Verkauf gestellte Hotel Poseidon zusätzlich für die AG „Ems" zu erwerben. Um allerdings deren Bilanz nicht unnötig zu belasten, tätigte sie diesen Kauf über ihr bereits seit langem gemeinsam mit einigen ihrer wichtigsten Aktionäre betriebenes Beteiligungsunternehmen AG „Ems" & Co. Schiffahrts KG, die das hochattraktiv direkt an der Borkumer Strandpromenade gelegene Hotel mit seinen knapp 60 Zimmern und 120 Betten unter dem neuen Namen Strandhotel VierJahresZeiten für zunächst 25 Jahre an das Tochterunternehmen Inselhotel VierJahresZeiten GmbH verpachtete und das gesamte Hotelinventar an dieses verkaufte.

Mit nunmehr zwei Hotels, die jeweils ein eigenständiges Produkt bilden, aber aus einer Hand gemanagt werden, ergaben sich zwar bei der Verwaltung und Vermarktung sowie beim Personal- und gastronomischen Wareneinsatz bemerkenswerte Synergieeffekte, doch damit diese auch wirklich eintreten konnten, musste das Strandhotel mit erheblichem Investitionsaufwand erst einmal auf den höheren Ausstattungsstand des Inselhotels gebracht werden. Sukzessive wurden daher in den nachfolgenden Jahren sämtliche Zimmer in allen Belangen hochwertig erneuert und, wo immer möglich, nachträglich mit Balkonen ausgestattet. Restaurant und Küche wurden auf den Stand der

Zeit gebracht, ein völlig neu gestalteter Wellnessbereich wurde gebaut, und auch in der gesamten übrigen Infrastruktur des Strandhotels wurden vielfältige Verbesserungen und Renovierungen vorgenommen, um dem Anspruch auf eine Positionierung im gehobenen Hotelsegment gerecht werden zu können. Das ist gelungen, denn das Strandhotel ist seit langem in die Kategorie „Vier Sterne First Class" eingestuft, während das Inselhotel mit der Bewertung „Vier Sterne Superior" noch eine Teilstufe höher steht. Dass die für all diese Renovierungen notwendigen Investitionen die Ergebnisse der Hotelbetriebsgesellschaft in den ersten Jahren erheblich belasteten, liegt auf der Hand; erst für das Geschäftsjahr 2002 konnte die AG „Ems" erstmals einen Überschuss ihres Tochterunternehmens verbuchen, nachdem sie bis dahin jeweils deren Verluste hatte ausgleichen müssen.

Obwohl beide Häuser seitdem einen hohen Standard bieten, ihre Zimmerauslastung bis 2006/07 als dem bisherigen Höhepunkt allmählich auf zusammen ca. 55% steigern und fast immer ein positives Jahresergebnis erreichen konnten, ist nicht zu übersehen, dass das Hotelgeschäft insgesamt – und erst recht auf einer nur mit größerem Aufwand erreichbaren Insel wie Borkum – nicht leicht und überdies sehr schnellen Schwankungen unterworfen ist. Das Interesse der Gäste am Angebot der beiden VierJahresZeiten-Hotels ist groß, und auch die Bereitschaft ist vorhanden, für den hohen Standard einen angemessenen Preis zu bezahlen, doch die früher übliche Stetigkeit ist weitgehend verloren gegangen. Die Stammgäste, deren Zahl deutlich zugenommen hat, buchen ebenso wie die Erstbesucher immer kurzfristiger und überwiegend auch nicht für einen längeren Aufenthalt, sondern nur für ein paar Tage. Statt eines längeren Urlaubs sind mehrere kürzere Auszeiten üblich geworden, und so ballen sich die Anfragen und Buchungen – nicht nur auf Borkum, sondern generell in allen deutschen Urlaubsregionen – jeweils rund um die Wochenenden und Feiertage, namentlich wenn sich mit Brückentagen, wie z.B. dem Freitag nach Christi Himmelfahrt, bequem eine Reiseverlängerung erreichen lässt, ohne dafür reguläre Urlaubstage einsetzen zu müssen, während in der Woche, jedenfalls außerhalb der weiterhin stark frequentierten Sommerschulferienzeit, die Nachfrage deutlich geringer ist.

AG „EMS" heute **8.1**

Mehr als 1.500 Fliesen hat die Porzellanmalerin Regina Kobe, im Bild unten bei ihrer Arbeit, für die Bäder und Sanitärbereiche des Inselhotels VierJahresZeiten mit vielfältigen maritimen Motiven versehen und mit der alten Handwerkstechnik der Fliesenmalerei Kunstwerke unterschiedlicher Größe geschaffen. Keines der 65 Badezimmer des Hotels gleicht dadurch dem anderen.

Die Inselhotel VierJahresZeiten GmbH sieht sich daher mit ständig wechselnden Herausforderungen konfrontiert und muss, möglichst in Kooperation mit Verkehrsunternehmen wie der Deutschen Bahn oder einer der anderen Gesellschaften im Konzernverbund der AG „Ems", immer wieder neue Angebote entwickeln, in denen verschiedene Leistungen des Konzerns zu einem attraktiven Paket zusammengefasst sind. Dazu gehört z.B. in den Wintermonaten das Pauschalangebot „Grünkohlfahrt", das den Hin- und Rückweg mit der Fähre von und nach Emden, ein hochwertiges Seefrühstück auf dem Schiff während der Hinfahrt, eine Übernachtung mit Frühstücksbuffet im Strandhotel samt Nutzung von dessen gesamtem Wellnessangebot und schließlich ein abendliches Grünkohlessen „satt" im dortigen Restaurant beinhaltet. Nur auf solch kreative Weise lässt sich der Ressourceneinsatz so flexibel gestalten, dass Kosten und Erträge in einem angemessenen Verhältnis zueinander bleiben.

All dies in Verbindung mit den immer höher werdenden Ansprüchen der Gäste und dem ihnen über das Internet nahezu unbegrenzt zur Verfügung stehenden vergleichenden Informationsangebot über kurzfristig realisierbare Reisemöglichkeiten aller Art hat dazu geführt, dass die Auslastungsquote der beiden Hotels in den letzten Jahren mehrfach wieder auf unter 50% abgesunken ist. Um dennoch positive Jahresabschlüsse zu erreichen, was in der Regel auch gelungen ist, blieb der AG „Ems" 2009 nichts anderes übrig, als für das in den ersten 10 Jahren stets durchgängig geöffnete Inselhotel erstmals eine Winterschließzeit einzulegen. Abweichend von dem mit dem Namenszusatz VierJahresZeiten eigentlich verbundenen Anspruch ist seitdem in den Wochen von Anfang Januar bis Ende Februar/Anfang März, in denen Borkum generell eine extrem niedrige Besucherfrequenz hat, eines der beiden VierJahresZeiten-Hotels geschlossen.

Insgesamt aber hat sich, dieses Fazit darf nach nunmehr 16 Betriebsjahren gezogen werden, für die AG „Ems" das neue Geschäftsfeld „Hotel" als lohnenswert erwiesen. Gemessen an deren Hauptsparten trägt es zwar nur geringfügig zum Gesamtergebnis des AG „Ems"-Konzerns bei und verlangt allen Beteiligten dauerhaft ein sehr hohes

Großzügig und einladend: Der im Frühjahr 2015 angebaute neue Wintergarten des Inselhotels VierJahresZeiten (links). Alle Zimmer dieses Hotels sind überaus hochwertig und zugleich so gemütlich ausgestattet, dass die Gäste sich darin auf Anhieb wohl und auch bei schlechtem Wetter wie zu Hause fühlen können (rechts).

Maß an Kreativität und Flexibilität ab, aber es ergänzt und verbreitert die Palette touristischer Dienstleistungen, die die AG „Ems" auf und um Borkum im Angebot hat, auf ideale Weise und stärkt damit deren Kerngeschäft. Entscheidend dabei ist, dass die Hotels nicht isoliert, sondern als sinnvoll integrierter Teil innerhalb eines viele verschiedene Komponenten umfassenden Gesamtspektrums tätig sind. Solange das gewährleistet ist, ist auch das entsprechende Engagement der AG „Ems" außerhalb ihres traditionellen Aufgabenfeldes richtig.

Das gilt auch für den Bereich der Landgastronomie, der zwar getrennt vom Hotelgeschäft betrieben wird, aber mit diesem verwandt ist und deshalb zur Abrundung des Themas an dieser Stelle kurz behandelt werden soll. Die Gastronomie an Bord der AG „Ems"-Fähren hatte bereits seit vielen Jahren mit einem Jahresumsatz, der Mitte der 1990er Jahre bei etwa 4,5 Mio. DM lag, ein erhebliches Gewicht, doch war und ist sie letztlich seit jeher ein untrennbar mit der Sparte Schifffahrt verbundener Geschäftszweig. Dieser ließ sich allerdings ohne allzu großen Aufwand auch auf eine landgestützte Gastronomie ausweiten, als sich im Laufe der 1990er Jahre und erst recht nach der Jahrtausendwende das Bedürfnis dazu ergab. Zunächst waren es die beiden 1995 im neuen Flugplatzgebäude in Emden bzw. 1996 auf dem Flugplatz Borkum von der AG „Ems" eingerichteten Airport-Bistros, die zur Ergänzung des Flugangebots dienen sollten. Ab 1998 ging der Betrieb des Bistros auf Borkum wegen der leichteren Abwicklung auf die damals gerade gegründete Inselhotel VierJahresZeiten GmbH über, so wie diese seit langem während der Saison auch das sonnabendliche „Café im Kaiserwagen" am Kleinbahnhafen versorgt oder das Catering übernimmt, wenn Sonderzüge der Kleinbahn im Chartereinsatz unterwegs sind. Allerdings erwies sich nach einigen Jahren, dass beide Flugplatz-Bistros eine nur geringe Nutzungsfrequenz hatten und sich ihr Betrieb nicht lohnte; Ende 2001 wurden sie daher wieder aufgegeben.

AG „EMS" heute 8.1

Zum 10-jährigen Jubiläum im Jahre 2008 hat sich gesamte Frau- und Mannschaft des Inselhotels VierJahresZeiten vor dessen Eingang aufgestellt.

Dagegen schlug das gastronomische Angebot in dem im Herbst dieses Jahres eröffneten neuen Passagierterminal in Emden-Außenhafen sofort erfolgreich ein. Dazu hat zweifellos die Tatsache beigetragen, dass das dortige Angebot an Speisen und Getränken mit demjenigen auf den Fähren zum größten Teil deckungsgleich ist und daher bestens aus einer Hand abgewickelt werden kann. Das gilt auch für die jahreszeitlich wechselnden ostfrieslandtypischen Angebote wie Grünkohl, Graue Erbsen etc., und so war es selbstverständlich, dass sich auch das gastronomische Angebot in dem 2008 in Betrieb genommenen neuen Terminal in Eemshaven nach diesem Vorbild richtete. Die vor allem von dieser lebhaften Nachfrage in den Terminals getragene Landgastronomie konnte daher zwischenzeitlich eingetretene Einbrüche in der Bordgastronomie, verursacht u.a. durch eine von der Währungsumstellung von DM auf EURO ausgelöste vorübergehende Konsumzurückhaltung, weitgehend auffangen. Bis 2005 hatten sich die Verhältnisse jedoch wieder stabilisiert. Seitdem schwanken die Gesamtumsätze in der Bord- und Landgastronomie zusammen pro Jahr zwischen knapp 2,5 und knapp 2,2 Mio. €, tragen aber stets zuverlässig mit einem positiven Teilbetriebsergebnis zur Gesamtrechnung der AG „Ems" bei.

Einen besonderen Akzent in der Landgastronomie setzt dabei seit Frühjahr 2002 das Restaurant-Café „Strandlust", das die AG „Ems" in einem ehemaligen Pumpenhaus an der von der Wasser- und Schifffahrtsverwaltung übernommenen Landemole Knock eingerichtet hat. In diesem ursprünglich für das Projekt Dollarthafen aufgespülten Terrain, das sich mittlerweile zu einem reizvollen Naherholungsgebiet für Emden und Umgebung entwickelt hat und zu Spaziergängen ebenso einlädt wie zu Fahrradtouren oder sommerlichen Badeausflügen, hat das Restaurant beste Voraussetzungen für einen erfolgreichen Betrieb. Bei schönem Wetter bietet die Terrasse, im übrigen der mit großen Panoramafenstern ausgestattete innere Gästebereich einen herrlichen Ausblick auf das unmittelbar angrenzende Emsfahrwasser und den Dollart bis hin zur gegenüberliegenden niederländischen Küste.

AG „EMS" heute 8.1

In einem ehemaligen Pumpenhaus, das zu der von der AG „Ems" im Jahre 2001 erworbenen Landemole Knock gehört (oben ein Blick aus der Vogelperspektive auf die direkt am Dollart unterhalb von Emden gelegene Gesamtanlage), wird seit 2002 das Restaurant-Café „Strandlust" betrieben (unten). Von Emdern, aber auch von Urlaubern und Fahrradtouristen wird es gerne besucht.

Zusammen mit einem saisonal ausgerichteten kulinarischen Angebot, das vom kleinen Snack bis zum Mehrgänge-Menü reicht, hat all dies dazu geführt, dass sich das „Strandlust" schnell etablieren konnte. Insbesondere für Brunchs und Buffets an den Wochenenden ist es sehr beliebt, es wird aber auch gern für kleinere oder größere individuell gestaltete Feiern und Veranstaltungen gebucht, die in diesem maritimen Ambiente ihren besonderen Reiz haben, namentlich in den Abendstunden der Sommermonate. Dennoch muss selbst ein Restaurant, das so günstige Rahmenbedingungen hat wie dieses, auch betriebswirtschaftlich den Anforderungen genügen und sich unter diesem Aspekt kritisch durchleuchten lassen. In der Hoffnung auf ein besseres Ergebnis hatte die AG „Ems" daher im Jahre 2011 das „Strandlust" an einen selbständigen Betreiber verpachtet, doch da sich schnell zeigte, dass sich die damit verbundenen Erwartungen nicht erfüllten, hat die Gesellschaft es inzwischen wieder selbst übernommen.

AG „EMS" heute 8.2

Die Cessna 172 ist mit drei Passagierplätzen das kleinste der im Seebäderflugverkehr der AG „Ems" eingesetzten Flugzeuge.

AG „EMS" HEUTE [2]
Der Seebäderflugbetrieb der OFD und weitere Luftverkehrsaktivitäten

Die stilisierte weiße Möwe ist zusammen mit der jeweiligen Firmenabkürzung – heute OFD, früher OLT – ein weit über Emden und Ostfriesland hinaus bekannt gewordenes Logo für die Flugaktivitäten der AG „Ems".

Nach der Trennung von der OLT im Winterhalbjahr 2011/12 war lediglich der Seebäderflugverkehr, zu dem auch Charter- und tägliche Paketexpressflüge zu den Inseln gehören, also die ursprüngliche Wurzel der OLT, bei der AG „Ems" verblieben. Fortgeführt wird diese Sparte seitdem von der nach langem Dornröschenschlaf wieder aufgeweckten OFD (Ostfriesischer Flugdienst GmbH). Diese darf dazu auch das vorherige OLT-Logo verwenden, denn das Nutzungsrecht an der stilisierten weißen Möwe hatte sich die AG „Ems" beim Verkauf der OLT ausdrücklich vorbehalten. Trotz der leicht veränderten Buchstabenfolge ist damit der Wiedererkennungswert dieser seit langem eingeführten Wort-Bild-Marke gesichert; wer nicht so genau hinschaut oder von den zwischenzeitlichen Entwicklungen gar nichts weiß, der bemerkt im Zweifel nicht einmal, dass sich überhaupt etwas verändert hat.

Da die bisherige Luftverkehrslizenz, ohne die jede Personen- oder Frachtbeförderung unzulässig ist, auf die OLT gelautet hatte, musste für die OFD beim Luftfahrtbundesamt eine neue Lizenz beantragt werden, die – nach einem aufwendigen Verfahren – schließlich im August 2012 erteilt wurde. Für die von ihr angebotenen Flüge von Emden nach Borkum und zu den übrigen ostfriesischen Inseln sowie von Bremerhaven und Heide-Büsum nach Helgoland setzt die OFD mit insgesamt 20 Beschäftigten sieben Flugzeuge in unterschiedlichen Größenklassen ein. Diese gehören jedoch nicht der OFD, sondern wie das gesamte Fluggerät innerhalb des AG „Ems"-Konzerns dessen Tochterunternehmen OLT Flugbeteiligungen GmbH; es sind dies eine Cessna 172 mit drei, ein Gippsland Airvan GA 8 mit sechs und fünf Britten Norman Islander mit neun Passagierplätzen. Der

Die Gippsland Airvan GA 8, hier im Flug über Borkum, kann sechs Passagiere befördern.

Umfang des Seebäderflugverkehrs ist heute allerdings deutlich geringer als noch Mitte der 1990er Jahre, weil seitdem ein Teil des Kundenpotentials vom Schnellverkehr mit Katamaranen abgedeckt wird. Das Passagieraufkommen, das aus diesem Grunde zwischen 1997 und 2002 von gut 33.000 auf ca. 19.600 zurückgegangen war, liegt heute bei ca. 24.500 pro Jahr. Davon entfallen zwei Drittel auf den Helgolandverkehr und ein Drittel auf den Verkehr mit Borkum und den übrigen ostfriesischen Inseln. Außerdem betreibt die OFD mit ihrer Sparte OFD-Cargo einen intensiven Luftfrachtverkehr.

Als nach dem Fall der innerdeutschen Grenze im November 1989 und der Wiedervereinigung Deutschlands am 3. Oktober 1990 die traditionsreichen Ostseebäder vor der Aufgabe standen, ihre meist völlig heruntergekommene touristische und allgemeine Infrastruktur auf einen zeitgemäßen Stand zu bringen, eröffneten sich auch für Unternehmen, die zwar weit entfernt von der Ostsee ansässig und tätig sind, aber wie die AG „Ems" als Seebäderreederei und Inselversorger über jahrzehntelange einschlägige Erfahrungen und ein daraus erwachsenes Spezialwissen verfügen, neue geschäftliche Möglichkeiten. Rügen, das angesichts der völlig unzureichenden Autobahn- und Eisenbahnverbindungen ohnehin nur mit großem Aufwand erreichbar war – ein Schicksal, das damals auch die meisten anderen Ostseebäder in Mecklenburg-Vorpommern zu tragen hatten –, hatte zusätzlich dazu das Problem, dass jeder Besucher mit dem Rügendamm einen weiteren extremen Engpass überwinden musste, um überhaupt auf die Insel zu gelangen. So kam, namentlich in den ersten Jahren nach der Wiedervereinigung, dem Luftverkehr als Alternative eine besondere Bedeutung zu.

Einige Piloten, die zu DDR-Zeiten mit einer noch aus den 1940er Jahren stammenden Maschine Agrarflüge auf Rügen durchgeführt und dieses Flugzeug gelegentlich auch touristisch genutzt hatten, nahmen daher unter Vermittlung des Wirtschaftsdezernenten des Landkreises Rügen schon im Frühjahr 1991 Kontakt zur AG „Ems" auf mit dem Ziel, diese als erfahrenen und starken Partner für eine Kooperation im dortigen Luftverkehr zu gewinnen. Beide Seiten wurden sich schnell einig, dass der Tourismus und die auf Rügen zu erwartenden umfangreichen Baumaßnehmen ein ausreichend großes

AG „EMS" heute   8.2

Die Britten Norman Islander, hier im Anflug auf den Flugplatz Borkum, hat Platz für neun Passagiere und ist mit fünf Exemplaren in der Seebäderflugzeugflotte der AG „Ems"-Tochter OFD vertreten.

Potential für eine solche Zusammenarbeit boten, und so wurde bereits im Mai dieses Jahres die Firma Ostseeflug Rügen GmbH (OFR) gegründet. Gesellschafter dieses Unternehmens sind einerseits drei vormalige Agrarflieger aus Rügen und andererseits die AG „Ems", die sich über ihr Tochterunternehmen OLT mit 68% beteiligte und mit deren Flugbetriebsleiter Heinz Fieseler auch einen der beiden Prokuristen stellte.

Unter der luftrechtlichen Lizenz der OLT und mit einer von dieser gecharterten Cessna 172 mit drei Passagierplätzen konnte die OFR sofort danach den Flugbetrieb aufnehmen und Charter- sowie Inselrundflüge anbieten. Ihre Basis ist in Güttin, einige Kilometer westlich von Bergen im Zentrum von Rügen gelegen, das damals mit der holprigen Graspiste des ehemaligen Agrarflugplatzes über eine für diesen Luftverkehr zumindest notdürftig ausreichende Infrastruktur verfügte. Zunächst durfte die OFR diesen Platz nur aufgrund einer Sondergenehmigung nutzen, doch schon im Oktober 1991 erteilte das Land Mecklenburg-Vorpommern für Güttin eine reguläre Betriebsgenehmigung. Mehr als 2.150 Starts und Landungen sowie 2.690 Fluggäste bereits in diesem ersten Rumpfgeschäftsjahr zeigen, dass der Flugbetrieb der OFR gut angelaufen war. Im folgenden Jahr charterte diese daher von der OLT ein zweites Flugzeug und 1993 ein drittes, das eine mit neun, das andere mit fünf Passagierplätzen, um auch größeren Anforderungen genügen und mit weiteren Angeboten an den Markt gehen zu können. Da sowohl die OFR als auch der Landkreis Rügen und das Land Mecklenburg-Vorpommern die weitere Entwicklung des Flugbetriebes in Güttin positiv einschätzten, schloss der Landkreis im April 1992 mit der OFR einen langfristigen Betreibervertrag für diesen Flugplatz ab und leitete die Planungen für dessen grundlegenden Ausbau ein. Dieser sollte eine Befestigung der Start- und Landebahn, den Bau eines Abfertigungsgebäudes mit Tower, einer Tankstelle und einer Flugzeughalle sowie Abstellflächen, ein Vorfeld, eine gute Straßenanbindung und alle Einrichtungen umfassen, die für die Ver- und Entsorgung notwendig sind. Als erstes wurde noch im Herbst 1992 die Befestigung und Asphaltierung einer 900 m langen und 20 m breiten Start- und Landebahn in Angriff genommen und im Frühjahr 1993 zum Abschluss gebracht. Es folgten bis 1995 eine Nachtbefeuerung, eine von der AG „Ems" auf der Basis eines Erbbauvertrages mit dem

AG „EMS" heute 8.2

Fliegen über Rügen, ein „himmlisches" Vergnügen.

Links: Die Anfänge der OFR waren nicht leicht. Die Infrastruktur des Flugplatzes Güttin bestand zunächst aus nichts mehr als einer holprigen Graspiste und einem als „Abfertigungsgebäude" genutzten ehemaligen Wohnwagen.

Rechts: Bis die OFR im Jahre 1996 vom Land Mecklenburg-Vorpommern eine eigene luftrechtliche Lizenz erhielt, musste sie ihre Flugzeuge unter der Lizenz der OLT einsetzen, wie dieser Prospekt aus den frühen 1990er Jahren zeigt.

Landkreis gebaute Flugzeugabstellhalle und eine von der OFR und der Esso AG gemeinsam geplante Tankstelle für Flugbenzin, die von der OFR auf eigene Rechnung betrieben wird und ihr als zusätzliches wirtschaftliches Standbein dient.

Um schließlich auch für den Tower sowie für die Abfertigung und gastronomische Betreuung der Fluggäste, für die Verwaltung und für die Wartung eine angemessene Unterbringung zu schaffen – all diese Funktionen zusammen mussten zunächst behelfsweise mit einer kleinen Steinbaracke auskommen –, leitete der Landkreis Rügen im Herbst 1996 die Planungen für eine solche Baumaßnahme ein. Als deren Ergebnis konnte der Wirtschaftsminister des Landes Mecklenburg-Vorpommern im September 1998 ein Gebäude eröffnen, das mit integriertem Tower, einem 50 Fluggästen Platz bietenden Aufenthaltsraum, einem Bistro und einem Verwaltungstrakt allen Anforderungen eines Regionalflugplatzes dieser Größe entspricht. Güttin hat damit offensichtlich sein relatives Optimum erreicht, jedenfalls haben sich alle später erwogenen Pläne als unrealistisch erwiesen, diesen Flugplatz noch weiter auszubauen mit dem Ziel, dass dort auch Regionalflugzeuge verkehren könnten, die eine Start- und Landebahn von mindestens 1.300 m Länge benötigen.

Unabhängig von der Frage, wann all diese baulichen Verbesserungen realisiert sein würden, hatte die OFR ab 1992 regelmäßige Flüge zwischen Güttin und Berlin-Tempelhof, Bornholm, Hamburg und Heringsdorf auf Usedom als Bedarfsverkehr im Angebot, um damit zu prüfen, ob ein Linienbetrieb auf diesen Strecken lohnenswert sein könne. Nach einer mehrjährigen Versuchsphase aber gab sie dieses Angebot 1997 wieder auf, weil sich gezeigt hatte, dass die Nachfrage für einen Linienverkehr auf Rügen generell nicht ausreicht. Zwar waren die Flugbewegungen in Güttin 1992 auf knapp 6.800 und bis 1996 auf fast 11.000 gestiegen und hatten sich damit gegenüber 1991 verfünffacht, während die Zahl der beförderten Passagiere mit fast 16.400 sogar auf das Sechsfache des Ausgangswertes zugenommen hatte, doch entfiel davon in beiden Kategorien nur etwa ein Drittel auf die OFR. Nachdem sich durch die neue Rügenbrücke, das ausge-

AG „EMS" heute 8.2

Links: Im Winter 1992/93 konnte der Flugplatz Güttin mit einer asphaltierten Start- und Landebahn seine Infrastruktur deutlich verbessern.

Rechts: 1995 war auch die großzügig bemessene neue Flugzeugabstellhalle in Güttin fertig.

baute und verdichtete Autobahnnetz sowie die modernisierten Eisenbahnstrecken Rügens Erreichbarkeit auf dem Landwege inzwischen erheblich verbessert hat, ist die Zahl der Flugbewegungen in Güttin deutlich zurückgegangen und hat sich mittlerweile pro Jahr auf etwa 9.000 eingependelt. Hieran ist die OFR, abhängig von der Wetterentwicklung in den Sommermonaten, jeweils in einem bis knapp zur Hälfte reichenden Ausmaß beteiligt. Dagegen entfällt von den jährlich zwischen ca. 14.000 und 17.500 schwankenden Passagierzahlen mit 3.800 bis 5.000 nur ein Anteil von maximal 30% auf die OFR. Zum weitaus größten Teil handelt es sich bei diesen Fluggästen um Urlauber, die an einem der auf unterschiedlich langen Routen angebotenen Inselrundflüge teilnehmen; der Rest stammt aus Charterflügen.

In den Jahren von 1996 bis 2005 besorgte die OFR in der Zeit von Anfang Juni bis Anfang September außerdem täglich, 2006 nur noch an den Wochenenden, den Transport deutschsprachiger Zeitungen nach Bornholm, ein Auftrag, den sie im Rahmen einer Ausschreibung erhalten hatte. Seitdem ist dieser Auftrag weggefallen, weil der Zeitungstransport inzwischen auf ganz anderen Wegen abgewickelt wird. Im übrigen bietet die OFR in Güttin mit Ausnahme der unterverpachteten Gaststätte sämtliche Dienstleistungen an, die im Rahmen eines Flugplatzbetriebes überhaupt anfallen; dazu gehört in Zusammenarbeit mit örtlichen Autohändlern auch eine Autovermietung.

Auf dieser auch langfristig stabil erscheinenden Grundlage hat die OFR im Laufe der Jahre ein solides Geschäft aufgebaut. Seit sie im Sommer 1996 vom Land Mecklenburg-Vorpommern eine eigene luftfahrtrechtliche Lizenz erhalten hat, ist sie von der OLT, unter deren Lizenz sie zunächst angetreten war, gänzlich unabhängig geworden und kann eigenständig so agieren, wie es der Markt auf Rügen verlangt. Mit drei Flugzeugen vom Typ Cessna (zwei 172 und eine 207), die der OFR schon seit vielen Jahren selbst gehören, verfügt sie über eine auf ihr Flugangebot qualitativ und quantitativ passgerecht zugeschnittene Gerätebasis. Für deren Betrieb sowie für die Abwicklung des gesamten Flugverkehrs in Güttin überhaupt sind im Sommer bis zu fünf Personen erforderlich,

AG „EMS" heute   8.2

Mit der Fertigstellung des neuen Abfertigungsgebäudes und eines diesen Namen auch verdienenden Towers im Herbst 1998 war der Ausbau des Flugplatzes Güttin abgeschlossen.

Gerhard Kleinert (links) und Peter Dieckmann (rechts), zwei der OFR-Gesellschafter, mit einem ihrer Flugzeuge vor dem neuen Tower des Flugplatzes in Güttin, der der OFR inzwischen beste Voraussetzungen für ihre Tätigkeit bietet. Kleinert ist Geschäftsführer, Dieckmann Prokurist dieser Gesellschaft.

Rügen aus der Vogelperspektive: Inselrundflüge in unterschiedlicher Dimension sind das Hauptgeschäft für die OFR.

| AG „EMS" heute | **8.2** |

Zwei Britten Norman Islander der OLT (heute OFD) auf dem von der AG „Ems"-Tochter Helgoland Air Service (HAS) betriebenen Flugplatz der Insel Helgoland.

darunter drei Piloten, von denen zwei Gesellschafter und deswegen in Personalunion zugleich als Geschäftsführer bzw. als Prokurist und Flugbetriebsleiter tätig sind. Im Winter genügt zur Gewährleistung eines ordnungsgemäßen Betriebes ein lediglich dreiköpfiges Personal, so dass das kleine Unternehmen eine günstige Kostenstruktur aufweist. Demgemäß hat die OFR vom ersten Jahr ihrer Existenz an stets Überschüsse, mindestens aber ein ausgeglichenes Ergebnis erzielt und ist damit im Gesamtkonzern der AG „Ems" ein zwar nur kleines, aber gern gesehenes Mitglied.

Mit der Helgoland Air Service GmbH (HAS) verfügt die AG „Ems" seit 2002 über ein weiteres Engagement im Luftverkehr, das sich beinahe von selbst aus den Helgolandflügen der OLT ergeben hat. Als die Gemeinde Helgoland den bis dahin von ihr selbst betriebenen Flugplatz auf der der Hauptinsel vorgelagerten Düne im Jahre 2001 öffentlich ausschrieb, tat sich die OLT, die damals bereits den weitaus größten Teil des Luftverkehrs nach Helgoland abwickelte, mit einem bei ihr tätigen Piloten mit Helgoländer Wurzeln zur Gründung der HAS zusammen. Diese bewarb sich um den Auftrag, erhielt den Zuschlag und übernahm im Mai 2002 den Betrieb des Helgoländer Flugplatzes, der mit seinen drei kurzen Rollbahnen – die längste ist trotz einer 2006 erfolgten Verlängerung gerade einmal 480 m lang – nur von sehr erfahrenen Piloten mit einer speziellen Platzzulassung angeflogen werden darf. Die Betriebseinrichtungen (Sanitäranlage, Tower, Überdachung und Abfertigung) waren im Zusammenhang mit der Übertragung auf die HAS mit Mitteln der Gemeinde noch einmal gründlich saniert und modernisiert worden, während die HAS ihrerseits mit einem Aufwand von ca. 120.000 € die Gastronomie mit angeschlossenem Duty Free Shop ausgebaut hatte. Seit 2007 gehört noch eine Tankstelle dazu, an der die Flugplatznutzer mehrwertsteuerfrei Flugbenzin tanken können.

AG „EMS" heute 8.2

Der NHC-Hubschrauber AS 365 N2 „Dauphin" ist speziell für Einsätze in der Offshore-Rettung ausgestattet und über die DIN-Norm für Rettungshubschrauber hinaus mit medizinischem Equipment ausgerüstet. Die Maschine ist rund um die Uhr in Bereitschaft und außer dem Piloten mit einer speziell für solche Rettungseinsätze ausgebildeten Crew besetzt, zu der u.a. ein Notarzt gehört. Von seiner Basis in St. Peter Ording aus kann der Hubschrauber daher stets innerhalb weniger Minuten nach der Alarmierung zum Einsatz starten. Seit Anfang 2015 steht er allerdings üblicherweise nur noch als Reservemaschine zur Verfügung, da die NHC verpflichtet ist, bei einem technischen Ausfall des jüngst beschafften Nachfolgemodells (vgl. S. 295) kurzfristig einen Ersatz zu stellen.

Seit nunmehr 12 Jahren sorgt diese AG „Ems"-Beteiligungsgesellschaft mit drei bis vier Beschäftigten dafür, dass die aus zunächst fünf täglichen Flugpaaren zwischen Helgoland und Heide-Büsum bzw. Helgoland und Bremerhaven bestehende schnelle Festlandsanbindung dieser Insel reibungslos funktioniert; 2006 kam ein sechstes tägliches Flugpaar nach Cuxhaven-Nordholz hinzu. Einziger Träger all dieser auf einem festen Flugplan basierenden Verbindungen ist die OLT bzw. seit 2012 die OFD als deren Nachfolgerin im Seebäderluftverkehr, denn im Jahre 2003 haben die drei übrigen bis dahin im Helgolandluftverkehr noch tätig gewesenen Gesellschaften, die „Helgoland Airlines" und die „IAAI" aus Bremen sowie die von Harle aus operierende „Luftverkehr Friesland", aus Kostengründen ihren Betrieb eingestellt. Die jährlich etwa 16.500 Fluggäste, die aktuell im Helgolandverkehr transportiert werden, davon mehr als 10.000 auf der Bremerhaven-Strecke, machen etwa 67 % des gesamten, bei ca. 24.500 Beförderungen liegenden Seebäderluftverkehrs der OFD aus. Weil somit der Boden- wie der Luftbetrieb im Helgolandverkehr im engen Zusammenwirken zweier AG „Ems"-Tochtergesellschaften abgewickelt werden kann, ergeben sich für beide Seiten Synergien und daraus erwachsene Kostenvorteile, die auch den Kunden zugute kommen. Die HAS hat daher bislang die Erwartungen erfüllt, die Vorstand und Aufsichtsrat der AG „Ems" mit ihrem Einstieg in dieses neue Geschäftsfeld verbunden haben.

Die jüngste Komponente im Luftverkehrsengagement der AG „Ems"-Familie bilden die in der Northern HeliCopter GmbH (NHC) gebündelten Dienstleistungen mit Hubschraubern. Erwachsen ist dieses Engagement zum einen aus dem auf den Inseln schon lange bestehenden dringenden Bedürfnis, in Notfällen wie Herzinfarkten, Schlaganfällen, Unfällen etc. die Erstversorgung und den Transport zum Krankenhaus auf dem Festland deutlich zu verbessern und zu beschleunigen. Zum anderen haben in der jüngeren Vergangenheit die Aktivitäten bei der Rohstoff- und Energiegewinnung im Offshore-Bereich derart an Gewicht und Umfang gewonnen, dass der Bedarf an Versorgungsdienstleistungen, die nur ein Hubschrauber erbringen kann, steil angestiegen ist. Ein Unternehmen wie die AG „Ems", dessen Kernkompetenz als Inselversorger sich eng mit derartigen Aufgaben berührt, hatte daher allen Anlass, in dieses vielerlei Chancen bietende neue Geschäftsfeld einzusteigen.

AG „EMS" heute   8.2

Zum Jahreswechsel 2004/05 ergab sich aus schon lange bestehenden Geschäftskontakten der OLT die Möglichkeit, sich mit zunächst 84% an der Firma Teuto Air Lufttransporte GmbH in Bielefeld zu beteiligen, die bereits seit langem mit zweimotorigen Hubschraubern vom Typ Bell 222 und AS 355 vielfältige Spezialdienstleistungen anbot, insbesondere Krankentransporte und Arbeitsflüge aller Art. 2007 übernahm die AG „Ems" auch die restlichen Anteile an der Teuto Air und brachte diese im folgenden Jahr in das 1991 in Emden gegründete Unternehmen NHC ein, an dem die AG „Ems" über ihre Tochtergesellschaft OLT fortan mit 50% beteiligt war. Die NHC war seit ihrer Gründung auf die medizinische Notfallversorgung spezialisiert und daher in der Lage, solcherlei hochprofessionelle Dienstleistungen auch auf die Windparkanlagen auszuweiten, die in den letzten Jahren an vielen Stellen vor der Nord- und Ostseeküste entstanden sind.

Um hier bei Notfällen schnellstens Hilfe leisten und Kranke oder Verletzte bereits auf dem Weg in die Klinik angemessen versorgen zu können, bedarf es nicht nur speziell für den Offshore-Einsatz ausgerüsteter Rettungshubschrauber, sondern auch eines Personals, das eigens dafür ausgebildet und zusätzlich für die Höhen- und Wasserrettung qualifiziert ist. Ein solcher Hubschrauber, aktuell ein Ende 2014 in Dienst gestelltes Exemplar vom Typ AS 365 N3 „Dauphin" (vorher AS 365 N2 „Dauphin"), samt entsprechender Crew wird von der NHC ganzjährig rund um die Uhr in Bereitschaft gehalten und kann auf Anforderung stets innerhalb weniger Minuten zum Einsatz starten. Das Aufgabenfeld mit medizinischen Dienstleistungen, das den Krankentransport für die ostfriesischen Inseln sowie die medizinische Offshore-Bereitschaft umfasst, hat sich in den letzten Jahren sehr gut entwickelt und alle Erwartungen erfüllt, die mit dem Einstieg der AG „Ems" in diese Geschäftssparte verbunden waren.

Dieser Hubschrauber vom Typ AS 365 N3 „Dauphin" ist die von der NHC zum Jahresende 2014 beschaffte Nachfolgemaschine für den bisher für Rettungseinsätze im Offshore-Bereich eingesetzten Hubschrauber (vgl. S. 294). Wie dieser ist er speziell für solche Einsätze ausgerüstet und besetzt und steht rund um die Uhr in St. Peter Ording in Bereitschaft.

Das zweite Standbein der NHC, basierend auf einer 2010 vom Luftfahrtbundesamt erteilten luftrechtlichen Genehmigung, sind Flüge, mit denen Personal zu Einsätzen auf Offshore-Stationen versetzt oder sonstige Passagiere nach dort gebracht bzw. von dort abgeholt werden. Auch Frachtflüge zu Baustellen auf See, mit denen besonderes Material oder große Maschinenteile transportiert werden, gehören zum Angebot. Insgesamt verfügt die NHC über vier leistungsstarke Hubschrauber unterschiedlicher Größe und Ausstattung und beschäftigt etwa 20 Personen. Gesellschaftsrechtlich war die NHC bis 2010 je zur Hälfte ein gemeinsames Tochterunternehmen der OLT und der Nordsee-Heli

AG „EMS" heute **8.2**

Der Hubschrauber vom Typ SA 365 C3 ist das „Arbeitstier" der NHC, hier bei einem Einsatz am Strand von Borkum.

Flug GmbH, die ihrerseits zu der im Bereich des Windkraftanlagenbaus tätigen Norderland Projekt GmbH gehörte; die NHC stand demnach zu dieser ebenso in einem Enkelverhältnis wie zur AG „Ems". 2011 ergab sich zunächst durch das Ausscheiden der Nordsee-Heli Flug und später durch den Verkauf der OLT eine Neuordnung der Gesellschaftsverhältnisse; seitdem sind zu je einem Drittel neben der AG „Ems" die SSC Wind GmbH aus Wildeshausen und die Heli Aviation GmbH aus dem bayerischen Wallerstein an der NHC beteiligt. Beide Partner passen hervorragend dazu, denn der eine ist ein seit vielen Jahren in der Planung und Realisierung von Windkraftanlagen im On- und Offshore-Bereich tätiges Unternehmen, der andere einer der führenden deutschen Anbieter für gewerbliche Hubschrauberdienstleistungen. Beide ergänzen demnach das spezifische know how der AG „Ems" auf ideale Weise. Zur Minderung des Risikos haben die drei Gesellschafter die NHC in eine operativ tätige GmbH und in eine KG gegliedert, bei der die Eigentums- bzw. Besitzrechte an den eingesetzten Fluggeräten liegen.

Die NHC ist zugleich ein enger Kooperationspartner der Windea Offshore GmbH, zu der sich im Sommer 2011 die AG „Ems" über ihre Tochter EMS Maritime Offshore GmbH und die Hamburger Bernhard Schulte Gruppe sowie die SSC Wind GmbH aus Wildeshausen zusammengeschlossen haben. Sie steht damit im Übergangsbereich zwischen dem bei der AG „Ems" bereits als traditionell einzustufenden Geschäftsfeld Luftverkehr und ihrem noch ganz jungen Geschäftsfeld Offshore-Dienstleistungen. Wie sich die NHC speziell in diesem letztgenannten Bereich positionieren kann und welche Ergebnisse sich längerfristig daraus ergeben, lässt sich heute allerdings noch kaum realistisch absehen.

AG „EMS" HEUTE [3]
Schnellfähre Brake–Sandstedt

Die Karte zeigt, dass der 2005 eröffnete Wesertunnel südlich von Bremerhaven nur für die Anwohner in dessen Nahbereich eine Verkehrserleichterung ist: Für die weiter südlich Wohnenden hat die Fähre zwischen Brake und Sandstedt weiterhin ihre Existenzberechtigung.

Als im Jahre 2005 der Wesertunnel bei Dedesdorf südlich von Bremerhaven fertig war, schien es zunächst selbstverständlich, dass die beiden Weserfähren aufgehoben wurden, die bis dahin im Auftrag der an den Fluss angrenzenden Landkreise Wesermünde, ab 1978 Cuxhaven, und Wesermarsch jahrzehntelang Kleinensiel mit Dedesdorf sowie Brake-Golzwarden mit Sandstedt verbunden hatten. Für die erstgenannte Fähre, die in unmittelbarer Nähe zum neuen Tunnel tätig gewesen war, war das auch völlig unproblematisch. Dagegen erwies sich für die ca. 20 km weiter südlich gelegene Fähre Brake–Sandstedt die Annahme, es gebe für diese Verbindung keinen Bedarf mehr, als falsch, denn die Anwohner dieses Weserabschnitts, von denen viele täglich zwischen beiden Flussufern hin und her pendeln, hatten nunmehr bei jeder Querung einen doppelten Zusatzweg von insgesamt bis zu 40 oder gar 50 km Länge auf sich zu nehmen. Auch für die zahlreichen LKW, die hier im regionalen Transitverkehr unterwegs sind, war das ein erheblicher Nachteil, der noch größer wird, wenn sie Gefahrgut geladen haben, denn dann ist der Tunnel tagsüber für sie gesperrt.

So entschlossen sich drei Kapitäne, die bis dahin im Dienst der Verkehrsbetriebe Wesermarsch auf der Fähre Brake–Sandstedt tätig gewesen waren, zur Selbständigkeit, um diese Fähre auf eigene Rechnung fortzuführen. Hierzu suchten sie fachlichen Rat und finanzielle Unterstützung bei der AG „Ems" und fanden dort offene Ohren. Mit einem finanziellen Engagement von mehr als 0,5 Mio. € beteiligte sich die AG „Ems" jeweils zur Hälfte an der für den operativen Betrieb gegründeten SBS Schnellfähre Brake–Sandstedt Verwaltungs GmbH sowie an der parallel dazu gegründeten SBS GmbH & Co. KG, in deren Eigentum die Fähre KLEINENSIEL steht. Diese war zusammen mit den vier übrigen Weserfähren bereits in die Niederlande verkauft und konnte von dort in sozusagen letzter Minute wieder zurückgekauft werden. Mit den drei Kapitänen als Mitgesellschaftern der SBS am Steuer eröffnete die jetzt privat betriebene Fähre ihren Dienst nominell am 1., tatsächlich aber erst am 17. Juli 2005, weil vorher noch einige Umbauarbeiten erledigt werden mussten. Bereits das erste Rumpfgeschäftsjahr, in dem mit der alltags von 5 bis 22 Uhr im 20-Minuten-Takt

AG „EMS" heute 8.3

Die Fähre KLEINENSIEL, hier am Anleger in Sandstedt, ist täglich von frühmorgens bis spätabends zwischen beiden Ufern im Einsatz und steigert dadurch die Mobilität für die Menschen beiderseits der mittleren Unterweser enorm.

verkehrenden Fähre 89.527 Fahrzeuge transportiert wurden, zeigte, dass die Kalkulationen aufgegangen waren. Auch in den folgenden Jahren war die Transportleistung mit jeweils weit über 160.000, 2007 sogar mehr als 174.000 Fahrzeugen sehr hoch; ein gleich im ersten Winter vollzogener Umbau, aufgrund dessen seitdem auch LKW mit Gefahrgutladung befördert werden dürfen, hat dazu zweifellos beigetragen.

Bei den Anwohnern auf beiden Seiten der Weser ist die Fähre besonders beliebt, ja sie genießt hier geradezu eine Art Kultstatus, was sich u.a. daran zeigt, dass die in den Sommermonaten nach Betriebsschluss gelegentlich veranstalteten Mondscheinfahrten auf der Weser mit Disco- oder Live-Musik stets bestens besucht sind. Auch für andere private Veranstaltungen wird die KLEINENSIEL gerne gechartert, und einmal jährlich dient sie an einem Septembersonntag sogar als schwimmende Kirche, in der im Rahmen eines Familiengottesdienstes auch Kinder getauft werden. Schließlich trägt der seit langem wachsende Fahrradtourismus, hier insbesondere der viel benutzte Weserradweg, zum Erfolg der Fähre bei, denn gerade die entlang der Flüsse verlaufenden Fernradwege gewinnen an Ausstrahlung, wenn zwischendurch auf so reizvolle Weise von einem Ufer aufs andere gewechselt werden kann. An dieser Stelle ist das Vergnügen einer solchen Flussquerung im übrigen besonders hoch, weil es sich mit dem Besuch des Allmersheims in Rechtenfleth noch vergrößern lässt, eines in Deutschland einzigartigen Kulturdenkmals, das der 1902 verstorbene Hermann Allmers, letzter Spross eines jahrhundertelang hier ansässigen Marschbauerngeschlechts, hinterlassen hat. Das ganz nach dem Geschichtsbild des sog. Marschendichters eingerichtete Haus ist ein imposanter Spiegel von dessen vielfältigen künstlerischen und historischen Interessen sowie seiner Gabe, mit beinahe allen Großen der deutschen Literatur-, Musik- und bildenden Kunstszene aus der zweiten Hälfte des 19. Jahrhunderts eng und auf Augenhöhe vernetzt zu sein.

AG „EMS" heute **8.3**

Während des Neubaus der Jann Berghaus-Brücke über die Ems bei Leer in den Jahren 2008 und 2009 half die AG „Ems" mit ihrer Flussfähre JULIUS, dass sich die mit den Bauarbeiten verbundenen Beeinträchtigungen insbesondere im Lokalverkehr in erträglichen Grenzen hielten.

Auch für die mit insgesamt sieben Beschäftigten betriebene Schnellfähre Brake–Sandstedt gilt, dass sie nur ein kleiner, aber höchst solide fundierter Stein im Gesamtgebäude der AG „Ems" ist, der dort vermutlich noch lange seinen Platz behalten wird. Dagegen war die hier noch kurz anzusprechende Emsfähre JULIUS, mit der die AG „Ems" gemeinsam mit der Leeraner Reederei Briese in der Zeit des Neubaus der Jann Berghaus-Brücke über die Ems bei Leer, d.h. von Juli 2008 bis August 2009, den Personen- und Fahrzeugtransfer zwischen beiden Flussufern aufrechterhalten hat, eine einmalige Hilfeleistung für den Landkreis Leer und die von dieser Baumaßnahme betroffenen Menschen. Dennoch war es kein untypisches Engagement der AG „Ems", denn diese konnte nur deswegen so kurzfristig mit Erfolg in die Bresche springen, weil auch der Betrieb einer solchen Flussfähre Teil ihrer Kernkompetenzen ist. Nach Fertigstellung der Brücke wurde die eigens für diesen Einsatz beschaffte Fähre im April 2010 wieder verkauft.

AG-EMS HEUTE [4]
Dienstleistungen im Offshore-Bereich: Die EMS Maritime Offshore GmbH

Als um die Jahrtausendwende im Rahmen der Diskussion um eine Abkehr von der Kernenergie erste Pläne zur Einrichtung von Offshore-Windparks vor der deutschen Küste ventiliert wurden, war die AG „Ems" ein aufmerksamer Beobachter, denn es war klar, dass sich hier bei einer tatsächlichen Realisierung ein neues Geschäftsfeld auftat, auf dem sie als in der Inselversorgung erfahrenes Unternehmen besonders kompetent spezifische Dienstleistungen würde anbieten können. Als daher 2007 die Bauarbeiten an den ersten Windparks vor Borkum anstanden, hatte die Reederei nicht nur ein bereits gründlich durchdachtes Konzept von hierfür einschlägigen Servicedienstleistungen aller Art in der Schublade, sondern verfügte mit ihren Hafenanlagen in Emden, Eemshaven, Borkum und an der Knock sowie mit ihrer einige Jahre vorher eingegangenen Beteiligung an einem Hubschrauberunternehmen auch schon über einen gewichtigen Teil der dazu erforderlichen Infrastruktur und Betriebsmittel.

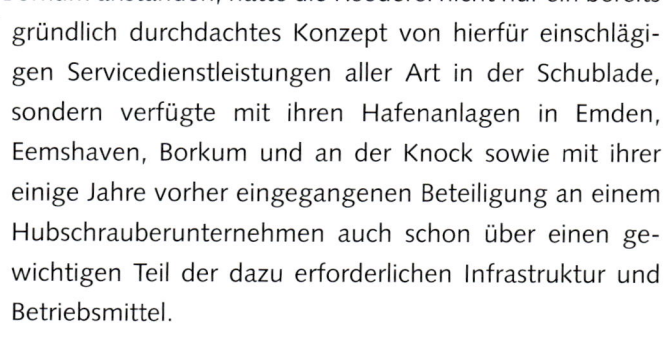

Als noch fehlende mobile Betriebseinrichtung erwarb sie im Herbst 2007 einen in Finnland nach 25 Betriebsjahren ausgemusterten Seenotrettungskreuzer, der zu der von der Deutschen Gesellschaft zur Rettung Schiffbrüchiger entwickelten sog. „Eiswette-Klasse" gehörte. Geplant und gebaut für den Einsatz in schwerster See, war das 23 m lange und 19 Knoten schnelle, dazu mit einer speziellen Eisverstärkung versehene und mit einem bis zu 40 Knoten schnellen Tochterboot ausgerüstete Schiff für den Einsatz im Offshore-Verkehr wie maßgeschneidert. Dennoch musste es zunächst in die Werft, wo seine Navigations- und Kommunikationstechnik auf den neuesten Stand gebracht und diverse für sein neues Aufgabenfeld erforderliche oder aus Sicherheitsgründen notwendige Spezialausstattungen eingebaut wurden. Dazu gehörte u.a. ein zusätzlicher offener Steuerstand oberhalb der Aufbauten, eine sog. „Flybridge", die eine unmittelbare Kommunikation bei Arbeitseinsätzen auf See erlaubt und das direkte

AG „EMS" heute 8.4

Personal- und Materialtransfers von und zu den Windparks vor der Nordseeküste sind ein wesentlicher Teil des neuen Geschäftsfeldes der AG „Ems" mit maritimen Offshore-Dienstleistungen. Die in den Jahren 2007 und 2008 angeschafften ehemaligen Seenotrettungskreuzer waren dazu bestens geeignet, mussten aber für ihren neuen Einsatzzweck zunächst umgerüstet werden, u.a. mit einer sog. Flybridge oberhalb der Aufbauten, die bei der EMSWIND (oberes Bild) gut zu erkennen ist; links die EMSSTROM während ihrer Umrüstung auf den Emder Nordseewerken im Frühjahr 2009.

sichere Übersteigen vom Schiff auf eine feste Anlage und umgekehrt erleichtert. Getauft auf den Namen EMSWIND, begann es im Laufe des Jahres 2008 mit seiner Aufgabe als Windparktender und kam im Transport von Servicepersonal sowie Ersatzteilen und sonstigem kleineren Frachtgut zum Einsatz. Noch im Herbst desselben Jahres erwarb die AG „Ems" einen mit der EMSWIND baugleichen zweiten ehemaligen Seenotrettungskreuzer, ließ ihn gleichermaßen umbauen bzw. für sein neues Aufgabenfeld umrüsten und stellte ihn unter dem Namen EMSSTROM im Mai 2009 in Dienst.

Beide Schiffe hatten mit Fracht-, Zubringer- und „Taxi"-Diensten von und zu den Baustellen der Windparkanlagen in der Deutschen Bucht und vor Borkum sofort gut zu tun, und auch die gesamte übrige Offshore-Sparte der AG „Ems" erwies sich als außerordentlich wachstumsstark. Mit ihren aus den Komponenten Bauaufsicht für Dritte, Bereederung und Besetzung von Spezialschiffen Dritter, Erstellung von Konzepten für die Offshore-Logistik und dazugehörigen Beratungsleistungen sowie den bereits erwähnten Transportleistungen der beiden Windparktender erzielte sie im Geschäftsjahr 2009 Umsatzerlöse in Höhe von gut 3,1 Mio. € und war damit, obwohl erst ganz kurz im Geschäft, nach der Personen- und Frachtbeförderung bereits drittstärkster Umsatzträger der Reederei.

Über ihre beiden eigenen Tender hinaus konnte die AG „Ems" in diesem Jahr auf ein weiteres Spezialschiff zurückgreifen, die OSPREY, die ihr gemeinsam mit ihrem niederländischen Kooperationspartner Paul van Laar Maritieme Services b.v. gehört, einem schon seit vielen Jahren im Offshore-Geschäft tätigen und auf diesem Gebiet deshalb sehr erfahrenen Unternehmen. Die OSPREY, 1984 als Hochseefischfangtrawler gebaut und später für sein neues Aufgabengebiet umgerüstet, ist ein Verkehrssicherungsschiff (sog. Guard-Vessel), das außer als Baustellen-Begleitschiff auch als bis zur Starkwindgrenze einsetzbares Arbeitsschiff sowie für besondere Aufträge zur Verfügung steht, etwa für geologische oder für meeresbiologische Untersuchungen. 2010 kam mit der EAGLE ein weiteres dem Segment „Guard Vessel" zugeordnetes Spezialschiff hinzu, das wie die OSPREY jeweils zur Hälfte der AG „Ems" und ihrem niederländischen Partner van Laar gehört und von beiden gemeinsam betrieben wird.

AG „EMS" heute **8.4**

Diese beiden zu Spezialschiffen für den Einsatz im Offshore-Bereich umgebauten ehemaligen Fischfangtrawler OSPREY (links) und EAGLE (rechts), die zur Verkehrssicherung bei Offshore-Baustellen (Aufgabengebiet des sog. Guard- and Safety-Vessel) sowie als Arbeitsschiffe zur Erledigung besonderer Aufträge eingesetzt werden, betreibt die AG „Ems" gemeinsam mit einem niederländischen Kooperationspartner.

Angesichts dieser stürmischen Aufwärtsentwicklung wurde der bis dahin als Teil ihrer Schifffahrtssparte von der AG „Ems" unmittelbar geführte Offshore-Bereich mit allen seinen Komponenten im Laufe des Jahres 2010 in einem eigenen Tochterunternehmen zusammengefasst und gesellschaftsrechtlich, zunächst unter dem Firmennamen EMS Offshore GmbH, verselbständigt. In diese heute als EMS Maritime Offshore GmbH firmierende Gesellschaft brachte die AG „Ems" ihre beiden Windparktender EMSWIND und EMSSTROM sowie ihre Beteiligungen an den beiden Guard Vessel-Schiffen OSPREY und EAGLE ein. Außerdem wurde für die als neue Aufgabe ins Auge gefasste Besatzungsgestellung im Offshore-Bereich eine eigene Gesellschaft, die EMS Offshore Crewing GmbH, heute EMS Maritime Offshore Crewing GmbH, gegründet. Das Gesamtspektrum an Offshoredienstleistungen, das die AG „Ems" anbieten kann, umfasst seitdem folgende Komponenten: Betrieb von Verkehrssicherungsschiffen, Ver- und Entsorgungsschifffahrt, Personaltransfers, Schiffsmanagement, Bauaufsicht für Neu- und Umbauten von Offshore-Schiffen, Logistikdienstleistungen und schließlich maritime Beratung.

Teil dieser Dienste ist die Bereederung von Schiffen Dritter, insbesondere von Spezialschiffen, wie es der Katamaran NATALIA BEKKER der BARD-Gruppe eines ist, das zum Typ Swath gehört (Small Waterplane Area Twin Hull). Schiffe dieses Typs dienen in erster Linie zum Versetzen von Servicepersonal, das innerhalb eines Windparks regelmäßig zwischen den Wohn- und Umspannplattformen und den einzelnen Windrädern umgesetzt oder im Hafen gegen eine neue Crew ausgetauscht werden muss. Hierzu werden heute mit 25 Knoten nicht nur deutlich höhere Geschwindigkeiten verlangt, als es z.B. die beiden zunächst auch für solche Aufgaben eingesetzten Windparktender EMSWIND und EMSSTROM bieten konnten, sondern auch ein wesentlich ruhigeres und für das transportierte Personal insgesamt angenehmeres Fahrverhalten. Diese beiden Schiffe wurden daher als für diesen Einsatzzweck nicht mehr geeignet im Sommer 2013 wieder verkauft.

AG „EMS" heute 8.4

Einen solchen im fernen Singapur gebauten Katamaran konnte im September 2013 die WINDEA Offshore GmbH & Co. KG unter dem Namen WINDEA ONE in Dienst stellen. Dieses Gemeinschaftsunternehmen, zu dem sich im Sommer 2011 die AG „Ems" über ihre Tochtergesellschaft EMS Maritime Offshore GmbH mit der SSC Wind GmbH aus Wildeshausen und der Bernhard Schulte GmbH & Co. KG aus Hamburg zusammengeschlossen hat, verfolgt vor allem das Ziel, die unterschiedlichen Spezialkompetenzen, über die jeder der drei Partner in einem anderen Segment des Offshore-Aufgabenfeldes verfügt, so an einer Stelle zu bündeln, dass daraus eine optimierte und maximierte Gesamtexpertise wird, die jedem Kunden oder Interessenten das an Beratung, Knowhow, Konzept oder Problemlösung liefert, was er braucht. Die Kompetenzen, die die AG

Die NATALIE ist ein für den Bau von Offshore-Anlagen konstruiertes Spezialschiff, das einige Jahre lang von der EMS Maritime Offshore GmbH bereedert wurde.

Die 2010 gebaute NATALIA BEKKER der Bard-Gruppe gehört zu einer neuen Generation von Spezialschiffen im Offshore-Bereich, die dank ihrer Bauweise und größeren Geschwindigkeit Service und Crew-Transfers nicht nur leichter und für die Betroffenen bequemer machen, sondern auch deutlich beschleunigen. Die EMS Maritime Offshore GmbH bereedert dieses Schiff und sorgt für dessen reibungslosen Betrieb.

AG „EMS" heute 8.4

Auch die drei in den Jahren 2013 und 2014 im fernen Singapur baugleich gefertigten Offshore-Arbeitskatamarane mit den Namen WINDEA ONE, WINDEA TWO und WINDEA THREE des Gemeinschaftsunternehmens WINDEA Offshore GmbH & Co. KG, an dem die AG „Ems" über ihre Tochter EMS Maritime Offshore GmbH beteiligt ist, werden von dieser bereedert und im laufenden Betrieb betreut. Das linke Bild ist bei der Schiffstaufe der WINDEA TWO im August 2014 entstanden und zeigt die Taufpatin Insa Stoidis-Connemann mit den Repräsentanten der an dem Projekt beteiligten Unternehmen (von links nach rechts): Hinrich Eden, Geschäftsführer der SSC Wind GmbH, Wildeshausen, Knut Gerdes, Geschäftsführer der AG „Ems"-Tochter EMS Maritime Offshore GmbH, Emden, Paul van Laar, Geschäftsführer der Paul van Laar Maritime Services b.v., Rotterdam, und Dr. Bernhard Brons, Vorstand der AG „Ems". Rechts die WINDEA THREE auf Einsatzfahrt im November 2014.

„Ems" bzw. ihr Tochterunternehmen EMS Maritime Offshore dabei einzubringen hat, liegen in erster Linie in der Versorgung der Windparks. Zu ihrem Angebot gehören die dafür vorgehaltenen Spezialschiffe für den Service, die Ver- und Entsorgung, den Mannschafts- und sonstigen Personaltransfer sowie die Verkehrssicherung an Offshore-Baustellen, weiter die Hafen- und Lagerlogistik samt zugehöriger Infrastruktur, das Hafenmanagement an den Standorten der AG „Ems" auf Borkum, in Eemshaven, Emden-Außenhafen, Emden-Knock, Cuxhaven, Büsum und Helgoland sowie schließlich die Hubschrauber- und sonstigen Flugdienstleistungen, die innerhalb des AG „Ems"-Konzerns insbesondere die NHC, aber auch die OFD beisteuern können. Demgemäß liegt die Bereederung des neuen Spezialkatamarans WINDEA ONE und seiner beiden Schwesterschiffe bei der EMS Maritime Offshore. Wenn diese Schiffe bei der Erfüllung ihrer Aufgaben im Service und im Personaltransfer für die Offshore-Windparks künftig regelmäßig an der Landemole Knock anlegen, dann wird sich auch deren Potential, das beim Erwerb durch die AG „Ems" im Jahre 2000 allenfalls zu ahnen war, in noch einmal ganz anderen Dimensionen zeigen als bislang.

Wie es mit der Energiegewinnung im Offshore-Bereich im einzelnen weitergeht, kann angesichts der heftigen politischen Diskussion, die aktuell darüber läuft, niemand zuverlässig vorhersagen, und auch in der Entwicklung neuer technischer Verfahren und Instrumente muss mit Lösungen gerechnet werden, die bislang noch kaum vorstellbar sind. Es gilt daher mehr als in anderen Geschäftsbereichen der AG „Ems", den Gang der Dinge sorgfältig zu beobachten und jeweils möglichst frühzeitig die richtigen Schlüsse daraus zu ziehen, denn nur dann können jeweils passgerecht neue Angebote entwickelt werden. Auch die AG „Ems" ist gefordert, ihr frühzeitig begonnenes Engagement in diesem Aufgabenfeld ständig weiterzuentwickeln, wenn sie hier weiterhin mit Erfolg tätig sein will.

AG-EMS HEUTE [5]
Umweltschutz und stetige Ölpreissteigerungen: Ein grundlegend neues Antriebskonzept für die Autofähren

Die Tatsache, dass Borkum schon im Bereich der Hochsee liegt und damit sehr viel weiter vom Festland entfernt als alle übrigen ostfriesischen Inseln, hat nicht nur seit jeher zu einer deutlich längeren Fahrtzeit für die Schiffspassage geführt, sondern auch zur Folge, dass für diese ein sehr viel höherer Einsatz an Brennstoff erforderlich ist. Obwohl es zu dem mehr als 50 km langen Weg über Emden mit der Verbindung über Eemshaven inzwischen eine viel genutzte kürzere Alternative mit entsprechend geringerem Energieverbrauch gibt, müssen die AG „Ems"-Schiffe und die Borkumer Kleinbahn zusammen noch immer Jahr für Jahr eine Gesamtstrecke von ca. 240.000 km zurücklegen, um alle Besucher ins Zentrum der Insel und von dort wieder zurück zum Festland zu bringen; dazu benötigen sie etwa 3,8 Mio. Liter Kraftstoff. Dagegen kommen die Reedereien, die den Verkehr zu den sechs übrigen ostfriesischen Inseln abwickeln, insgesamt nur auf eine Fahrleistung von ca. 200.000 km pro Jahr. Weil sich die Grundgegebenheit „Entfernung vom Festland" nicht ändern lässt, war und ist es angesichts der seit langem stetig steigenden Preise für Öl und Ölprodukte für die AG „Ems" von

Der Umbau der Auto- und Personenfähre OSTFRIESLAND (III) auf LNG-Antrieb vollzog sich in mehreren Phasen: Nach Fertigstellung des separat gebauten neuen Achterschiffs wurde im Herbst 2014 zunächst das alte Heckteil abgetrennt.

AG „EMS" heute 8.5

Das computergenerierte Schnittbild zeigt die vielfältigen Neuerungen und Verbesserungen, die sich durch die Vergrößerung und die Umstellung auf LNG-Antrieb bei der MS OSTFRIESLAND ergeben haben, im Zusammenhang und auf eine Weise, wie sie real auf dem Schiff selbst nie sichtbar wären. Bei den jeweils mit einem bedeutenden Komfortzuwachs für die Fahrgäste verbundenen Verbesserungen ist z.B. im Unterdeck auf den Wattenmeer-Salon mit seinem großzügigen Eltern-Kind-Bereich, auf die völlig neu gestalteten Sanitärzonen und auf die Internet-Lounge sowie auf dem Oberdeck auf die neu geschaffene Bar mit Kiosk und den separaten Rauchersalon zu verweisen.

geradezu existentieller Bedeutung, den Kraftstoffverbrauch ihrer Schiffe so gering wie möglich zu halten und fortlaufend über Möglichkeiten zu dessen weiterer Reduzierung nachzudenken. Gestiegene Kosten kurzerhand an die Fahrgäste weiterzugeben, darf jedenfalls nicht die erste, sondern allenfalls die letzte Denkmöglichkeit sein.

Um aus diesem Dilemma herauszukommen, hat sich die AG „Ems" schon seit längerem mit Alternativen zum herkömmlichen Schiffskraftstoff, dem dieselähnlichen Gasöl, beschäftigt und dabei insbesondere die Möglichkeiten eines Gasantriebs geprüft, der – in Analogie zu Hybridantrieben bei Autos – ggf. mit anderen Energieträgern im sog. Dual-Fuel-Betrieb kombiniert werden kann. Im Ergebnis hat diese auch mit wissenschaftlicher Unterstützung von außen begleitete Prüfung dazu geführt, den Antrieb der AG „Ems"-Autofähren künftig auf verflüssigtes Erdgas, sog. Liquefied Natural Gas, abgekürzt LNG, umzustellen. Zur Verflüssigung wird Erdgas auf minus 162 Grad Celsius heruntergekühlt und braucht dann ein wesentlich geringeres Tankvolumen als in gasförmigem Zustand. Als Treibstoff ist das aus Methan bestehende LNG eine überaus umweltfreundliche Alternative zum herkömmlichen Schiffsdiesel, denn gegenüber diesem verringert sich in den Abgasen der Ausstoß von Kohlendioxid (CO_2) um 20%, der Ausstoß von Stickoxid (NO_x) um 90% und der Ausstoß von Schwefeloxid (SO_x) um 95%, während Feinstaub überhaupt nicht mehr anfällt. Ein noch höheres Maß an Umweltfreundlichkeit könnte allenfalls ein Segelschiff erreichen, doch wäre ein sol-

AG „EMS" heute 8.5

ches zur regelmäßigen Passagierbeförderung nach Fahrplan ohnehin von vornherein ungeeignet. Für den Einsatz der Borkumfähren, die schließlich täglich im Bereich des UNESCO Weltnaturerbes Wattenmeer unterwegs sind, ist der Einsatz von LNG als Kraftstoff jedenfalls die beste und bei weitem umweltfreundlichste Lösung, die nach heutigem Kenntnisstand überhaupt vorstellbar ist und schon jetzt die künftig noch wesentlich strenger bemessenen Grenzwerte weit unterbietet.

Die 1985 gebaute Autofähre OSTFRIESLAND (III), die überwiegend auf der Emden-Strecke im Einsatz ist, ist das erste Schiff der AG „Ems"-Flotte und das erste Schiff in Deutschland überhaupt, das auf einen LNG-Antrieb umgestellt und mit dieser neuen Technik seit dem Frühsommer 2015 im Einsatz ist. Für den dazu notwendigen Umbau im Winter 2014/15, der vielen verschiedenartigen und durchweg hohen Anforderungen genügen musste, hat die damit beauftragte Firma Brenn- und Verformtechnik Bremen ein zunächst radikal erscheinendes Konzept entwickelt, nach welchem das bisherige Achterschiff einschließlich der Maschine und der gesamten übrigen für den Antrieb notwendigen Schiffsinfrastruktur, einfach abgeschnitten und durch ein vorgefertigtes, gut 14 m längeres völlig neues Segment ersetzt wurde. Der größte Vorteil lag dabei darin, dass das neue Achterschiff von der Planung an bereits passgenau auf alle neuen Komponenten zugeschnitten war und damit viele Arbeiten gar nicht erst angefallen sind, die andernfalls einen sehr hohen Umbauaufwand erfordert hätten.

AG „EMS" heute **8.5**

Nach der Vereinigung des alten Vorderschiffs mit dem neuen Achterschiff ist die um ca. 14 m länger gewordene OSTFRIESLAND (III) im Frühjahr 2015 wieder schwimmfähig, aber noch längst nicht fertig. Auf dem Werftkai liegt das abgetrennte alte Achterschiff.

Die beiden gänzlich neu konzipierten Hauptantriebsmotoren funktionieren nach dem Dual-Fuel-Prinzip und verwenden mit bis zu 99% im wesentlichen LNG als Kraftstoff, sie können bei Bedarf aber ausnahmsweise auch auf herkömmlichen Schiffsdiesel umgestellt werden, der deswegen mit dem noch fehlenden letzten 1% zu Buche schlägt. Erst unmittelbar vor seinem Einsatz als Kraftstoff wird das im Schiffstank in flüssiger Form gespeicherte und in diesem Aggregatzustand weder brennbare noch explosive LNG in einer speziellen Komponente der beiden Motoren wieder in Gas umgewandelt; für seine Lagerung auf dem Schiff sind daher keinerlei besondere Sicherheitsvorkehrungen notwendig. Mit je 1.150 KW leisten die beiden neuen Maschinen jeweils 200 KW mehr als die alten; dazu kommen zwei kleine Ergänzungsgeneratoren mit zusammen weiteren ca. 600 KW. Dank dieser Leistung von insgesamt fast 3.000 KW, die nicht über eine Welle, sondern elektrisch, d.h. vibrationsfrei und nahezu geräuschlos, auf die Schiffspropeller übertragen wird, hat sich die Reisegeschwindigkeit der OSTFRIESLAND von vorher 13,5 bis 14 auf nunmehr 16 Knoten erhöht. Dadurch reduziert sich die Fahrtdauer für den Weg zwischen Emden und Borkum um etwa 10%, d.h. je nach Tide um 12 bis 15 Minuten, was über die ohnehin höhere Energieeffizienz der neuen Maschinen hinaus den Kraftstoffverbrauch noch einmal deutlich senkt.

Mit all diesen Verbesserungen in der Antriebstechnik und der damit einhergehenden kräftigen Steigerung der Umweltfreundlichkeit war es aber nicht getan, die Verlängerung des Schiffes hat auch zu einer wesentlichen Vergrößerung seiner Kapazitäten und

AG „EMS" heute   8.5

Nach einem zeit- und arbeitsintensiven Umbau ist die MS OSTFRIESLAND (III) im Frühsommer 2015 endlich wieder einsatzbereit, hier bei der Jungfernfahrt am 17. Juni kurz vor Borkum.

zu einer deutlichen Steigerung des Komforts für die Fahrgäste geführt. Allein auf dem Sonnendeck stehen 75% Sitzplätze mehr als vorher zur Verfügung. Unter Deck ist das Platzangebot durch zwei zusätzliche Salons sowie ein größer gewordenes Foyer deutlich gewachsen, und zusammen mit der völlig neuen Ausgestaltung der bereits vorhandenen Räume hat auch der Komfort erheblich zugenommen. Alle vier Ebenen des Schiffs sind dank der neu eingebauten Aufzüge auch jeweils auf einem Höhenniveau und damit barrierefrei zugänglich. Schließlich lassen sich alle Räume des Schiffs nicht nur angenehm und gleichmäßig, sondern zugleich höchst energieeffizient temperieren, weil die Klimaanlage mit der Kälte gespeist wird, die bei der Verdampfung des flüssigen Erdgases entsteht. Auch das Ladedeck, auf dem etwa 20% mehr PKW und bis zu 25% mehr LKW als vorher transportiert werden können, ist stark gewachsen.

All das hat mit ca. 13 Mio. € zwar eine hohe Investition erfordert, doch dieses Geld ist gut eingesetzt, denn die Gesamtbilanz dieser Umbaumaßnahme fällt in allen Belangen überaus positiv aus, angefangen von der Umweltfreundlichkeit und dem reduzierten Energieaufwand über den vielfältigen Komfortgewinn für die Fahrgäste bis hin zu den langfristig günstigen betriebswirtschaftlichen Perspektiven. Der LNG-Antrieb wird sukzessive in allen AG „Ems"-Fähren zum Standard und damit für die Schiffe anderer Reedereien zum Vorbild werden – ein Fortschritt, der einem Quantensprung nahe kommt und ein Beispiel für die Innovationsfreudigkeit der Reederei ist.

AG „EMS" HEUTE [6]
Ein neues Helgolandschiff für Cassen Eils

Das neue Helgolandschiff, das im Spätsommer 2015 in Dienst gestellt wird, ist gegenüber den bisherigen Schiffen sowohl im Fahrgastbereich als auch für die Aufgabe der ganzjährigen Inselversorgung grundlegend neu konzipiert. Es wird wesentlich mehr Komfort bieten, eine größere Geschwindigkeit haben und den Frachtverkehr deutlich erleichtern. Links eine Gesamtansicht des formschönen Schiffes, rechts ein Blick in die Bar auf Deck 3 – beides allerdings nur in einer 3-D-Simulation aus dem Computer.

Das wichtigste Projekt, auf das unter dem im letzten Abschnitt behandelten Aspekt noch einzugehen ist, ist ebenfalls bereits in Angriff genommen: Auf der Fassmer-Werft in Berne an der Unterweser steht ein grundlegend neu konzipiertes Helgolandschiff unmittelbar vor der Fertigstellung, das im Spätsommer 2015 als Teil der Cassen Eils-Flotte seinen Dienst aufnehmen wird. Äußerlich steht das elegant geschnittene 80 m lange Schiff in einer Traditionslinie mit den älteren Helgolandschiffen dieser Reederei, von denen es seinen besonders gestalteten, auf die Seebedingungen der Helgolandfahrt ideal zugeschnittenen Rumpf übernommen hat. Der hochmoderne, nach dem Dual-Fuel-Prinzip konstruierte, im Regelfall aber nur mit dem umweltfreundlichen LNG als Treibstoff befeuerte und damit annähernd immissionsfreie Antrieb kann das Schiff daher auf eine Reisegeschwindigkeit von bis zu 20 Knoten bringen, und ein dynamisches Stabilisatorensystem stellt zusätzlich sicher, dass die Fahrt, unabhängig von Jahreszeit, Wind, Wetter und Seegang, stets weitgehend ruhig verläuft.

Im Innern dagegen unterscheidet sich das neue Schiff geradezu fundamental von seinen Vorgängern. Anders als diese wird es sich nämlich nicht damit begnügen, lediglich seinen Transportauftrag zu erfüllen, sondern vielmehr die Atmosphäre einer kleinen Kreuzfahrt

AG „EMS" heute   8.6

vermitteln und daher allenfalls am Rande überhaupt merken lassen, dass es sich auf dem Weg von und nach Helgoland eigentlich um eine ganz reguläre Fährfahrt handelt. Demnach betreten die maximal annähernd 1.000 Fahrgäste das Schiff über ein offenes Atrium, das die gesamte Höhe des Passagierbereichs umfasst und oben in einer großzügigen Lichtkuppel endet. Ein gläserner Aufzug eröffnet von hier aus barrierefrei den Zugang zu jedem der vier Decks, auf denen die Fahrgäste nach Lust und Laune flanieren und unterschiedliche Erlebniswelten erfahren können. Diese umfassen, verteilt auf diverse komfortabel eingerichtete Salons, eine breite Palette an Unterhaltungsmöglichkeiten und ein vielfältiges gastronomisches Angebot, das bis zum exklusiven Restaurant reicht. Ganz oben schließlich, noch oberhalb der viel Platz bietenden Sonnendecks, garantiert die Skybar einen grandiosen Ausblick auf die Deutsche Bucht und die angrenzenden Küstenabschnitte.

Da das Schiff aber zugleich der ganzjährigen Inselversorgung dienen muss, ist es mit einem großen geschlossenen Frachtladeraum für Stückgut und Waren aller Art sowie Gepäck ausgestattet. Außerdem ist Platz vorgesehen für Kühlcontainer, um auch während des Seetransports eine ununterbrochene Kühlkette zu gewährleisten, und im Bereich des Vorschiffs sowie unter Deck lassen sich bis zu zehn 10-Fuß-Container unterbringen,

Keine Computersimulation, sondern schon real: Der auf einer Werft in Polen im Rohbau erstellte Rumpf des neuen Helgolandschiffes wird im Dezember 2014 nach Berne an der Unterweser geschleppt, wo auf der Fassmer-Werft alle für das Endergebnis maßgeblichen Bau- und Ausrüstungsarbeiten durchgeführt werden.

AG „EMS" heute **8.6**

die mit einem schiffseigenen Kran an und von Bord gehoben werden. Eine multifunktionale Ausstattung, die wie diese so vielfältigen Anforderungen genügen muss, hat allerdings ihren Preis. Mit annähernd 31 Mio. € ist das neue Helgolandschiff, das künftig die mittlerweile mehr als 40 Jahre alte ATLANTIS (II) ersetzen wird, daher das größte Investitionsprojekt in der Geschichte der AG „Ems". Doch auch in diesem Fall war letztlich das Streben nach Nachhaltigkeit ausschlaggebend, denn was hier mit einem zweifellos sehr hohen finanziellen Einsatz geschaffen wird, ist in allen Belangen so zukunftsfähig, dass es nach heutigem Kenntnisstand auch in 30 bis 40 Jahren noch angemessen seinen Zweck erfüllen wird.

Mit seiner Neubaunummer 1889 verweist das neue Helgolandschiff auf das Gründungsjahr der AG „Ems" und damit das für das 125-jährige Firmenjubiläum maßgebliche Datum.

Das Schnittbild des neuen Helgolandschiffs gibt nicht nur Aufschluss über dessen innere und äußere Architektur insgesamt, sondern zeigt auch sehr klar, wie die verschiedenen Funktionsbereiche einander zugeordnet und auf dem Schiff verteilt sind.

312

AG „EMS" heute **8.6**

Nur knapp fünf Monate nach dem Eintreffen des Rumpfrohlings in der Fassmer-Werft in Berne war der Ausbau des neuen Helgolandschiffes so weit fortgeschritten, dass es Anfang Mai 2015 die Bauhalle verlassen und zu Wasser gelassen werden konnte.

AG „EMS" HEUTE [7]
Die Zukunft im Blick: Pläne und Perspektiven

So sehr nach 125 Jahren erfolgreichen Wirkens für die AG „Ems" auch Anlass besteht, mit Stolz auf ihre reiche und vielfältige Geschichte zurückzublicken, so sehr ist sie sich aber auch bewusst, dass sie sich darauf nicht beschränken darf. Denn gerade so alte Wurzeln, wie sie bei dieser Reederei zu finden sind, bleiben nur dann lebendig und tragfähig, wenn sie in jeder Phase einer zwangsläufig immer nur kurzen Gegenwart kontinuierlich weiterentwickelt werden. Nur dadurch können sie wachsen und stark bleiben, und nur dann kann es auch gelingen, die langfristig wichtigen und deshalb bewahrenswerten Komponenten der Vergangenheit von den lediglich tagesaktuellen Aktivitäten zu unterscheiden und in einen harmonischen Zusammenhang mit der Zukunft zu bringen. Tradition und Traditionspflege ist schließlich nicht das Bewahren der Asche früherer Feuer, sondern die Erhaltung und Weitergabe des Feuers selbst!

Während für den Helgolandverkehr klare Perspektiven bestehen, ist die weitere Entwicklung des Borkumer Schutzhafens noch völlig offen. Da dieser mit dem endgültigen Abzug der Bundesmarine von der Insel im Jahre 1995 einen wesentlichen Teil seiner früheren Funktion verloren hat, ist eine andersartige Nutzung dieser wertvollen Infrastruktur dringend geboten, insbesondere für touristische Zwecke. An erster Stelle ist dabei an die Einrichtung eines Sport- und Freizeithafens zu denken, der die Attraktivität Borkums als Urlaubsziel erheblich steigern könnte und – in Kombination mit weiteren Maßnahmen – das Potential hätte, die touristischen Angebote der Insel deutlich zu vergrößern. Die AG „Ems" hat hierfür über ihr Tochterunternehmen Borkumer Kleinbahn schon vor längerer Zeit ein stufenweise zu realisierendes Konzept entwickelt, mit dem sich attraktives Wohnen am Wasser, eine moderne Gastronomie sowie der Betrieb eines Campingplatzes und einer Marina samt den mit einer solchen eng verbundenen Gewerben (Bootsbau, Segelmacherei etc.) harmonisch miteinander verbinden ließen. Noch ist jedoch die Phase der kommunalpolitischen Willensbildung nicht zu Ende und die Diskussion über die Frage, in welche Richtung sich der Borkumer Schutzhafen entwickeln soll, nicht abgeschlossen. Mindestens bis dahin werden daher die entsprechenden Pläne der AG „Ems" noch in der Schublade bleiben müssen.

Das Ergebnis dieser Diskussion wird zweifellos auch Einfluss darauf haben, in welchem Maße und mit welchen Komponenten die AG „Ems" über ihr Tochterunternehmen EMS Maritime Offshore ihr Engagement im Offshore-Bereich ausbaut. Da dieser Zweig noch sehr jung ist, besteht vorläufig keine Gewissheit über dessen konkrete weitere

AG „EMS" heute 8.7

Kreative Phantasie von Projektentwicklern: So könnten sich der Borkumer Schutzhafen und seine Umgebung als Ergebnis einer grundlegenden touristischen Weiterentwicklung dieses Teils der Insel einmal präsentieren. Es kann aber auch ganz anders kommen, denn das letzte Wort hat die Kommunalpolitik, in der es bei diesem Thema vorläufig noch keine Richtungsentscheidungen und Festlegungen gibt.

Entwicklung. Von einer Basis im Borkumer Schutzhafen aus sind daher vielerlei weitere Dienstleistungen der AG „Ems" auf diesem Geschäftsfeld denkbar, z.B. die Entsorgung des Hausmülls von den Wohn- und Arbeitsplattformen bei den Windparks, doch ob solche Aktivitäten auch wirtschaftlich ausreichend tragfähig sind, muss in jedem Einzelfall sorgfältig geprüft werden. Es gilt folglich, die Gesamtentwicklung aufmerksam zu beobachten und je nach Befund und Richtung passgerecht neue Ideen und Konzepte zu präsentieren.

Das gilt schließlich auch für die Möglichkeiten, für welche die Landemole Knock der AG „Ems" im Rahmen des projektierten neuen Emder Hafen- und Industriegebiets am Rysumer Nacken künftig genutzt werden könnte. Solange dazu aber konkrete Maßnahmen und Schritte nicht beschlossen und eingeleitet sind, muss es bei eher abstrakten Zielen und Vorstellungen sein Bewenden haben. Gewiss ist dabei nur eines: In dieser Basis liegt ein erhebliches Potential für neue Dienstleistungen, die auf den Kernkompetenzen der AG „Ems" als vielfältig tätiges Verkehrs- und Versorgungsunternehmen aufbauen können.

AG „EMS" HEUTE [8]

Die AG „Ems":
Ein kerngesunder Konzern und vielseitiger Arbeitgeber

Die Darstellung der 125-jährigen Geschichte der AG „Ems" bliebe unvollständig, wenn nicht zumindest ein Stück weit auch ihre betriebswirtschaftliche Seite in den Blick genommen würde. Die Analyse einiger maßgeblicher Kennzahlenreihen aus den zurückliegenden Jahrzehnten, insbesondere aber aus den letzten 25 Jahren, soll daher dieses Buch beschließen. Dass sich das Geschäftsfeld der AG „Ems", die noch bei ihrem 100-jährigen Jubiläum im wesentlichen die traditionelle Fährreederei im Verkehr zwischen der Insel Borkum und dem Festland war, als die sie 1889 in Fortsetzung mehrerer älterer Unternehmungen mit dieser Zwecksetzung begonnen hatte, in den letzten 25 Jahren enorm verbreitet hat, ist in den einzelnen Komponenten inhaltlich bereits ausführlich beschrieben worden. Diese Entwicklung spiegelt sich in aller Deutlichkeit und komprimiert aber auch in den nüchternen Geschäftszahlen der Jahresbilanzen wider.

Zunächst hat sich mit jeder Ausweitung der Geschäftstätigkeit die Bilanzsumme sowohl der AG „Ems" selbst als auch des Gesamtkonzerns jeweils signifikant erhöht, wie die entsprechende Grafik ausweist. In den ersten hier erfassten 20 Jahren bis 1985, in denen sich die noch fast ausschließlich von der AG „Ems" bestimmte Bilanzsumme des Konzerns in Korrespondenz zu den wachsenden Urlauberzahlen auf Borkum und der damit verbundenen Zunahme des Seebäderverkehrs langsam, aber stetig von unter 2 auf über 10 Mio. € versechsfachte, sind nur die Jahre 1975 bis 1977 auffällig, in denen die Hochphase der Butterfahrten zu einer sprunghaften Zunahme des Geschäftsvolumens führte. Ansonsten setzte erst ab Ende der 1980er Jahre ein im wesentlichen vom zunehmenden Gewicht der OLT verursachtes kräftiges Wachstum ein, das die Bilanzsumme des Konzerns bereits 1993 auf über 23 Mio. € ansteigen ließ. Erst gegen Ende dieses Jahrzehnts wuchs auch die Bilanzsumme der AG „Ems" selbst wieder deutlich und stieg binnen weniger Jahre auf mehr als das Doppelte, Folge der seitdem immer intensiver betriebenen und breiter gefächerten Aktivitäten im Bereich der Schifffahrt und der damit zusammenhängenden Geschäftsfelder sowie in der Hotellerie. Nach einem weiteren kontinuierlichen Wachstum sank die Bilanzsumme infolge des Verkaufs der OLT 2011 zwischenzeitlich in den Bereich von 53 Mio. € ab, stieg in den letzten beiden Jahren aber wieder steil an und erreichte 2014 zum 125-jährigen Jubiläum mit gut 95 Mio. € einen geradezu spektakulär zu nennenden neuen Höhepunkt. Die vollständige Integration des neuen Tochterunternehmens Cassen Eils sowie ein starkes Wachstum der Offshore-Sparte haben maßgeblich dazu beigetragen.

AG „EMS" heute 8.8

BILANZSUMMEN DER AG „EMS" UND DES GESAMTKONZERNS 1965 BIS 2014 IN MIO. €

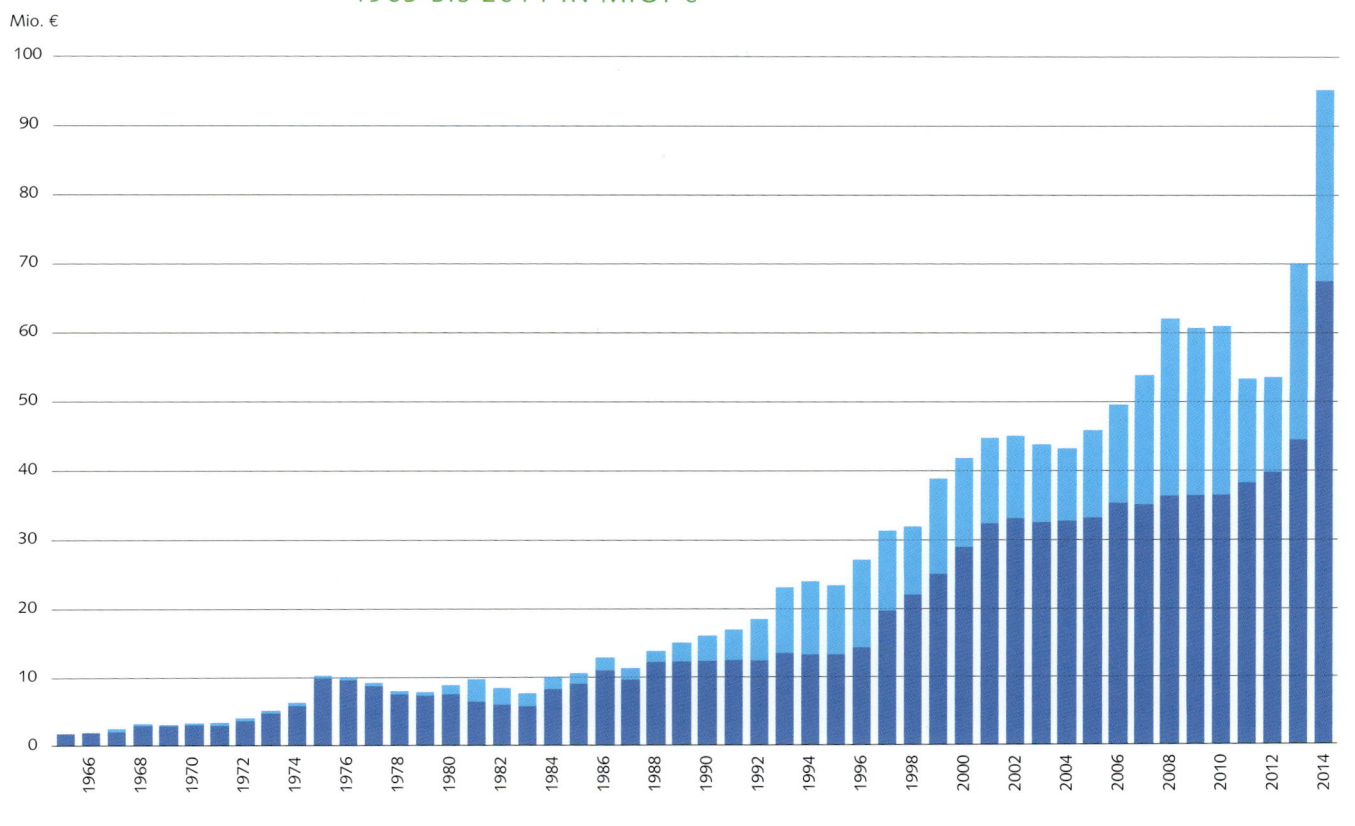

■ AG „EMS"   ■ Gesamtkonzern

Viel aufschlussreicher als diese zweifellos beeindruckende Entwicklung der Bilanzsumme ist allerdings die Betrachtung der Investitionen, denn deren Dimension gibt Auskunft sowohl über die Ertragskraft eines Unternehmens als auch über seine Fähigkeit und Bereitschaft, fortlaufend auf aktuelle Herausforderungen einzugehen und sich jeweils frühzeitig mit dem Blick auf zukünftige Geschäftsmöglichkeiten und Chancen weiterzuentwickeln. Demgemäß lassen sich insbesondere die großen Anstrengungen der AG „Ems" zur nachhaltigen und grundlegenden Erneuerung und Modernisierung ihrer Infrastrukturen und Betriebseinrichtungen in den letzten 25 Jahren, aber auch ihre Diversifikation in neue Geschäftsgebiete, unmittelbar aus den Investitionszahlen ablesen.

Während die Investitionen bis zum Beginn der 1990er Jahre fast ausschließlich bei der AG anfielen (Ausnahme 1985: Neubau der MS OSTFRIESLAND auf Rechnung der AG „Ems" & Co. Schiffahrts KG) und überwiegend vom Kauf bzw. dem Neubau von Schiffen, u.a. für die Butterfahrten Mitte der 1970er Jahre, bestimmt waren, gewannen danach die Investitionen in den übrigen Konzerngesellschaften erheblich an Gewicht und lagen bei einem Gesamtvolumen von jeweils ca. 5 Mio. € pro Jahr bis 1996 mehrmals deutlich über denjenigen der AG. Es waren dies die Jahre, in denen auf Borkum der

AG „EMS" heute 8.8

INVESTITIONEN DER AG „EMS" UND DES GESAMTKONZERNS 1975 BIS 2014 IN MIO. €

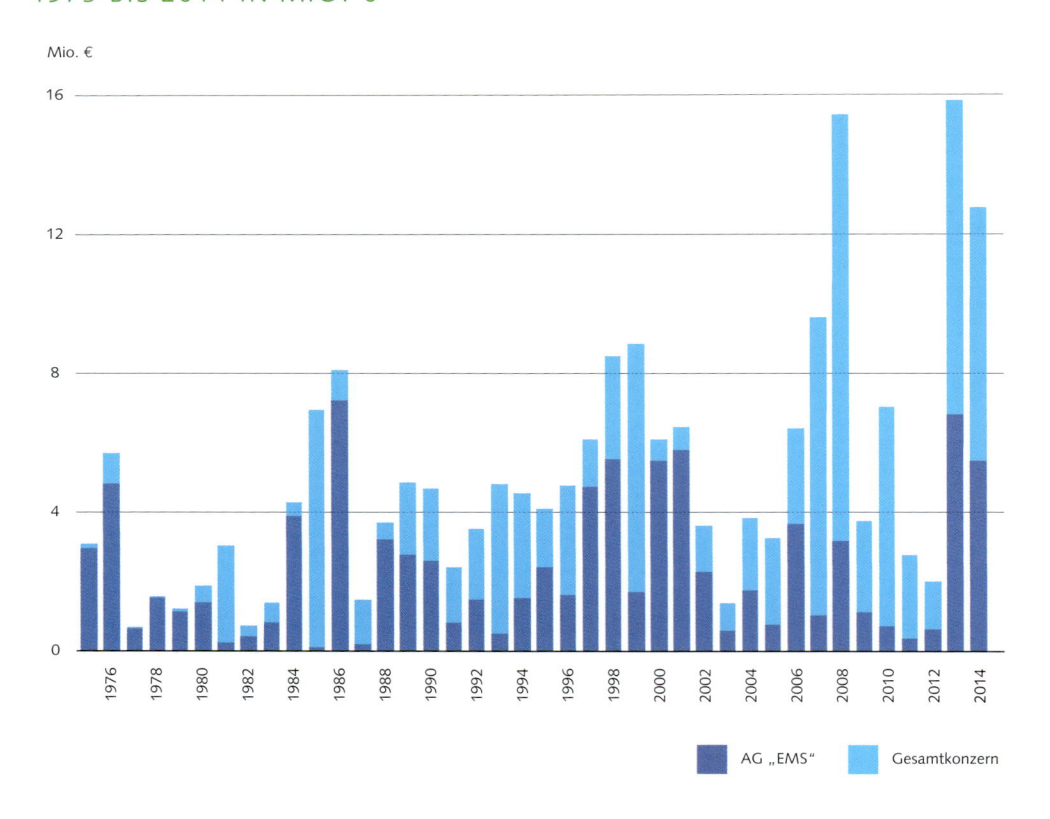

■ AG „EMS"   ■ Gesamtkonzern

Fährhafen saniert, der Bahnhof und die dazugehörigen Einrichtungen sowie das rollende Material der Borkumer Kleinbahn grundlegend erneuert und ehemalige Bundeswehrliegenschaften auf Borkum erworben wurden. In den Jahren 1997 bis 2001 mit Investitionen in einer Höhe von jeweils zwischen 6 und 8 Mio. € dominierten dagegen mit Ausnahme von 1999 wieder die Aktivitäten der AG. Bei diesen ist insbesondere auf den Bau des Inselhotels VierJahresZeiten – die gleichnamige Tochtergesellschaft wurde erst mit der Eröffnung des Hotelbetriebs gegründet –, auf die komplette Erneuerung des Borkumkais und der Betriebsanlagen in Emden-Außenhafen, auf die Anschaffung des Katamarans POLARSTERN und auf die Beteiligung an dem Gemeinschaftsprojekt CAT No. 1 zu verweisen.

Von 2002 bis 2005 ging es bei den Investitionen vorübergehend deutlich ruhiger zu; in dieser Zeit wurden die bereits vorher begonnenen Maßnahmen zur Erneuerung der Infrastruktur am Borkumkai in Emden und für die Kleinbahn auf der Insel zu Ende gebracht. Um so größere Anstrengungen erforderten dafür die drei folgenden Jahre 2006 bis 2008, in denen der Bau des neuen AG „Ems"-Borkumlijn-Terminals in Eemshaven, die vollständige Erneuerung des ersten der beiden Kleinbahngleise auf Borkum und die Anschaffung mehrerer Flugzeuge in den Größenklassen von 50 und 100 Sitzen für die

8.8 AG „EMS" heute

OLT, aber auch der Einstieg in das Offshore-Geschäft in der Nordsee auf der Agenda standen. Demgemäß erreichten die Investitionen in diesen Jahren mit insgesamt mehr als 31 Mio. €, davon allein 15,4 Mio. € 2008, eine bis dahin nie dagewesene Dimension. Anschließend stand bis 2012 eine Phase der Kräfteschonung mit Investitionen auf einem viel geringeren Niveau als vorher an, doch gab es 2010 mit gut 7 Mio. € eine deutliche Spitze, die u.a. vom Kauf der Reederei Cassen Eils verursacht war. Mit der vollständigen Erneuerung auch des zweiten Kleinbahngleises auf Borkum sowie mit dem aufwendigen Umbau der Fähre OSTFRIESLAND auf LNG-Antrieb und dem Bau des neuen Helgolandschiffes aber stiegen die Investitionen mit 15,8 und 12,7 Mio. € in den Jahren 2013 und 2014 wieder massiv an und werden mit voraussichtlich 26 Mio. € 2015 eine Größenordnung erreichen, die alle bisherigen Investitionen noch einmal bei weitem übertrifft. In den meisten dieser Jahre fielen die Investitionen bei den übrigen Konzerngesellschaften deutlich höher aus als bei der AG „Ems" selbst, ein klarer Spiegel der Tatsache, dass sich gerade die neueren Standbeine des Konzerns in der jüngeren Vergangenheit stürmisch entwickelt haben.

Während die Investitionen im Konzern in den 15 Jahren von 1975 bis 1989 stark schwankten und sich bei meist eher langsamer jährlicher Steigerung insgesamt auf 48,6 Mio. € beliefen, hatten sie in den folgenden 25 Jahren von 1990 bis 2014 – in Korrespondenz zum stetig wachsenden Geschäfts- und Tätigkeitsvolumen der AG „Ems"-Gruppe – durchgehend ein wesentlich höheres Niveau. Für die AG allein addieren sich für diese Zeit die Investitionen auf ca. 62,4 Mio. €, für die übrigen Konzerngesellschaften dagegen auf 91,1 Mio. €. Am Gesamtbetrag der Konzerninvestitionen in Höhe von 153,5 Mio. € in den letzten 25 Jahren ist demnach die ursprünglich fast allein dafür maßgebliche Muttergesellschaft nur noch mit 40,7% beteiligt, während die sukzessive dazugekommenen Tochtergesellschaften inzwischen mit 59,3% einen deutlich größeren Anteil erreicht haben, auch dies ein Indiz für die hohe Dynamik, von der die meisten der neuen Geschäftssparten bestimmt sind.

Von den genannten 153,5 Mio. € entfallen 52,4 Mio. € auf die ersten 10 Jahre (1990 bis 1999), 59,8 Mio. € auf die nächsten 10 Jahre (2000 bis 2009) und 40,4 Mio. € auf den Fünfjahreszeitraum von 2010 bis 2014. Im Durchschnitt lässt sich demnach für den Zeitraum von 1975 bis 1989 eine Investition von jeweils 3,2 Mio. € errechnen, während sich dieser Wert für die letzten 25 Jahre mit ca. 6,2 Mio. € nahezu verdoppelt hat. Diese Leistung war nur möglich, weil Vorstand und Aufsichtsrat sowie die meisten Aktionäre – im wesentlichen Mitglieder der Gründerfamilien sowie mit Borkum und Ostfriesland in besonderer Weise verbundene Personen – sich bei ihren Entscheidungen in erster Linie von der langfristigen Sicherung des Unternehmenserfolges leiten lassen. Dementsprechend wird die jährliche Gewinnausschüttung, wie die nächste Grafik zeigt, stets mit Augenmaß vorgenommen, so dass je nach Ergebnis bis zu 80% der Jahres-

AG „EMS" heute 8.8

AUSSCHÜTTUNGEN AN DIE AKTIONÄRE DER AG „EMS" 1990 BIS 2014

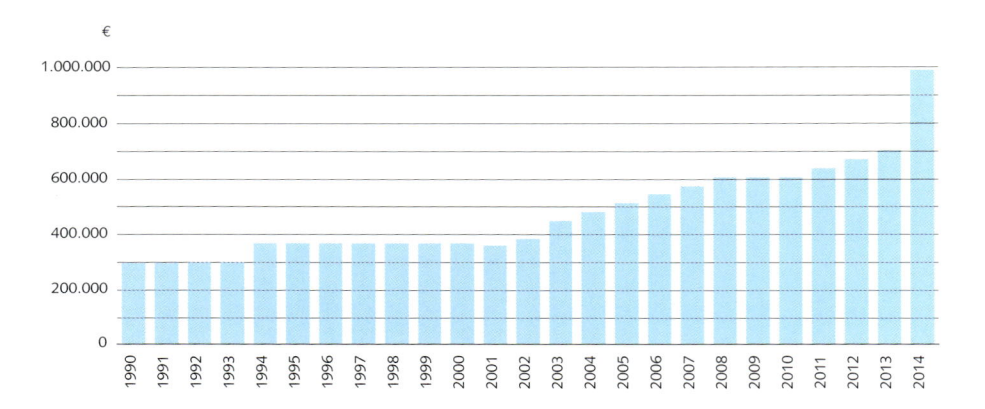

überschüsse im Konzern verbleiben. Auf diese Weise wird nicht nur dessen Eigenkapitalbasis gestärkt, sondern es fällt auch wesentlich leichter, jeweils frühzeitig und regelmäßig bedeutende Mittel für die Substanzerhaltung, für die zeitgemäße Fortentwicklung der Betriebseinrichtungen sowie zur Realisierung neuer geschäftlicher Chancen und Möglichkeiten zu verwenden.

Eine weitere höchst aufschlussreiche Erkenntnisquelle zur Ertragskraft und Stärke eines Unternehmens sind die Abschreibungen, mit denen die in den Jahresbilanzen regelmäßig vorzunehmenden Wertminderungen von Betriebseinrichtungen und Anlagegütern ausgeglichen werden, denn schließlich müssen die hierfür erforderlichen und eingesetzten Mittel im laufenden Geschäft erst einmal verdient werden. Die Grafik, in der diese Aufwendungen ab 1970 dargestellt sind, zeigt zunächst, dass in der Zeit bis etwa 1990 die AG „Ems" weitgehend allein das Geschäftsfeld bespielte und dabei Abschreibungen vornahm, die überwiegend im Bereich von 1,5 Mio. € pro Jahr lagen. Nur ausnahmsweise gab es signifikante Steigerungen wie z.B. 1976, als im Zusammenhang mit dem kurzfristigen Ankauf zweier Schiffe für die Butterfahrt ein Betrag in nahezu doppelter Höhe abgeschrieben wurde. Mit der zunehmenden Ausdehnung des Konzerns auf neue Geschäftsbereiche im Laufe der 1990er Jahre stiegen nicht nur die Abschreibungen insgesamt auf einen Betrag in Höhe von meist ca. 4 Mio. € pro Jahr an – Ausnahmen waren die Jahre 2008 bis 2011 mit jeweils deutlich höheren Abschreibungen im Bereich von 5 Mio. € –, sondern es ergaben sich auch erhebliche Gewichtsverschiebungen zwischen der AG und den übrigen Konzerngesellschaften, deren Abschreibungen diejenigen der Muttergesellschaft seitdem fast immer deutlich übertreffen. Das auf den ersten Blick paradox erscheinende Ergebnis von 2013, als die Bilanz der AG „Ems" höhere Abschreibungen auswies als die Bilanz des Gesamtkonzerns, erklärt sich allerdings daraus, dass nach den Bilanzierungsvorschriften auch Verkäufe und Verschiebungen von

AG „EMS" heute   8.8

ABSCHREIBUNGEN BEI DER AG „EMS" UND IM GESAMTKONZERN 1970 BIS 2014 IN MIO. €

■ AG „EMS"   ■ Gesamtkonzern

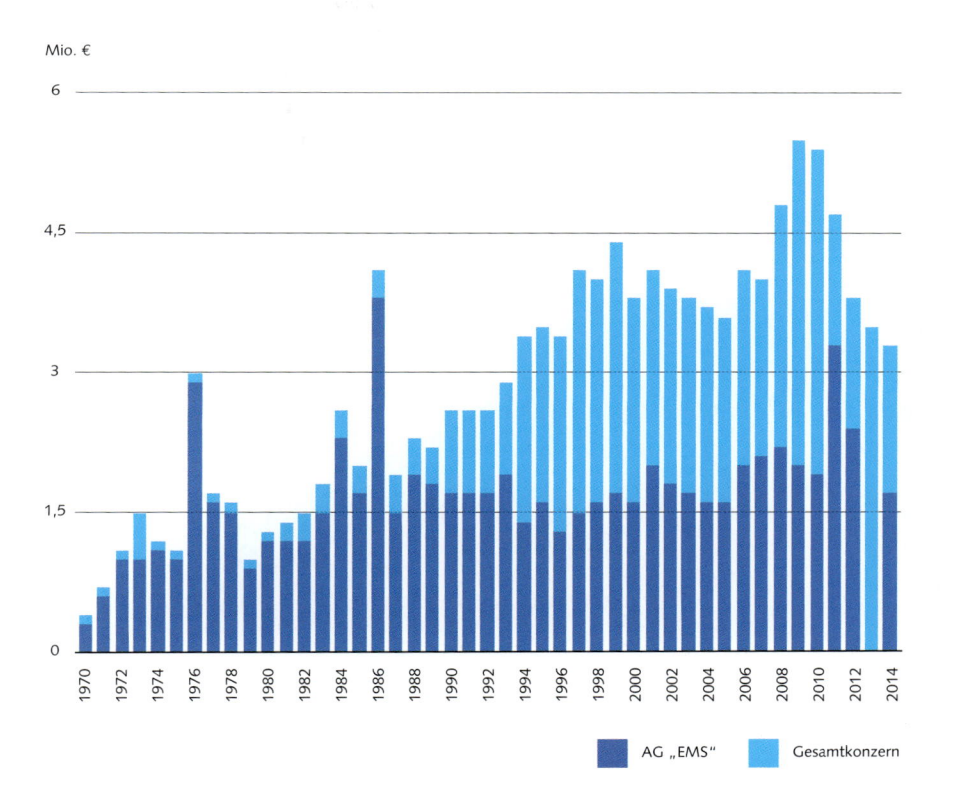

Betriebsvermögen zwischen den Konzerngesellschaften genau verbucht werden müssen, woraus sich rein rechnerisch Überschüsse oder Verluste ergeben können, die real gar nicht vorhanden sind. Insgesamt summieren sich die Abschreibungen in den letzten 25 Jahren auf einen Betrag in Höhe von 95,4 Mio. €, was einem jährlichen Durchschnitt von gut 3,8 Mio. € entspricht.

Weisen schon die bisher behandelten Zahlen aus, dass die AG „Ems" ein starkes und gesundes Unternehmen ist, so wird das noch deutlicher, wenn als weitere betriebswirtschaftliche Kennzahl auch der Überschuss in die Betrachtung einbezogen wird, der sich nach Berücksichtigung aller Investitionen, Abschreibungen und sonstigen Aufwendungen ergibt und zur Disposition der Hauptversammlung zur Verfügung steht. Wie die nächste Grafik zeigt, lag in der Zeit zwischen 1970 und Anfang der 1990er Jahre der Überschuss mit einigen Schwankungen meist im Bereich zwischen 0,5 und 0,7 Mio. €; nur die mittleren 1970er Jahre mit den äußerst ertragreichen Butterfahrten brachten jeweils ein wesentlich höheres Ergebnis, das fast ausschließlich in der Muttergesellschaft erwirtschaftet wurde. Andere „Ausreißer" wie in den frühen 1970er und den mittleren 1980er Jahren resultierten dagegen aus Schiffsverkäufen, durch die sich jeweils ein bedeutender Buchgewinn ergab.

AG „EMS" heute **8.8**

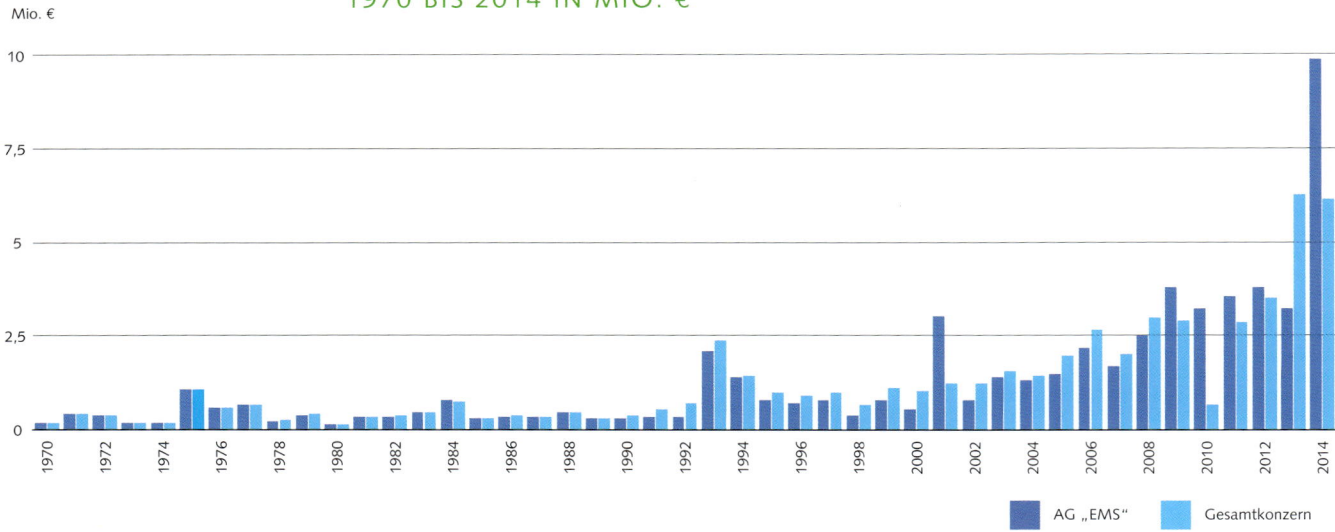

JAHRESÜBERSCHUSS DER AG „EMS" UND DES GESAMTKONZERNS 1970 BIS 2014 IN MIO. €

[Balkendiagramm: Jahresüberschüsse der AG „EMS" (dunkelblau) und des Gesamtkonzerns (hellblau) von 1970 bis 2014, Werte in Mio. €, Skala von 0 bis 10. Höchstwert bei AG „EMS" 2014 mit knapp 10 Mio. €, Gesamtkonzern 2014 ca. 6,1 Mio. €.]

Parallel zur Ausweitung der Geschäftstätigkeit seit den 1990er Jahren stiegen nicht nur die jährlichen Überschüsse insgesamt deutlich auf Werte von zunächst ca. 1 Mio. €, ab 2005 von ca. 2 Mio. €, ab 2008 von ca. 3 Mio. € und schließlich von jeweils gut 6 Mio. € in den beiden Jahren 2013 und 2014 an, sondern es verschoben sich zwangsläufig auch die Gewichte zwischen den Ergebnissen der Muttergesellschaft und denen der übrigen Konzerngesellschaften. Lediglich 2010, als zum einen Verluste und erhebliche Restrukturierungskosten bei der OLT zu verkraften waren und zum anderen auch die Borkumer Kleinbahn sowie die AG „Ems" & Co. Schiffahrts-KG ohne Gewinn blieben, sank der Überschuss im Konzern auf einen Betrag von nur noch ca. 0,7 Mio. €. Dass dabei in diesem und im vorhergehenden Jahr der Überschuss der AG jeweils deutlich höher ausfiel als im an sich ja weit größeren Gesamtkonzern, erklärt sich abermals aus der Pflicht, auch konzerninterne Veränderungen, Verkäufe und Vermögensverschiebungen rechnerisch in den Bilanzen auszuweisen, obwohl damit tatsächlich keinerlei Vermögenszuwächse verbunden waren. Geradezu extrem wird dadurch das Ergebnis für das Jahr 2014 verändert, in dem die jahrzehntelang von der Borkumer Kleinbahn gehaltenen ca. 6.400 Aktien der Muttergesellschaft zur Vereinfachung auf diese übertragen wurden, was dazu führte, dass die AG einen Jahresüberschuss von knapp 10 Mio. € ausweist, während der im Konzern 2014 insgesamt tatsächlich angefallene Gewinn bei lediglich 6,1 Mio. € liegt. In der Addition erreichen die Jahresüberschüsse des Konzerns für den Zeitraum der letzten 25 Jahre einen Betrag von 48,6 Mio. €, woraus sich ein Jahresdurchschnittswert in Höhe von knapp 2 Mio. € ergibt.

Nicht nur die Höhe der Investitionen, der Abschreibungen und der Jahresüberschüsse sind ein klarer Ausweis für die Stärke und Gesundheit der AG „Ems", diese Stärke spiegelt

AG „EMS" heute   8.8

sich auch in der Entwicklung des Grundkapitals, des gesamten Eigenkapitals und der Eigenkapitalquote wider. Das sich in den 1990er Jahren auf lediglich gut 7 Mio. DM belaufende Grundkapital der AG wurde im Zusammenhang mit der Währungsumstellung von DM auf EURO im Jahre 2001 auf 3.603.994 € umgerechnet und durch Beschluss der Gesellschafterversammlung auf glatte 6 Mio. € heraufgesetzt. Die dazu erforderlichen knapp 2,4 Mio. € brauchten allerdings nicht die Gesellschafter aufzubringen, sei es durch den Erwerb neuer, sei es durch eine Werterhöhung der vorhandenen ca. 70.500 Stückaktien, vielmehr standen Gewinnrücklagen in einer solchen Höhe zur Verfügung, dass diese Mittel problemlos daraus entnommen und in zusätzliches Grundkapital umgewandelt werden konnten.

Diesen damals eingeschlagenen Weg zur fortlaufend notwendigen Anpassung des Grundkapitals an das stetig steigende Geschäfts- und Bilanzvolumen hat die AG „Ems" bis heute nicht verlassen. Seit 2003 wurde daher Jahr für Jahr in den Hauptversammlungen beschlossen, durch Rückgriff auf vorhandene Gesellschaftsmittel das Grundkapital um jeweils 1 Mio. € zu erhöhen. 2014 belief sich die Erhöhung sogar auf 3 Mio. €, so dass das Grundkapital aktuell 20 Mio. € beträgt. Bei gleichzeitig unverändert gebliebener Gesamtzahl an Aktien heißt das, dass jeder einzelne Anteil seitdem eine Wertsteigerung in erheblicher Höhe erfahren hat.

Noch aufschlussreicher aber ist es, über das sozusagen fest zementierte Grundkapital hinaus das weitere zur Verfügung stehende Eigenkapital in den Blick zu nehmen, denn erst dessen Höhe zeigt, in welchem Maße ein Unternehmen auf eigene Stärke bauen kann bzw. auf Finanzierungshilfe von außen angewiesen ist.

EIGENKAPITALQUOTE DER AG „EMS" UND DES GESAMTKONZERNS 1985 BIS 2014

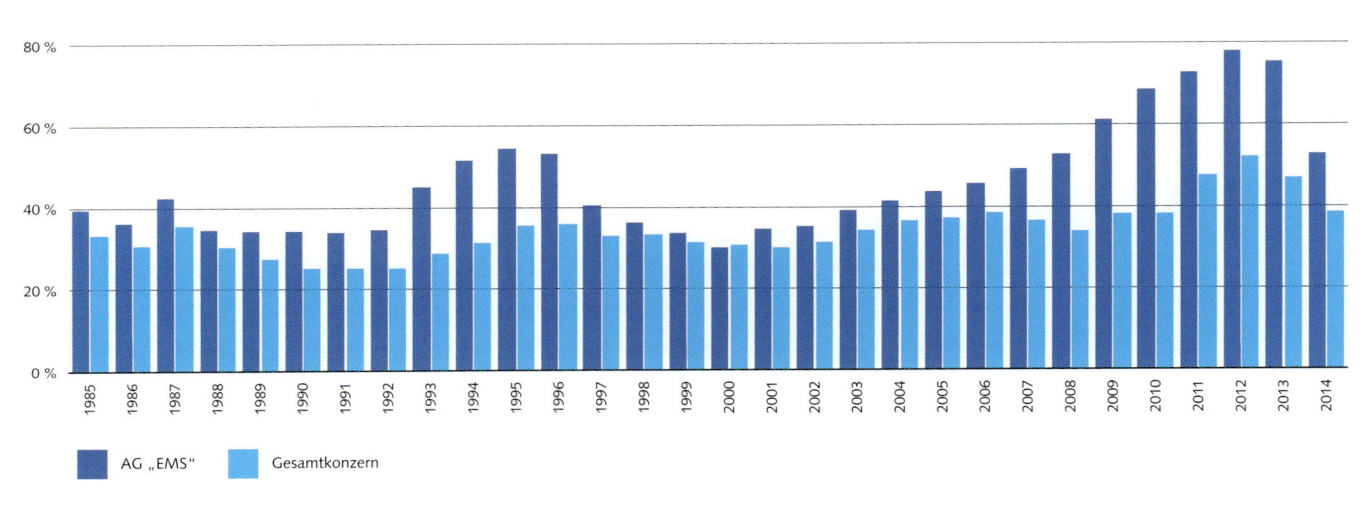

AG „EMS" heute 8.8

Wie die Grafik zur Entwicklung der Eigenkapitalquote in den letzten drei Jahrzehnten ausweist, standen sowohl die Muttergesellschaft AG „Ems" als auch der Gesamtkonzern mit durchweg hohen Werten gut da, wobei die AG mit einer Quote, die lange in der Nähe von 40% lag, seit 2005 kontinuierlich weiter gestiegen ist und vorübergehend sogar die 70%-Linie deutlich überschritten hat, die Quote des allerdings weit größeren Gesamtkonzerns stets deutlich übertrifft. Doch auch der Konzern erreicht mit einer Eigenkapitalquote, die nur Anfang der 1990er Jahre kurzfristig unter 30% gesunken war, im übrigen aber durchweg im Bereich der 40%-Linie, gelegentlich sogar deutlich darüber gelegen hat, stets ein Ergebnis, das viele andere Unternehmen nur als unerreichbares Wunschziel vor Augen haben können. Von 1990 bis 2014 erhöhte sich das Eigenkapital der AG von 4,2 Mio. € auf 35,6 Mio. € und im Gesamtkonzern von ebenfalls 4,2 Mio. € auf 36,8 Mio. €. Dies bedeutet heute eine Eigenkapitalquote von 52,7% für die Muttergesellschaft und von 38,6% für den Gesamtkonzern.

UMSATZ DER AG „EMS" UND DES GESAMTKONZERNS 1975 BIS 2014 IN MIO €

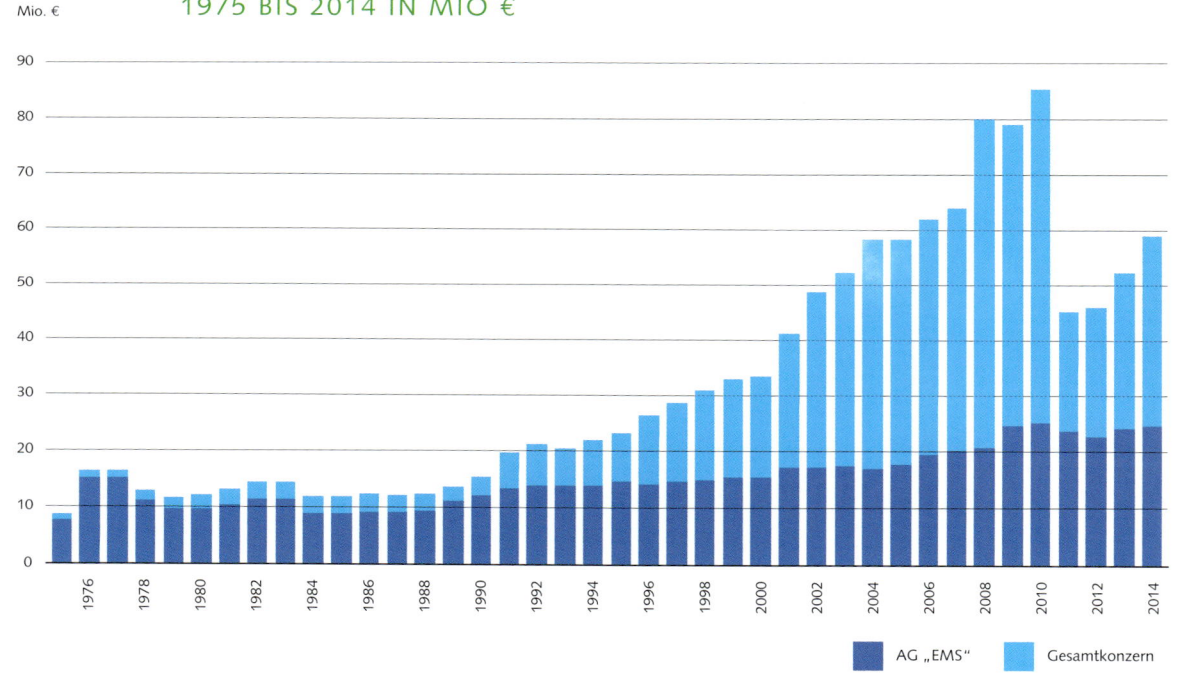

All das, was die bisherige Betrachtung ergeben hat, bestätigt sich beim Blick auf drei weitere Kennzahlen, mit denen diese kurze betriebswirtschaftliche Analyse ihr Ende finden soll. Korrespondierend zum Anstieg des Geschäftsvolumens sind in den letzten 40 Jahren auch die Umsätze kontinuierlich angestiegen, wie sich aus der entsprechenden Grafik ergibt. Auch hier übertreffen die Jahre 1976 und 1977 als Hochphase der Butterfahrten deutlich das damalige langjährige Niveau, und ebenso deutlich wird, dass bis Anfang der 1990er Jahre der Umsatz fast allein bei der Muttergesellschaft angefallen

AG „EMS" heute 8.8

ist. Seitdem aber sind binnen weniger Jahre die übrigen Konzerngesellschaften mit ihren Umsätzen so stark gewachsen, dass sie die AG „Ems" inzwischen deutlich übertreffen, obwohl auch deren Umsatz stetig bis auf ca. 25 Mio. € angestiegen ist.

2014 beliefen sich die Außenumsätze im Konzern AG „Ems" auf eine Summe von gut 59 Mio. €, wozu alle Hauptsparten ihren Teil beigetragen haben, wenn auch in sehr unterschiedlicher Größenordnung. Nach dem Ausscheiden der zeitweise massiv dominierenden OLT steht dabei die Fahrgast- und Fährschifffahrt als die traditionelle Kernkompetenz des Unternehmens mit knapp 50 % wieder mit weitem Abstand an der Spitze, aber auch die im Laufe der jüngeren Vergangenheit neu hinzugekommenen Geschäftsbereiche, etwa die Offshore-Sparte mit gut 21 % oder der Sektor Hotel und Gastronomie mit knapp 11 %, erweisen sich als sehr tragfähige Komponenten, wie sich aus dem Diagramm mit der Verteilung der Außenumsätze ergibt.

VERTEILUNG DER AUSSENUMSÄTZE IM KONZERN AG „EMS" NACH HAUPTSPARTEN 2014

Gesamtbetrag 59,091 Mio. € (= 100 %)

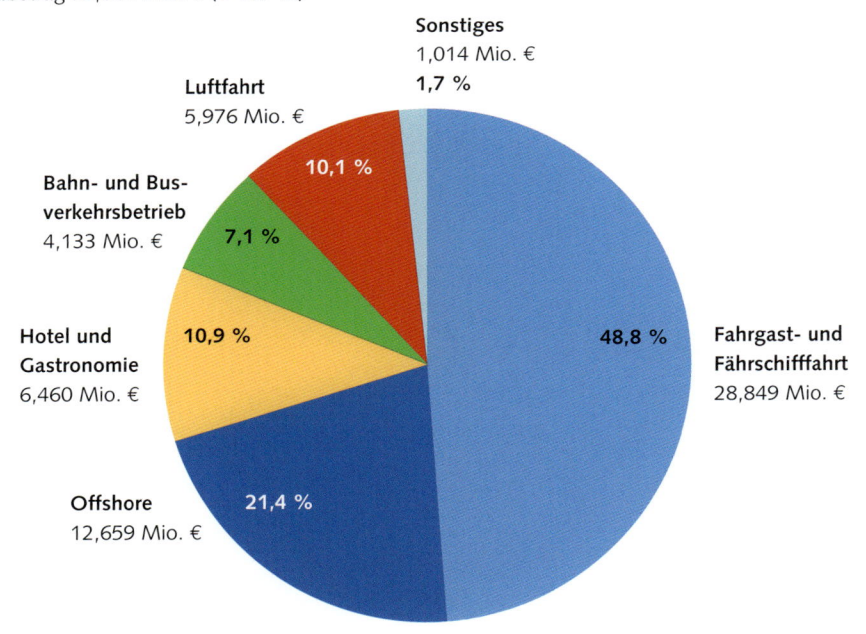

- Sonstiges: 1,014 Mio. € — 1,7 %
- Luftfahrt: 5,976 Mio. € — 10,1 %
- Bahn- und Busverkehrsbetrieb: 4,133 Mio. € — 7,1 %
- Hotel und Gastronomie: 6,460 Mio. € — 10,9 %
- Offshore: 12,659 Mio. € — 21,4 %
- Fahrgast- und Fährschifffahrt: 28,849 Mio. € — 48,8 %

Wird die jährliche Konzernleistung, also die Summe aller Außenumsätze und sonstigen Erträge, in Beziehung gesetzt zu den Aufwendungen zur Erbringung dieser Leistung – Beschaffung von Rohstoffen und Waren, Abschreibungen, sonstige Lieferungen und bezogene Leistungen –, dann ergibt sich als verbleibender Teil der Konzernleistung die in dem jeweiligen Jahr von allen Beteiligten gemeinsam erbrachte Wertschöpfung. Deren Größenordnung ist für die Beurteilung der inneren Stärke eines Unternehmens von

AG „EMS" heute 8.8

besonderer Aussagekraft, denn je höher der Anteil der Wertschöpfung, desto größer war nicht nur der tatsächlich angefallene Ertrag der vorhandenen Betriebseinrichtungen, sondern desto größer ist auch deren Ertragsfähigkeit überhaupt, d.h. das darin steckende Potential für künftige Wirtschaftsleistungen. Die folgende Grafik, in der die entsprechenden Werte für den Zeitraum von 1989 bis 2014 für jedes fünfte Jahr dargestellt sind, zeigt, dass die Wertschöpfung im Konzern AG „Ems" stets überwiegend im Bereich von 40 und mehr Prozent der Konzernleistung gelegen hat und selbst im ersten Jahrzehnt nach der Jahrtausendwende, als sie vorübergehend niedriger ausfiel, allenfalls in die Nähe von 30% abgesunken ist. Nach der Trennung von der Regionalflugsparte der OLT aber, die wegen ihrer Größe und der mit ihr verbundenen einseitigen Abhängigkeiten für das Gesamtgefüge des Konzerns in der Tat problematisch geworden war, ist die jährliche Wertschöpfung wieder auf das vorherige Niveau angestiegen und hat 2014 mit 31,3 Mio. € sogar einen Anteil von 51,7% der Konzernleistung erreicht.

Aus allen hier vorgenommenen Analysen einiger betriebswirtschaftlich aufschlussreicher Zahlenreihen der AG „Ems" ergibt sich somit ein klares und eindeutiges Fazit. Von welcher Seite aus der Blick auf die Bilanzen und Leistungen dieses durch Diversifikation

WERTSCHÖPFUNG IM KONZERN AG „EMS" 1989 BIS 2014 IN FÜNFJAHRESSPRÜNGEN IN MIO. €

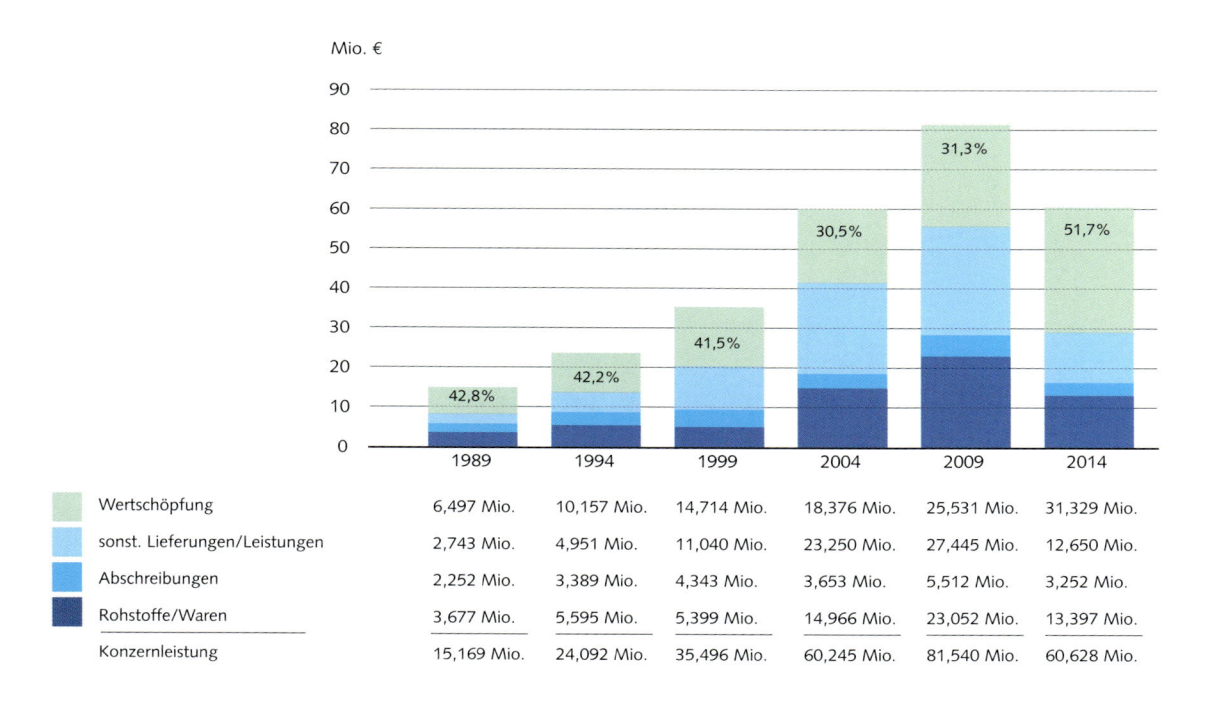

	1989	1994	1999	2004	2009	2014
Wertschöpfung	6,497 Mio.	10,157 Mio.	14,714 Mio.	18,376 Mio.	25,531 Mio.	31,329 Mio.
sonst. Lieferungen/Leistungen	2,743 Mio.	4,951 Mio.	11,040 Mio.	23,250 Mio.	27,445 Mio.	12,650 Mio.
Abschreibungen	2,252 Mio.	3,389 Mio.	4,343 Mio.	3,653 Mio.	5,512 Mio.	3,252 Mio.
Rohstoffe/Waren	3,677 Mio.	5,595 Mio.	5,399 Mio.	14,966 Mio.	23,052 Mio.	13,397 Mio.
Konzernleistung	15,169 Mio.	24,092 Mio.	35,496 Mio.	60,245 Mio.	81,540 Mio.	60,628 Mio.

Prozentanteile Wertschöpfung: 1989: 42,8%; 1994: 42,2%; 1999: 41,5%; 2004: 30,5%; 2009: 31,3%; 2014: 51,7%

inzwischen ganz anders als noch vor 25 Jahren strukturierten Unternehmens auch gerichtet wird, das Ergebnis bleibt stets gleich: Die AG „Ems" erweist sich als ein in allen Belangen kerngesunder Konzern mit erheblicher Innovationskraft, der sich vor den Herausforderungen der Zukunft nicht zu fürchten braucht.

Das gilt auch im Hinblick auf den Personalkörper des Unternehmens, der sich mit dessen zunehmendem Wachstum im letzten Vierteljahrhundert ebenfalls fortlaufend vergrößert und in seiner Zusammensetzung verbreitert hat. Waren im Konzern AG „Ems" zum Jahresende 1990 lediglich 169 Vollzeitstellen vorhanden, die sich mit 100 auf den Bereich Schifffahrt, mit 38 auf den Bereich Borkumer Kleinbahn und mit 25 auf den Bereich Luftverkehr der OLT verteilten – der verbleibende kleine Rest gehörte zu den sonstigen Tochter- bzw. Enkelunternehmen der Muttergesellschaft –, so lag am Ende des ersten Jahres im neuen Jahrtausend der Gesamtpersonalbestand schon bei 247 Vollzeitkräften, also bei einem Plus von fast 47%, das zum einen aus dem erst 1998 entstandenen neuen Geschäftsbereich Hotellerie (29 Vollzeitkräfte) und zum anderen aus dem durch den Einstieg in den Regionalflugverkehr kräftig gewachsenen Betrieb der OLT (63 Vollzeitkräfte) resultierte, während die Sparten Schifffahrt mit 104 und Borkumer Kleinbahn mit 40 Vollzeitkräften personell nur geringfügig größer geworden waren.

Diese Aufwärtsbewegung ging in den folgenden Jahren stetig weiter. Zum Jahresende 2008 als dem vorläufigen Höhepunkt dieser Entwicklung belief sich der Personalbestand des Konzerns insgesamt auf 367 Vollzeitkräfte (plus 49% gegenüber dem Jahr 2000). Diese Zunahme war fast ausschließlich von der OLT mit 148 Vollzeitkräften (plus 135%) und in geringfügigem Maß von der Schifffahrt mit 122 (plus 18%) verursacht, während der Personalaufwand bei der Hotellerie mit 30 und der Borkumer Kleinbahn mit 39 Vollzeitkräften nahezu unverändert geblieben war. Durch den Rückzug der AG „Ems" aus dem Regionalflugverkehr und das damit verbundene Ausscheiden der OLT mit zuletzt 137 Vollzeitkräften ging der Personalbestand im Konzern zum Jahresende 2011 auf 282 zurück; 141 davon gehörten zum Bereich Schifffahrt (Borkum und Helgoland), 49 zur Borkumer Kleinbahn, 47 zum Bereich Hotellerie/Gastronomie und 45 zu allen sonstigen Bereichen, unter denen das Feld Offshore mit seinerzeit bereits mehr als 10 Beschäftigten wahrscheinlich dasjenige mit dem größten Entwicklungspotential für die Zukunft ist. Mit weiter wachsendem Geschäftsvolumen der AG „Ems" stieg der Personalbestand seitdem jedoch wieder deutlich an und lag am Jahresende 2014 bei 418 Vollzeitkräfte: 163 davon entfielen auf die Schifffahrt (AG „Ems" und Cassen Eils), 22 auf den Seebäderflugverkehr der OFD, 55 auf die Borkumer Kleinbahn, 47 auf die Hotellerie/Gastronomie und 97 auf den von der EMS Maritime Offshore abgedeckten Bereich. Der Rest von 34 Vollzeitkräften verteilt sich auf die sonstigen Konzerngesellschaften.

In allen bislang genannten Zahlen sind die Auszubildenden nicht enthalten. Mit 78, dem zweithöchsten bei der AG „Ems" jemals erreichten Stand, belief sich deren Anteil im Jahre 2008 auf 17,5% des Gesamtpersonalbestandes im Konzern; in den übrigen Jahren seit der Jahrtausendwende schwankte die Zahl der Auszubildenden dagegen überwiegend im Bereich zwischen 45 und 55. Dies, erst recht aber die außerordentlich hohen Zahlen der Jahre 2006 mit 74, 2007 mit 79 und 2008 mit den bereits genannten 78 Auszubildenden zeigen, wie sehr sich die AG „Ems" in der beruflichen Ausbildung engagiert, um einer möglichst großen Zahl junger Menschen den Einstieg ins Erwerbsleben zu erleichtern, aber selbstverständlich auch, um ihren eigenen Bedarf an gut ausgebildeten Nachwuchskräften angemessen decken zu können. Dementsprechend vielfältig und breit gestreut sind daher die Berufe, in denen die AG „Ems" Ausbildungsplätze anbietet; sie reichen von den diversen Handwerkssparten, die in den Werkstätten der Kleinbahn abgedeckt sein müssen, über vielerlei administrative, IT-technische und kaufmännische Berufe sowie solche aus dem Bereich von Hotellerie und Gastronomie bis hin zu den nautischen und logistischen Berufen, die auf den Schiffen und in den Häfen gebraucht werden. Kein Wunder, dass die Industrie- und Handelskammer für Ostfriesland und Papenburg sowie die Handwerkskammer Ostfriesland über diese enorme Ausbildungsleistung hoch erfreut sind und die damit verbundenen Anstrengungen der AG „Ems" sowie ihrer diversen Tochtergesellschaften schon mehrfach mit Ehrenurkunden gewürdigt haben. Kein Wunder aber auch, dass die AG „Ems", die ihr Personal im übrigen kontinuierlich fortbildet und auf die sich immer schneller ändernden beruflichen An- und Herausforderungen vorbereitet, in allen Sparten ein äußerst begehrter Arbeitgeber ist, der eine Vielzahl sicherer Arbeitsplätze zu bieten hat.

So lässt sich unter allen hier behandelten Aspekten am Ende dieses Buches ohne jeden Zweifel feststellen: Die AG „Ems" ist auch im Jahr eins nach ihrem 125-jährigen Jubiläum nicht nur wie seit je für ihre aktuellen Aufgaben gut gerüstet, sondern durch den stetigen Blick über die Ränder ihrer Geschäftsfelder hinaus auch für zukünftige neue Betätigungen. Alle Beteiligten – das Personal, die Eigentümer, die Fahrgäste und Kunden, aber auch die Steuerverwaltung – werden daher an diesem traditionsreichen mittelständischen ostfriesischen Verkehrsunternehmen weiterhin große Freude haben.

AG „EMS" heute **8.8**

Die AG „Ems" engagiert sich seit langem intensiv in der beruflichen Ausbildung junger Menschen und bietet stets zahlreiche Ausbildungsplätze in einer breiten Palette von Berufen. Im Sommer 2005 wirkt der für den Fototermin gerade abkömmliche Teil der Emder und Borkumer Auszubildenden der AG „Ems" an einer von der Industrie- und Handelskammer für Ostfriesland und Papenburg angeregten Werbekampagne für mehr Ausbildungsplätze mit. 22 der damals insgesamt 61 AG „Ems"-Auszubildenden haben sich dazu in ihrer jeweiligen Berufskleidung zusammen mit dem Vorstand Dr. Bernhard Brons und dem heutigen Finanzprokuristen Gerd Weber auf einer der Fähren aufgestellt.

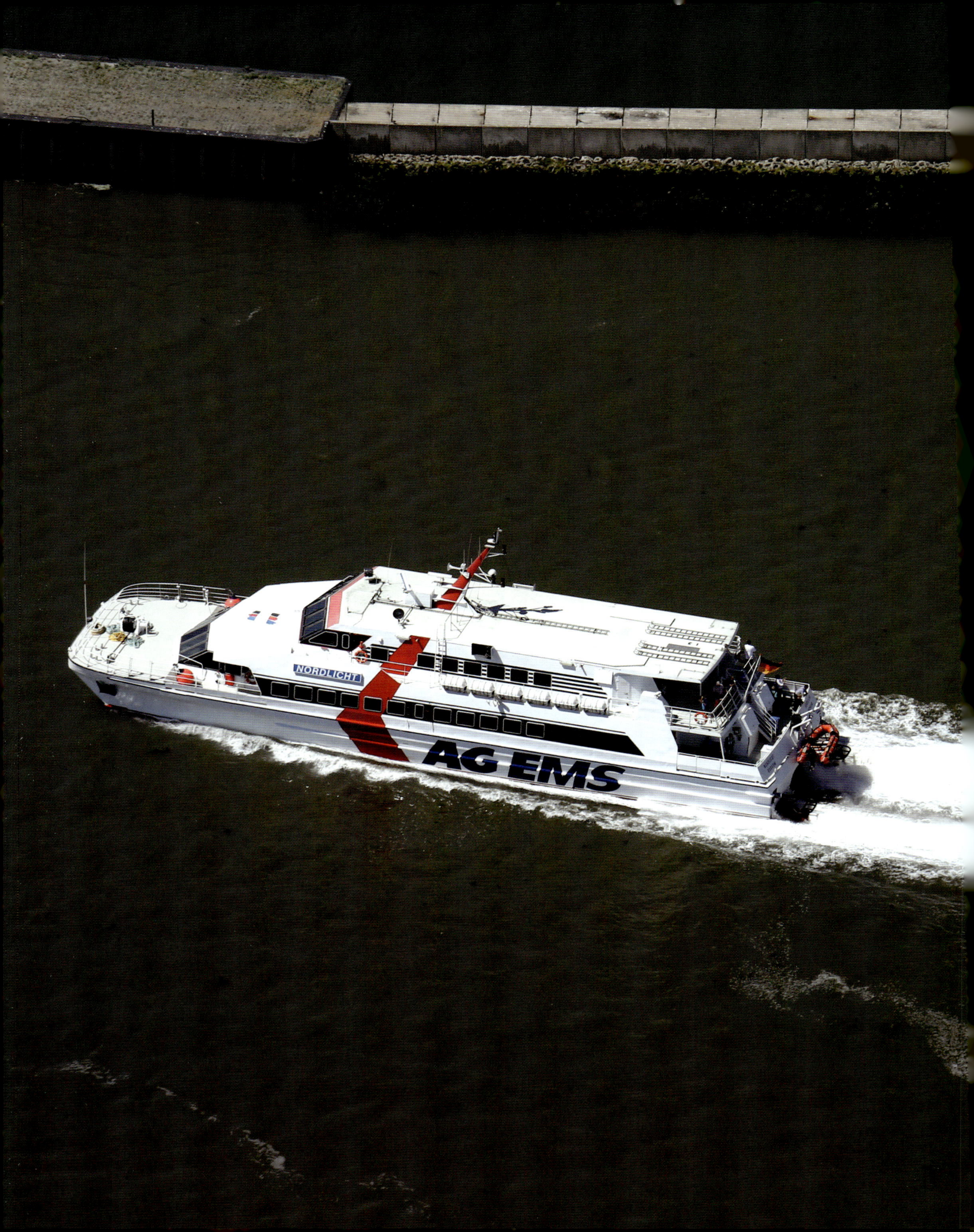
NORDLICHT
AG EMS

9

ANHANG

Übersichten

Tabellen und Statistiken

Nachweise

Katamaran NORDLICHT in der Fischerbalje bei der Abfahrt von Borkum nach Emden.

Anhang 9.1

ANHANG [1]
Gesellschaftsrechtliche Gliederung (Organigramm) des Konzerns AG „Ems" zu Beginn des Jahres 2015

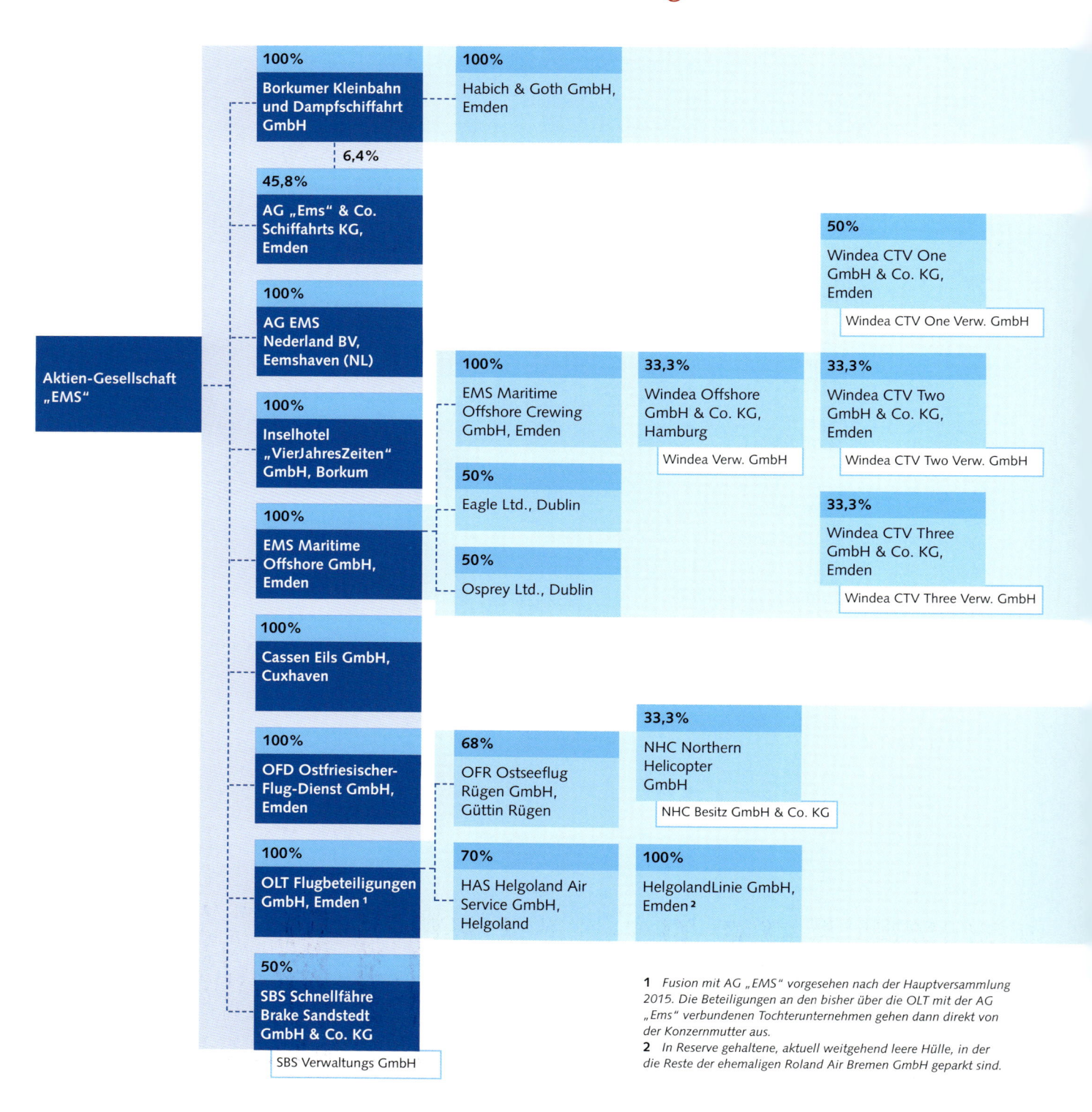

Aktien-Gesellschaft „EMS"

- 100% **Borkumer Kleinbahn und Dampfschiffahrt GmbH**
  - 100% Habich & Goth GmbH, Emden
  - 6,4% → AG „Ems" & Co. Schiffahrts KG
- 45,8% **AG „Ems" & Co. Schiffahrts KG, Emden**
- 100% **AG EMS Nederland BV, Eemshaven (NL)**
- 100% **Inselhotel „VierJahresZeiten" GmbH, Borkum**
- 100% **EMS Maritime Offshore GmbH, Emden**
  - 100% EMS Maritime Offshore Crewing GmbH, Emden
  - 50% Eagle Ltd., Dublin
  - 50% Osprey Ltd., Dublin
  - 33,3% Windea Offshore GmbH & Co. KG, Hamburg
    - Windea Verw. GmbH
  - 50% Windea CTV One GmbH & Co. KG, Emden
    - Windea CTV One Verw. GmbH
  - 33,3% Windea CTV Two GmbH & Co. KG, Emden
    - Windea CTV Two Verw. GmbH
  - 33,3% Windea CTV Three GmbH & Co. KG, Emden
    - Windea CTV Three Verw. GmbH
- 100% **Cassen Eils GmbH, Cuxhaven**
- 100% **OFD Ostfriesischer-Flug-Dienst GmbH, Emden**
  - 68% OFR Ostseeflug Rügen GmbH, Güttin Rügen
  - 33,3% NHC Northern Helicopter GmbH
    - NHC Besitz GmbH & Co. KG
- 100% **OLT Flugbeteiligungen GmbH, Emden** [1]
  - 70% HAS Helgoland Air Service GmbH, Helgoland
  - 100% HelgolandLinie GmbH, Emden [2]
- 50% **SBS Schnellfähre Brake Sandstedt GmbH & Co. KG**
  - SBS Verwaltungs GmbH

[1] Fusion mit AG „EMS" vorgesehen nach der Hauptversammlung 2015. Die Beteiligungen an den bisher über die OLT mit der AG „Ems" verbundenen Tochterunternehmen gehen dann direkt von der Konzernmutter aus.

[2] In Reserve gehaltene, aktuell weitgehend leere Hülle, in der die Reste der ehemaligen Roland Air Bremen GmbH geparkt sind.

ANHANG [2]
Die Mitglieder des Aufsichtsrates der AG „Ems" seit 1889

	MITGLIED	VORSITZ
Kommerzienrat Senator **Conrad Hermann Metger** Kaufmann, Emden	1889 bis 1925	1889 bis 1924
Senator Konsul **Arnold Friedrich Brons** Getreidehändler, Emden	1889 bis 1900	
Senator **Anton Kappelhoff** Weinhändler und Bankier, Emden	1889 bis 1926	
Peter van Rensen Dispacheur und Handelskammersekretär, Emden	1889 bis 1924	
Menno Visser Kapitän, Emden	Sept. bis Nov. 1889	
S. H. Burmeister Kaufmann, Emden	1889 bis 1891	
Senator **Franz Diedrich Ihnen** Kaufmann und Schiffsmakler, Emden	1891 bis 1910	
Justizrat **Dr. Heinrich Klasen** Rechtsanwalt und Notar, Leer	1900 bis 1924	
Bernhard Connemann Fabrikant, Leer	1900 bis 1924	
Johann Meyer Kaufmann, Leer	1900 bis 1913	
Siegmund Theissing Buchhändler, Münster	1900 bis 1923	
Senator Konsul **Friedrich Lübbert Brons** Getreidehändler, Emden	1910 bis 1924	
Hermann Russell Kaufmann, Leer	1914 bis 1926	
Dr. Anton Klasen Rechtsanwalt und Notar, Leer	1923 bis 1959	1931 bis 1958
Konsul **Bernhard Heinrich Brons** Getreidehändler, Emden	1924 bis 1931	1924 bis 1931
Lüppo Cramer Handelskammersekretär, Emden	1924 bis 1941	
Heinrich Bueren Kaufmann, Münster	1924 bis 1942	
Johannes Meyer Kaufmann, Leer	1924 bis 1949	
Tönjes Kieviet Bürgermeister, Borkum	1924 bis 1948	
Wilhelm Connemann Fabrikant, Leer	1926 bis 1948 und 1956 bis 1983 Ehrenmitglied 1983 bis 1995	
Claas Brons, Kaufmann, Emden	1942 bis 2007	1958 bis 1990
Annemarie Russell, Leer	1948 bis 1973 und 1988 bis 1990 und 1991 bis 1993 Ehrenmitglied 1990 bis 1991	
Hans Windels Landrat, Leer	1949 bis 1950	
Dr. Heinrich Hapig Rechtsanwalt und Notar, Leer	1950 bis 1987	
Ubbo Emmius Bakker Kaufmann, Emden	1950 bis 1963	
Heinrich Klasen Rechtsanwalt und Notar, Leer	1959 bis 2000 Ehrenmitglied 2000 bis 2006	1991 bis 1999

	MITGLIED	VORSITZ
Alwin Bremer Vorstand der AG „Ems" a.D., Treis/Mosel	1963 bis 1973	
Jann Harms, Riepe	1973 bis 1981 (Arbeitnehmervertreter)	
Heino Tammen, Emden	1973 bis 1983 (Arbeitnehmervertreter)	
Karl Waldmann Besatzungsmitglied, Neermoor	1981 bis 2013 (Arbeitnehmervertreter)	
Dr. Joosten Connemann Fabrikant, Leer	1983 bis 2012	1999 bis 2011
Rolf-Peter Geltz Obersteward, Bremerhaven	1983 bis 1993 (Arbeitnehmervertreter)	
Wilko Hapig Rechtsanwalt und Notar, Leer	1987 bis 1988 und seit 2013	
Maximilian Graf von Spee Vorstand der AG „Ems" a.D., Emden	1990 bis 1991	1990 bis März 1991
Dr. Claas Brons Unternehmer und Rechtsanwalt, Emden	seit 1993	seit 2011
Hans-Gerd Petersen, Emden	1993 bis 1998 (Arbeitnehmervertreter)	
Christa Wiechmann Verwaltungsangestellte, Emden	1998 bis 2013 (Arbeitnehmervertreterin)	
Dr. Matthias Klasen Rechtsanwalt und Notar, Leer	seit 2000	
Hajo Brons Diplom-Kaufmann, Potsdam	seit 2007	
Dr. Markus Connemann Fabrikant, Leer	2012 bis 2013	
Tino Schuhknecht Kapitän, Ahrensburg	seit 2013 (Arbeitnehmervertreter)	
Florian Weber Bordingenieur, Südbrookmerland	seit 2013 (Arbeitnehmervertreter)	

Anhang 9.2

Aufsichtsrat und Vorstand im Jahre 1998:
Claas Brons (sen.), Christa Wiechmann und Heinrich Klasen (vorne von links nach rechts), Karl Waldmann, Vorstand Dr. Bernhard Brons, Dr. Joosten Connemann und Dr. Claas Brons (jun.) (hinten von links nach rechts).

ANHANG [2]
Die Mitglieder des Aufsichtsrates der Borkumer Kleinbahn und Dampfschiffahrt AG 1903 bis 1962

	MITGLIED	VORSITZ
Kommerzienrat Senator **Conrad Hermann Metger** Kaufmann, Emden	1903 bis 1925	1903 bis 1924
Senator **Franz Diedrich Ihnen** Kaufmann und Schiffsmakler, Emden	1903 bis 1910	
Senator Konsul **Friedrich Lübbert Brons** Getreidehändler, Emden	1903 bis 1924	
Peter van Rensen Dispacheur und Handelskammersekretär, Emden	1903 bis 1923	
Johann Meyer Kaufmann, Leer	1903 bis 1913	
Justizrat **Dr. Heinrich Klasen** Rechtsanwalt und Notar, Leer	1903 bis 1924	
Bernhard Connemann Fabrikant, Leer	1903 bis 1924	
Bernhard Franke Brauereibesitzer, Münster	1903 bis 1920	
Tönjes Kieviet Bürgermeister, Borkum	1908 bis 1934 und 1942 bis 1950	
Heinrich Kappelhoff Weinhändler und Bankier, Emden	1911 bis 1917	
Franz Habich Vorstand der Borkumer Kleinbahn und Dampfschiffahrt AG a.D., Borkum/Emden	1918 bis 1923	
Senator a.D. **Anton Kappelhoff** Weinhändler, Emden	1921 bis 1926	
Hermann Russell Kaufmann, Leer	1923 bis 1926	
Dr. Anton Klasen Rechtsanwalt und Notar, Leer	1924 bis 1959	1931 bis 1958
Konsul **Bernhard Heinrich Brons** Kaufmann, Emden	1924 bis 1931	1924 bis 1931
Lüppo Cramer Handelskammersekretär, Emden	1924 bis 1941	
Johannes Meyer Kaufmann, Leer	1924 bis 1949	
Heinrich Bueren Kaufmann, Münster	1924 bis 1942	
Wilhelm Connemann Fabrikant, Leer	1926 bis 1948 und 1955 bis 1962	
Georg Mertes Bürgermeister, Borkum	1934 bis 1937	
Ernst Hunze Bürgermeister, Borkum	1937 bis 1942	
Claas Brons Kaufmann, Emden	1942 bis 1962	1958 bis 1962
Hans Windels Landrat, Leer	1942 bis 1949	
Dr. Heinrich Hapig Rechtsanwalt und Notar, Leer	1950 bis 1962	
Fritz Klennert Bürgermeister, Borkum	1950 bis 1953	
Paul Oskar Schuster Oberkreisdirektor, Leer	1953 bis 1954	
Hermann Freckmann Eisenbahnoberamtmann, Borkum	1953 bis 1962 (Arbeitnehmervertreter)	
Heinrich Tapper Borkum	1953 bis 1962 (Arbeitnehmervertreter)	
Heinrich Klasen Rechtsanwalt und Notar, Leer	1959 bis 1962	

ANHANG [2]
Die Mitglieder des Beirates der Borkumer Kleinbahn und Dampfschiffahrt GmbH seit 1963

	MITGLIED	VORSITZ
Claas Brons Kaufmann, Emden	1963 bis 2007	1963 bis 1990
Wilhelm Connemann Fabrikant, Leer	1963 bis 1983 Ehrenmitglied 1983 bis 1995	
Dr. Heinrich Hapig Rechtsanwalt und Notar, Leer	1963 bis 1988	
Heinrich Klasen Rechtsanwalt und Notar, Leer	1963 bis 2000	1990 bis 1999
Annemarie Russell, Leer	1963 bis 1990	
Alwin Bremer Vorstand der Borkumer Kleinbahn und Dampfschiffahrt AG a.D., Treis/Mosel	1963 bis 1979	
Hermann van Dyken Bürgermeister, Borkum	1979 bis 1984	
Dr. Joosten Connemann Fabrikant, Leer	1983 bis 2012	1999 bis 2011
Gisela Schütze Bürgermeisterin, Borkum	1984 bis 2001	
Wilko Hapig Rechtsanwalt und Notar, Leer	seit 1988	
Dr. Claas Brons Unternehmer und Rechtsanwalt, Emden	seit 1990	seit 2011
Dr. Matthias Klasen Rechtsanwalt und Notar, Leer	seit 2000	
Cornelius Akkermann Bürgermeister, Borkum	2001 bis 2005	
Kristin Mahlitz Bürgermeisterin, Borkum	2005 bis 2011	
Hajo Brons Diplom-Kaufmann, Potsdam	seit 2007	
Georg Lübben Bürgermeister, Borkum	seit 2012	
Insa Stoidis-Connemann Steuerberaterin, Leer	seit 2013	

Anhang 9.2

Die Mitglieder des Aufsichtsrats der AG „Ems" und des Beirats der Borkumer Kleinbahn und Dampfschiffahrt GmbH, der AG „Ems" & Co. Schiffahrts KG sowie Vorstand und Prokuristen der AG „Ems" im Sommer 2014 (von links nach rechts): Florian Weber, Hajo Brons, Knut Gerdes, Tino Schuhknecht, Insa Stoidis-Connemann, Wilko Hapig, Hans-Jörg Oltmanns, Dr. Bernhard Brons, Ursula Bartels, Hans-Hermann Russell, Gerd Weber, Dr. Claas Brons, Dr. Joosten Connemann und Dr. Matthias Klasen.

ANHANG [3]
Die Vorstände der AG „Ems" seit 1889 und der Borkumer Kleinbahn und Dampfschiffahrt AG bzw. GmbH seit 1903

	AMTSZEIT	BEMERKUNGEN
Franz Diedrich Ihnen, Emden	1889 bis 1891	Rücktritt, Wechsel in den Aufsichtsrat
Wilhelm Philippstein, Emden	1891 bis 1923	Alleinvorstand AG „Ems" alt bis 1900, danach gemeinsam mit Johannes Russell; ab 1903 zusätzlich Vorstandsmitglied der BKuDA
Johannes Russell, Leer	1900 bis 1936	gemeinsam mit Wilhelm Philippstein bis 1923 und mit Georg Schütte ab 1927 zusätzlich Vorstandsmitglied der BKuDA
Franz Habich sen., Emden/Borkum	1903 bis 1917	nur Vorstandsmitglied der BKuDA
Franz Habich jun., Borkum	1917 bis 1944	zunächst nur Vorstandsmitglied der BKuDA, ab 1937 auch der AG „Ems"
Georg Schütte, Borkum	1927 bis 1949	Vorstandsmitglied der AG „Ems" und der BKuDA
Alwin Bremer, Emden	1949 bis 1962 seit 1927 Prokurist	Vorstandsmitglied der AG „Ems" und der BKuDA
Henry Grabowsky, Borkum/Emden	1949 bis 1967 seit 1947 Prokurist	Vorstandsmitglied der AG „Ems" und der BKuDA, bis 1962 gemeinsam mit Alwin Bremer, seitdem Alleinvorstand
Maximilian Graf von Spee, Emden	1967 bis 1990	Alleinvorstand der AG „Ems" und aller Tochtergesellschaften
Dr. Bernhard Brons, Emden	seit 1990	Alleinvorstand der AG „Ems" und aller Tochtergesellschaften

ANHANG [3]
Die Geschäftsführer der AG „Ems"-Tochter- und Beteiligungsgesellschaften und die Prokuristen des Konzerns im Jahre 2015

Knut Gerdes	Prokurist der AG „Ems", Geschäftsführer der EMS Maritime Offshore GmbH, der EMS Maritime Offshore Crewing GmbH, der Windea Offshore GmbH & Co. KG, der Windea CTV One GmbH & Co. KG, der Windea CTV Two GmbH & Co. KG sowie der Windea CTV Three GmbH & Co. KG
Peter Eesmann	Prokurist der AG „Ems", Geschäftsführer der Cassen Eils GmbH, der Inselhotel „VierJahresZeiten" GmbH sowie der HelgolandLinie GmbH
Gerd Weber	Prokurist der AG „Ems", Geschäftsführer der OLT Flugbeteiligungen GmbH, der EMS Maritime Offshore GmbH sowie der EMS Maritime Offshore Crewing GmbH
Hans-Jörg Oltmanns	Prokurist der AG „Ems"
Theodor Robbers	Geschäftsführer der Borkumer Kleinbahn und Dampfschiffahrt GmbH sowie der Habich & Goth GmbH
Rolf Bouwman	Prokurist der AG EMS Nederland B.V.
Peter Nierenberger	Geschäftsführer der OFD Ostfriesischer Flugdienst GmbH
Reinhold Beekhuis	Geschäftsführer der HAS HelgolandAirService GmbH
Gerd Kleinert	Geschäftsführer der OFR Ostseeflug Rügen GmbH
Peter Diekmann	Geschäftsführer der OFR Ostseeflug Rügen GmbH
Peter Schultze	Geschäftsführer der SBS Schnellfähre Brake Sandstedt GmbH & Co. KG
Hans-Günter Oetken	Geschäftsführer der SBS Schnellfähre Brake Sandstedt GmbH & Co. KG
Frank Zabell	Geschäftsführer der NHC NorthernHeliCopter GmbH
Marcel Diekmann	Prokurist der EMS Maritime Offshore GmbH, der EMS Maritime Offshore Crewing GmbH sowie Managing Director der Osprey Ltd. und der Eagle Ltd.
Karin Hering	Prokuristin der Cassen Eils GmbH

Anhang 9.4

ANHANG [4]
Das Personal im Konzern AG „Ems" 2015: Gruppenbilder nach Hauptsparten

Die Frau- und Mannschaft der Konzernzentrale und der Kaidienste in Emden-Außenhafen, versammelt auf dem Oberdeck der MS OSTFRIESLAND.

Anhang 9.4

Die Crews der MS MÜNSTERLAND (oben) und der MS OSTFRIESLAND (unten).

Anhang 9.4

Die Crews der MS NORDLICHT (oben) und der MS WAPPEN VON BORKUM (unten).

Anhang 9.4

Die Crew der MS WESTFALEN (ex HELGOLAND) (oben) und die Belegschaft der AG Ems Nederland b.v. – Borkumlijn in Eemshaven (unten).

344

Das Personal der Borkumer Kleinbahn und Dampfschiffahrt GmbH (oben) und deren Tochtergesellschaft Habich & Goth GmbH (unten).

Anhang 9.4

Das Personal des Inselhotels VierJahresZeiten (oben) und des Strandhotels VierJahresZeiten (unten).

Anhang 9.4

Das Personal der OFD Ostfriesischer Flugdienst GmbH am Standort Emden (oben) und am Standort Bremerhaven (unten).

Anhang 9.4

Das Verwaltungs- und Landpersonal der Reederei Cassen Eils in Cuxhaven (oben) und die Crew der MS ATLANTIS (unten).

Anhang 9.4

Die Crews der Cassen Eils-Schiffe MS FAIR LADY (oben) und MS FUNNY GIRL (unten).

Die Crew des Cassen Eils-Schiffs MS FLIPPER (oben) und das im Bereich der EMS Maritime Offshore GmbH tätige Personal.

ANHANG [5]
Investitionen im Konzern AG „Ems" 1948/49 bis 2014

(DM-Beträge bis zum Jahr 2000 umgerechnet in EURO)

Jahr	Betrag	Jahr	Betrag
1948/49	83.671 €	1983	1.401.807 €
1950	165.015 €	1984	4.288.424 €
1951	293.822 €	1985	6.945.798 €
1952	35.769 €	1986	8.096.352 €
1953	112.966 €	1987	1.489.764 €
1954	109.421 €	1988	3.693.192 €
1955	364.276 €	1989	4.859.000 €
1956	119.819 €	1990	4.694.000 €
1957	211.824 €	1991	2.402.000 €
1958	318.035 €	1992	3.527.000 €
1959/60	1.216.742 €	1993	4.829.000 €
1961	158.118 €	1994	4.565.000 €
1962	251.390 €	1995	4.117.000 €
1963	618.867 €	1996	4.782.000 €
1964	893.022 €	1997	6.094.000 €
1965	83.602 €	1998	8.492.000 €
1966	319.890 €	1999	8.867.000 €
1967	728.068 €	2000	6.096.000 €
1968	1.641.938 €	2001	6.468.000 €
1969	164.094 €	2002	3.620.000 €
1970	2.342.522 €	2003	1.409.000 €
1971	1.311.764 €	2004	3.825.000 €
1972	1.879.224 €	2005	3.261.000 €
1973	2.597.631 €	2006	6.389.000 €
1974	1.767.570 €	2007	10.620.000 €
1975	3.069.461 €	2008	16.205.000 €
1976	5.708.835 €	2009	3.757.000 €
1977	678.607 €	2010	7.047.000 €
1978	1.564.809 €	2011	2.777.000 €
1979	1.209.207 €	2012	2.028.000 €
1980	1.876.280 €	2013	15.823.000 €
1981	3.016.521 €	2014	12.736.000 €
1982	713.002 €	**Gesamt**	**220.830.119 €**

ANHANG [6]
Beförderungsleistungen 1949 bis 2014

A. Fahrgäste und Kfz im Fährverkehr Emden–Borkum 1949 bis 1984

Jahr	Fahrgäste	Kraftfahrzeuge
1949	94.119	?
1950	115.300	?
1951	109.591	?
1952	138.187	?
1953	147.474	?
1954	153.161	?
1955	187.975	?
1956	202.623	?
1957	?	?
1958	?	?
1959	?	?
1960	241.619	?
1961	261.510	?
1962	260.761	?
1963	259.435	ca. 2.000
1964	274.136	
1965	284.198	
1966	?	
1967	?	

Jahr	Fahrgäste	Kraftfahrzeuge
1968	322.361	6.315
1969	348.082	11.769
1970	373.042	18.980
1971	418.538	26.434
1972	433.363	34.029
1973	470.234	41.679
1974	476.116	41.590
1975	453.896	47.607
1976	475.391	49.338
1977	498.113	52.307
1978	498.052	55.694
1979	507.036	55.695
1980	544.976	64.469
1981	561.430	66.762
1982	571.507	70.290
1983	572.395	71.756
1984	584.648	72.213

B. Fahrgäste und Kfz im Fährverkehr Emden–Borkum und Eemshaven–Borkum 1985 bis 2014

Jahr	Fahrgäste				Kraftfahrzeuge		
	Emden	Eemshaven	Gesamt		Emden	Eemshaven	Gesamt
1985	502.989	42.086	545.075		65.021	5.872	70.893
1986	517.622	75.331	592.953		65.422	11.086	76.508
1987	525.939	71.449	597.388		71.468	11.680	83.148
1988	527.440	76.074	603.514		71.964	12.804	84.768
1989	628.661	94.608	723.269		71.510	13.144	84.654
1990	613.295	124.682	737.977		76.375	17.254	93.629
1991	642.488	138.387	780.875		76.606	21.126	97.732
1992	659.317	148.551	807.868		74.376	23.761	98.137
1993	618.023	153.632	771.655		72.191	28.501	100.692
1994	649.300	173.392	822.692		69.834	27.712	97.546
1995	640.804	187.646	828.450		69.260	31.390	100.650
1996	615.623	184.144	799.767		68.805	31.090	99.895
1997	623.110	204.314	827.424		67.077	33.063	100.140
1998	611.004	208.647	819.651		63.877	37.448	101.325
1999	621.523	231.170	852.693		63.093	39.664	102.757
2000	616.623	231.783	848.406		60.881	40.642	101.523
2001	624.576	245.058	869.634		56.569	42.784	99.353
2002	625.150	262.463	887.613		53.191	44.324	97.515
2003	584.810	277.703	862.513		45.250	48.986	94.236
2004	556.601	269.436	826.037		42.011	48.080	90.091
2005	552.049	277.221	829.270		40.823	47.891	88.714
2006	552.025	301.425	853.450		38.939	48.412	87.351
2007	539.717	306.117	845.834		38.139	50.104	88.243
2008	562.141	302.624	864.765		37.403	50.370	87.773
2009	564.250	328.121	892.371		38.203	52.295	90.498
2010	547.763	315.015	862.778		38.369	52.718	91.087
2011	568.606	318.250	886.856		41.217	53.200	94.417
2012	581.793	330.044	911.837		40.171	54.939	95.110
2013	591.061	332.838	923.899		40.329	56.509	96.838
2014	597.265	346.614	943.879		41.720	56.238	97.958

C. Borkumer Kleinbahn: Personenverkehr auf der Insel (Schiene und Straße) 1949 bis 2014

Jahr	Fahrgäste	Jahr	Fahrgäste	Jahr	Fahrgäste
1949	129.634	1971	618.723	1993	978.680
1950	157.648	1972	630.991	1994	995.699
1951	147.583	1973	650.010	1995	1.019.650
1952	183.709	1974	649.925	1996	981.929
1953	192.945	1975	651.171	1997	1.045.570
1954	229.151	1976	692.702	1998	1.019.480
1955	269.806	1977	710.807	1999	1.042.151
1956	316.144	1978	711.169	2000	1.023.284
1957	?	1979	707.452	2001	1.066.436
1958	?	1980	739.463	2002	1.051.756
1959	?	1981	784.369	2003	1.055.622
1960	330.250	1982	778.730	2004	1.018.931
1961	385.205	1983	763.563	2005	1.031.916
1962	435.113	1984	752.825	2006	1.044.807
1963	438.362	1985	772.285	2007	1.043.888
1964	463.819	1986	839.369	2008	1.059.386
1965	474.150	1987	851.196	2009	1.057.128
1966	?	1988	857.941	2010	1.052.474
1967	?	1989	865.523	2011	1.075.915
1968	?	1990	930.977	2012	1.107.665
1969	512.139	1991	986.934	2013	1.122.268
1970	550.774	1992	1.002.319	2014	1.141.065

D. Fahrgäste im Fährverkehr nach Helgoland 2010 bis 2014

Jahr	Cuxhaven	Büsum	Bremerhaven	Wilhelmshaven	Gesamt
2010	58.051	49.412	entfällt	33.495	140.958
2011	66.270	82.233	50.472	30.801	229.776
2012	63.287	74.174	57.770	36.518	231.749
2013	63.285	77.446	59.853	35.897	236.481
2014	73.938	73.789	60.514	25.744	233.985

Erläuterungen:

Verkehr von/nach Cuxhaven nur im Winter (Oktober bis April = 7 Monate)
Da die MS ATLANTIS von Mai bis September jeweils verchartert war, sind
die in dieser Zeit von dem Schiff beförderten Passagiere nicht mitgezählt.

Verkehr von/nach Büsum nur von Frühling bis Herbst (April bis Oktober = 7 Monate)

Verkehr von/nach Bremerhaven nur im Sommer (Mai bis September = 5 Monate)

Verkehr von/nach Wilhelmshaven nur im Sommer (Juni bis September = 4 Monate)

ANHANG [7]
Die Schiffe und Schiffsbeteiligungen der AG „Ems" und ihrer Vorgänger- bzw. Tochterfirmen in der Borkum- und Helgolandfahrt 1843/44 bis 2014

1. Dampfer	**KRONPRINZESSIN MARIE (I)** ab 1846 **EMSSTROM**
Eigner	Ems-Dampfschifffahrts-Gesellschaft Concordia, Emden
Baujahr	vor 1843
Werft	T. D. Marshall, South Shields, England (?)
Typ	hölzerner Raddampfer, Fahrgastschiff
Länge	29,7 m
Breite	4,7 m
BRT	?
Tiefgang	?
Antrieb	35 PS-Dampfmaschine mit Hilfsbesegelung, 2 Schaufelräder
Geschwindigkeit	?
Kapazität	?
Einsatz	Im Borkumverkehr eingesetzt von 1844 bis 1857
Weiteres Schicksal	1857 verkauft

2. Dampfer	**ERBPRINZ ERNST AUGUST** ab 1851 **KRONPRINZ ERNST AUGUST**, ab 1855 **KRONPRINZ VON HANNOVER**, ab 1871 **KRONPRINZ**
Eigner	Leer-Delfzijler Ems-Dampfschiffahrts-Gesellschaft, Leer
Baujahr	1845
Werft	Ditchburne & Mare, London (?)
Typ	eiserner Raddampfer, Fahrgastschiff
Länge	32,13 m
Breite	4,38 m
BRT	59
Tiefgang	leer 0,88 m; beladen 1,18 m
Antrieb	24 PS-Dampfmaschine mit Rahbesegelung am Vormast, 2 Schaufelräder
Geschwindigkeit	?
Kapazität	200 Personen
Einsatz	Im Borkumverkehr eingesetzt von 1845 bis 1886
Weiteres Schicksal	1886 zum Verschrotten verkauft

Anhang 9.7

3. Dampfer **KRONPRINZESSIN MARIE (II)** ab 1871 **KRONPRINZESSIN**
Eigner | Ems-Dampfschifffahrts-Gesellschaft Concordia, Emden
Baujahr | 1845/46
Werft | Vlissingen & Co., Amsterdam
Typ | eiserner Raddampfer, Fahrtgastschiff
Länge | 26,4 m
Breite | 4,1 m
BRT | ?
Tiefgang | 1 m (leer)
Antrieb | 30 PS-Dampfmaschine mit Hilfsbesegelung, 2 Schaufelräder
Geschwindigkeit | ?
Kapazität | ?
Einsatz | Im Borkumverkehr eingesetzt von 1846 bis 1876
Weiteres Schicksal | 1876 (vermutlich zum Verschrotten) verkauft

4. Dampfer **WILHELM I.**
Eigner | Partenreederei Dampfschiffahrts-Gesellschaft Concordia, Emden; ab 1884 Emder Dampfschiffahrts-Actiengesellschaft; ab 1889 Actien-Gesellschaft „Ems", Emden
Baujahr | 1866/67
Werft | J. K. Boon, Hoogezand, Niederlande
Typ | eiserner Raddampfer, Fahrgastschiff
Länge | 34,29 m
Breite | 4,46 m
BRT | 80,84
Tiefgang | ?
Antrieb | 45 PS-Dampfmaschine mit Rahbesegelung am Vormast, 2 Schaufelräder
Geschwindigkeit | ?
Kapazität | ?
Einsatz | Im Borkumverkehr eingesetzt von 1867 bis 1898
Weiteres Schicksal: | 1898 zum Abwracken verkauft, im Emder Seeschiffsregister gelöscht 21.3.1900

5. Dampfer **PAUL FRIEDRICH AUGUST** (keine Abbildung)
Eigner | Norddeutscher Lloyd, Bremen
Baujahr | 1846
Werft | Câche frères, Paris
Typ | eiserner Raddampfer, Fahrgastschiff
Länge | 40,9 m
Breite | 4,7 m
BRT | 103,7
Tiefgang | ?
Antrieb | ?
Geschwindigkeit | ?
Kapazität | ?
Einsatz | Im Borkumverkehr von Emden aus eingesetzt 1873
Weiteres Schicksal | 1888 im Bremer Schiffsregister gelöscht

Anhang 9.7

6. Dampfer	**NORDERNEY**, ex BRAKE
Eigner	Ab 1873 Carl Dantziger, Emden, Ankauf von der Oldenburger Dampfschiffahrtsgesellschaft, Elsfleth; ab 1883 Partenreederei unter Führung der Firma Schönberg & Neumark, Emden; ab 1889 AG „Ems", Emden
Baujahr	1871
Werft	Norddeutsche Schiffbau Actien-Gesellschaft, Kiel-Gaarden (spätere Howaldtwerke)
Typ	eiserner Raddampfer, Fahrgastschiff
Länge	33,68 m
Breite	4,05 m
BRT	63,54
Tiefgang	?
Antrieb	81 PS-Dampfmaschine mit Stützsegel, 2 Schaufelräder
Geschwindigkeit	?
Kapazität	?
Einsatz	Im Borkumverkehr eingesetzt 1873 bis 1890
Weiteres Schicksal	1890 an die Werft Botje, Ensing & Co. in Groningen verkauft; im Emder Seeschiffsregister gelöscht 3.11.1892

7. Dampfer	**VICTORIA (I)** (keine Abbildung)
Eigner	Theodor Rocholl & Co., Bremen
Baujahr	1867
Werft	Unbekannte Werft in Christiania, Norwegen
Typ	eiserner Raddampfer, Fahrgastschiff
Länge	48,4 m
Breite	4,8 m
BRT	124,8
Tiefgang	?
Antrieb	?
Geschwindigkeit	?
Kapazität	?
Einsatz	Im Borkumverkehr von Leer aus eingesetzt 1883 bis 1888
Weiteres Schicksal	1889 im Bremer Schiffsregister gelöscht

8. Dampfer	**LEDA** (keine Abbildung)
Eigner	Theodor Rocholl & Co., Bremen
Baujahr	1881
Werft	Victoria Graving Dock, London
Typ	eiserner Raddampfer, Fahrgastschiff
Länge	38,4 m
Breite	5,5 m
BRT	121,4
Tiefgang	?
Antrieb	?
Geschwindigkeit	?
Kapazität	?
Einsatz	Im Borkumverkehr von Leer aus eingesetzt 1884 bis 1885
Weiteres Schicksal	Ab 1886 von Wilhelmshaven aus in der Inselfahrt tätig; 1889 im Bremer Schiffsregister gelöscht

Anhang 9.7

9. Dampfer	**AUGUSTA**
Eigner	Partenreederei Leerer Dampfschiffahrts-Gesellschaft, Leer; ab 1900 AG „Ems", Emden
Baujahr	1886
Werft	Josef L. Meyer, Papenburg
Typ	stählerner Raddampfer, Fahrgastschiff
Länge	37,80 m
Breite	5,04 m
BRT	116
Tiefgang	1,02 m
Antrieb	150 PS-Zweifach-Expansionsdampfmaschine, 2 Schaufelräder
Geschwindigkeit	12 Seemeilen/Stunde
Kapazität	200 Personen
Einsatz	Im Borkumverkehr eingesetzt 1886 bis 1930
Weiteres Schicksal	1932 zum Abwracken verkauft, 1933 abgewrackt, im Emder Seeschiffsregister gelöscht 16.1.1933

10. Dampfer	**BORKUM**
Eigner	AG „Ems", Emden
Baujahr	1890
Werft	Botje, Ensing & Co., Groningen
Typ	eiserner Raddampfer, Fahrgastschiff
Länge	48,4 m
Breite	6,04 m
BRT	189,70
Tiefgang	?
Antrieb	(nach Umbbau 1891) 450 PS-Dampfmaschine mit Stützsegel, 2 Schaufelräder
Geschwindigkeit	10 Seemeilen/Stunde
Kapazität	300 Personen
Einsatz	Im Borkumverkehr eingesetzt 1890 bis 1919
Weiteres Schicksal	1919 an die Werft Schulte & Bruns, Emden, verkauft; dort zum Rheinschlepper umgebaut

11. Dampfer	**VICTORIA (II)**
Eigner	Partenreederei Leerer Dampfschiffahrts-Gesellschaft, Leer; ab 1900 AG „Ems", Emden
Baujahr	1891
Werft	Vulkan, Stettin
Typ	stählerner Raddampfer, Fahrgastschiff
Länge	47,98 m
Breite	6,28 m
BRT	274,68
Tiefgang	?
Antrieb	450 PS-Dampfmaschine mit Stützsegel, 2 Schaufelräder
Geschwindigkeit	12 Seemeilen/Stunde
Kapazität	450 Personen
Einsatz	Im Borkumverkehr eingesetzt 1891 bis 1942
Weiteres Schicksal	1942 von der Kriegsmarine beschlagnahmt und als Minensucher eingesetzt; bei einem Luftangriff auf Le Havre in der Nacht 14./15.6.1944 versenkt

12. Dampfer	**DR. VON STEPHAN**	
Eigner	Partenreederei Habich & Goth, Emden, mit Kapitän Berend de Vries, Emden, zu je ½; ab 1897 Habich & Goth allein; ab 1903 Borkumer Kleinbahn und Dampfschiffahrt AG, Emden	
Baujahr	1892	
Werft	E. J. Smit en Zoon, Hoogezand, Niederlande	
Typ	stählerner Schraubendampfer, Fahrgastschiff	
Länge	29,8 m	
Breite	6,18 m	
BRT	138,78	
Tiefgang	?	
Antrieb	130 PS-Dampfmaschine mit Stützsegel, eine Schraube	
Geschwindigkeit	?	
Kapazität	350 Personen	
Einsatz	Im Borkumverkehr eingesetzt 1892 bis 1922	
Weiteres Schicksal	Im Herbst 1922 zum Abwracken an die Schiffswerft Gebr. Onken in Wilhelmshaven verkauft; im Emder Seeschiffsregister gelöscht 22.2.1923	

13. Dampfer	**VARINA** (keine Abbildung)	
Eigner	ab 1892 Partenreederei Habich & Goth, Emden, mit Kapitän Berend de Vries, Emden, zu je ½	
Baujahr	1863	
Werft	Unbekannte Werft in Liverpool	
Typ	Stählerner Schraubendampfer, Fahrgastschiff	
Länge	30,70 m	
Breite	4,64 m	
BRT	74,67	
Tiefgang	?	
Antrieb	185 PS-Dampfmaschine mit Stützsegel, eine Schraube	
Geschwindigkeit	?	
Kapazität	?	
Einsatz	Im Borkumverkehr eingesetzt 1892 bis 1897	
Weiteres Schicksal	1897 verkauft, Käufer unbekannt; Heimathafen 1901 nach Bremerhaven verlegt, im Emder Seeschiffsregister gelöscht 25.1.1901	

14. Dampfer	**PAPENBURG** (keine Abbildung)	
Eigner	Papenburger Schleppdampfrhederei, Papenburg (?)	
Charterer	Habich & Goth, Emden	
Baujahr	1883	
Werft	Josef L. Meyer, Papenburg	
Typ	eiserner Schraubendampfer	
Länge	22,35 m	
Breite	5,08 m	
BRT	63,75	
Tiefgang	?	
Antrieb	150 PS-Dampfmaschine	
Geschwindigkeit	?	
Kapazität	?	
Einsatz	Im Borkumverkehr eingesetzt 1892	
Weiteres Schicksal	1911 an Rentier Rudolf Ihms, Kiel, verkauft	

15. Dampfer	**EMDEN**	
Eigner	AG „Ems", Emden	
Baujahr	1892/93	
Werft	AG Weser, Bremen	
Typ	stählerner Raddampfer, Fahrgastschiff	
Länge	48,56 m	
Breite	6,00 m	
BRT	216,56	
Tiefgang	?	
Antrieb	470 PS Compound-Dampfmaschine mit Stützsegel, 2 Schaufelräder	
Geschwindigkeit	10 Seemeilen/Stunde	
Kapazität	600 Personen	
Einsatz	Im Borkumverkehr eingesetzt 1893 bis 1923	
Weiteres Schicksal	Im April 1923 an Abwrackwerft Schubert & Krahn, Dortmund, verkauft; dort Abwrackung des Vorschiffs und Umbau des Achterschiffs zum Zollwachtschiff, bis 1950 auf der Ems im Einsatz; im Emder Seeschiffsregister gelöscht 25.5.1923	

16. Dampfer	**KAISER WILHELM II.**, ab 1938 **KAISER WILHELM**, 1952 **SPORTHEIM**	
Eigner	Habich & Goth, Emden; ab 1903 Borkumer Kleinbahn und Dampfschiffahrt AG, Emden	
Baujahr	1897	
Werft	G. Seebeck AG, Geestemünde	
Typ	Doppelschraubendampfer, Fahrgastschiff	
Länge	37,10 m	
Breite	6,33 m	
BRT	173,46	
Tiefgang	?	
Antrieb	2 Dampfmaschinen mit zusammen 280 PS, 2 Schrauben	
Geschwindigkeit	10 Seemeilen/Stunde	
Kapazität	300 Personen	
Einsatz	Im Borkumverkehr eingesetzt 1897 bis 1952	
Weiteres Schicksal	Unter dem Namen SPORTHEIM 1952 für Besucher der Olympischen Spiele in Helsinki eingesetzt; anschließend auf Borkum abgewrackt; im Emder Seeschiffsregister gelöscht am 23.2.1953	

17. Dampfer	**WESTFALEN (I)**	
Eigner	AG „Ems", Emden	
Baujahr	1906/07	
Werft	Josef L. Meyer, Papenburg	
Typ	stählerner Raddampfer, Fahrgastschiff	
Länge	57,25 m	
Breite	7,18 m	
BRT	354,24	
Tiefgang	?	
Antrieb	760 PS-Dampfmaschine, 2 Schaufelräder	
Geschwindigkeit	11,5 Seemeilen/Stunde	
Kapazität	668 Personen	
Einsatz	Im Borkumverkehr eingesetzt 1907 bis 1942	
Weiteres Schicksal	1942 von der Kriegsmarine beschlagnahmt und als Minensucher eingesetzt; durch Fliegerangriff in der Nacht 14./15.6.1944 in Le Havre versenkt	

18. Dampfer

	PRINZ HEINRICH, ab 1953 **HESSEN**
Eigner	Borkumer Kleinbahn und Dampfschiffahrt AG, Emden; ab 1958 AG „Ems", Emden
Baujahr	1909; Umbau zum Motorschiff auf der Werft C. Cassens in Emden 1958
Werft	Josef L. Meyer, Papenburg
Typ	Doppelschraubendampfer, Fahrgastschiff
Länge	37,15 m
Breite	7,04 m
BRT	211,52
Tiefgang	1,80 m
Antrieb	2 Dampfmaschinen zu je 150 PS, 2 Propeller; nach Umbau zum Motorschiff 2 x 215 PS Mercedes Benz-Motor
Geschwindigkeit	10 Seemeilen/Stunde; nach Umbau 11 Seemeilen/Stunde
Kapazität	350 Personen; nach Umbau 390 Personen
Einsatz	Im Borkumverkehr eingesetzt 1909 bis 1968
Weiteres Schicksal	Im März 1969 als Museumsschiff MISSISSIPPI nach Lübeck verkauft und im Emder Seeschiffsregister gelöscht 28.3.1969. 2003 Ankauf durch „Traditionsschiff Prinz Heinrich" e.V. in Leer, Urzustand voraussichtlich 2015 wiederhergestellt.

19. Dampfer

	RHEINLAND (I), ab 1968 **BAYERN**
Eigner	AG „Ems", Emden
Baujahr	1925/26
Werft	Vulkan, Hamburg
Typ	Doppelschraubendampfer, Fahrgastschiff
Länge	61,98 m
Breite	8,65 m
BRT	779,95
Tiefgang	3,0 m
Antrieb	2 x 400 PS Dreifach-Expansionsdampfmaschine, 2 Schrauben, Kohlefeuerung, nach Umbau 1960 Ölfeuerung
Geschwindigkeit	12,5 Seemeilen/Stunde
Kapazität	613 Personen; nach Umbau 800 Personen
Einsatz	Im Borkumverkehr eingesetzt 1926 bis 1968
Weiteres Schicksal	1970 zum Abwracken an die Fa. Evert Heeren GmbH, Leer, verkauft; dort 1971 abgewrackt

20. Motorsegler

	BURKANA
Eigner	ab 1934 Borkumer Kleinbahn und Dampfschiffahrt AG, Emden
Baujahr	1900
Werft	Goor & Wiedmann, Zwartsluis, Niederlande
Typ	eiserne Segeltjalk mit Hilfsmotor, Frachtschiff
Länge	19,25 m
Breite	4,64 m
BRT	50,5
Tiefgang	1,78 m
Antrieb	50 PS Klöckner-Humboldt-Deutz-Motor mit Hilfsbesegelung
Geschwindigkeit	6 Seemeilen/Stunde
Kapazität	?
Einsatz	Im Borkumverkehr eingesetzt 1934 bis 1952
Weiteres Schicksal	1952 nach Nessmersiel verkauft

21. Dampfer	**SEEADLER**, ab 1953 **BAYERN**	
Eigner	ab 1950 AG „Ems", Emden	
Baujahr	1940	
Werft	Schichau, Königsberg	
Typ	Einschraubendampfer, Fahrgastschiff, ursprünglich Schleppdampfer	
Länge	30,68 m	
Breite	6,62 m	
BRT	196,3	
Tiefgang	2,26 m	
Antrieb	300 PS-Dampfmaschine	
Geschwindigkeit	11,5 Seemeilen/Stunde	
Kapazität	325 Personen	
Einsatz	Im Borkumverkehr eingesetzt 1950 bis 1960	
Weiteres Schicksal	1960 in die Niederlande verkauft	

22. Motorschiff	**WESTFALEN (II)**	
Eigner	AG „Ems", Emden	
Baujahr	1951	
Werft	Josef L. Meyer, Papenburg	
Typ	Einschraubenfahrgastschiff	
Länge	41,5 m	
Breite	7,03 m	
BRT	278,55	
Tiefgang	2,40 m	
Antrieb	520 PS MaK-Motor	
Geschwindigkeit	12,5 Seemeilen/Stunde	
Kapazität	410 Personen	
Einsatz	Im Borkumverkehr eingesetzt 1951 bis 1964	
Weiteres Schicksal	Im Frühjahr 1964 nach Neapel verkauft; inzwischen abgewrackt	

23. Motorschiff	**LIPPE**, ex PEGASUS, ehemaliges Torpedofangboot der Kriegsmarine	
Eigner	ab 1953 AG „Ems", Emden	
Baujahr	1942	
Werft	Schweers, Bardenfleth/Weser	
Typ	hölzernes Einschraubenfahrgastschiff	
Länge	21,57 m	
Breite	3,76 m	
BRT	29	
Tiefgang	1,40 m	
Antrieb	250 PS Klöckner-Humboldt-Deutz-Motor	
Geschwindigkeit	14 Seemeilen/Stunde	
Kapazität	70 Personen	
Einsatz	Im Borkumverkehr eingesetzt 1953 bis 1959	
Weiteres Schicksal	1959 Verkauf an die Bundesmarine	

24. Motorschiff — HANNOVER, ex SÜLLBERG, ex KURISCHES HAFF

Eigner	ab 1956 AG „Ems", Emden
Baujahr	1928
Werft	Lindenau, Memel
Typ	Doppelschraubenfahrgastschiff
Länge	53,75 m
Breite	7,18 m
BRT	361,76
Tiefgang	1,40 m
Antrieb	2 x 280 = 560 PS Klöckner-Humboldt-Deutz-Motor, 2 Schrauben
Geschwindigkeit	11 Seemeilen/Stunde
Kapazität	459 Personen
Einsatz	Im Borkumverkehr eingesetzt 1956 bis 1963
Weiteres Schicksal	1963 nach Neapel verkauft; bis 2007 als FARAGLIONE zwischen Sorrent und Capri im Einsatz; Wiederinbetriebnahme geplant

25. Motorschiff — OSTFRIESLAND (I)

Eigner	Partenreederei MS Ostfriesland, Emden
Korrespondentreeder	AG „Ems", Emden
Baujahr	1959/60
Werft	Josef L. Meyer, Papenburg
Typ	Doppelschraubenfahrgastschiff
Länge	58,28 m
Breite	9,62 m
BRT	749,05
Tiefgang	2,50 m
Antrieb	2 x 740 = 1.480 PS MaK-Motor
Geschwindigkeit	15,6 Seemeilen/Stunde
Kapazität	950 Personen
Einsatz	Im Borkumverkehr eingesetzt 1960 bis 1969
Weiteres Schicksal	Ende 1969 nach Flensburg verkauft, bis 1999 als WAPPEN VON FLENSBURG bzw. WAPPEN bzw. MECKLENBURG in der Ostsee als Butterschiff im Einsatz; 2000 nach Valletta, Malta, verkauft

26. Motorschiff — MÜNSTERLAND (I)

Eigner	AG „Ems", Emden
Baujahr	1964
Werft	Josef L. Meyer, Papenburg
Typ	Doppelschraubenfahrgastschiff, Schwesterschiff zu MS OSTFRIESLAND (I)
Länge	58,80 m
Breite	9,62 m
BRT	735,49
Tiefgang	2,65 m
Antrieb	2 x 900 = 1.800 PS Klöckner-Humboldt-Deutz-Motor
Geschwindigkeit	15,5 Seemeilen/Stunde
Kapazität	950 Personen
Einsatz	Im Borkumverkehr eingesetzt 1964 bis 1976
Weiteres Schicksal	Ende 1976 nach Flensburg verkauft, bis 1999 als FEHMARN I in der westlichen Ostsee, seit 2003 als RENAISSANCE in der Karibik im Einsatz

Anhang 9.7

27. Motorschiff **EMSLAND (I)**
Eigner	AG „Ems", Emden
Baujahr	1967/68
Werft	C. Cassens, Emden
Typ	Doppelschraubenfahrgastschiff
Länge	35,80 m
Breite	6,50 m
BRT	174
Tiefgang	1,30 m
Antrieb	2 x 1.100 = 2.200 PS MTU-Motor
Geschwindigkeit	19 Seemeilen/Stunde
Kapazität	250 Personen
Einsatz	Im Borkumverkehr eingesetzt 1968 bis 1972
Weiteres Schicksal	1972 nach St. Malo, Frankreich, verkauft

28. Motorschiff **RHEINLAND (II)**
Eigner	AG „Ems", Emden
Baujahr	1968
Werft	Schulte & Bruns, Emden
Typ	Doppelschraubenschiff, Auto- und Personenfähre
Länge	57,19 m
Breite	10,02 m
BRT	778,58
Tiefgang	2,30 m
Antrieb	2 x 1.100 = 2.200 PS MTU-Motor
Geschwindigkeit	14 Seemeilen/Stunde
Kapazität	1.000 Personen, 50 PKW bzw. entsprechende Anzahl LKW auf 1 Spur
Einsatz	Im Borkumverkehr eingesetzt 1968 bis 1974
Weiteres Schicksal	1974 nach Terschelling verkauft; ab 1994 als SERENGETI zwischen Daressalam und Sansibar im Einsatz; 2010 nach Brand Totalverlust vor Sansibar

29. Motorschiff **OSTFRIESLAND (II)**
Eigner	AG „Ems" & Co. Schiffahrts-KG, Emden
Korrespondentreeder	AG „Ems", Emden
Baujahr	1970
Werft	C. Cassens, Emden
Typ	Doppelschraubenschiff, Auto- und Personenfähre
Länge	63,03 m
Breite	12,02 m
BRT	765,59
Tiefgang	2,29 m
Antrieb	2 x 1.250 = 2.500 PS MaK-Motor
Geschwindigkeit	15,5 Seemeilen/Stunde
Kapazität	1.000 Personen, 50 PKW bzw. eine entsprechende Anzahl LKW auf 2 Spuren
Einsatz	Im Borkumverkehr eingesetzt 1970 bis 1981
Weiteres Schicksal	1981 nach Terschelling verkauft

30. Motorschiff WESTFALEN (III)

Eigner	AG „Ems", Emden
Baujahr	1972; 1980 verlängert
Werft	C. Cassens, Emden
Typ	Doppelschraubenschiff, Auto- und Personenfähre, Schwesterschiff zu MS OSTFRIESLAND (II) und MS RHEINLAND (III)
Länge	63,03 m; nach Verlängerung 1980 77,88 m
Breite	12,02 m
BRZ	1.812
Tiefgang	2,29 m
Antrieb	2 x 1.250 = 2.500 PS MaK-Motor
Geschwindigkeit	15,5 Seemeilen/Stunde
Kapazität	1.000 Personen, 50 PKW bzw. eine entsprechende Anzahl LKW auf 2 Spuren; nach Verlängerung 1.200 Personen, bis zu 75 PKW bzw. eine entsprechende Anzahl LKW auf 2 Spuren
Einsatz	Im Borkumverkehr eingesetzt 1972 bis 2006, danach bis 2014 als MS HELGOLAND nur zeitweise im Winter, ab Herbst 2014 wieder ganzjährig. Im Sommer 2015 Rückbenennung in WESTFALEN.
Weiteres Schicksal	Siehe Nr. 49

31. Motorschiff RHEINLAND (III)

Eigner	AG „Ems", Emden
Baujahr	1974; 1980 verlängert
Werft	C. Cassens, Emden
Typ	Doppelschraubenschiff, Auto- und Personenfähre, Schwesterschiff zu MS OSTFRIESLAND (II) und MS WESTFALEN (III)
Länge	63,03 m; nach Verlängerung 77,88 m
Breite	12,02 m
BRT	765,59; nach Verlängerung 941,85
Tiefgang	2,29 m
Antrieb	2 x 1.250 = 2.500 PS MaK-Motor
Geschwindigkeit	15,5 Seemeilen/Stunde
Kapazität	1.000 Personen, 50 PKW bzw. eine entsprechende Anzahl LKW auf 2 Spuren; nach Verlängerung 1.200 Personen, bis zu 75 PKW bzw. eine entsprechende Anzahl LKW auf 2 Spuren
Einsatz	Im Borkumverkehr eingesetzt 1974 bis 1993
Weiteres Schicksal	im Herbst 1993 nach Terschelling verkauft

32. Motorschiff POSEIDON

Eigner	ab 1975 AG „Ems", Emden
Baujahr	1964; 1975 umgebaut
Werft	Ulstein, Norwegen
Typ	Doppelschraubenfahrgastschiff
Länge	65,50 m
Breite	11,40 m
BRT	1.117,83
Tiefgang	3,00 m
Antrieb	2 x 1.600 = 3.200 PS Klöckner-Humboldt-Deutz-Motor
Geschwindigkeit	15,5 Seemeilen/Stunde
Kapazität	900 Personen
Einsatz	Im Borkum- und Ausflugsverkehr eingesetzt 1975 bis 1977
Weiteres Schicksal	Ende 1977 nach Flensburg verkauft

33. Motorschiff NORDLICHT (I)

Eigner	ab 1976 AG „Ems", Emden
Baujahr	1973
Werft	J. J. Sietas, Hamburg-Neuenfelde
Typ	Doppelschraubenschiff, Auto- und Personenfähre
Länge	68,84 m
Breite	12,02 m
BRT	999,89
Tiefgang	5,93 m
Antrieb	2 x 1.500 = 3.000 PS B&W-Alpha-Motor
Geschwindigkeit	16,3 Seemeilen/Stunde
Kapazität	650 Personen, 45 PKW
Einsatz	Im Borkum- und Ausflugsverkehr eingesetzt 1976 bis 1985
Weiteres Schicksal	1985 nach Tahiti verkauft

34. Motorschiff STADT BORKUM, ab 1995 WAPPEN VON BORKUM

Eigner	1976 bis 1978 Friesland-Fährlinie, Carolinensiel; 1978 bis 1988 und wieder ab 1994 AG „Ems", Emden
Korrespondentreeder	1976 bis 1978 AG „Ems", Emden
Baujahr	1976
Werft	Gebr. Schlömer, Oldersum
Typ	Doppelschraubenfahrgastschiff
Länge	42,67 m
Breite	7,21 m
BRZ	287
Tiefgang	1,50 m
Antrieb	2 x 300 = 600 PS Volvo-Motor
Geschwindigkeit	11 Seemeilen/Stunde, nach Umbau 1999 12,5 Seemeilen/Stunde
Kapazität	350 Personen
Einsatz	Im Borkum- und Ausflugsverkehr eingesetzt 1976 bis 1988 und wieder seit 1995
Weiteres Schicksal	Ende 1988 nach Finnland verkauft, Rückkauf durch AG „Ems" 1994

35. Motorschiff EMSLAND (II)

Eigner	AG „Ems" & Co. Schiffahrts-KG, Emden; seit 1984 AG „Ems", Emden
Korrespondentreeder	1977 bis 1983 AG „Ems", Emden
Baujahr	1977
Werft	Usuki Shipyard of Usuki Iron Works Ltd., Japan
Typ	Doppelschraubenschiff, Schwergut-/Auto- und Personenfähre mit Kabinen für 21 Fahrgäste (LKW-Fahrer)
Länge	78,44 m
Breite	13,62 m
BRT	1.561,14
Tiefgang	3,50 m
Antrieb	2 x 2.000 = 4.000 PS Niigata-Motor
Geschwindigkeit	14,5 Seemeilen/Stunde
Kapazität	800 Personen, 75 PKW bzw. entsprechende Anzahl LKW
Einsatz	Im Borkum- und sonstigen Fährverkehr eingesetzt 1977 bis 1985
Weiteres Schicksal	1986 nach Norwegen verkauft

36. Motorschiff	**OSTFRIESLAND (III)**
Eigner	AG „Ems" & Co. Schiffahrts-KG, Emden
Korrespondentreeder	AG „Ems", Emden
Baujahr	1984/85; 2014/15 verlängert und umgerüstet auf LNG-Antrieb
Werft	Martin Jansen, Leer
Typ	Doppelschraubenschiff, Auto- und Personenfähre
Länge	78,70 m, nach Verlängerung 94,0 m
Breite	12,60 m
BRZ	2.581
Tiefgang	2,50 m
Antrieb	2 x 1.300 = 2.600 PS (2 x 950 = 1.900 KW) MaK-Motor, nach Verlängerung und Umrüstung auf LNG-Betrieb 2014/15 2 x 1.150 = 2.300 KW
Geschwindigkeit	16 Seemeilen/Stunde
Kapazität	1.200 Personen, 75 PKW bzw. entsprechende Anzahl LKW, nach Verlängerung 90 PKW (= plus ca. 20%) und ca. 25% mehr LKW
Einsatz	Im Borkumverkehr eingesetzt seit Frühjahr 1985

37. Motorschiff	**MÜNSTERLAND (II)**
Eigner	AG „Ems", Emden
Baujahr	1986
Werft	Martin Jansen, Leer
Typ	Doppelschraubenschiff, Auto- und Personenfähre, Schwesterschiff zu MS OSTFRIESLAND (III)
Länge	78,80 m
Breite	12,60 m
BRZ	1.859
Tiefgang	2,50 m
Antrieb	2 x 1.300 = 2.600 PS Wärtsilä-Motor
Geschwindigkeit	15,5 Seemeilen/Stunde
Kapazität	1.200 Personen, 75 PKW bzw. entsprechende Anzahl LKW
Einsatz	Im Borkumverkehr eingesetzt seit Sommer 1986

38. Motorschiff	**GRONINGERLAND,** ex HILLIGENLEI
Eigner	ab 2006 AG „Ems", Emden; ursprünglich Wyker Dampfschiffs-Reederei
Baujahr	1991
Werft	Husumer Schiffswerft, Husum
Typ	Personen- und Autofähre
Länge	44,70 m
Breite	12,20 m
BRZ	1.070
Tiefgang	1,95 m
Antrieb	2 x MWM-Dieselmotoren TBD 604 BL 6 à 616 KW (1.680 PS)
Geschwindigkeit	12 Seemeilen/Stunde
Kapazität	623 / 341 Personen (Sommer/Winter), 30 PKW
Einsatz	Im Borkumverkehr eingesetzt seit 2006

Anhang 9.7

39. Motorschiff   **NORDLICHT (II)**
Eigner	AG „Ems", Emden
Baujahr	1988/89
Werft	Fjellstrand A/S, Omastrand, Norwegen
Typ	Doppelrumpffahrgastschiff aus Aluminium
Länge	38,8 m
Breite	9,4 m
BRZ	435
Tiefgang	1,5 m
Antrieb	2 x 2.500 = 5.000 PS MTU-Motor, Wasserstrahlantrieb
Geschwindigkeit	38 Seemeilen/Stunde
Kapazität	272 Personen
Einsatz	Im Borkum- und Ausflugsverkehr eingesetzt seit April 1989

40. Motorschiff   **CAT No. 1**
Eigner	Projektgemeinschaft AG Reederei Norden-Frisia, AG „Ems", Förde Reederei Seetouristik GmbH & Co. KG, Flensburg, Wyker Dampfschiffs-Reederei Föhr-Amrum GmbH
Baujahr	1999
Werft	Austal Shipyard, Australien
Typ	Highspeed Catamaran HSC
Länge	52,60 m
Breite	13,00 m
BRT	963
Tiefgang	1,50 m
Antrieb	4 x MTU 16 V 4000 M 70, 9.300 KW (12.644 PS), 4 Waterjets
Geschwindigkeit	40 Seemeilen/Stunde
Kapazität	432 Personen
Einsatz	Im Helgolandverkehr eingesetzt 1999 bis 2006
Weiteres Schicksal	Dezember 2006 Verkauf an Reederei Lindaliini AS, Tallin, Estland, neuer Name MERILIN

41. Motorschiff   **POLARSTERN**
Eigner	ab 2001 AG „Ems", Emden
Baujahr	1995
Werft	International Shipyard in Henderson, Australien
Typ	Katamaran
Länge	45,4 m
Breite	12,3 m
BRT	636
Tiefgang	2,02 m
Antrieb	8.000 KW (11.000 PS)
Geschwindigkeit	42 Seemeilen/Stunde
Kapazität	402 Personen
Einsatz	Im Borkum-, Ausflugs- und Helgolandverkehr eingesetzt 2001 bis 2008
Weiteres Schicksal	2008 Verkauf an Reederei Lindaliini AS, Tallin, Estland

42. Motorschiff RUDOLF

Eigner	ab 1952 Reederei Cassen Eils
Baujahr	1894
Werft	Helsingörs Jernskibs og Maskinbyggeri, Helsingör, Dänemark
Typ	Kombiniertes Fracht-/Fahrgastschiff
Länge	28,30 m
Breite	5,40 m
BRT	?
Tiefgang	?
Antrieb	Diesel von Motorenfabrik Darmstadt, 200 PS
Geschwindigkeit	10 Seemeilen/Stunde
Kapazität	148 Personen
Einsatz	Im Helgolandverkehr eingesetzt 1952 bis 1956
Weiteres Schicksal	1956 zum Abwracken verkauft

43. Motorschiff ATLANTIS (I)

Eigner	Reederei Cassen Eils
Baujahr	1956
Werft	Jadewerft, Wilhelmshaven
Typ	Fahrgastschiff
Länge	45,60 m; 1960 auf 49,80 m und 1964 auf 52,86 m verlängert
Breite	7,42 m
BRT	zunächst 243, dann 348, dann 359
Tiefgang	2,08 m
Antrieb	Dieselmotor Motorenwerke Darmstadt, 600 PS, später 1.200 PS
Geschwindigkeit	zunächst 12,5, dann 14 Seemeilen/Stunde
Kapazität	zunächst 465 Personen, später mehr
Einsatz	Im Helgolandverkehr eingesetzt 1956 bis 1970
Weiteres Schicksal	1970 nach Flensburg an die Hansa-Linie verchartert für Fahrten zwischen Kappeln und Sonderburg, 1972 als ATLANTIS II an die Ostsee Reederei Anstalt Vaduz, Panama, verkauft, 1996 in Netzelkow, Usedom, aufgelegt, dort 1999 gesunken, 2000 geborgen, weiter Einsatz in Netzelkow, 2013 Verschrottung in Stettin

44. Motorschiff SEUTE DEERN

Eigner	Reederei Cassen Eils
Baujahr	1961
Werft	Nordseewerke, Emden
Typ	Fahrgastschiff
Länge	57,50 m; 1979 verlängert auf 63,90 m
Breite	9,50 m
BRT	zunächst 640, nach Verlängerung 769
Tiefgang	?
Antrieb	zunächst 2 Dieselmotoren MWM, 1.440 PS, 2 Schrauben; 1991 Einbau von 2 Deutz Diesel mit 2.700 PS
Geschwindigkeit	15,5, nach Maschinenwechsel 18 Seemeilen/Stunde
Kapazität	zunächst 645, nach Verlängerung 775 Personen
Einsatz	Im Helgolandverkehr eingesetzt 1961 bis 2003
Weiteres Schicksal	2003 als Gastronomieschiff nach Hamburg-Harburg verchartert, 2005 Verkauf an Förderverein Seute Deern e.V.

Anhang 9.7

45. Motorschiff	**FAIR LADY**
Eigner	Reederei Cassen Eils
Baujahr	1970
Werft	Mützelfeldtwerft, Cuxhaven
Typ	Fahrgastschiff
Länge	68,60 m
Breite	10,00 m
BRZ	935
Tiefgang	2,32 m
Antrieb	2 Dieselmotoren von MWN, 3.800 PS, 2 Schrauben
Geschwindigkeit	19 Seemeilen/Stunde
Kapazität	800 Personen
Einsatz	Im Helgolandverkehr eingesetzt 1970 bis 1989 und wieder seit 2011
Weiteres Schicksal	1989 bis 1999 Einkaufsfahrten in der Ostsee, 2000 bis 2003 als ADLER BALTICA Chartereinsatz in der Ostsee, 2003 Verkauf an Paulsen, seit 2005 als LADY ASSA unter polnischer Flagge verchartert, Eigner Adler Schiffe GmbH & Co. KG; 2011 Rückkauf durch AG „Ems"/Reederei Cassen Eils und Wiedereinsatz im Helgolandverkehr

46. Motorschiff	**ATLANTIS (II)**, ex HELGOLAND (II), ex FIRST LADY
Eigner	ab 1982 Reederei Cassen Eils
Baujahr	1972
Werft	Bremer Rolandwerft und HDW, Hamburg
Typ	Fahrgastschiff
Länge	76 m
Breite	12 m
BRZ	1.586
Tiefgang	3,30 m
Antrieb	2 Maschinen à 1.962 KW (= 2 x 2.300 PS), 2 Schrauben
Geschwindigkeit	18 Seemeilen/Stunde
Kapazität	1.000 Personen
Einsatz	Im Helgolandverkehr eingesetzt seit 1983

47. Motorschiff	**FUNNY GIRL**
Eigner	Reederei Cassen Eils
Baujahr	1973
Werft	Mützelfeldtwerft, Cuxhaven
Typ	Fahrgastschiff, Schwesterschiff zu MS FAIR LADY
Länge	68,60 m
Breite	10,00 m
BRZ	999
Tiefgang	2,25 m
Antrieb	Diesel von MWN, 3.000 PS, 2 Schrauben
Geschwindigkeit	19 Seemeilen/Stunde
Kapazität	800 Personen
Einsatz	Im Helgolandverkehr eingesetzt seit 1973

48. Motorschiff	**FLIPPER**	
Eigner	Reederei Cassen Eils	
Baujahr	1977	
Werft	Mützelfeldtwerft, Cuxhaven	
Typ	Fahrgastschiff	
Länge	47,00 m	
Breite	8,00 m	
BRZ	406	
Tiefgang	1,20 m	
Antrieb	2 Diesel, 907 PS, 2 Schrauben	
Geschwindigkeit	12 Seemeilen/Stunde	
Kapazität	500 Personen	
Einsatz	Im Helgolandverkehr eingesetzt 1977 bis 1987, ab 1988 auf der Route Cuxhaven–Neuwerk und im Ausflugsverkehr im Bereich der Elbmündung	

49. Motorschiff	**HELGOLAND**, ex WESTFALEN (III), siehe Nr. 30	
Eigner	AG „Ems", Emden	
Baujahr	1972; 1980 verlängert; 2006 für regelmäßigen Einsatz in der Helgolandfahrt umgebaut	
Werft	C. Cassens, Emden	
Typ	Doppelschraubenschiff, Auto- und Personenfähre, Schwesterschiff zu MS OSTFRIESLAND (II) und MS RHEINLAND (III)	
Länge	77,88 m	
Breite	12,02 m	
BRZ	1.812	
Tiefgang	2,29 m	
Antrieb	2 x 1.250 = 2.500 PS MaK-Motor	
Geschwindigkeit	15,5 Seemeilen/Stunde	
Kapazität	1.200 Personen, im Helgolandverkehr 800 Personen Kfz-Kapazität ohne Belang, da Helgoland autofreie Insel	
Einsatz	Im Helgolandverkehr eingesetzt während der Sommersaison von 2006 bis 2014 (ab Wilhelmshaven). Ab Herbst 2014 wieder im Liniendienst nach Borkum tätig, im Sommer 2015 Rückbenennung in WESTFALEN.	

50. Motorschiff	**HELGOLAND**	
Eigner	Reederei Cassen Eils	
Baujahr	2015	
Werft	Fassmer-Werft, Berne	
Typ	Seebäderschiff mit Spezialausstattung für die Inselversorgung	
Länge	83,00 m	
Breite	12,60 m	
BRZ	2.256	
Tiefgang	3,60 m	
Antrieb	2 x 1.665 KW = 3.330 KW Wärtsilä-Dual-Fuel LNG-Motoren 9L20 DF; die beiden Hauptmaschinen lassen sich verstärken durch 3 MAN-ROLLO Hilfsgeneratoren mit je 480 KW, die primär das Bordnetz versorgen und ihre dafür nicht benötigte Überschussenergie in den Antrieb einspeisen können.	
Geschwindigkeit	20 Seemeilen/Stunde	
Kapazität	1.000 Personen und Stauraum für bis zu zehn 10'Container	
Einsatz	Im Helgolandverkehr ab Cuxhaven und Hamburg tätig seit Spätsommer 2015	

ANHANG [8]
Quellen und Literatur

Vorbemerkung

Zu einer auf wissenschaftlicher Grundlage stehenden Arbeit gehört es, alle Aussagen nachprüfbar zu belegen. Da das die Lektüre allerdings nicht gerade erleichtert, wurde bei dem vorliegenden Buch ausnahmsweise auf Fußnoten und sonstige derartige Einzelnachweise verzichtet, denn in erster Linie ist es für ein breites Publikum gedacht, das für solche Belege im allgemeinen keinen Bedarf hat. Um jedoch auch den daran interessierten Leserinnen und Lesern die Möglichkeit zu geben, tiefer in die Materie „einzusteigen", folgt hier eine zusammenfassende Quellen- und Literaturübersicht, die thematisch gegliedert ist und es damit erlaubt, den einzelnen Abschnitten, Kapiteln oder Inhaltskomplexen die dazu jeweils benutzten Quellen und Darstellungen zuzuordnen.

Abkürzungen:
NLA-AU = Niedersächsisches Landesarchiv, Standort Aurich
NLA-HA = Niedersächsisches Landesarchiv, Standort Hannover
StE = Stadtarchiv Emden
StL = Stadtarchiv Leer

1. Wirtschaftliche und soziale Verhältnisse auf Borkum und den ostfriesischen Inseln im 18. und 19. Jahrhundert und die Anfänge des Seebadebetriebes

Quellen:
NLA-AU, Rep. 28 (alt), Nr. 2582   (Beschaffung von Badekutschen für Borkum und Jahresberichte des Inselvogtes zum Seebadebetrieb 1846 – 1851)
NLA-HA, Karte 62b Borkum 1 pm   (Handgezeichnete Karte Borkums von 1828)

Literatur:
Backhaus, Heinrich: Die ostfriesischen Inseln und ihre Entwicklung. Ein Beitrag zu den Problemen der Küstenbildung im südlichen Nordseegebiet (Schriften der Wirtschaftswissenschaftlichen Gesellschaft zum Studium Niedersachsens, Neue Folge, Bd. 12), Oldenburg 1943.
Bakker, Hermann Soeke: Norderney – Vom Fischerdorf zum Nordseeheilbad. Die wirtschaftlichen und sozialen Verhältnisse der Bevölkerung der Insel Norderney bis zum Ersten Weltkrieg (Schriften der Wirtschaftswissenschaftlichen Gesellschaft zum Studium Niedersachsens, Neue Folge, Bd. 62), Bremen 1956.
Herquet, Karl: Die Insel Borkum in kulturgeschichtlicher Hinsicht, Emden und Borkum 1886.
Ripking, Johann Georg Friedrich: Beschreibung der ostfriesischen Insel Borkum und deren Badeanstalt, in: Frisia. Eine Zeitschrift zur Belehrung und Unterhaltung, Emden, 2. Jg. 1843, S. 13 – 14, 34 – 36, 41 – 42, 61 – 62, 89 – 90, und 3. Jg. 1844, S. 15 – 18, 75 – 76 und 79 – 81.
Schaer, Friedrich-Wilhelm: Die wirtschaftliche und soziale Struktur der ostfriesischen Inselbevölkerung vor dem Aufschwung des Badewesens im 19. Jahrhundert, in: Jahrbuch der Gesellschaft für bildende Kunst und vaterländische Altertümer zu Emden, Bd. 63/64, 1984, S. 74 – 118.

2. Fährverbindung Borkums zum Festland und Fährverhältnisse auf dem Unterlauf der Ems bis zur Mitte des 19. Jahrhunderts

Quellen:
NLA-AU, Rep. 15, Nr. 6664   (Fähre Borkum–Greetsiel/Emden)
        Rep. 28 (alt), Nr. 1800, 1835, 2405, 3528   (Fähre Borkum–Greetsiel/Emden)
StE, III.Reg., Nr. 336   (Fähre Emden–Delfzijl)

Literatur:
Kappelhoff, Bernd: Emden als quasiautonome Stadtrepublik 1611 bis 1749. Geschichte der Stadt Emden, Bd. 2 (Ostfriesland im Schutze des Deiches, Bd. XI), Pewsum und Leer 1994. Das dritte Hauptkapitel, „Wirtschaft, Finanzen und Verkehr", enthält eine zusammenfassende Darstellung des frühneuzeitlichen Emsfährwesens (S. 399 ff.).

3. Dampfschifffahrt auf der Ems und zu den Inseln Borkum und Norderney im 19. Jahrhundert einschließlich der Auseinandersetzungen zwischen den Schifffahrtsgesellschaften in Emden und Leer um die Verkehrsrechte

Quellen:
NLA-AU, Rep. 15, Nr. 6652, 6654, 6655
StE, III. Reg., Nr. 711, 897, 898, 1443
StE, IV. Reg., Nr. 792 und 795
StL, Rep. 01, Nr. 559, 718, 724, 846
Diverse zeitgenössische Artikel zur Entstehung und tatsächlichen Entwicklung der Emder Dampfschifffahrt und zu den Verhandlungen zwischen den Gesellschaften in Emden und Leer 1843 bis 1845, in: Frisia. Eine Zeitschrift zur Belehrung und Unterhaltung, Emden, 3. Jg. 1844, S. 21–24, 61–62, 104 und 159–162, bes. S. 161 f., sowie 4. Jg. 1845, S. 21–22 und 88.

Literatur:
Kappelhoff, Anton: Borkum und seine Verkehrsverbindungen einst und jetzt, in: Ostfriesland, Zeitschrift für Kultur, Wirtschaft und Verkehr, Jg. 1965, Heft 1, S. 20–27.
Szymanski, Hans: Die alte Dampfschiffahrt in Niedersachsen und in den angrenzenden Gebieten von 1817 bis 1867 (Schriften der Wirtschaftswissenschaftlichen Gesellschaft zum Studium Niedersachsens, Neue Folge, Bd. 67), Hannover 1958, bes. S. 177–188 und 297–300.

4. Verkehrs- und Hafenverhältnisse in Emden im 19. und frühen 20. Jahrhundert

Quellen:
NLA-AU, Rep. 15, Nr. 6018
StE, IV. Reg., Nr. 1953, 1954, 1955, 1956 und 2828 } (Projekt Pferdebahn Poppinga 1883/85)

NLA-AU, Rep. 151, Nr. 652, 653 (Statistik des Hafen- und Inselverkehrs seit den 1870er Jahren; Störung der Schifffahrt durch die Eisenbahnbrücke über den Alten Binnenhafen ab 1883)

NLA-AU, Rep. 16/1, Nr. 2772; Rep. 16/4, Nr. 347 und 348; Rep. 151, Nr. 589 und 639 } (Bau des Außenhafens, dessen Anbindung an die Eisenbahn und Errichtung des dortigen Bahnhofsgebäudes ab Ende der 1890er Jahre)

NLA-HA, Hann. 122a, Nr. 5500 (Ausgabe von durchgehenden Saisonbillets von binnenländischen Bahnhöfen nach Borkum)

Literatur:
Buß, Jan Eve: Wandlungen der Emder Wirtschaftsstrukturen während der „Ära Fürbringer" (1875–1914), unveröffentlichte Hausarbeit an der Universität Oldenburg zur Prüfung für das Lehramt an Realschulen 1978 (vorhanden in der Dienstbibliothek des Stadtarchivs Emden).
Siebert, Ernst: Geschichte der Stadt Emden von 1750–1890, in: Geschichte der Stadt Emden 1750 bis zur Gegenwart (Ostfriesland im Schutze des Deiches, Bd. VII), Pewsum und Leer 1980, S. 54–60 (Bau der Hannoverschen Westbahn) und S. 66–84 (neues Fahrwasser und Anlage eines Dockhafens).

5. Planung und Bau der Inselbahn auf Borkum seit den 1870er Jahren und ihre Entwicklung bis in die 1920er Jahre

Quellen:
NLA-AU, Rep. 151, Nr. 518 (Planungen für eine Materialbahn 1872 ff.)
StE, IV. Reg., Nr. 2058 (Initiative der Stadt Emden zum Bau einer Landungsbrücke und Inselbahn auf Borkum 1883 ff. und mögliche Beteiligung der Stadt an der neuen Aktiengesellschaft 1900/1901)

NLA-AU, Rep. 16/1, Nr. 1535, 2585, 2597, 2600, 2611, 2613, 2778, 2781, 2797 } (regelmäßige Nachweise über Fuhrpark, Personal und Betriebsverhältnisse, meist nach Formular erhoben, 1896–1916)

NLA-AU, Rep. 16/1, Nr. 2780, und Rep. 16/4, Nr. 463 } (Betriebszustand in den 1890er Jahren; erste Verhandlungen der AG „Ems" und weiterer Interessenten mit der Firma Habich & Goth über eine Fusion bzw. Umwandlung in eine Aktiengesellschaft)

NLA-AU, Rep. 16/1, Nr. 4583	(Tarife der Kleinbahn 1892–1912)
NLA-AU, Rep. 16/1, Nr. 2596	(Übernahme der Habich & Gothschen Inselbahn durch die zu diesem Zweck gegründete Borkumer Kleinbahn und Dampfschiffahrt AG samt dazugehörigen Verhandlungen 1900–1903; staatliche Eisenbahnaufsicht 1903–1905)
NLA-AU, Rep. 16/1, Nr. 2758, 2763 und 2766	(Staatliche Eisenbahnaufsicht 1906–1926)
NLA-AU, Rep. 16/4, Nr. 461, und Rep. 16/1, Nr. 4587	(Bau des zweiten Gleises durch die Borkumer Kleinbahn und Dampfschifffahrt AG und des militärischen Anschlussgleises zum Ostland durch die Kaiserliche Fortifikation Wilhelmshaven 1907/08)
NLA-AU, Rep. 16/4, Nr. 462	(Personenverkehr auf dem fiskalischen Gleis zum Nordstrand, 1920er Jahre)

Literatur:

Hahn, Louis: 50 Jahre Borkumer Kleinbahn 1888–1938, Emden 1938.

Schweers, Hans: Die Borkumer Kleinbahn und die Schiffe der A. G. „Ems", Köln 2007 (= vierte, wesentlich überarbeitete und erweiterte Auflage des in erster Auflage unter dem Titel „Der Borkumer Dünenexpreß. Die Geschichte der Borkumer Kleinbahn und des Nordseebäderdienstes Emden–Borkum" [Schriftenreihe Historischer Seeverkehr, Bd. 5], Aachen 1976, erschienenen Werkes).

6. Auswirkungen von Antisemitismus und Nationalismus auf den Borkumer Fremdenverkehr, Spannungen zwischen der lokalen Wirtschaft und Politik einerseits und der Borkumer Kleinbahn bzw. der AG „Ems" andererseits wegen der Verkehrsverhältnisse in der Weltwirtschaftskrise und der NS-Zeit, Sanierungsmaßnahmen an der Infrastruktur auf Borkum, staatliche Eisenbahnaufsicht

Quellen:

NLA-AU, Rep. 16/1, Nr. 4584, 4585 und 4836	(Beschwerden und Auseinandersetzungen über die Tarife und Leistungen der Borkumer Kleinbahn und der AG „Ems" 1932/33, Sanierung des Kleinbahnhafens mit Krediten aus Mitteln des Arbeitsbeschaffungsprogramms 1933, staatliche Eisenbahnaufsicht 1926–1945)
NLA-AU, Rep. 16/4, Nr. 461	(Angriffe des Borkumer Bürgermeisters Ernst Hunze auf die Borkumer Kleinbahn und die AG „Ems" 1936/37)
NLA-AU, Rep. 16/1, Nr. 4586	(Unterstellung der Borkumer Kleinbahn unter den mit deren Leitung bestellten militärischen Verkehrsoffizier während des 2. Weltkriegs 1939 ff.)
Bundesarchiv, Abteilung Berlin, R 9361 III/83753	(Akte Ernst Hunze im Bestand „Rasse- und Siedlungshauptamt SS" des ehemaligen Berlin Document Center)
NLA-AU, Rep. 250, Nr. 8345 und 50650	(Entnazifizierung des ehemaligen Borkumer Bürgermeisters Ernst Hunze 1948/50)

Literatur:

Bajohr, Frank: „Unser Hotel ist judenfrei". Bäder-Antisemitismus im 19. und 20. Jahrhundert, Frankfurt (Main) 2003, bes. S. 11–16 und 73–88 (ausführliche Behandlung des Borkumliedes sowie der antisemitischen und nationalsozialistischen Gegebenheiten und Geschehnisse auf Borkum).

Beer, Udo: „Der falsche Priester". Eine Borkumer Kampfschrift aus der Zeit der Weimarer Republik, in: Jahrbuch der Gesellschaft für bildende Kunst und vaterländische Altertümer zu Emden, Bd. 66, 1986, S. 152–163.

Hahn, Louis: Von Borkum bis Wangerooge. Eine Nordseebäderrundfahrt vom 15. bis 20. Juni 1925, Emden 1925 (Sonderdruck aus den Nummern 154 bis 156 vom 5., 7. und 8. Juli 1925 der „Ostfriesischen Zeitung" in Emden).

Hunze (Simone), Helga: We don't say Heil Hitler anymore. A childhood journey, 2008.

Reyer, Herbert: Antisemitische „Empörung" und Zivilcourage. Der Hildesheimer Baurat Hensel und das „Borkumlied". Eine „Affäre" auf der Ferieninsel Borkum im Sommer 1900, in: Emder Jahrbuch für historische Landeskunde Ostfrieslands, Bd. 85, 2005, S. 136–153.

7. AG „Ems" seit 1889 und Borkumer Kleinbahn und Dampfschiffahrt AG bzw. GmbH seit 1903 einschließlich der ab 1990 neu aufgenommenen Geschäftsfelder

Bis auf Reste sind die eigentlichen Firmenarchive, d.h. das im Vollzug ihrer Aufgaben laufend entstandene originale Altschriftgut beider Gesellschaften, mit dem sich allein die Einzelheiten der geschäftlichen Aktivitäten und der Verkehrsentwicklung vollständig erschließen ließen, im Zweiten Weltkrieg verbrannt. Das später insbesondere in der „Ära Graf Spee" mit viel Mühe wieder aufgebaute und durch chronologische Verzeichnisse erschlossene neue Firmenarchiv stellt demgegenüber im wesentlichen eine Sammlung dar, die neben Originalunterlagen aus dem Besitz einzelner Aktionäre vor allem diverse Kopien aus einschlägigen amtlichen Akten im Staatsarchiv Aurich und im Stadtarchiv Emden sowie Nachrichten (Zeitungsausschnitte etc.) über beide Gesellschaften enthält. Diesen Sammlungscharakter haben bzw. hatten auch die Nachkriegsabschnitte dieses Archivs, das im November 2007 erhebliche Verluste erlitten hat, als bei einer ohne Vorwarnung eingetretenen Sturmflut der Keller und das Untergeschoss des AG „Ems"-Verwaltungsgebäudes in Emden-Außenhafen überschwemmt wurden.

Wichtigste und deshalb hier einzeln genannte Quellen aus diesem Archiv sind
- die Protokolle von den Sitzungen der Aufsichtsräte beider Gesellschaften seit 1889 bzw. 1903;
- die jährlichen Geschäftsberichte und Bilanzen, die ab 1990 jeweils ausführliche Berichte über die Leistungen, Geschäftsergebnisse und weitere Entwicklung aller Konzernsparten enthalten und damit die wesentliche Grundlage der Darstellung für die Jahre 1990 bis 2014 bilden;
- die nur teilweise erhaltenen internen Berichte des Vorstands;
- detaillierte, leider nur unvollständig überlieferte interne Statistiken über die Beförderungsleistungen und den dazu erforderlichen Aufwand ab 1949;
- Handakten des Vorstands Maximilian Graf von Spee 1967 bis 1990 (wesentliche Grundlage der Darstellung über die Jahre 1967 bis 1990);
- Pressemitteilungen und Berichte in dem seit etwa 2006 von der AG „Ems" unregelmäßig herausgegebenen Informationsblatt „Ausguck – Die aktuelle Gästezeitung";
- Nachrichten und Mitteilungen im Internetauftritt der AG „Ems" www.ag-ems.de.

Andere Quellen:

NLA-AU, Rep. 124, Nr. 2725, 2726	(Handelsregister des Amtsgerichts Emden 1865–1899)
NLA-AU, Rep. 124, Nr. 2734, 2735, 2736, 2737 und 2738	(Handelsregister B des Amtsgerichts Emden 1900–1962)
NLA-AU, Rep. 124, Nr. 5429, 5430 und 5431	(Handelsregisterakten des Amtsgerichts Emden zur AG „Ems" 1905–1966 [Bd. 1 für die Zeit 1889–1905 ist nicht erhalten])
NLA-AU, Rep. 124, Nr. 5434, 5440 und 5441	(Handelsregisterakten des Amtsgerichts Emden zur Borkumer Kleinbahn und Dampfschiffahrt AG 1903–1959)
NLA-AU, Rep. 16/1, Nr. 4264	(Besteuerung der AG „Ems" 1894–1917)
Amtsgericht Aurich als für Ostfriesland zuständiges zentrales Registergericht	Handelsregisterakten zur Borkumer Kleinbahn und Dampfschiffahrt AG bzw. GmbH (heute HR B 100006), 3 Bände ab 1959/1963, und zur AG „Ems" (heute HR B 100021), 9 Bände ab 1948

Literatur:

von Glan-Hesse, Margarethe: Der Hafen von Weener, in: Stadt Weener (Hrsg.), Häfen an der Unterems – im Wandel der Zeit, Weener 2012, S. 33–46 (darin S. 41/42 Nutzung des Restes der alten Emsbrücke bei Hilkenborg durch die AG „Ems" für ihren Ausflugsverkehr ab 1926).

Janssen, Gesine: … ein leuchtendes Beispiel für Menschenliebe. Die Israelitische Gemeinde zu Emden von den Anfängen bis zum Holocaust, Emden 2010 [Schriftenreihe des Stadtarchivs Emden, Bd. 2] (darin S. 259/60 ein Artikel zu Wilhelm Philippstein und seiner Familie).

Kappelhoff, Bernd: Die Fähre zum Festland. Eine kulturhistorische Betrachtung des Borkumverkehrs aus Anlaß des 100jährigen Jubiläums der Borkumer Kleinbahn 1988 und der Reederei Aktien-Gesellschaft „Ems" 1989, Emden 1989.

8. Schiffsflotte

Quellen:

NLA-AU, Rep. 239, Nr. 11, fol. 92; Nr. 23, fol. 1284; Nr. 24, fol. 1348 und 1351; Nr. 24a, fol. 1433, 1454, 1464, 1487 und 1488; Nr. 25, fol. 1590; Nr. 28, fol. 1819; Nr. 29, fol. 1863; Nr. 30, fol. 1945, 1990 und 2994	(Seeschiffsregister des Amtsgerichts Emden mit den Eintragungen für die Schiffe WILHELM I., NORDERNEY, AUGUSTA, BORKUM, VICTORIA (II), DR. VON STEPHAN, VARINA, PAPENBURG, EMDEN, KAISER WILHELM II., WESTFALEN (I) und PRINZ HEINRICH)
NLA-AU, Rep. 239, A 35	(Seeschiffsregisterakte Dampfer VICTORIA II)
NLA-AU, Rep. 239, A 44	(Seeschiffsregisterakte Dampfer WESTFALEN (I))
NLA-AU, Rep. 239, A 50 und A 94	(Seeschiffsregisterakten Dampfer KAISER WILHELM II.)
NLA-AU, Rep. 239, A 196	(Seeschiffsregisterakte Dampfer DR. VON STEPHAN)
NLA-AU, Rep. 239, A 199	(Seeschiffsregisterakte Dampfer EMDEN)
StE, IV. Reg., Nr. 3705, 3709, 3713, 3719, 3734, 3788, 3832 und 3841	(Erlaubnis zum Betrieb von Dampfkesseln auf den Schiffen BORKUM, DR. VON STEPHAN, EMDEN, VARINA, KAISER WILHELM II. und PRINZ HEINRICH)

Staatsarchiv Bremen, Seeschiffsregister des Amtsgerichts Bremen mit Eintragungen für die Schiffe PAUL FRIEDRICH AUGUST (Norddeutscher Lloyd) sowie VICTORIA (I) und LEDA (Reederei Theodor Rocholl & Co.). Im Übrigen enthält das Firmenarchiv der AG „Ems" Unterlagen über alle seit 1844 in der Borkumfahrt eingesetzten Schiffe.

Literatur:

Kiedel, Klaus-Peter: Vom Flußraddampfer zum Kreuzliner. Passagierschiffbau auf der Werft Josef L. Meyer 1874–1986, in: Emsland/Bentheim. Beiträge zur neueren Geschichte, hrsg. von der Emsländischen Landschaft, Bd. 2, Sögel 1986, S. 173–288. Behandelt auf den S. 209 ff., 231 ff. und 237 ff. die AG „Ems"-Schiffe AUGUSTA, WESTFALEN (I), PRINZ HEINRICH, WESTFALEN (II), OSTFRIESLAND (I) und MÜNSTERLAND (I).

9. Helgoland- und Neuwerkverkehr

Quellen:

Interne Unterlagen der Reederei Cassen Eils, Cuxhaven
Staatsarchiv Hamburg, 720-1 Plankammer

Nr. 145-3=5/21	(handgezeichnete Karte von Helgoland von 1769)
Nr. 145-6=3/178/72 und 145-6=2/5	(handgezeichnete Karte von Neuwerk von 1787 und handgezeichneter Prospekt von Neuwerk von 1803)

Literatur:

Reederei Cassen Eils (Hrsg.): 60 Jahre mit Cassen Eils nach Helgoland 1952–2012, Cuxhaven 2012.

10. Flugverkehr

Quellen:

Statistische Unterlagen im Firmenarchiv der AG „Ems"

Literatur:

Seifert, Karl-Dieter: OLT Ostfriesische Lufttransport GmbH. In 40 Jahren vom Insellufttaxi zum regionalen Luftverkehr, Emden 1998.

Seifert, Karl-Dieter: OLT Ostfriesische Lufttransport GmbH. Ein halbes Jahrhundert im Luftverkehr (unveröffentlicht gebliebenes Manuskript zum 50-jährigen OLT-Jubiläum 2008, vorhanden im Archiv der AG „Ems").

Spee, Frank Hilarius Graf von: 25 Jahre OLT, Emden 1984.

ANHANG [9]
Abbildungsnachweise

Der Autor und die AG „Ems" danken allen, die für dieses Buch Fotos und sonstige Bildvorlagen zur Verfügung gestellt haben. Alle Angaben des Copyright wurden sorgfältig recherchiert und sind nach bestem Wissen und Gewissen angegeben. Sollte sich dennoch in irgendeiner Form ein Fehler eingeschlichen haben, werden die Urheber bzw. Rechteinhaber gebeten, sich bei der AG „Ems" zu melden.

Tönjes Akkermann, Borkum: S. 95 unten.

Archiv des Heimatvereins Borkum: S. 45 oben, 53, 54, 57 oben rechts und Mitte, 58, 74 links, 82, 83 unten links, 84, 97 oben, 98 unten links, 111 rechts, 113 unten, 118 links, 122, 124 (beide), 130 links, 134 unten, 135, 136 unten links und rechts, 138, 139 oben links, 361 Mitte.

Anita Bakker, Madrid [1989]: S. 131 rechts.

Familie Bremer, Treis/Mosel [1989]: S. 118 rechts.

Dr. Bernhard Brons, Emden: S. 36, 49.

Dr. Claas Brons, Emden: S. 63, 72, 74 rechts, 75 unten, 76, 90, 107 oben links, 112, 133 links, 142 links, 155 unten, 156 unten links, 229 oben links, 359 oben, 360 oben, 361 oben, 363 oben.

Hajo Brons, Potsdam: S. 229 oben Mitte rechts.

Bundesarchiv, Abteilung Berlin: S. 123 (R 9361 III/83753).

Dr. Joosten Connemann, Leer: S. 61 oben Mitte, 79 unten rechts, 142 Mitte links, 173 rechts.

Dr. Marcus Connemann, Leer: S. 229 oben rechts.

AG „Ems" Emden, Bildarchiv: Umschlag Hauptbild (Foto: Koos Boertjens, Gronungen), Umschlagrückseite, obere Reihe (alle mit Ausnahme des Bildes ganz links), untere Reihe (alle), S. 11, 18 (beide), 28, 32, 41 links, 51, 57 unten, 58, 73, 78 rechts, 81, 83 oben links, 85 (beide), 86, 88, 91, 92, 93 unten, 95 oben links und rechts, 96 (alle), 97 unten links (ehem. Bildersammlung Hans Schweers †, Köln), 97 unten rechts, 104 (beide), 105, 108 (beide), 109 (beide), 110, 111 links, 113 oben, 114, 115 (beide), 116, 117, 120 (beide), 121 (beide), 129 (alle), 130 rechts, 132, 133 rechts, 134 oben links und rechts, 136 oben links und rechts, 137 (beide), 139 Mitte rechts und unten, 140, 144 links, 145 (beide), 146 (alle), 151, 152, 153 (alle außer oben rechts), 154, 155 oben links und rechts, 156 oben und unten rechts, 158 (alle), 161 links, 162 oben rechts und unten links, 163 (beide), 164 unten links und rechts, 165 (beide), 166, 167 (beide), 169 (beide), 171 (beide), 172 (beide), 174 (beide), 176 (beide), 177, 182 rechts (Foto: Peter Weber-Schiffner †, Borkum), 184 links, 186, 187 links (Foto: Peter Weber-Schiffner †, Borkum)

und rechts, 189 (beide), 190 (beide), 191 links, 192, 193, 196 (beide), 197, 198 (alle), 199 (beide), 200 (beide), 202 links, 204 (beide), 206, 207 (alle), 208 unten, 209, 210 (beide), 211 (beide), 212 (alle), 213 (beide), 214, 215, 216, 217, 218, 219, 220, 221 (beide), 222, 223, 224 (beide), 225, 226, 228, 231 (Foto: Martin Stromann, Hage), 233 (Foto: Cai Rönnau †, Sande), 234, 235, 236 (beide), 237 (beide), 238, 239 (beide), 240 (alle), 241 (alle), 242, 247, 249 (beide), 250, 251, 252 rechts, 256 oben, 261 (alle), 262, 263 (beide), 264, 265, 266 (beide), 267, 268, 269 (beide), 270, 271, 272, 274, 277, 278, 279, 280 (beide), 281 (beide), 282 (alle), 283 (beide), 284 (beide), 285, 286 (beide; Foto oben: Koos Boertjens, Groningen), 287 (beide), 288, 289, 290 (beide), 291 (beide), 292 (alle), 293, 294, 295, 296, 297, 298, 299, 300, 301, 302 (beide), 303 (beide), 304 (beide), 305, 306/307, 308, 309 (Foto: Koos Boertjens, Groningen), 310 (beide), 311, 312, 313 (beide), 315, 329, 330 (Foto: Koos Boertjens, Groningen), 332 (Grafik: hgb), 335, 338, 341, 342 (beide), 343 (beide), 344 (beide), 345 (beide), 346 (beide, Foto: Reinholt Grigoleit, Borkum), 347 (beide), 350 unten, 359 Mitte und unten, 361 unten, 362 (alle), 363 Mitte und unten (ehem. Bildersammlung Hans Schweers †, Köln), 364 Mitte und unten, 365 (alle), 366 (alle), 367 (alle), 368 (alle; Foto unten: Cai Rönnau †, Sande), 369 (alle), 372 Mitte und unten.

AG „Ems" / Reederei Cassen Eils, Cuxhaven: S. 252 links (Foto: Familie Eils), 253 (alle), 256 unten links und unten rechts, 257, 258 unten (beide), 348 (beide), 349 (beide), 350 oben, 370 (alle; Foto Mitte: Familie Eils), 371 (alle), 372 oben.

Eduard Erdmann, Dortmund: S. 139 oben rechts und Mitte links, 153 oben rechts, 160 (beide), 161 rechts, 162 unten links, 182 links, 183.

Fotolia.com: S. 38 (Foto: Tanja Thomssen), 64 (Foto: Tanja Thomssen), 100 (Foto: Photoart Sicking), 126 (Foto: Ivonne Wierink), 148 (Foto: Ivonne Wierink), 178 (Foto: Volkmar Hintz).

Familie Hermann Freckmann, Borkum [1989]: S. 157.

Rolf-Peter Geltz, Bremerhaven [1989]: S. 168 rechts.

Reinholt Grigoleit, Borkum: S. 181, 205.

Jens Grünebaum, Herdecke: S. 184 rechts, 185, 188, 191 rechts, 194 (beide), 195 (alle), 201, 202 rechts, 203.

Familie Wilko Hapig, Leer: S. 61 oben rechts, 107 unten rechts, 142 Mitte rechts, 175.

Familie Jann Harms, Riepe [1989]: S. 168 links.

Heimatmuseum Leer: S. 71, 93 oben, 119.

Industrie- und Handelskammer für Ostfriesland und Papenburg, Emden: S. 69 rechts, 107 oben rechts.

Internetportal Alt-Borkum (Axel Hansen, 59514 Welver): S. 45 unten, 358 oben.

Dr. Bernd Kappelhoff, Hamburg: S. 14, 15, 30, 40, 41 rechts, 43, 48, 52, 55, 61 oben links, 62 (beide, ehem. NLA-AU, Rep. 21a, 5889), 102, 317 (Grafik: hgb), 318 (Grafik: hgb), 320 (Grafik: hgb), 321 (Grafik: hgb), 322 (Grafik: hgb), 323 (Grafik: hgb), 324 (Grafik: hgb), 325 (Grafik: hgb), 326 (Grafik: hgb), 356 (unten), 357 Mitte, 380.

Dr. Matthias Klasen, Leer: S. 79 unten links, 107 unten links, 142 rechts, 229 oben Mitte links.

Kai-Christian Krieschen, Cuxhaven: S. 258/259 oben.

Landkreis Leer: S. 131 links und Mitte links.

Niedersächsisches Landesarchiv, Standort Aurich: Umschlagrückseite, obere Reihe ganz links (Rep. 15, 6652, Bl. 73), S. 21 (Rep. 244, A 501), 22 (Rep. 15, 6652, Bl. 73), 24 (Rep. 15, 6652, Bl. 74 f.), 26/27 (Rep. 15, 6652, Bl. 96), 29 (Rep. 15, 6654, Bl. 17), 35 (Rep. 243, A 180), 37 (Rep. 15, 6655, Bl. 198), 47 (Rep. 244, C 3331), 50 (Rep. 244, B 2612), 60 (Rep. 124, 2726), 66 (Rep. 124, 2726), 79 (Rep. 124, 5429), 87 oben (Rep. 16/1, 2613, Bl. 416) und unten (Rep. 16/1, 2766, Bl. 63), 89, 356 oben (Rep. 15, 6652, Bl. 73), 357 oben (Rep. 243, A 180).

Niedersächsisches Landesarchiv, Standort Hannover: S. 16/17 (Kartenabteilung 62 b, Borkum 1pm.

Niedersächsische Staatskanzlei Hannover: S. 9.

Ostfriesisches Landesmuseum Emden: S. 20, 44, 46, 59, 68 (beide), 69 links, 75 oben, 78 links, 93 Mitte, 364 oben.

Hans-Gerd Petersen, Emden: S. 227 links.

Familie Hans-Hermann Russell, Leer: S. 61 unten, 103 links.

Peter Scheidig, Borkum: S. 83 rechts oben und rechts unten, 97 unten rechts, 162 oben links, 164 oben.

Christa Schmidt-Russell, Leer [1989]: S. 173.

Tino Schuhknecht, Ahrensburg: S. 227 Mitte rechts.

Johannes Sievers, Westoverledingen: S. 208 oben.

Marielisa Gräfin von Spee, Emden: S. 143.

Staatsarchiv der Freien und Hansestadt Hamburg: S. 244/245 (720-1 Plankammer, 145-3=5/21), 254/255 (720-1 Plankammer, 145-6=2/5), 254 unten (720-1 Plankammer, 145-6=3/178/72).

Stadt Borkum: S. 12, 131 Mitte rechts, 159 (beide), 232 (alle).

Stadtarchiv Emden: S. 23 (III. Reg., 1443), 33 (III. Reg., 1443), 106 (Zeitungssammlung).

Familie Gerhardt Stein, Borkum: S. 57 oben links, 103 rechts.

Insa Stoidis-Connemann, Leer: S. 229 unten.

Heino Tammen, Emden: S. 168 Mitte links.

Verein Museumsschiff Prinz Heinrich, Leer: S. 99.

Verlag Schweers & Wall, Köln: S. 56, 98 oben, 125.

Tim Wagner, Bielefeld: S. 246.

Karl Waldmann, Neermoor: S. 168 Mitte rechts.

Florian Weber, Südbrookmerland: S. 227 rechts.

Werftarchiv Josef L. Meyer, Papenburg: S. 94.

Christa Wiechmann, Emden: S. 227 Mitte links.

Dr. Helmer Zühlke, Borkum: S. 19 (beide), 144 rechts.

Der Autor

Dr. Bernd Kappelhoff, Jg. 1949, geboren und aufgewachsen in Emden bis zum Abitur am damaligen Gymnasium für Jungen, entstammt einer alten Emder Kaufmannsfamilie, die über sieben Generationen eine Weingroßhandlung und zeitweise auch Bankgeschäfte betrieb. Zu mehreren Gründungsmitgliedern der AG „Ems" sowohl in Emden als auch in Leer steht er in direkten engen Verwandtschaftsbeziehungen.

Nach dem Wehrdienst (1967 bis 1970) und dem Studium der Geschichte, Germanistik und Erziehungswissenschaften an der Universität Hamburg (1. Staatsexamen für das höhere Lehramt 1976) wurde er dort im Herbst 1978 mit einer Dissertation zur Geschichte der ostfriesischen Landstände im frühen 18. Jahrhundert zum Dr. phil. promoviert und trat anschließend in den niedersächsischen Archivdienst ein, in dem er zunächst im Staatsarchiv Osnabrück sowie an der Archivschule Marburg sein Referendariat absolvierte. Danach war er im Staatsarchiv Stade als Referent (1980 bis 1984) bzw. als Leiter (1991 bis 1999) sowie als Referent (1984 bis 1991) im Referat Staatsarchivverwaltung der Niedersächsischen Staatskanzlei in Hannover tätig. Von Ende 1999 bis zu seinem Eintritt in den Ruhestand im August 2014 stand er, zunächst als Leiter des Referats Staatsarchivverwaltung der Staatskanzlei, ab Jahresbeginn 2005 als erster Präsident des damals neu begründeten Niedersächsischen Landesarchivs, an der Spitze des staatlichen Archivwesens in diesem Bundesland.

Seine geschichtswissenschaftlichen Arbeitsschwerpunkte, zu denen er seit 1977 annähernd 50 Publikationen vorgelegt hat, liegen in der Verfassungs-, Wirtschafts- und Sozialgeschichte Ostfrieslands, des nördlichen Emslandes und des Elbe-Weser-Raumes.

Danksagung

Ein Buch wie das vorliegende entsteht mit sehr viel mehr Mühe und Aufwand, als dem fertigen Produkt anzumerken ist. Insbesondere die Ermittlung, Auswahl und Beschaffung von inhaltlich und technisch qualitätvollen Abbildungsvorlagen erwies sich teilweise als außerordentlich schwierig, u.a. deswegen, weil das Archiv der AG „Ems" vor einigen Jahren durch ein von einer Sturmflut verursachtes Hochwasser im Emder Außenhafen erhebliche Verluste erlitten hat. Dass es dennoch möglich war, ein ebenso reichhaltig und gut bebildertes wie ästhetisch überzeugendes Ergebnis zu erreichen, hat der Autor zahlreichen Personen zu verdanken, die ihm Kontakte vermittelt und Türen geöffnet sowie vielerlei sonstige Unterstützung und Hilfe haben zuteil werden lassen: seinen ehemaligen Kolleginnen und Kollegen im Standort Aurich des Niedersächsischen Landesarchivs, insbesondere *Ingrid Hennings*, die ihm – vielfach sehr kurzfristig – Auskünfte aus Archivalien erteilt und für die zügige Erstellung von Reproduktionen gesorgt hat; *Jan Schneeberg*, Borkum, der ihm auch außerhalb der regulären Zeiten freien Zugang zum Archiv des dortigen Heimatvereins gewährt hat; *Peter Scheidig*, Borkum, der ihm aus seiner Sammlung historischer Fotos zur Borkumer Kleinbahn bereitwillig ausgewählte Stücke zum Digitalisieren ausgeliehen hat; *Tönjes Akkermann*, Borkum, der ihm Fotos und Hintergrundinformationen zum Wirken einiger Protagonisten der Borkumer Kommunalpolitik in der Zeit zwischen dem Ersten und Zweiten Weltkrieg geliefert hat; *Aiko Schmidt M.A.* im Ostfriesischen Landesmuseum Emden, der ihn bei Recherchen in der dortigen Bildersammlung kollegial unterstützt und ihm ohne jeden bürokratischen Aufwand diverse Reproduktionen zur Verfügung gestellt hat; *Dr. Rolf Uphoff*, Stadtarchiv Emden, der ihm mehrfach „auf die Schnelle" einschlägige Auskünfte gegeben und dadurch dafür gesorgt hat, dass die Arbeit an dem Buch stets zügig vorangehen konnte; *Corina Habben* als seine Hauptansprechpartnerin bei der AG „Ems", die ihn gemeinsam mit ihren Mitarbeiterinnen über mehr als ein Jahr bei der Bilder- und Informationsbeschaffung in allen Belangen tatkräftig unterstützt und ihm dabei selbst in hektischen Zeiten jeden erfüllbaren Wunsch stets prompt erfüllt hat; schließlich *Christine Wittek*, Homann Güner Blum, Visuelle Kommunikation (hgb) in Hannover, die das Werk in ein so wunderbares äußeres Erscheinungsbild überführt hat.

Vor allem aber hat der Autor seiner *Ehefrau Ursel* zu danken, die es geduldig ertragen hat, dass ihr Mann auch als Pensionär über Monate hin regelmäßig viele Stunden am Tag am Schreibtisch saß, statt mit ihr zu wandern oder andere gemeinsame Aktivitäten anzugehen.

Hamburg, im Sommer 2015   Bernd Kappelhoff

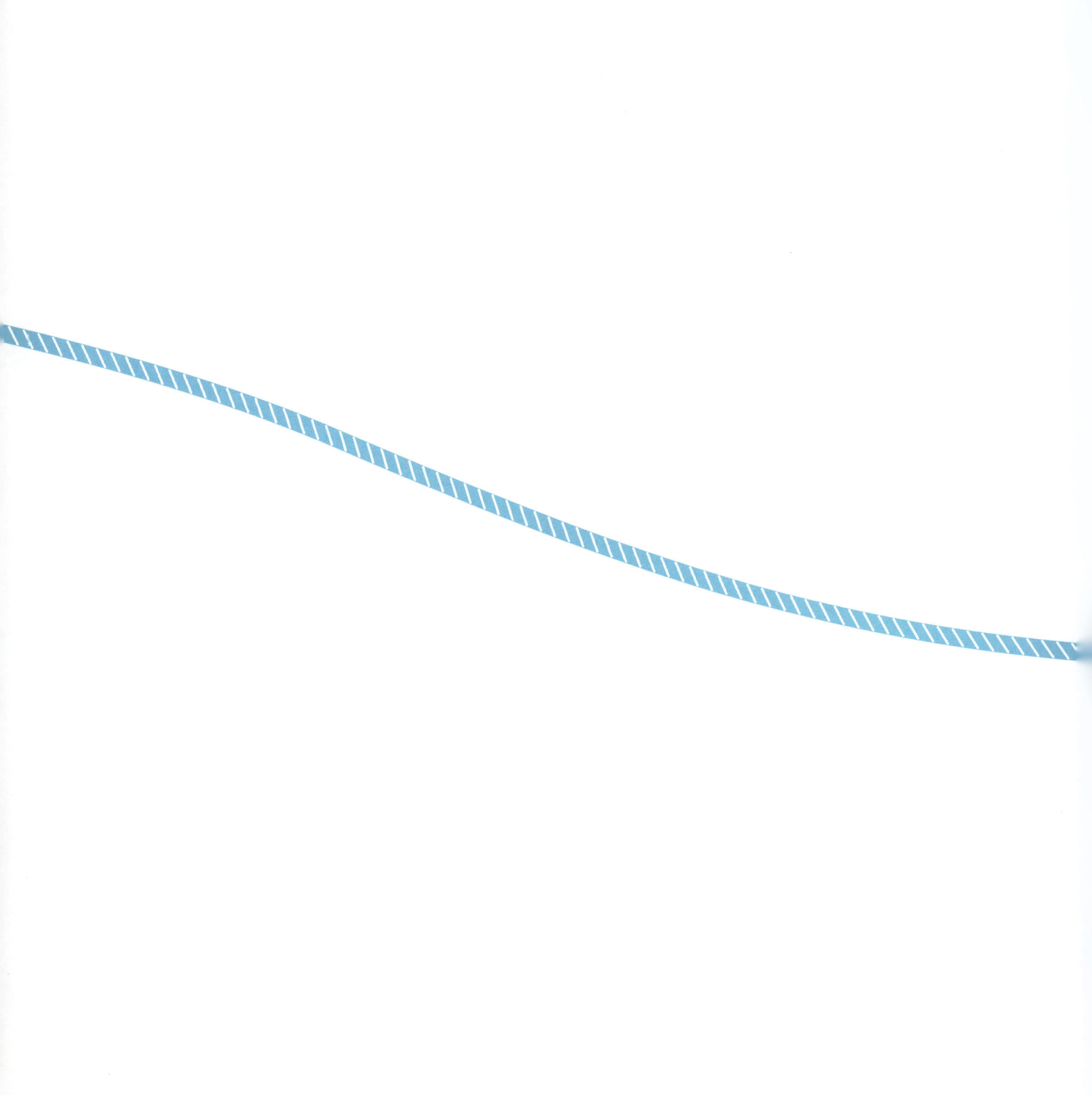

IMPRESSUM

Gestaltung:
Homann Güner Blum (hgb), Visuelle Kommunikation, Hannover

Druck:
BWH GmbH – Die Publishing Company, Hannover

Bibliografische Information der Deutschen Nationalbibliothek:
Die Deutsche Nationalbibliothek verzeichnet diese Publikation
in der Deutschen Nationalbibliografie; detaillierte bibliografische
Daten sind im Internet über http://dnb.dnb.de abrufbar.

© Aktien-Gesellschaft „Ems", Emden 2015
Postfach 1154, 26691 Emden-Außenhafen
Telefon (0 49 21) 89 07-0
info@ag-ems.de, www.ag-ems.de

Alle Rechte vorbehalten
ISBN 978-3-00-048755-2